孙培青
文　集

第二卷

隋唐五代考试研究

孙培青　著

上海教育出版社
SHANGHAI EDUCATIONAL
PUBLISHING HOUSE

目　录

绪　论

　　考试这种社会现象,有极其久远的渊源。人类社会由原始人群时期发展进入氏族社会时期,氏族或部落为了在竞争中生存和发展,需要选拔有才能的人参加公共事务管理,还要推选最有才能最有威望的人担任首领。《礼记·礼运》所描述的大同社会,实际上反映了原始社会末期有"选贤举能"的社会政治活动,那是社会成员经过考察、比较,确认某些成员是贤者、能者,以民主的形式进行选举。这表明建立政治性组织需要人才,而人才的认可要经过选举,选举则以考察和试用的结果为依据。这种选举首领或公职人员的考察或试用,借此以估量其才能和可信任程度,都明显含有考试的因素。可以说,原始社会末期出现的"选贤举能"是当时选拔人才的基本方式,这种社会政治活动中已有考试的萌芽。

　　考试由萌芽状态非制度化的活动发展为制度化的活动,是在社会发展中出现体力劳动与脑力劳动的社会分工并随之产生阶级分化和形成国家组织之后。中国历史上的夏商(约前 21 世纪—前 11 世纪)是奴隶制国家产生和发展时期,西周(前 1046—前 771)是奴隶制国家进入鼎盛时期。国家统治机构官职的任用,主要限于在贵族内部实行世卿世禄制,这是根据宗法规定的继承顺序,世代承袭官位,以维护大宗嫡长子的政治特权。但为了巩固政权,提高政府机构的效能,还要吸纳一些贤能的人才,特别是一些从事实务的下级官吏,要从地方或诸侯国选拔人才来补充。按规定的制度,地方以乡为行政单位,三年选拔一次,考其德行道艺,逐层选优上送。诸侯国也是三年一次选拔贡士,逐层选优上贡。两途来源的人才会集比试,最后由天子来裁定,因其才而任用。治国需要人才,人才不是天生的,而是需要教育训练的,所以自古为政,莫不以学为先。办学是为了培养统治人才,从夏代开始就设立东序、西序等专门机构,按不同年龄,进行教育训练;商代设立右学、左学等教育机构。这些机构成为传授文化知识、训练军事技能、灌输道德意识的场所。既然组织这些教育活动,并分小学、大学两阶段实施,要求达到预期的目标,必然要有检查和考核。西周的学校教育进一步发展,形成国学、乡学的系统,以"六艺"(礼、乐、射、御、书、数)为教育内容,有较完整的制度,并有关于定期考试的一些规定。《礼记·学记》所载有分年考试项目和内容的具体规定,表明考试作为督促学业和选拔人才的手段,发挥较为显著的作用。

春秋战国时期(前770—前221),社会进入大动荡大变革阶段,奴隶制崩溃,封建制兴起,阶级发生新的分化,士人阶层日益壮大。诸侯国的君主在激烈的争霸与兼并战争中,总结了"得士则昌,失士则亡"的经验教训,认识到争取人才的重要性,于是用招贤、养士等多种方法,吸收各类人才,才学之士受到重用。此时的招贤任贤,都先要察言观行,注重实际才能,特别是施政治国以富民强兵的才能。

在社会激烈变革的影响下,文化教育方面最大的变化是官学衰废,私学兴起并担负起培养时代所需各种人才的历史使命,为学术思想繁荣创造条件,为"百家争鸣"提供园地。私学开办者各自聚徒讲学,内容各有侧重,显示不同学派的特色。对学生的考查和考试难有统一规定,因此这一历史阶段私学的考试方式趋于多样化,有问答式、讨论式、听言观行式、实践考察式、从政检验式等。至于如何选择运用,取决于讲学者的思想倾向,这是自由思想、自由创造时期的必然表现。

两汉时期(前206—公元220)在中国考试发展史上是一个重要的历史阶段,四百多年的发展,经历许多变化,其主要特征是察举制度得以确立并居于中心地位。

汉初为了稳固统一中央集权国家的需要,先以黄老刑名为统治思想,容许私学恢复发展,国家管理所需要的人才,以招贤、辟举的方式,从社会中招收。至汉武帝时,国家形势已发生根本变化,政权稳固,经济繁荣,统治者不甘于无为而治,雄心勃勃,要积极有为。汉武帝接受建议,改以儒学为统治的指导思想,强调以德治教化为主要统治手段。与思想、政治变化相适应,人才选拔和教育政策发生大转变,国家要求具有儒学思想和道德观念的人才。人才标准和规格的改变,要求国家采取措施加紧培养,以保证所需人才的供应。培养贤士以兴办太学为首要措施,于是从利用在朝的博士招收博士弟子开始,逐步兴办封建国家的官学,先办中央太学作为示范,而后鼓励地方郡国县道邑办学校,形成封建官学的系统。教育考试成为学校检查教学、保证人才培养质量必须利用的手段。在太学中,对学生实行一系列的教育考试,学生先经选择推荐,入学报到后,还要通过一定形式的考试,择优录取。学生入学受业一年后,太学举行岁试,其方式为射策,也就是回答策问。根据考试成绩,通经者区分三等,录取甲科为郎中,乙科为太子舍人,丙科补文学掌故。考试不能通经者,则责令退学。

考试方法是根据客观需要而创设的。若客观情况发生变化,考试方法就按需要进行调整,因此没有一成不变的考试方法。汉代太学生考试也经历多次改革,影响较大的有两次。东汉永元十四年(102年),徐防提出改革建议,强调依所学的家法考试,出题数量增至五十,以回答说明最多为上第,引证文献准确为高说;如不依家法,则判其为错误,不能及第。永寿二年(156年),又一次进行改革,以博学通才为追求目标,直接鼓励太学生兼通数经,把通经数量多少与任用官职高低相联系,通经越多,所任官职越高。

汉代在地方设立郡县学,以传授儒学经典为教学的基本内容。郡县学也实行考试,依考试结果而评等第,拔优荣进,随能升授。郡县学的考试虽未形成完善的制度,但为察举输送人才,已显其育才的作用。

西汉官学容纳学生数量有限,满足不了学习文化知识的社会需求,因而私学蓬勃兴起以适应这种需要。东汉私学进一步发展,呈现繁荣景象。私学大致可分三种:一为书馆,主要教认字、书写、算术;二为乡塾,开始一般经书学习,诵读《论语》《孝经》等;三为精舍,进入专经钻研阶段。三个层次的考试要求与形式也大不一样:书馆主要考查识字与写字;乡塾考查经书背诵;精舍以通经致用为目标,考查的方式不限,一般兼用问答与讨论,必须遵守师法与家法,侧重于对经义的理解。

从汉代官学、私学实行考试的经验来看,考试在督促学业、检查教学效果、区分知识程度、选拔优秀人才等方面,都是经常使用且行之有效的方法,显示考试已成为教育管理的重要手段。

学校培养人才,以供国家选用。国家选拔人才,在不同阶段选择不同途径,逐步趋向确立察举制,采用选拔考试的方式。汉初所需人才多用征辟,朝廷发令征召,中央或地方长官负责举荐人才。用这种办法征召的人才数量有限,满足不了中央集权国家发展的需要。到了汉武帝时,需用人才较为迫切,就改用察举,依靠三公九卿、郡国守相等高级官员考察人才,把品德高尚、才干出众的人才荐举给朝廷,由朝廷集中进行选拔考试,择优授以官职。察举的名目甚多,主要科目有贤良、孝廉、明经、秀才等。察举贤良方正能直言极谏,始于汉文帝二年(前 178 年),由皇帝下诏举贤良、提出策问、亲览对策,择优任以官职,这是中国历史上察举的开端。文帝仅举行一次就不再继续,而武帝则多次利用此科以选拔官员,后继者就仿效此科沿用下去。察举孝廉始于武帝元光元年(前 134 年),要求在民众中举孝子,在群吏中举廉吏,简称"孝廉"。孝廉成为察举的重要科目,是每年必须举行的常科。察举明经之事产生于武帝"独尊儒术"之后,要求被举荐者通晓儒学经典,经过考试,评其等第,而后授予相应的官职。察举秀才(亦称茂才)始于武帝元封五年(前 106 年),要求推荐可为将相的杰出人才。以上史实表明,察举制在汉武帝时形成。

察举制在东汉有重要发展,表现为察举考试进一步制度化。西汉的察举多数是只举不试,少数是举而后试,到了东汉则所举皆试,后来还发展为初试、复试、再试,成为连续的程序化考试。为了加强考试的管理,东汉建立了专门的负责机构,并确立了岁举和诏举的制度,岁举定期,每年一举;而诏举则不定期,按需要而举。察举制在发展过程中也根据实际情况变化,不断有所调整、有所改革。东汉顺帝时,察举制积累的流弊较为严重,尚书令左雄力排众议,坚持改革,从年龄上规定察举孝廉必须年满四十;从考试内容上规定对不同身份的人有不同要求,诸生试家法,文吏课笺奏;从程序上规定考试再加复查,明确评定考试等第无误,然后量才任用。对于徇私舞弊违规滥举者,给予惩处。此次整顿察举,获得较为显著的社会效果,使"察选清平,多得其人"①。

察举制的积极作用是为封建国家开辟吸引人才、选拔人才的通道,使出身平民的优秀人才不被埋没,个人努力奋斗有可能争取到参政的机会,而社会也在一定程度上形成尊重知识、尊重人才的风气。但察举制也不尽是完善的,它把推荐权授予地方高级官员,实际上使得任用人才的权力下移并分散,有权考察和荐举者既无统一的客观标准,也未掌握正确的考察方法,多凭个人主观印象衡量。法久必弊,官员权力过大而又不受监督就会滥用,于是私情交易者日多,公正无私者日少;富者以财求,贵者以势得。汉末察举陷于腐败,在群众看来已名实不副,故当时人愤慨评议:"举秀才,不知书;举孝廉,父别居。寒素清白浊如泥,高第良将怯如鸡。"②察举制陷入腐败,已不能适应社会发展的需要,时机一到,改革便会发生。

魏晋南北朝时期(220—589),在中国考试发展史上是承前启后、不断变革的历史阶段,其主要特征是九品中正制取代察举制成为选士的主要制度。九品中正制维护门阀士族的权益,后又随着士族的没落和庶族的兴起而终于废弃。

魏晋南北朝时期,中央官学的考试也是选拔官员的途径之一。三国时,魏国的太学考试较有代表性。魏国统治中原地区,恢复洛阳太学以培植国家所需的人才,于黄初五年(224 年)进行

---

① 《后汉书》卷五一《左雄传》。
② 《抱朴子外篇》卷一五《审举》。

考试改革,制定"五经课试之法",把教育人才和选拔人才的考试纳入一个系统之内。这一法规限定学生入学两年只是作为附学试读的预备生,称为"门人"。经过两年学习后,考试能通一经,门人才转为太学的正式生,称为"弟子";若考试不合格,即遭罢遣。太学弟子学习两年,考试能通两经,可补文学掌故,这就把学校教育考试和政府选官考试统一起来。法规还鼓励文官通经以提高文化素养,如文学掌故任满三年,考试通三经擢高第者,可升任太子舍人;太子舍人任满两年,考试通四经擢高第者,可升任郎中;郎中任满两年,考试通五经擢高第者,可随才叙用。法规公开表明,能多通一经,以升官一级为奖励。这种以立法规定考试制度的做法,本可调动学生和官员学习文化的积极性,但由于"九品官人之法"的实施对文教事业造成冲击,育才归学校,选官归中正,两者脱节,学校教育考试失去激励作用。

西晋恢复统一的局面,在教育制度上也有一些变化。为严士庶之别,与太学相对,西晋又另设国子学,以维护贵族高官子弟的教育特权。后因学校管理松弛,考课制度流于形式。西晋因内乱而亡国,东晋继起于江南,重建中央官学,但因政局不稳,官学风纪败坏,虽有考课,但成绩不著。

南朝唯有梁武帝是比较重视文教、重视人才的皇帝。他在国子学之外开设五馆,五馆生取消身份限制,多吸收寒门俊才。馆中有定期考试,射策成为考试的主要办法,能明经射策高第,即可委以一定的官职,这也就为庶族子弟开放了仕进之路。后因社会风气败坏,影响及于学校,考试中徇私舞弊成风,考试虽照常进行,但已不能起到积极的激励作用。

北朝的北魏是少数民族统治较有作为的政权,采取加速汉化的政策,重视学校教育的功用。中央官学设有国子学、太学、四门学,地方按辖区人口的多少分四个等级设立郡学,形成与行政系统相配合的教育系统。学校实行定期考课,规定中央官学"岁时考试",州郡学生三年一校所通经数;派员巡回检试各地方郡学,以督促各地办学和学生学业。北魏重视法规和制度建设,考试管理状况优于南朝。后起的北齐、北周都承袭北魏的"岁时考试"制度,基本上没有什么创新。

魏晋南北朝时期选士的主要制度是九品中正制,它的产生有多方面的历史原因:第一,汉末察举为权门势家把持,作伪成风,名不副实,所举之人非贤,造成吏治不良,已经腐败,非变革不可;第二,东汉用人"重德轻才",察举所取之人既无实才,也无实德,用人的标准非改革不可;第三,察举制的基础是"乡举里选",汉末农民大起义之后,原来的乡里组织不复存在,没有条件进行察举。曹操在军阀混战之时,为招揽人才以壮大自己的势力,首破"重德轻才"的传统,提出"唯才是举"作为选士的新方针。他曾三下求贤令,强调选士不可求全责备,只要有治国安邦的才能,就应予重用。曹操的新方针、新政策符合当时的实际需要,但还要有具体的新制度新办法来推行,九品中正选举制度便是适应这种需要而产生的。

黄初元年(220年),曹丕代汉称帝。吏部尚书陈群立"九品官人之法",即九品中正制,经曹丕准许后实行。其主要内容是:州设大中正,郡设小中正,由在朝官员兼任本地中正,其责在于"区别人物,第其高下"[①],以定其选。另外,人口十万之郡,岁察一人。其程序是:小中正品第士人上报大中正,大中正核实后上报司徒,司徒

① 《通典》卷一四《选举二·历代制中》。

审核后送交吏部尚书,吏部尚书据此委派官职。中正官对士人三年品第一次,以便根据变化作调整,决定其品第是否进退。这种制度放弃考试选拔,只依靠中正官考察士人,品评等第,由其全权掌握选举。在实施初期,中正官还认真履行职责,切实选出一些有才能的士人,革除州郡名士操纵舆论、左右荐举的流弊。中正官地位重要,其品评具有权威性。州郡中正与吏部形成相对独立的选举系统。中央政府还能控制任官的大权。三年一次调整品第的做法,也有激励士人奋发进取、督促官吏廉洁奉公的作用。但是,时过不久,九品中正制的消极因素开始增多:第一,选举的权力转移,由代表士族利益的中正官把持,一人包揽决定士人的品第和擢用,造成中正官独断专行,为所欲为。第二,选举的标准由重才学转为重门第,中正官确定品第时,凡父祖为官,属衣冠门第,定为二品,可以擢用,即使人品低劣,任官也非他们莫属;寒门之士,只定为下品,即使本人德才兼备,也升晋无望。第三,用"德行为先"的口号取代"唯才是举"的用人政策,把有真实才能而私德有瑕疵者一概排除,未能因才利用而发挥其所长,所选出身高门势族的子弟从小养尊处优,也无优良的德行。九品中正制一旦丧失"唯才是举"的基本精神就开始变质,只是按门第高低选官,实际成为门阀士族垄断仕途的工具。

西晋政权以门阀士族的支持为基础,东晋政权则完全依靠士族的支持而生存,所以西晋、东晋都相继坚持九品中正制,以保证士族享有政治特权。通过中正官对品第升黜的垄断,朝廷和地方官员全都由门阀士族子弟充当并代代相传,导致"高门华阀,有世及之荣;庶姓寒人,无寸进之路"①。社会上,士庶隔离,

① 《廿二史札记校证》卷八《九品中正》。

等级分明,固定不变。

南朝的宋、齐依然以九品中正制为占主导地位的选官制度,到了梁萧衍当政才发生变化。萧衍鉴于九品中正制的流弊明显,停止九品中正制,规定年未满三十、不通一经者不得为官;州郡另设州望、郡宗、乡豪代替大小中正,专门负责人才搜荐,不论门第出身,也不定上下品级,只根据个人的实际才能进行推荐,考试通经,才给授官。这是对选举制度的重大改革。

北朝的北魏继续推行九品中正制,但为了调和士族和鲜卑贵族的矛盾,按当时所处官爵的高下,重定姓族的高下,然后据此确定九品的品位高低。到了北周,则对九品中正制实行变革,公开宣布"罢门资之制"①。苏绰在其起草的革易时政的《六条诏书》中提出:"今之选举者,当不限资荫,唯在得人。"这条选举的新方针,是对九品中正制以门第选官的否定。在新方针的引导下,选举改革卓有成效。

魏晋南北朝时期保留着察举,虽不是选官的主流,但仍然是重要途径之一。察举既有定期也有不定期,可以按需要举行,灵活调节。察举与九品中正制同样为门阀士族所把持,能否被推荐在很大程度上受门第高低的影响。察举的科目与两汉类似,有贤良、秀才、孝廉等,以秀才和孝廉两科为主。察举是察而后举,举而后试,基本上都要考试,考后选优任用。

魏晋南北朝的选举制度实际上体现着阶级利益。九品中正制最强调的是门资,不重个人才学,按中正官所定品第达到二品就可入官,不必进行考试。这合乎门阀士族的利益,也由门阀士

---

① 《通典》卷一四《选举二·历代制中》。

族的代表所把持。察举制不强调以门资作为前提条件,最注重的是个人实际才能,重视用考试手段检验才能,以考试成绩决定才能高低。察举能向寒门之士开放,在一定程度上兼顾了寒门庶族的利益。九品中正制在南北朝时走向衰落,在南朝终于被否定,在北朝终于被废除。这表明历史发展的趋势是抛弃九品中正制,转而倚重察举。察举并不是完全回归老路。察举不论士庶,分科举行,强化考试。在察举制基础上,已显露了科举制的新萌芽。

隋(581—618)、唐(618—907)、五代(907—960)时期,在考试制度上发生重大的历史变革,废除了魏晋以来的九品中正制,创设了以科举考试为中心的新考试制度。

隋文帝杨坚结束南北分裂的局面,建立了统一的中央集权国家。为加强中央集权,隋代对官制进行重大改革,建立尚书省为统管全国的中枢,设置六部分掌政务,其中吏部专管官员的选拔任用,集中了全部人事权,州县长官不再自选僚佐。任何官员都出于吏部的任用,遂使门阀士族失去操纵州郡中正,垄断人才选拔的政治特权。隋代积极发展官学,让私学自由设立,官学与私学并举,多途径培养人才。隋代向全国人才打开入仕参政的大门,以扩大中央集权统治的社会基础。隋代采用考试手段来选士,逐步演变成科举考试制度。科举考试制度的产生,反映了庶族势力兴起之后,在政治上维护自己权益的需要。

隋文帝开皇七年(587年),令每州每岁贡士三人,经州选拔,送尚书省应试。由地方定期定人数选拔贡举,是科举考试制度的开端。十八年,隋文帝又令京官和地方官以"志行修谨、清平干济"二科举人,开了分科取士的先例。隋炀帝大业二年(606年),始建进士科。三年,令十科举人,其中"文才美秀"一科当是进士科,"学业优敏"一科当是明经科。科目名称时有变化,隋代实际上已有秀才、明经、进士等科。

科举考试制度始创于隋代,发展完善于唐代,延续实行于五代。在国家政策与制度的诱导下,平民阶层的人要想参政以提高自己的社会地位,就要参加科举考试。走这条路是一个连续不断的系列性考试过程,为参加科举准备文化条件,先得入学读书,在学期间经过各阶段的学业考试,成绩合格才被逐层选送,参加国家组织的竞争性考试,选拔出优秀者,归属吏部官员预备队,再经过甄别性的铨试,通过者才真正入仕做官。

唐代历经二百九十年,曾出现过繁荣昌盛的政治局面,其科举考试制度比较具有典型性。当时士人由入学至为官所经历的考试有学校考试、科举考试、吏部铨试。这种比较完备的考试系列在当时是世界上独一无二的,成为邻国效法的先进榜样。

学校考试是有明确制度的,应以官学为代表。唐代设立中央官学和州县官学,学校系统更为完备。中央官学以国子监为主干,下属有国子学、太学、四门学、律学、书学、算学,称为"六学"。另在门下省设弘文馆,在东宫设崇文馆,这是专收皇亲国戚、高官权贵子弟的两所贵族学校。在政府的事务部门,还利用其专业人才和物质设备条件,附设培养训练实用性人才的学校,以满足对人才的多种需要。府、州、县各级行政区设相应规模的地方官学。此外,在城坊乡里之间,还有数量不少的民间私立学校。除了培养实用性人才的学校以学习专业知识为主之外,其他各级官学及绝大部分民间私学都学习儒家经典。在学校中,考试成为督促学生学业和检查教师教学的手段,充分显示其功能。阶段性考试有相应的名目,曾实行的有旬试、月试、季试、岁试、毕业试,连成考试系列,监督学生的学习。学校考试最基本的方式是试读和试讲。读要求学生记熟经文,考时翻开经书,中间只露一行,用纸帖遮其中之字,要学生读出被帖的字,这种方法称为帖经。讲则要求学生通晓经义,教师按规定条数口问经义,学生当面按条口述回答。针对实用性人才的考试方式有所不同,不仅要检查专业知识,还要检查实践能力。这说明考试的方式与教学内容是密切联系的,根据内容的性质选择考试的方式,考试的方式不只有读、讲两种。

科举考试是为封建国家行政管理选拔官员服务的,作为入仕的主要门径,吸引成千上万读书人走上同一条路。科举大致区分为常科与制科两类。

每年定期举行的科目考试,称为常科。唐代的常科有部分是继承隋代的科目,有部分是根据需要先后创设的新科目。《新唐书》卷四四《选举志上》:"其科之目,有秀才,有明经,有俊士,有进士,有明法,有明字,有明算,有一史,有三史,有《开元礼》,有道举,有童子。而明经之别,有五经,有三经,有二经,有学究一经,有三礼,有三传,有史科。此岁举之常选也。"这概括了唐代科目设置的基本情况。科目有废旧立新的变化,保持每年举行的具有代表性的科目是进士和明经。考试项目经过反复后趋于稳定,进士试帖经、杂文、时务策,明经试帖经、口义、时务策。部分项目名称虽相同,但不同科目的要求有差别。除了文举之外,还有武举,对人才要求的素养规格不同,其考试的项目和方式也完全两样。

科举考试是一种正规的国家考试,自始至终,经过许多环节,过程较长,要使这种考试有组织有秩序地进行,需要加强考试的管理。为此而确立考试制度,设置考试管理机构,颁布考试法规,采取防弊措施,以保证科举考试按正常的周期进行。常科录取的人才虽获得功名,但只具有候补官员的资格。

皇帝临时下诏举选人才,称为制举;为此而举行科目考试,称为制科。制科是按需要吸纳特殊人才,所以考期不定,科目也随时而设,灵活度较大,累计名目先后有百余科,最著名的科目如贤良方正直言极谏、博通坟典达于教化、军谋宏远堪任将率、详明政术可以理人之类。制科以试策为主,内容是国家现实的政治、经济、军事等方面的重要问题,要求应试的人发表主张。制科名义上是皇帝亲自主持考试,实际上经常委派考策官代替皇帝拟题、阅卷、录取,然后奏请审批。制科录取,可以直接入仕,并从优任用,具有较大吸引力,确实破格选拔了一些杰出的人才。

吏部主管文官的选拔考试,称为铨试;由吏部尚书和两位侍郎分项主持,合称为"三铨"。凡科举常科及第之人要入仕,第一步需参加吏部关试,才算是列名于吏部的候补官员。因官员数目有限,通过各种途径而来的待选者甚多,不能随即派遣任官,需要候选一定年限。每年五月,朝廷颁选格至州县,规定当年参加选官者应具备的资格,符合选格之人由州县验明,列报其资历和情况,十月集中至尚书省,交验文书,办理担保手续,进而接受考核。法典规定,选择文官的标准有四项:一曰身,体貌丰伟;二曰言,言辞辩证;三曰书,楷法遒美;四曰判,文理优长。四项中,真正要考试的是书判,书判又统一于三条判文的写作。试判合格,才进一步铨察身言,已铨而后注官。

凡候选未满期限而想早日入仕者,可以参加另设的宏词与拔萃两科考试,宏词试文三篇,拔萃试判三条,中选者即授官。

吏部主管铨选。正常情况下,应选之人集于京都而试。若逢灾年,京师谷物昂贵,物质供应困难,则采取变通措施,西部应选者依旧集于京都而试;东部应选者则集于洛阳而试,谓之"东选";而岭南、江南、淮南有时也因故遣选补使就其地而选,谓之"南选"。"东选"和"南选"都是权宜性的安排,所以废置不常。

以上就是科举考试制度下以科举考试为中心的基本考试系列的概貌。唐代的科举考试制度还不是一种成熟的、稳定的考试制度,仍在继续发展,不断进行变革,不断寻求改善的方案。科举考试是为了选拔官员而举行的竞争性考试,虽在形式上看是公开、公平、机会均等的,但在当时的社会条件下,存在考试的腐败和作弊行为,因此防止腐败和作弊的斗争也在不断地进行。

唐代衰亡之后,中国又处于分裂状态,进入五代十国这一社会动荡、战争频繁的历史阶段。五代(907—960)的学校教育制度虽然仿效唐代,形式上沿用其名称和规章,但实际上办学规模日趋萎缩,教学秩序勉强维持,培养人才的成效有限。国家所需的人才更加依赖科举考试。五个朝代的政权前后统治五十三年,其间四十八年都举行科举,因故暂停仅五年而已。诸科录取累计达二千二百九十人。五代的科举考试沿袭唐代,以《唐六典》作为科举考试的法规。在中国考试发展史上,五代确是过渡阶段,既沿袭唐代的科举考试制度,又从五代社会变革需要出发,作了部分厘革,如科目的分类调整、考试项目的变动等,作了新的尝试,为宋代进一步发展科举考试制度提供了一定的经验。

历史告诉我们,考试的产生和考试制度的形成都是社会客观需要,不取决于个人的好恶。考试形成制度后也不是一成不变的。时代发展变化,社会对考试的功用提出新的要求,考试就要适应时代变化而变化。每一历史时期的社会条件决定了所需人才的规格、考试科目的设置和考试的方式,所以每一时代都有每一时代需要的考试制度。要说明每一时代考试制度变化的原因,不能从个人思想观念中去找,历史唯物主义者是从时代的社会条件(包括经济、政治、文化等方面的条件)加以考察和探究的。

中国考试的历史悠久,积累了丰富的考试组织管理经验。虽然古今时代的社会条件不同,不能将古代的考试经验简单地搬用于现代,但丰富的历史经验可以总结,以供后人借鉴,启发对考试改革的思路,以利于建立适应现代社会需要的考试制度。

第一章

隋代的考试制度

每个时代的考试制度,都要适应时代的社会需要,如不适应,就一定要改革甚至弃旧创新。隋代就是如此。

公元581年,杨坚夺取北周政权,自立为帝,史称隋文帝。他要完成的历史任务是统一全国,589年灭了南朝陈,结束了近三百年来南北分裂的局面,再次建成统一的中央集权国家,标志着中国封建社会由此进入又一个发展的新阶段。

隋文帝为加强中央集权,即位后就对国家政权机构进行了一次大改革,中央建立三省六部制。所谓三省,即内史省(决策机构)、门下省(审议机构)、尚书省(执行机构)。所谓六部,即尚书省统辖下的吏部、民部、礼部、兵部、刑部、工部,分管官员任用、户口赋税、礼仪学校、军政防务、刑狱法令、工程建造等六大方面事务。三省六部统理全国政务,既强化中央集权,又有利于巩固皇权。开皇三年(583年),隋文帝对地方行政组织也进行改革,废除州、郡、县三级制,改为以州统县二级制,减少行政层次,合并一些小的州县,精简机构,提高行政效率,加强中央对地方的控制。后隋炀帝改州为郡,全国有一百九十郡,一千二百五十五县。

隋文帝采取恢复经济的措施,派遣官员到全国各地推行均田法。均田法的实施,为经济繁荣创造了条件。社会安定,生产发展,使户口在短期内激增。至隋炀帝大业五年(609 年),全国已有八百九十万七千五百三十六户,四千六百零一万九千九百五十六口。这样的大国,要使全国民众听命令、纳租调、服徭役,需要各级行政机构实行管理。

隋代的行政机构依靠统治人才的充实而发挥其作用。扩大了统治网,就需要大量补充各级行政官员,恢复采用历史上各种选举制度。然而,这仍不能全面满足现实的政治需要,时代要求改造旧制度,创建新的人才培养制度和新型的人才选举制度。隋代中央政府掌握所有官员的任用,所需的统治人才数量甚多,这就要求扩大教育机构,有组织地进行教育培养。培养的人才是否合格,要经过一定的检验程序,并按朝廷的需要来选拔。这种教育人才和选拔人才的新的社会需要,是推动隋代考试制度发展的动力。在中国历史上,隋代创立了新的考试制度,在一定程度上解决了当时提出的教育人才和选拔人才的有关问题,提供了有益的经验,对唐代和唐以后都产生了极为深远的影响。

第一节　隋代的学校考试

隋代已初步形成从中央到地方的学校教育系统,并实施分层的教育行政管理。由于学校或设置在作为统治中心的京都,或设置在东西南北的地方,管理的层次不一样,因此考试制度也有差别。现就中央官学考试与地方官学考试问题,分别加以论述。

一、 中央官学的考试

隋代中央官学随中央政府设于京都,而京都曾有变动。隋文帝即位于长安,刚坐稳皇位,就认为新朝应万象更新,当另建都邑。开皇二年(582年),隋文帝于长安城东南营建新都,名为大兴城。隋文帝统治时期,大兴城是隋代的政治、经济、文化中心。到了隋炀帝继位,又因洛阳的地理位置更适中,从经济上来说,便于转运南北各地的物资,利于获得四方充足的供应,从政治上来看,可以加强对潼关以东和江南地区的控制,故决定迁都洛阳。依靠每月役使两百万民工,仅用一年时间,建成东都,成为隋代又一新的政治、经济、文化中心。隋的统治时间较短,一共三十八年,但对培养人才的学校教育事业还是比较重视的。适应政治发展的需要,中央官学的制度有重要的变革,规模也有所发展,这些都要求考试制度有相应的变化。

隋文帝重视学校教育有其重要原因。他在少年时曾入太学受儒学教育,留下一定的思想影响,后又亲见北周严酷的专制统治,这给他颇深的刺激。当政后,他在政治上倾向于仁政德治,曾在诏书中说:"朕君临区宇,深思治术,欲使生人从化,以德代刑,求草莱之善,旌闾里之行。"[①]他考虑治国的方略,要改变以前的路线,放弃专用刑法的手段,而以德教代刑法。路线的改变,手段的更新,所需要的人才是经过儒学培养的文士。隋文帝于开皇二年(582年)诏举贤良,就是这种思想的实际表现。他招罗人才的

---

① 《隋书》卷一《高祖纪上》。

措施得到积极的回应。《隋书》卷七五《儒林传》说:"高祖膺期纂历,平一寰宇,顿天网以掩之,贲旌帛以礼之,设好爵以縻之,于是四海九州强学待问之士靡不毕集焉。"皇帝重视人才,进而重视以儒学培养人才的学校教育。隋文帝下诏曰:"儒学之道,训教生人,识父子君臣之义,知尊卑长幼之序,升之于朝,任之以职,故能赞理事务,弘益风范。"①开皇二年,他亲临视学,观释典礼,并对优秀者给予嘉奖,"赐国子生经明者束帛"②。只对学习经书能明通者颁赏,这是根据学业考试而评定的。

隋文帝要发展学校教育,并期待所培养的人才起更大的社会作用。他在《劝学行礼诏》中说:"建国重道,莫先于学,尊主庇民,莫先于礼。……始自京师,爰及州郡,宜祗朕意,劝学行礼。"③京师的中央官学作为办学的重点,是造就人才的重要基地。隋文帝对此特别申明:"朕抚临天下,思弘德教,延集生徒,崇建庠序,开进士之路,伫贤隽之人。"④

隋代尚书省礼部是管理文教的最高行政部门,礼部尚书统礼部、祠部、主客、膳部四曹,四曹之主管称为郎,其中礼部郎"掌礼乐、学校、仪式、制度、衣冠、符印、表疏、册命、祥瑞、铺设、丧葬、赠赗及宫人等"⑤。礼部郎掌管学校的法令、制度,审核入学、毕业。至于学校教育活动的组织管理,则归于太常寺。

隶属于太常寺的国学是中央政府设置的最高教育机构。随着中央政府对人才需求量的增加和人才需求的多样化,国学的规

---

① 《隋书》卷二《高祖纪下》。
② 《隋书》卷一《高祖纪上》。
③ 《隋书》卷四七《柳昂传》。
④ 《隋书》卷二《高祖纪下》。
⑤ 《通典》卷二三《职官五·礼部尚书》。

模日益扩充,设置的专业也趋于多样化,面对数百师生的日常教学活动和生活,事务繁多,太常寺难于周全照应,维持原状已不利于国学的发展。开皇十三年(593年),国学从太常寺分离,独立设置国子寺,成为与太常寺平行的机构。《通典》称:"凡国学诸官,自汉以下,并属太常,至隋始革之。"[①]中央教育机构的独立设置是中国教育制度发展的重要标志。

国子寺是中央最高学府,《隋书》卷二八《百官志下》记载了国子寺的建制与规模:

国子寺,设国子祭酒一人为领导,属官有主簿一人,录事一人,统管国子学、太学、四门学、书学、算学。

国子学,设国子博士五人,国子助教五人,国子生一百四十人。

太学,设太学博士五人,太学助教五人,太学生三百六十人。

四门学,设四门博士五人,四门助教五人,四门生三百六十人。

书学,设书学博士二人,书学助教二人,书学生四十人。

算学,设算学博士二人,算学助教二人,算学生八十人。

国子寺合计有博士十九人,助教十九人,学生九百八十人。故隋文帝仁寿元年(601年)的诏书称"国学胄子,垂将千数"。两者相符,反映了实际的规模。

开皇中,国子寺改称国子学。仁寿元年(601年),国子学因未达到隋文帝预期的办学成效,被下令整顿,国子学、四门学、书学、算学并停,只保存太学,留太学博士五人,太学生七十二人,规模

大大缩小。

隋炀帝即位于 605 年,对学校教育制度多有改革,首先是恢复国子学,并扩大其规模。大业三年(607 年),国子学改称国子监,并进一步加强领导机构。"国子监依旧置祭酒,加置司业一人,从四品;丞三人,加为从六品。并置主簿、录事各一人。"①加置是指新设置职位。隋代在中国历史上首次设立司业一职,作为祭酒之副,通判监事。隋代又首次设置国子监丞三人,负责国子监每年学业完成者课试的组织管理,协助祭酒、司业主持考试,并根据考试结果列出合格者名单,禀明祭酒,然后上报礼部。增加领导机构的官员并明确分工,为健全中央官学管理创造了条件。

大业年间国子监的规模比开皇年间有所扩大。国子学由有名额限制改为没有名额限制,凡符合入学条件的贵族官僚子弟都可以申请入学。太学学生由过去三百六十人的限额增加到五百人。

在中央官学中,考试起到督促学生勤学的作用,成为学业管理的重要手段,也是考核教师功业的途径。所以,考试制度成为学校管理制度的重要组成部分。

学校中的考试以教授的课程为基本内容。

中央官学的主干是儒学,而儒学以传授儒家经书为主要任务。中央官学所教授的经典以《周易》《尚书》《周礼》《仪礼》《礼记》《毛诗》《春秋左氏传》《公羊传》《穀梁传》各为一经,《孝经》《论语》兼习之。

《周易》《尚书》《毛诗》《礼记》《左氏春秋》为五经,博士各专一

① 《隋书》卷二八《百官志下》。

经,助教助博士教学与考课。学生分经学习,逐经进行,不许两经并进,一经学习未毕,不容改学他经,一定要讲毕一经,然后再学其他经。博士解释经书义理,都形成书面文字,称之为讲疏或义疏。教学重视记诵,在巩固记诵经文的基础上,也强调对经义的理解。这种教学要求也体现在考试的方式选择试读与试讲上。

隋代的学校教学活动是有组织、有节奏、分阶段进行的,考试都是有计划地安排在每个阶段,以检查教学的实际效果。按规定的制度,学官和学生都是每十日放假一日,供个人安排休息或沐浴,所以又称"休沐日"。十日为教学的小阶段,每季是教学的中阶段,一年是教学的大阶段。学校中的考查、考试是结合着每个阶段有节奏地进行的。

隋代中央官学的考试已开始形成系列,明确成为制度的有四种。

第一,入学考试。国子寺(或国子监)属下有五学,入学有等级的限制,国子学接受贵族及高官子弟,太学接受中级官子弟,四门学及书学、算学接受下级官子弟及庶民中聪颖的子弟。庶民子弟由州县选送或举荐,这部分人要经过考试甄别才能正式入学,以防冒滥。马光以精通三礼著称,开皇五年(585年)被征召为太学博士。他原先教授于瀛州、博州地区,门徒千数,此时多负笈从入长安,虽不能立即入太学,也有一部分人经过考试后成为四门学的学生。

第二,定期考试。《隋书》卷九《礼仪志四》载:"学生皆乙日试书,丙日给假焉。"历史上以天干地支相配,列出六十甲子,依序以记日,天干每旬转一轮,都有甲乙丙丁戊己庚辛壬癸之日。每逢乙日,就是考试日期,这是规定,间隔正好十日,为一周期。考试方式有二:一是试读。每千言内试一帖,考查学生是否熟读不忘。二是试讲。每两千言内问义一条,所讲经义以博士所传的义疏为据,随机抽查,以检验学生对所学的经书的义理是否能理解。试读和试讲是平常考试的基本方式。

第三,岁终考试。各学年终均总试一年内所习课业,并统计每月的考试成绩,评出等第,以作为对学生实行奖惩的主要依据。

第四,业成考试。国子学、太学、四门学要求学生在学期间通两经,经考试合格,方可举荐入仕,由祭酒上报于礼部。如朝廷急需选用人才,由皇帝特别下令,通一经者皆可应试。如开皇年间,房晖远由太学博士擢为国子博士,"会上令国子生通一经者,并悉荐举,将擢用之。既策问讫,博士不能时定臧否。祭酒元善怪问之,晖远曰:'江南、河北,义例不同,博士不能遍涉。学生皆持其所短,称己所长,博士各各自疑,所以久而不决也。'祭酒因令晖远考定之,晖远览笔便下,初无疑滞。或有不服者,晖远问其所传义疏,辄为始末诵之,然后出其所短,自是无敢饰非者。所试四五百人,数日便决,诸儒莫不推其通博,皆自以为不能测也"①。由这一事例来看,这是一次国子寺内统一的业成考试,也就是毕业考试,同时也是奉朝廷之命举行的选拔考试。考试内容限于经义,考题出自经书,考试方式是策问,故也称为"经策",以区别于"方略策""时务策"。但考试之后,评卷遇到困难。因为当时儒家南北经学流派存在较大差别,并未统一,博士中南学、北学均有。学生来自南北各地,各据所学而答策问,造成同一问题有不同的解释而博士缺乏自信,评卷也就难于进行。幸好国子祭酒查明了问题的关

---

① 《隋书》卷七五《房晖远传》。

键所在,把评卷的任务委托给被誉为"五经库"的房晖远。凭借博学和长期教学的经验,房晖远独自一人数日便评完四五百人的试卷,其结果让所有的博士和学生信服。考试本身是一种手段,在教育上的重要作用也体现出来,既检测了学生课业的完成程度,也反映了博士教学中存在的问题。这表明在国家统一之后,儒家南北经学流派的存在潜伏着矛盾,已开始影响中央政府举行统一的国家考试来选拔人才,由此引出了统一经学以利于统一政治指导思想的问题。

隋代考试形成系列,与统治者强调考试重要有密切的关系。隋文帝重视国学中的考试,他认为学校教育培养人才要采取两条根本性措施:一是"笃于教训",坚持认真教学;二是"精于考课",精心组织考查。这是造就朝廷所需要的能赞理事务、弘益风范的人才所必需的。当隋文帝感到国子学没有达到他预期的效果时,愤然加以指责:"此则教训不笃,考课未精,明勒所由,隆兹儒训。"[1]他明令切实查寻原因,继续加强儒学教育。隋炀帝在恢复国子学后,也强调考试是学校教育管理的重要手段。他说:"其国子等学,亦宜申明旧制,教习生徒,具为课试之法,以尽砥砺之道。"[2]中央官学重视把考试手段利用起来,具体拟订课试办法并切实施行,以保证人才的培养。

二、 州县官学的考试

州县官学的考试制度随着地方教育事业的发展而建立。地

---

[1] 《隋书》卷二《高祖纪下》。
[2] 《隋书》卷三《炀帝纪上》。

方教育的发展启动于开皇三年(583年),潞州刺史柳昂见国家趋于安定,可以兴学校,行礼教,于是上书建议:"臣闻帝王受命,建学制礼,故能移既往之风,成惟新之俗。"隋文帝采纳其建议,下诏曰:"建国重道,莫先于学;尊主庇民,莫先于礼。……今者民丁非役之日,农亩时候之余,若敦以学业,劝以经礼,自可家慕大道,人希至德。岂止知礼节,识廉耻,父慈子孝,兄恭弟顺者乎?始自京师,爰及州郡,宜祗朕意,劝学行礼。"①由此,全国州县皆设置博士进行教习。州县学校普遍设立。《隋书》卷七五《儒林传》称:"京邑达乎四方,皆启黉校。齐、鲁、赵、魏,学者尤多,负笈追师,不远千里,讲诵之声,道路不绝。中州儒雅之盛,自汉、魏以来,一时而已。"全国有一百九十州(郡)、一千二百五十五县,州县学生的数量相当可观。开皇七年正月,制令诸州岁贡士三人,既以州县办学为基础,又进一步激发州县办学并以考试选拔人才的积极性。

仁寿元年(601年),因政策变化,州县学停废,达四年之久。至隋炀帝即位,又恢复和发展州县学,较开皇之初尤为昌盛。

州县学的设置受地区经济发展程度的制约而产生差别,也与州县长官的思想态度直接有关。隋文帝令狐熙往桂州总管十七州诸军事,为下属州县建城邑,开设学校。②梁彦光为相州刺史,为兴教化,易风俗,用秩俸之物,招致山东大儒,每乡立学,非圣哲之书不得教授。③何妥为龙州刺史,时有负笈游学者,妥皆为讲说教授之。④杨汪为荆州、洛州长史,每听政之暇,必延生

---

① 《隋书》卷四七《柳昂传》。
② 《隋书》卷五六《令狐熙传》。
③ 《隋书》卷七三《梁彦光传》。
④ 《隋书》卷七五《何妥传》。

徒讲授。^① 柳旦于大业初为龙州太守,时民居山洞,好相攻击,乃为其开设学校,大变其风。^② 这些地方行政长官都受过儒学教育,学有专长,重视教育,以自己的实际行动在主管的区域内发展学校。

州县设学最缺的是学官。刘炫上书,请为诸郡置学官,得到许可,于是州(郡)学皆设博士,保证教学和考试有专人负责。如开皇中,潘徽为州博士;^③大业初,孔颖达为河内郡博士。^④

州县学生,由州县长官根据地方情形决定名额,自主进行考试补充。

州县学的任务是劝学行礼,传授经学,施行礼教,非圣哲之书不得教授。为督促学生努力专心学业,州县学也规定了考试制度。

隋代"州郡学则以春秋仲月释奠。州郡县亦每年于学一行乡饮酒礼。学生皆乙日试书,丙日给假焉"^⑤。每旬逢乙日为考试日期,试十日内所学的课业,也有试读和试讲,其方法如中央官学。主持乙日试书的是本学的博士。传授经学是州博士的职责,对学生定期进行课试也是其职责。

州县为地方培养人才,也为中央政府输送人才,每年举行考试选拔贡士成为制度。

由于地方行政长官对教育的重视程度不同,地方官学的考试制度也有差别。如梁彦光,第一次为相州刺史时,施政没有成功;

---

① 《隋书》卷五六《杨汪传》。
② 《隋书》卷四七《柳旦传》。
③ 《通典》卷三三《总论郡佐》、《隋书》卷七六《潘徽传》。
④ 《旧唐书》卷七三《孔颖达传》。
⑤ 《隋书》卷九《礼仪志四》。

第二次为相州刺史时就总结教训,改弦易调,变其风俗,每乡立学,"常以季月召集之,亲临策试"①。州刺史直接过问的这一类学校,每季第三月为试期,集中于州学考试,州刺史亲临,形式为策试。举行季试仅限于部分州学,未成为普遍实行的制度。因为是否能认真实行考试制度,关键不在中央政府重申法令,而在地方行政官的文化素养程度和是否忠于职守。

州县学生优秀者欲升于中央官学的四门学,或充当每岁州贡士,都需要经过州县的选拔考试。经考试选出合格者,谓之大成。"及大成,当举行宾贡之礼,又于郊外祖道,并以财物资之。"②州长官于城郊主持宾贡之礼,为贡士送行,赠以财物,作为赴京的资助。

由上可见,州县学存在多项考试,作用各有不同。

隋代新开创的学校考试制度和形式虽不成熟、不完善,但树立了先例,为后继的唐代所仿效,并进一步加以发展。

第二节　隋初选举制度的改革

隋代建立初期,并未立即排除前代的选举制度,而是继续加以利用,当感到旧选举制度难以适应新政权的需要时,才逐渐弃旧创新。

一、九品中正制的废除

隋以前的魏晋南北朝,九品中正制成为士族地主操纵政权的

---

① 《隋书》卷七三《梁彦光传》。
② 《隋书》卷七三《梁彦光传》。

工具,中正官都由出生于士族豪门的人担任,他们以门第为根本原则,把士人评为九品。朝廷按照他们提供的排名顺序选用,尽是士族出身的人入仕做官,而寒门出身的人皆被抑为下品,被剥夺参政的机会。这种选官制度到隋代才发生变化。

隋文帝登位,为加强中央集权统治,开始对官制进行改革,废除北周官制,恢复汉魏旧制,官制名称多取法前代。隋代建立以三省六部为中心的中央集权制度,尚书省作为中央行政机构,事无不总,属下的六部分工负责,由吏部统管全国官员的任用。官制中虽还有中正官的系列,包括州都、郡正、县正,名号依旧,但变为不管事的空位,称为"乡官",白拿俸禄。

开皇三年(583年)是隋代对地方官制进行重大改革的一年,选拔官员、任用官员的权力移归吏部。《隋书》卷二八《百官志下》称:"罢郡,以州统县,改别驾、赞务,以为长史、司马。旧周、齐州郡县职,自州都、郡县正已下,皆州郡将县令至而调用,理时事。至是不知时事,直谓之乡官。别置品官,皆吏部除授,每岁考殿最。刺史、县令三年一迁,佐官四年一迁。"乡官的名号保留了十余年,至开皇十五年(595年),罢州县乡官,才算是把九品中正制完全废除了,终于完成了官制的历史性改革。大业初,刘炫对官制改革在地方行政上引起的变化作了新旧比较,他说:"往者,州唯置纲纪,郡置守、丞,县唯令而已。其所具僚,则长官自辟,受诏赴任,每州不过数十。今则不然,大小之官,悉由吏部,纤介之迹,皆属考功。"[①]旧的官制下,只任命地方行政长官,至于地方行政长官的僚属,则由地方行政长官自主选用,中

① 《隋书》卷七五《刘炫传》。

央政府省事,但权力分散;改革官制后,大小官员的任用全部由吏部来管理,权力集中,必然是事务繁重。唐杜佑的《通典》卷一四《选举二·历代制中》也论及官员任用权归吏部:"当时之制,尚书举其大者,侍郎铨其小者,则六品以下官吏,咸吏部所掌。自是,海内一命以上之官,州郡无复辟署矣。"这是中央集权最明显的表现,全国大小官员的任用统归吏部掌管。

二、 察举制度的改革

隋文帝废除九品中正制,恢复汉代的察举制度,借以选拔下层有才能的人,充实国家的统治机构。根据察举制度的传统,要发挥政权机构的组织作用,由中央的高级官员和地方的行政首长来推荐,他们必然是把自己了解的人、考察过实际才能的人作为人选。

开皇二年(582 年),春正月甲戌,诏举贤良。[①] 这是隋代建立之后由皇帝下诏首次举行的察举。被举荐的人按规定的时间集中于京都。朝廷经过正式的考试录取他们后,量其才能,任以官职。崔赜就是被举者之一。《隋书》卷七七《崔赜传》:"赜字祖濬,七岁能属文,容貌短小,有口才。开皇初,秦孝王荐之,射策高第,诏与诸儒定礼乐,授校书郎。寻转协律郎,太常卿苏威雅重之。"贤良是制科的科目,是根据需要临时设置而非常设的科目。临时设置科目进行察举,可以按所需人才的规格和数量来选拔人才,供国家任用,比较灵活,所以在需要的时候就继续利用这种方式

---

① 《隋书》卷一《高祖纪上》。

孙培青文集 第二卷 隋唐五代考试研究

并加以发展。

开皇三年(583年),冬十一月己酉,发使巡省风俗,又一次下诏察举:"如有文武才用,未为时知,宜以礼发遣,朕将铨擢。其有志节高妙,越等超伦,亦仰使人就加旌异,令一行一善奖劝于人。远近官司,遐迩风俗,巨细必纪,还日奏闻。"①这是由地方官调查推荐,巡省风俗使加以考察,确定人选,然后发遣,集中于尚书省吏部,根据皇帝旨意进行考试。考试能达到录取的等级,"已试而铨,察其身、言"②,身取其体貌丰伟,言取其言辞辩正。如果这两方面也合格,就可以提拔其为正式的官员。

开皇初年,李谔由考功侍郎迁为治书侍御史,以属文之家,体尚轻薄,递相师效,流宕忘反,于是上书建议正文体,议及州县察举的标准与考试的文章。奏书说:"及大隋受命,圣道聿兴,屏黜轻浮,遏止华伪。自非怀经抱质,志道依仁,不得引预搢绅,参厕缨冕。开皇四年,普诏天下,公私文翰,并宜实录。其年九月,泗州刺史司马幼之文表华艳,付所司治罪。自是公卿大臣咸知正路,莫不钻仰坟集,弃绝华绮,择先王之令典,行大道于兹世。如闻外州远县,仍踵敝风,选吏举人,未遵典则。至有宗党称孝,乡曲归仁,学必典谟,交不苟合,则摈落私门,不加收齿;其学不稽古,逐俗随时,作轻薄之篇章,结朋党而求誉,则选充吏职,举送天朝。盖由县令、刺史未行风教,犹挟私情,不存公道。臣既忝宪司,职当纠察。若闻风即劾,恐挂网者多,请勒诸司,普加搜访,有如此者,具状送台。""上以谔前后所奏颁示天下,四海靡然向风,

①　《隋书》卷一《高祖纪上》。
②　《通典》卷一五《选举三·历代制下》。

深革其弊。"①李谔抨击察举存在的弊端,要求遵守察举的标准,所举者必须品德高尚,学通经典,文章质实。察举标准的一致对改变社会风气影响巨大。

察举制度经隋文帝改革后继续实行。开皇五年(585 年),夏四月,"乙巳,诏征山东马荣伯等六儒"②。这是地方官员应朝廷的需要,在进行调查后推荐,皇帝因接受推荐而下令征召儒学之士。这也是察举的一部分,目的很具体,即为了补充国学的师资。《隋书》卷七五《马光传》有更具体的记述:"马光字荣伯,武安人也。少好学,从师数十年,昼夜不息,图书谶纬,莫不毕览,尤明三礼,为儒者所宗。开皇初,高祖征山东义学之士,光与张宗让、孔笼、窦士荣、张黑奴、刘祖仁等俱至,并授太学博士,时人号为六儒。"杨坚对这批儒者待之以礼,免试而聘为博士,因为他们原来就是在民间传授经学的经师,现在不过是由民间私学转到中央官学,教学地点改变,政治地位也相应提高。但他们要在教学实践中接受每年的业绩考课,依成绩升黜或去留。

察举是相信并委托现任行政官负责考察和选举人才,经过一定考核后任官的制度,具有相当大的灵活性,可以临时设置,也可以定期设置;可以只限一个科目、一种规格的人才,也可以多个科目、多种规格的人才同时推举。

开皇九年(589 年),夏四月壬戌,隋文帝下劝学求言诏,要求公卿士庶举贤才,"见善必进,有才必举,无或嘿默,退有后言。颁告天下,咸悉此意"③。

---

① 《隋书》卷六六《李谔传》。
② 《隋书》卷一《高祖纪上》。
③ 《隋书》卷二《高祖纪下》。

从察举的具体实施可以看出,隋文帝的选举政策是变动的,以多种方式招纳人才,解决用人需要,尚未形成一种较为一贯的稳定制度。

开皇十八年(598年),秋七月,"丙子,诏京官五品已上、总管、刺史,以志行修谨、清平干济二科举人"①。此次下诏察举,规定根据两个科目举荐人才,"志行修谨"是品德行为的要求,"清平干济"是办事才能的要求,突出强调选用人才的基本标准。与开皇九年的察举比较,此次察举有重大的进步,显示察举已在往科举的方向发展。

仁寿二年(602年),"秋七月丙戌,诏内外官各举所知"②。这是在官僚队伍需要补充的时候,动员内外官开展察举,不用自下而上层层推荐,也不必限额筛选,由内外官自主地、直接地各举所知,推荐者自然要对所举人才的人品和才干负责。

仁寿三年(603年),秋七月丁卯,颁搜扬贤哲诏:"……况一人君于四海,睹物欲运,独见致治,不藉群才,未之有也。……其令州县搜扬贤哲,皆取明知今古,通识治乱,究政教之本,达礼乐之源。不限多少,不得不举。限以三旬,咸令进路。征召将送,必须以礼。"③这次征召与前几次察举的不同之处在于,强调政治才能和文化水平,要求大为提高,按项目选取人才,而搜求的范围动员到县一级。但这仍是一次性征召,未作为一种固定的长期制度。对此次征召的结果,《隋书》卷四一《苏夔传》有所记载:"夔字伯尼,少聪敏,有口辩。八岁诵诗书,兼解骑射。……仁寿末,诏天

---

① 《隋书》卷二《高祖纪下》。
② 《隋书》卷二《高祖纪下》。
③ 《隋书》卷二《高祖纪下》。

下举达礼乐之源者,晋王昭时为雍州牧,举夒应之。与诸州所举五十余人谒见,高祖望夒谓侍臣:'唯此一人,称吾所举。'于是拜晋王友。"可见,察举的人才能让统治者称心如意的也很少。

隋炀帝大业元年(605年),春正月戊申,发八使巡省风俗,下诏曰:"今既布政惟始,宜存宽大。可分遣使人,巡省方俗,宣扬风化,荐拔淹滞,申达幽枉。……若有名行显著,操履修洁,及学业才能,一艺可取,咸宜访采,将身入朝。所在州县,以礼发遣。"同年,秋七月丙子,诏曰:"朕纂承洪绪,思弘大训,将欲尊师重道,用阐厥繇,讲信修睦,敦奖名教。方今宇宙平一,文轨攸同,十步之内,必有芳草,四海之中,岂无奇秀!诸在家及见入学者,若有笃志好古,耽悦典坟,学行优敏,堪膺时务,所在采访,具以名闻,即当随其器能,擢以不次。"①这两次虽然也荐举了一些人,但被荐举的人并不是都乐意应征入朝,张文诩就是其中之一。《隋书》卷七七《张文诩传》载:"张文诩,河东人也。父琚,开皇中为洹水令,以清正闻。……文诩博览文籍,特精三礼,其《周易》《诗》《书》及春秋三传,并皆通习。每好郑玄注解,以为通博,其诸儒异说,亦皆详究焉。高祖引致天下名儒硕学之士,其房晖远、张仲让、孔笼之徒,并延之于博士之位。文诩时游太学,晖远等莫不推伏之,学内翕然,咸共宗仰。其门生多诣文诩,请质凝滞,文诩辄博引证据,辨说无穷,唯其所择。……仁寿末,学废,文诩策杖而归,灌园为业。州郡频举,皆不应命。"

大业年间,继续实行察举。大业三年(607年),"会置司隶官,盛选天下知名之士。朝廷以彦谦公方宿著,时望所归,征授司隶

---

① 《隋书》卷三《炀帝纪上》。

刺史。彦谦亦慨然有澄清天下之志，凡所荐举，皆人伦表式"①。这表明尽责的地方官是重视察举的。

大业十年（614年）夏，"五月庚子，诏举郡孝悌廉洁各十人"②。孝悌廉洁是传统的察举科目，隋炀帝恢复孝悌廉洁，在隋也是仅有的一次。王绩是此次被察举的一个。《新唐书》卷一九六《王绩传》载："王绩字无功，绛州龙门人。……大业中，举孝悌廉洁，授秘书省正字。"《全唐文》卷一六〇《吕才·东皋子后序》："大业末，〔王绩〕应孝悌廉洁举，射〔策〕高第，除秘书正字。"还有张行成，也被察举为孝悌廉洁。《旧唐书》卷七八《张行成传》："张行成，定州义丰人也。……大业末，察孝廉，为谒者台散从员外郎。"《新唐书》卷一〇四《张行成传》也有同样的记述。从王绩的事例来看，举孝悌廉洁必须经过对策、录取的程序。

隋代的察举若断若续地进行，除了传统的贤良与孝廉之外，还提出一些科目，有了一些变化，保持多种形式，没有限制在一两科内。科目增加，以搜罗各类人才，为科举制度的产生开辟了道路。

第三节　科举制度的创立与考试

隋代在政治变革过程中，放弃九品中正制，逐步扬弃察举制，在借鉴历史经验的基础上，结合政权建设的现实需要，经过一段探索试行、调整改进的过程，终于形成科举制度。中国的考试制

---

① 《隋书》卷六六《房彦谦传》。
② 《隋书》卷四《炀帝纪下》。

度由此进入一个新的历史阶段。

一、 科举制度的逐步创立

科举制度是由察举制度发展演化而形成的,它是以个人报考、逐层筛选、定期集中、分科考试、考官评定、限量录取的方式方法来选拔国家官员的制度。科举制度吸收了几百年来察举制度的历史经验,肯定国家行政所需的人才大多数藏于地方,要面向地方选拔优秀人才而为国家所用,以地方的考试选拔审核推举为基础,由下而上,层层考试选送,最后集中于京都,任命考官,统一命题,同场比试,选优录用。科举制度的重要政治意义在于,使选拔人才和任用官员的权力全部归于中央政府,具体事务由吏部掌管。这是封建统一国家贯彻中央集权政治制度在人事制度方面的具体表现。

科举制度有它的发生发展过程,它萌发于隋开皇年代,由新制度的因素逐步积累而形成。

隋文帝开皇七年(587年),正月"乙未,制诸州岁贡三人"①。这项法令在《隋书》上的记载虽只有寥寥数字,但在隋代选举制度朝科举考试制度方向转变上是具有重要意义的标志。它定区域(以州为单位)、定年度(每岁)、定贡举(性质与形式)、定名额(限三人),由下而上选拔人才,在打破门阀地主垄断选举的格局之后,实行每岁考试,选拔贡士,为地方的中小地主开辟了一条参政的途径,以维护他们的经济利益。因此,中小地主对每岁贡

---

① 《隋书》卷一《高祖纪上》。

举的态度是积极争取参与。每岁贡举是定有科目以选拔人才，隋开皇时已设置的科目有秀才、明经等。地方选送贡士可根据本地的条件灵活地进行，有什么样的优秀人选，就依其特长而举，适合秀才条件的人选就举为秀才，适合明经条件的人选就举为明经，名额限于三人，不可增加。若边远地方因文化比较落后，无符合条件的人选可举，也可以不送，不能滥竽充数。开皇七年，朝廷颁布"诸州岁贡三人"的法令，为科举制度的发展铺设了道路。

对科举制度创始于开皇年代，后世存在不同看法。从唐中期开始就出现不同见解，或说产生于隋，或说产生于唐，围绕科举始于隋还是始于唐这一核心问题展开争论。到了五代，讨论仍在继续。五代时，蜀人杨九龄撰有《蜀桂堂编事》二十卷，在书中坦陈己见，"且言科举起于隋开皇。或以为自唐太宗始者，非也"[①]。此言不会是凭空而发，是非毫不含糊，必有其史实依据。

隋代以农业经济为社会基础，"四民分业"的思想仍然较为稳固。隋代政权主要代表中小地主利益，在经济上实行重农主义，这与隋文帝的思想倾向有关。隋文帝开始当政，就接受重农主义为指导思想。《隋书》卷六六《李谔传》有此记载："李谔字士恢，赵郡人也。……及高祖为丞相，甚见亲待，访以得失。于时兵革屡动，国用虚耗，谔上《重谷论》以讽焉。高祖深纳之。"隋代统治集团要扩大自己的社会基础，就必须重视保护中小地主的经济与政治利益。封建政权向中小地主开放，仍然强调士庶等级差别。吏部就是依据这种指导思想办事的。"陆彦师……转吏部侍郎。隋承周制，官无清浊，彦师在职，凡所任人，颇甄别于

---

① 《十国春秋》卷五六《后蜀·杨九龄传》。

士庶,论者美之。"①隋代强调"四民分业",士庶有别,即使选举制度改为科举制度,通过科举考试选拔人才的制度也不是对全社会都开放。开皇十六年（596 年）,"六月甲午,制工商不得进仕"②。颁布这一法令就是要限制社会中从事末业的工商业者参政,而保护从事本业的中小地主的政治利益,不容许所有人都参加科举考试选拔。

科举制度在每岁诸州贡举的基础上发展,日益扩大其社会影响,并渗入不定期举行的察举中,使察举趋于科举化。开皇十八年（598 年）,"秋七月……丙子,诏京官五品已上,总管、刺史,以志行修谨、清平干济二科举人"③。这是隋代选举政策的一个新发展,标志着察举转向设科举人,具有科举考试制度的重要特征。前一科强调的是德行,后一科强调的是才干,这已体现出选拔统治人才的两方面基本标准,可以分立为德行与才能两科,并不要求被举者非兼备不可。这两科仅是根据诏令举行一次而已,并未成为定期举行的科目,但由此创下先例,对以后还是产生了一定影响。皇帝可以根据需要,下诏设科举士,这就是科举考试制度中与常科相对的制科。

隋炀帝当政的大业年间（605—617）,科举考试制度的因素进一步发展,特别是新建进士等科,代表了以文才取士的选士方向,使考试科目具有多样性,更适应政治生活的需要,终于形成了新型的科举考试制度。

隋炀帝继承隋文帝的政权,施政的方针政策多有变化,对已

---

① 《隋书》卷七二《陆彦师传》。
② 《隋书》卷二《高祖纪下》。
③ 《隋书》卷二《高祖纪下》。

实行的制度进行一些改革,包括选士制度。大业二年(606年),秋七月,"始建进士科"①。这是具有历史意义的重要举措。

大业三年(607年),夏四月甲午,隋炀帝下诏以十科举人。诏曰:"……夫孝悌有闻,人伦之本,德行敦厚,立身之基。或节义可称,或操履清洁,所以激贪厉俗,有益风化。强毅正直,执宪不挠,学业优敏,文才美秀,并为廊庙之用,实乃瑚琏之资。才堪将略,则拔之以御侮,膂力骁壮,则任之以爪牙。爰及一艺可取,亦宜采录,众善毕举,与时无弃。以此求治,庶几非远。文武有职事者,五品已上,宜依令十科举人。有一于此,不必求备。朕当待以不次,随才升擢。其见任九品已上官者,不在举送之限。"②这道诏令设置十个科目,所选之士包含政治、道德、法律、经史、文学、军事等方面的人才,反映了隋代政治的发展对各种人才的广泛需求,这种需求促使察举制度进一步发生变化,标出十科举人,也就更加强化分科举士。隋炀帝在下令十科举人的同时,又加了一条新的规定,即已任现职的品官不在举送范围之内。这是为了防止举送名额被官员侵占而产生弊端,以达到更广泛吸收社会上的人才来参政的目的。

有人认为隋炀帝创设进士科是在大业二年(606年),因为是年进行了较大改革,颁行新律令,改变擢士之法设置进士等科,当在新颁律令之中。又有人认为隋炀帝于大业三年令十科举人,其中"文才美秀"一科当即进士科。不论是同意进士科创设于大业二年还是大业三年,都认定隋炀帝是进士科的创设者。

进士科是科举考试制度中最具有代表性的科目,它的创设也

---

① 《通鉴纲目》卷三六。
② 《隋书》卷三《炀帝纪上》。

就意味着科举制度的形成。关于进士科创设的年代,学术界存在不同的认识,主要可归为三种:其一,认为创设于隋开皇年间;其二,认为创设于隋大业年间;其三,认为创设于唐初。三种见解的提出者都力图从历史中寻找有力的论据。比较起来,认为进士科创设于唐初的看法存在较多矛盾之处。《通典》明确提出:"〔大唐〕贡士之法,多循隋制。……其常贡之科,有秀才,有明经,有进士,有明法,有书,有算。"①此说法为《新唐书·选举志》所引用,传播更广。后人对于科举制度的发展历程,多接受唐循隋制的观念。苏鹗说:"近代以诸科取士者甚多,武德四年,复置秀才、进士两科。"②唐代至武德四年(621 年)始举行科举,不是始创秀才、进士两科,而是恢复隋代已有的秀才、进士等科的考试。《唐摭言》卷一《统序科第》说:"始自武德辛巳岁四月一日,敕诸州学士及早有明经及秀才、俊士、进士,明于理体,为乡里所称者,委本县考试,州长重覆,取其合格,每年十月随物入贡。斯我唐贡士之始也。"根据这些史料来分析判断,主张进士科产生于唐初的,从道理上说不过去,而创设于隋代的主张较为合理一些。

主张进士科创设于隋代的,尤其以主张创设于隋大业年间的论据相对多一些,所引证的都是出于唐、五代与宋人的言论,记载于历史文献中。

首先认定隋炀帝创设进士科的是武则天当政时的薛登。天授三年(692 年),左补阙薛登上奏《论选举疏》,其中说:"炀帝嗣兴,又变前法,置进士等科。于是后生之徒,复相放效,因陋就寡,

---

① 《通典》卷一五《选举三·历代制下》。
② 《苏氏演义》卷上。

赴速邀时,缉缀小文,名之策学,不以指实为本,而以浮虚为贵。"①
其次认定隋炀帝创设进士科的是杨绾。唐代宗宝应二年(763
年),礼部侍郎杨绾上《条奏贡举疏》,其中说:"近炀帝始置进士之
科,当时犹试策而已。"②继后还有多人在所撰著作中提出相同或
相近的主张。唐德宗贞元十七年(801年),杜佑撰成《通典》一书,
他对选举制度进行了系统的历史考察,逐一记述,在书中写明:
"炀帝始建进士科。"③唐宪宗元和二年(807年),刘肃撰成《大唐新
语》,书中说:"隋炀帝改置明、进二科。"④唐穆宗长庆年间,李肇撰
成《唐国史补》,书中明确说:"进士科,始于隋大业中,盛于贞观、
永徽之际。"⑤五代时,王定保撰成《唐摭言》,书中说:"进士科始于
隋大业中。"又说:"若列之于科目,则俊、秀盛于汉、魏;而进士,隋
大业中所置也。"⑥上述诸人对进士科创设于隋炀帝大业年间说得
比较确定,但对创于何年并不明确。至南宋,朱熹撰《通鉴纲目》,
第一个说进士科创设于大业二年(606年)七月。⑦

　　主张进士科创设于隋开皇年间的,也找到有力的历史论据。
《旧唐书》与《新唐书》的《房玄龄传》都说房玄龄年十八,举进士。
从房玄龄死于648年,享年七十岁进行推算,年十八在596年,其
时在隋开皇十六年。虽然已找到一人作为历史证据,但这仅是孤
证,还有待于发掘旁证来进一步支持进士科创设于开皇年间的
主张。

① 《旧唐书》卷一〇一《薛登传》。
② 《旧唐书》卷一一九《杨绾传》。
③ 《通典》卷一四《选举二·历代制中》。
④ 《大唐新语》卷一〇。
⑤ 《唐国史补》卷下。
⑥ 《唐摭言》卷一《散序进士》。
⑦ 《通鉴纲目》卷三六。

大业五年(609 年),隋炀帝又根据政治需要,诏令四科举人,从地方选拔优秀人才。其年六月,"辛亥,诏诸郡学业该通、才艺优洽,膂力骁壮、超绝等伦,在官勤奋、堪理政事,立性正直、不避强御四科举人"①。四科选人与十科选人相比,规模显然不同,而内容却有共同之处。应该说,四科都曾实际包含在十科的内容中,此时是从十科中挑出四科,名称有所变化。如原称"学业优敏,文才美秀",此时称"学业该通、才艺优洽";原称"膂力骁壮",此时称"膂力骁壮、超绝等伦";原称"执宪不挠",此时称"在官勤奋、堪理政事";原称"强毅正直",此时称"立性正直、不避强御"。从十科调整为四科,省略的是道德品行科目,突出强调的是选拔实用人才的科目。

关于四科举人,史书中虽无详细记载,但也还有个别线索。杜正藏于"大业中,与刘炫同以学业该通,应诏被举"②,是四科举人中被举的两人。被举者要集中加以考试,"纳言杨达举炫博学有文章,射策高第,除太学博士"③。考试限于策试,评卷录取后,上报加以任用。

在隋代,常科与制科兼行,其中常科是基本,制科为补充。

二、 科举考试的内容与方法

《隋书》中无选举志,没有专篇记载和论述科举考试制度。有关隋代科举考试的史料极为分散和零碎,现在只能利用这些史料

① 《隋书》卷三《炀帝纪上》。
② 《北史》卷二六《杜正藏传》。
③ 《隋书》卷七五《刘炫传》。

42

进行综述,主要谈常科考试。

(一) 科举考试的设科

关于隋代科举考试的设科,没有直接史料,但有间接史料,几种间接史料都比较一致,现作为引证。

《通典》卷一五《选举三·历代制下》载:"〔大唐〕贡士之法,多循隋制。……其常贡之科,有秀才,有明经,有进士,有明法,有书,有算。"

《新唐书》卷四四《选举志上》载:"唐制,取士之科,多因隋旧,……其科之目,有秀才,有明经,有俊士,有进士,有明法,有明字,有明算……"

《册府元龟》卷六三九《贡举部·总序》载:"唐循隋制,诸郡贡士。常贡之科有秀才,有明经,有进士,有明法,有明书,有明算。"

以上史料表明,贡士之法与设科之制有联系,有了每岁贡士,才有常贡之科。常贡的科目中,基本的有六科,即秀才、明经、进士、明法、明书、明算。

(二) 科举考试的方法

科举考试之事由尚书省吏部尚书负责管理,而具体事务则由吏部曹的吏部侍郎(后改称吏部郎)来办理。

1. 秀才科的考试方法

凡是被推举的秀才,都要试方略策五道。由于秀才科要求最高,全国被举为秀才的人极少,结果只是为少数人而命题考试,有时只为一人而单独命题考试。试策均以书面问答,应试者要针对问题作答,进行说理,故称为对策。试卷评判依据文与理两方面的标准来衡量,文理俱高者为上上,即甲第;文高理平或理高文平为上中,即乙第;文理俱平为上下,即丙第;文理粗通为中上,即丁第;文劣理滞为不第。甲、乙、丙、丁四个等第又称为四科。试卷评出等第,要将评定的结果及试卷呈报上司审核,然后再奏闻皇帝,获准之后,应试者即正式成为秀才。这是正常的程序。

有时也有特殊情况,上司对试策的结果有怀疑,对被录取者是否够格成为秀才信不过,这时就要举行复试,再加检验。如开皇十五年(595年),左仆射杨素对应举秀才杜正玄进行复试。杨素现场命题,要求其拟司马相如《上林赋》、王褒《圣主得贤臣颂》、班固《燕然山铭》、张载《剑阁铭》《白鹦鹉赋》,用赋、颂、铭三种文体写五篇文章,并严格限定时间,一定要在未时完成。杜正玄本有博学善文的特长,发挥自己的聪明才智,按时交卷,且文理华赡,让杨素心服口服。

开皇十六年(596年),杜正藏应举秀才,当时是苏威监选,要求应举之人试拟贾谊《过秦论》及《尚书·汤誓》《匠人箴》《连理树赋》《几赋》《弓铭》等,也就是要用五种文体写作六篇文章。杜正藏临场不慌,发挥其善文的优势,下笔成章,毫无点窜,应时并就。

由上可见,秀才试方略策是最基本的要求,方略策的成绩可以决定等第与取舍。有时复试加试杂文,但没有明确的条规,而是取决于主考的意志。应试者的文章要获得主考赞赏,才会有好结果。

《隋书》卷七六《刘斌传》:"有隋总一寰宇,得人为盛,秀异之贡,不过十数。"查检有关史传可知,隋代秀才不过十余人,最终能获秀才名号者确实不多。

《隋书》卷七六《王贞传》："王贞字孝逸，梁郡陈留人也。少聪敏，七岁好学，善《毛诗》《礼记》《左氏传》《周易》，诸子百家，无不毕览。善属文词，……汴州刺史樊叔略引为主簿，后举秀才，授县尉，非其好也，谢病于家。"虽然王贞应举秀才及第，但授职仅为县尉。

《北史》卷八三《李文博传》："开皇中，又有魏郡侯白，字君素，好学有捷才，性滑稽，尤辩俊。举秀才，为儒林郎。"

《芒洛冢墓遗文续编》卷中《李护墓志》："父宝，……开皇中，应诏，举秀才。"

《隋书》卷七五《刘焯传》："刘焯字士元，信都昌亭人也。……遂以儒学知名，为州博士，刺史赵煚引为从事，举秀才，射策甲科。与著作郎王劭同修国史，兼参议律历，仍直门下省，以待顾问。俄除员外将军。"

《北史》卷二六《杜正玄传》："正玄，字知礼，少传家业，耽志经史。隋开皇十五年，举秀才，试策高第。……晋王广方镇扬州，妙选府僚，乃以正玄为晋王府参军。……正藏，字为善，亦好学，善属文。开皇十六年，举秀才。……授纯州行参军。……大业中，……正伦为秀才……"

《新唐书》卷一〇六《杜正伦传》："杜正伦，相州洹水人。隋世重举秀才，天下不十人，而正伦一门三秀才，皆高第，为世歆美。调武骑尉。"

《旧唐书》卷六一《窦威传》："窦威字文蔚，扶风平陵人，……威家势勋贵，诸昆弟并尚武艺，而威耽玩文史，介然自守，诸兄哂之，谓为'书痴'。隋内史令李德林举秀异，射策甲科，拜秘书郎。"

《新唐书》卷二二三上《许敬宗传》："许敬宗字延族,杭州新城人。……敬宗幼善属文,大业中举秀才中第,调淮阳书佐,俄直谒者台,奏通事舍人事。"

《芒洛冢墓遗文续补·唐故卫尉寺主簿赵府君墓志并序》："祖讳孝钧,隋秀才登科,初补校书郎。"

《金石萃编·赵思廉墓志》："祖撝,隋秀才,侍御史。"

以上诸人是隋代秀才,有史料依据,也为学术界所认定。

隋代重秀才,甚为当时知识分子所企望。但也有人因种种原因,不愿应秀才举。如岑文本,"性沉敏,有姿仪,善文辞,多所贯综。郡举秀才,不应"①。又如薛收,也是很有文才的人,"以父不得死于隋,不肯仕。郡举秀才,不应"②。他在隋不愿应秀才举,后入唐却愿出仕。

2. 进士科的考试方法

隋代初设进士科,考试只有试策一项,历来的认识比较一致。唐杨绾说:"近炀帝始置进士之科,当时犹试策而已。"③为了应进士科试,士子学习策文以及练习写策,成为一时流行的风气。"于是后生之徒,复相仿效,因陋就寡,赴速邀时,缉缀小文,名之策学,不以指实为本,而以浮虚为贵。"④

进士科试时务策五道,以当朝所关注的社会政治问题为题,由应试者引据经史,论述己见,提出解决问题的对策。从考试内容来看,这与秀才、明经有所区别。

时务策的试卷也是根据文与策两方面的标准来评判的,文须

① 《新唐书》卷一〇二《岑文本传》。
② 《新唐书》卷九八《薛收传》。
③ 《旧唐书》卷一一九《杨绾传》。
④ 《旧唐书》卷一〇一《薛登传》。

洞识文律,策须义理惬当。录取者分为两等,即甲科与乙科。据有关文献所载,房玄龄、高士廉、孙伏伽、张损之、房基、杨纂、杜正仪等都是隋代的进士。张损之的有关记载见于《毗陵集》卷一一《河南府法曹参军张从师墓志》:"从师祖损之,隋大业中进士甲科,位至侍御史、尚书水部郎。"进士考试评卷分甲、乙科,在此亦有明确的体现。进士科试卷的评等也与秀才、明经有区别。

3. 明经科的考试方法

作为常科的明经科,要求能通两经,文注精熟,辨明义理。考试只用试策,试题出于经书,录经文或注义为问,共十道,称为"墨义策"或"经策"。其答者须辨明义理,然后为通。通十为上上,通八为上中,通七为上下,通六为中上。明经试策,评卷分为四等,亦称甲、乙、丙、丁四科。

史传中载有隋代明经。《旧唐书》卷七五《韦云起传》:"韦云起,雍州万年人。……隋开皇中明经举,授符玺直长。"《新唐书》卷一九八《孔颖达传》:"孔颖达字仲达,冀州衡水人也。……隋大业初,举明经高第,授河内郡博士。"《全唐文》卷一四五《于志宁二·唐太傅盖公墓碑》:"公讳文达,字艺成,冀州信都人也。……隋炀帝以当□握图,大横篆历,命翘车以□英彦,□□□以召硕儒。公以经明行修。孤标独秀。大业三年,授同安博士。"《资治通鉴》卷一八六《唐纪二》:"初,北海贼帅綦公顺,帅其徒三万攻郡城,已克其外郭,进攻子城;城中食尽,公顺自谓克在旦夕,不为备。明经刘兰成纠合城中骁健百余人袭击之,城中见兵继之,公顺大败,弃营走,郡城获全。"从以上史料来看,明经科起于隋开皇年间,作为常科,每年应举者不乏其人,中举者授以官职。

以上所述的秀才科、进士科、明经科,是隋代科举考试制度中具有代表性的科目,社会影响最大,最受士人关注,应举者也较多。明法、明书、明算等科,因为种种原因,应举者少,缺乏杰出人物,社会影响较小,史传中缺少这些科目有关人物的记载。

隋代创立了科举考试制度,依靠设科考试,以文才为标准,广泛选拔人才,为封建国家政权服务。科举考试制度还未充分发展与进一步成熟完善,隋代只统治三十七年,就二世而亡。继起的唐代因循隋代的科举考试制度,才使之进一步发展和完善。

第二章

唐代的学校考试

　　唐代开国皇帝李渊于 618 年登位后,采取多种措施以巩固政权,文教是他重视的一个方面。他提出"兴化崇儒"的政策,尊崇儒家,以儒学为治国的指导思想,以推行道德教化为统治的主要手段,以学校为实行教化的中心,把发展学校教育作为首要的政治任务。他说:"自古为政,莫不以学为先。学则仁、义、礼、智、信五者俱备,故能为利深博。"①宣传"五常"道德规范,使之深入民心,达到移风易俗的目的,这对于巩固唐王朝的中央集权统治是极为有利的。唐高祖发诏书,命令自京都至州县及乡,均设置学校,初步建立全国的学校系统。继位的唐太宗认识到,国家要转入和平建设时期,不能仅依靠武力统治,而应侧重文治。他选择"偃武修文"的政治路线,推行崇儒兴学的文教方针,进一步发展京都的国子监和地方的州县学,确立了唐代官学教育制度系统化和多样化的基础。他把发展学校以培养人才和利用科举以选拔贤才两者并举,获得很大成功,为"贞观之治"创设了条件。唐高宗继续使用贞观时期的文教方针,在教育制度方面没有根本性的

---

　　① 《唐大诏令集》卷一〇五《兴学敕》。

改革。武则天当政时,在教育制度方面出现比较大的曲折,破坏多于创新。到了唐玄宗当政的开元年代,唐代教育发展已有百年的历史,总结教育百年兴衰的经验教训,更坚定地实行崇儒兴学的方针。开元年间,以官学为主干,以私学为补充,官学分层发展,私学也要提倡,民间可任立私学。通过教育立法,学校教育管理制度进一步完善,考试作为学校教育管理的基本手段得到确认,不仅在各级学校中实行,而且已系统化、制度化,被载入《唐六典》。在学校教育管理制度和考试制度方面,唐后期的统治者无不以贞观、开元为典范,只是结合所处年代的现实需要,作了局部的调整和补充。本章先考察京都学校的考试制度,后考察地方学校的考试制度。

第一节　国子监系统的考试

国子监是唐代的最高学府,又是中央官学的行政管理机构,它根据法令监督审查本系统的考试,并最终检验培养人才的水平。

一、国子监考试的管理机构

国子监设有祭酒一人,从三品;司业一人,从四品下。国子监祭酒、司业作为国子监行政领导,其职责为"掌邦国儒学训导之政令"[①],统一管理国子学、太学、广文馆、四门学、律学、书学、算学等

① 《唐六典》卷二一《国子监》。

七学。他们还负责组织重要的典礼活动,如皇帝视学、皇太子齿胄,则执经讲义。春秋仲月上丁释奠于先圣先师,则集合诸生,执经论议,奏请京文武七品以上官并从观礼。日常所教授儒经,以《周易》《尚书》《周礼》《仪礼》《礼记》《毛诗》《春秋左氏传》《公羊传》《穀梁传》各为一经,兼习《孝经》《论语》《老子》。《礼记》《左传》为大经,《毛诗》《周礼》《仪礼》为中经,《周易》《尚书》《公羊传》《穀梁传》为小经。除了监督检查各学的教学、考试活动之外,每岁终,考核学官训导功业之多少而评其等第,以作为升黜的基本依据。

丞一人,从六品下,掌管处理监中事务。凡七学学生每年有完成学业者,上报到监,丞负责组织考试,并请祭酒、司业临场监试。根据考试评定的结果,写出登第者名册,禀告祭酒审阅,然后上报尚书省礼部,这一批毕业生就获得参加礼部主管的科举考试的资格。

主簿一人,从七品下,掌管印信,检察监规的执行。凡七学学生有不遵循师教者,就予以检举并作退学处分。如有学生考试成绩连续三年处于下第,在学已经九年,或律生在学六年,学业未能完成,也作退学处理。

录事一人,从九品下,掌管公文的收发。

从以上管理机构的组织可以看出,其主要特点是:集中领导,祭酒负责,部门分工,职权明确。国子监把考试作为实施管理的重要环节来抓,考试成为考核教学人员教育工作成效、督促学生课业、检查学生学业水平提高程度的基本手段。

二、 国子监各学的教学与考试内容

国子学的教学人员有博士五人,正五品上;助教五人,从六品上；直讲四人。教学对象是文武官三品以上及国公子孙、从二品以上曾孙为学生者。[①]

太学的教学人员有博士六人，正六品上；助教六人，从七品上。教学对象是文武官五品以上及郡县公子孙、从三品曾孙为学生者。

四门学的教学人员有博士六人，正七品上；助教六人，从八品上。教学对象是文武官七品以上及侯伯子男之子为学生者，或庶人之子为俊士者。

虽然国子学、太学、四门学之教学对象的家庭出身、等级地位不同，但教学内容是一致的，都教授儒家经书。从贞观年间颜师古校定《五经定本》和孔颖达主持编写《五经正义》开始，便强调使用国家规定的统一教材。各学学生围绕《周礼》《仪礼》《礼记》《毛诗》《春秋左氏传》等基本课业，分五经进行专经学习，其他经书则列入兼习范围。习《孝经》《论语》，限一年完成课业；习《公羊传》《穀梁传》《尚书》，各一年半；习《周易》《毛诗》《周礼》《仪礼》，各两年；习《礼记》《春秋左氏传》，各三年。习经有余暇，令习隶书，日写纸一幅，其间也安排学习时务策，读《国语》《说文》《字林》《三苍》《尔雅》等。练习书法，学习写策文，掌握基础知识，这些是参加科举考试的必要准备。学生以长幼为序，习正业之外，教吉、凶二礼，公私有事时则协助礼仪活动。

博士分经以教授学生；助教掌佐博士分经以教授；直讲掌佐博士、助教之职，专以经术教授而已。每授一经，必令终讲，不得改业。各学学生先读经文通熟，然后授文讲义，这是当时教学所

① 此部分所述国子监各学教学人员和教学对象的相关内容，依据的是《新唐书》卷四八《百官志三·国子监》。《旧唐书》的相关内容与此稍有不同。

遵循的程序。这也关联到考试。在一段时间内,学生只学一经,考一经,待学完一经,考完一经,才能转入学习他经。

广文馆的教学人员有博士四人,助教二人。教学对象是入国子监求修进士课业的学生。凡是进士科考试的项目,就是广文馆所要学习的内容,一切课业皆为应进士科考试之准备。

律学的教学人员有博士三人,从八品下;助教一人,从九品下。教学对象是文武官八品以下及庶人之子为学生者。律学以唐律、唐令为专业课程,格、式、法例亦兼习,所有的课程都突出律学专业的特色。

书学的教学人员有博士二人,从九品下;助教一人。教学对象是八品以下及庶人之子为学生者。书学以《石经》《说文》《字林》为专业课程,其中《石经》三体限学三年,《说文》限两年,《字林》限学一年,兼习余书。

算学的教学人员有博士二人,从九品下;助教一人。教学对象是八品以下及庶人之子为学生者。算学二分其经以为专业:《九章》《海岛》《孙子》《五曹》《张丘建》《夏侯阳》《周髀》《五经算》为一专业,《缀术》《缉古》为一专业。课程学习期限为:《孙子》《五曹》共一年,《九章》《海岛》共三年,《张丘建》《夏侯阳》各一年,《周髀》《五经算》共一年,《缀术》四年,《缉古》三年。《记遗》《三等数》皆兼习之。

国子监各学学生之各类课业的督促、学官教学效果的考查,都以考试为检查手段,规定的教学课程作为考试的内容,依教学的进度,分阶段进行考查。考试是国子监教学过程中的重要环节,不仅学者重视,教者重视,而且国子监的行政领导也把它作为关键性的管理手段加以重视。

三、 国子监的考试系列

唐代继承隋代的考试制度,在国子监中有明显的体现。唐代把隋代创设的定期考试发展为定期系列考试,并形成比较稳固的制度。这种考试制度延续将近三百年,对唐代以后的考试也产生了重要的影响。以下对国子监系列考试进行一些考察。

(一)入学考试

《新唐书》卷四四《选举志上》说:"国子监生,尚书省补,祭酒统焉。"尚书省礼部掌管国子监属下各学的规模以及招收补充学生的审决权。如学令规定优待贵族官僚子弟,国子监各学可依据门第品级接纳他们入学,这批人只要交验必要的文书材料为证明,申报尚书省礼部审核批准,就不必经过入学考试这一关。又如贡举人下第,也可以入国子监修学。尤其是广文馆开设之后,专门招收贡举人修进士学业,只要申报登记在案,不必参加入学考试,也就取得学籍。所以,按照学制的规定,国子学、太学的学生都是依门荫入学,无须参加入学考试。需要考试而入学的是四门学、律学、书学、算学的部分学生。具体管理学生入学考试的是国子监的行政长官祭酒。

关于唐代中央官学的入学考试,武德七年(624 年)二月的诏令就有原则性的规定:"其有吏民子弟,识性开敏,志希学艺,亦具名申送入京,量其差品,并即配学,明设考课,各使厉精,琢玉成器,庶其非远。"①

---

① 《唐大诏令集》卷一〇五《置学官备释奠礼诏》。

这里提到"量其差品",是指各方学生申送入京集中后,进行水平测验,经统一命题考试,显示出程度的差异,以此为据,被分配于各学修业;还提到"明设考课",这是指入学以后,进行学业管理考试,其作用在于促使学业精进,造就成才。可见,唐初就已注意区分两类考试,发挥各自的作用。

唐代的入学考试也非一成不变,而是在发展中不断加以完善。开元二十一年(733年)五月敕:"诸州县学生,年二十五已下,八品、九品子,若庶人生年二十一已下,通一经已上,及未通经,精神通悟,有文词史学者,每年铨量举选,所司简试,听入四门学,充俊士。"[①]根据此敕令来分析,四门学招收学生,参加入学考试的是三类人:一是州县所选送的学生,限二十五岁以下;二是八品官、九品官之子;三是平民出身的学生,年龄在二十一岁以下,具有文化条件,能通一经以上,或有文词史学者。这三类人不论家庭背景和文化条件,都由"所司简试"才能入学。

唐代礼部有招生权,祭酒有考试权,形成制度,两者互相制约。元和元年(806年)四月,国子监祭酒冯伉奏书提出:"其礼部所补生,到日,亦请准格帖试,然后给厨役。"[②]依奏实行,礼部所补的学生到国子监报到,也得准格帖试。祭酒运用考试权,检查此类学生入学时的文化程度,防止滥竽充数者占据有限的名额。

唐后期,国子监的规模缩小,学生的家庭出身也有变化。长庆元年(821年),国子监祭酒韩愈在《请上尊号表》中称:"臣得所管国子、太学、广文、四门及书、算、律等七馆学生沈周封等六百人

---

① 《唐会要》卷三五《学校》。
② 《唐会要》卷六六《东都国子监》。

状,称身虽贱微,然皆以选择得备学生。"①可见,贵族官僚子弟有
其他更好的出路,他们普遍厌学,不愿入国子监受管束;而平民子
弟则以入学为好的出路,所以在国子监的学生中,出身以"贱微"
居多,这些人"皆以选择得备学生",他们由州县选拔,再经国子监
入学考试而被录取。

国子监祭酒重视考试权的运用,是为了加强国子监的管理,
以保证教育秩序。长庆二年(822年)闰十月,国子监祭酒韦乾度
奏:"当监四馆学生,每年有及第阙员,其四方有请补学生人,并不
曾先于监司陈状,便自投名礼部,计会补署。监司因循日久,官吏
都不检举,但准礼部关牒收管,有乖大学引进之路。臣忝守官,请
起今已后,应四馆有阙,其每年请补学生者,须先经监司陈状,请
替某人阙,监司则先考试通毕,然后具姓名申礼部,仍称堪充学
生。如无监司解申,请不在收管之限。"②奏书所说"四馆",是指国
子学、太学、四门学与广文馆。要请补入学为学生者,必须等候有
缺,先经国子监考试,判定通毕,然后具名申报礼部核准,才算具
有条件为学生。如果没有国子监的考试和申报,礼部就不应该接
受。奏书又说:"旧例,每给付厨房,动多喧竞。请起今已后,当监
进士、明经等,待补署毕,关牒到监司,则重考试。其进士等若重
试及格,当日便给厨房。其明经等考试及格后,待经监司牒送,则
给厨房。庶息喧争。"下第的进士、明经入国子监修业,以前优待
免试,今后要经国子监考试及格,才能成为正式学生,申报礼部并
给予学生待遇。学生待遇在物质生活方面主要是官费供厨和居

---

① 《韩昌黎集》卷三九。
② 《唐会要》卷六六《东都国子监》。

住,有吃有住,无饥无寒,这是保证正常学习的基本条件。

国子监学生入学必须经过考试,这在唐代已成为稳定制度,延续到五代,还在实行。

(二) 旬试与月试

唐代国子监为学业管理而实行的平时考试,也是继承隋代的制度,略作变更。唐代形成每旬给假一日,以供官员休沐或办理私事的制度。国子监作为政府部门之一也实行这一制度,并与旬试联系起来,每旬放假前一日,就这一旬内所学习的课业,由博士组织考试。这种考试要求学生复习所学课业以作好准备,博士从中随机抽查一定的题目,并不是要求学生全部背诵、讲解一遍。考试采取两种方式:一是试读,每千字试一帖,每帖三个字,要求学生把所帖的三个字读出来;二是试讲,每两千字内问大义一条,总试三条,通二为及格,通一及全不通的,斟酌差错程度以决定处罚轻重。旬试以十日为周期,是经常性的考试,它能较为及时地反映教学的实际情况,起着督促学生复习巩固、帮助教师检查教学效果的作用。

但是,旬试过于频繁,给学生和博士反复制造压力,成为他们不小的精神负担。要减轻压力,最简便有效的办法就是减少考试次数。于是,国子监放弃旬试,转而采用月试,由十日为一考试的周期,改为一月为一考试的周期。

元和元年(806年),国子监祭酒冯伉奏请严申学规,他提出:"后每月一度试,经年等第不进者,停厨,庶以止奸,示其激劝。"①

---

① 《册府元龟》卷六〇四《学校部·奏议三》。

显然，月试间隔的时间稍长一些，比较切实可行。所以，月试成为唐后期较为固定的一种考试，在国子监中实行。

由于士人趋于乡贡一途，唐后期官学的入学人数逐渐减少，国子监也日趋萧条。政府几度采取措施，规定凡欲参加科举考试，必须先具备学生身份。这就迫使士人先入官学成为学生，然后经过官学的教学和参试程序，由州县学或国子监考选并举送。法令作出限制，不经国子监或州县学的士人不得被举送参加科举。如会昌五年（845年），法令规定士人修明经、进士业者，并隶名太学，每季一试，使其经艺习熟。已隶名太学的人取得了学籍，但并不被要求全都在监住读。对这部分挂名学生，每季集中考试一次，借助考试的推动，使其经艺习熟，为参加正式的科举考试作好准备。

（三）岁试

国子监所属各学的学生，每年至岁终都要举行岁试。这是封建国家法令所规定的考试，也是学业管理考试中较重要的一种，成为固定的制度。神龙二年（706年）九月敕："以每年国子监所管学生，国子监试。……并选艺业优长者为试官，仍长官监试。"考试的要求："其试者通计一年所受之业，口问大义十条。"成绩评定分为上、中、下三等，"得八已上为上，得六已上为中，得五已上为下"。[①] 上者优良，中者合格，下者不合格。

岁试由长官出场监试，体现国子监对岁试的重视。岁试的结

---

① 《唐会要》卷三五《学校》。

果还与奖惩紧密联系起来,更加凸显其重要性。岁试成绩记录在案,累计作出评定,"并三下与在学九岁、律生六岁不堪贡者罢归"[1]。连续三年岁试成绩都是下等,或者有升有降,没有达到通两经以上的水平,而在学时间已实足九年,律生在学时间已实足六年,按规定就作退学处理。岁试成绩如在中等或上等,且能通两经以上,就具有条件申请参加毕业试,由博士将业成者列名上报国子监。成绩好,并不要求出仕,而想继续在学学习者,也有特别的奖励。"诸学生通二经、俊士通三经已及第而愿留者,四门学生补太学,太学生补国子学。"[2]

(四) 毕业试

参加国子监的毕业试需具备一定条件。"每岁,其生有能通两经已上求出仕者,则上于监;堪秀才、进士者亦如之。"[3]谁够条件可以上报,名单是由各学的博士根据历年的考试成绩来核定的。

毕业试是国子监的大事,它将决定参试者水平高低、能否出仕,由国子监祭酒主管;至于考试的具体事务,则由国子监丞负责组织。"丞掌判监事。凡六学生每岁有业成上于监者,以其业与司业、祭酒试之:明经帖经,口试策经义;进士帖一中经,试杂文,策时务,征故事;其明法、明书、算亦各试所习业。……其试法皆依考功,又加以口试。明经帖限通八已上,明法、明书皆通九已上。"①毕业试在开元二十四年（736年）以前完全依照吏部考功科举考试的办法进行，此后则完全仿照礼部科举考试办法，模拟科举考试。这对于参加考试的学生是一次总检验，也是一次实际锻炼。成绩评定后，由监丞列出及第者名册，呈祭酒审阅，然后上报礼部。

四、 大成生的考试

大成生的设置是唐代国子监的特色，与各学学生有所不同，是学校教育培养的最高层次的学生。

国子监对于大成生并没有掌握全部管理权，大成生实际上由吏部与国子监共管，以吏部为主。大成生的培养造就依托最高学府，所以生活管理、教学管理由国子监负责；其他方面，特别是入学考试、毕业考试、官阶俸禄等，则由吏部负责管理。

大成生的入学考试由吏部主管。招生对象为明经及第，聪明灼然者，所试有三项：一为试书，日诵一千言；二为口试，问大义，十条通七；三为策试，策问所习之业，十条通七为合格。选择可录取者，然后补充。初设时，定名额为二十人，开元二十年（732年）减为十人。

大成生已经参加科举考试并已及第，获得了任官资格，只是没有立即加入官僚行列担任实职，而是进入国子监继续习业，深造提高。因此，大成生的身份和待遇与国子监生不同，吏部对他们不一般看待，而是视同官员，各授散官，"其俸禄、赐会准非伎术

① 《唐六典》卷二一《国子监》。

直例给"①。

大成生以达到通四经的水平为学习的最高目标。大成生学业完成，最终要由吏部组织考试，以判定其是否毕业。考试也有三项：一为试书，《孝经》《论语》共试八条，余经各试八条，间日一试，灼然明练精熟为通；二为口试，问大义，十条通九；三为策试，十条通七为第。此外，博学者还可以考试加经，所试加经不同，以后的任用也有区别。所试加经为《礼记》《左传》《毛诗》《周礼》者，官品可以加两阶；所试加经是其他经者，官品加一阶。对大成生毕业试及第者，吏部放选时给予从优处置。

对毕业试未能达到及第标准的大成生，依旧让其在监习业，三年一次考试，及第者毕业，未及第者继续习业。如果习业时间累计已达九年，学业还未成功，根据条规，作"解退"处置，依常选例任用，既不加阶，也不从优处置。学习了九年，有三次参加毕业试的机会，结果都没有达到及第标准的，解退之后依然给予任用，没有什么惩罚。对于带着官衔学习的人，这是极为宽容的。

第二节　政府部门附属学校的考试

在我国历史上，唐代是政治统一、经济繁荣、文化发达、疆域辽阔的封建国家，为充实国家行政机构，需要数量相当多的官员。官员队伍需要各种类型的人才，单是依靠国子监培养人才已不能满足所有需要，因此要尽可能多方面、多渠道进行培养。国家的一些行政职能部门和事务部门，集中了一批高级的专门人才和技术人才,具有开展各种活动所必需的物质设备,能提供进行实践的基本条件。因此,授权这些部门设立附属学校,可以根据需要招收学生,由专职的博士、助教负责教学培养,由兼职的专业人员辅助教学。对不同专业,规定不同的学习年限,待完成学业,多数人可以被选拔为这些部门的专业人员。在多种专业人才的培养过程中,考试都被作为督促学习的手段,并成为教育管理的基本制度之一。以下根据文献记载的史料,对唐代政府各部门附属学校的考试活动进行一些探讨。

一、 弘文馆、崇文馆的考试

弘文馆是门下省属下的顾问参议机构,设有学士,其职能有三:发挥顾问参议作用;掌管详正图籍;教授官僚贵族子弟,有学生三十人。

崇文馆是东宫属下专掌校正经籍图书的机构,设有学士,其职能有二:勘正经籍图书;教授皇亲国戚子弟,有学生二十人。

两个机构从属的系统不同,发挥作用的要求既有共同性,也有差异性。其共同性在于教育贵族官僚子弟,入学对象全是处于社会上层的贵族官僚子弟。入学的条例规定:"皇宗缌麻已上亲,皇太后、皇后大功已上亲,散官一品、中书门下三品、同中书门下平章事、六尚书、功臣身食实封者,京官职事正三品、供奉官三品子孙,京官职事从三品、中书黄门侍郎子,并听预简,选性识聪敏者充。"①所以,弘文馆、崇文馆的入学只用挑选,不用考试,只要出

① 《唐六典》卷八《门下省·弘文馆》。

身符合条例,身体发育良好,有正常学习能力,经申报批准就能入学。入学之后,教育机构要实行管理,为督促学业和选拔人才,自然把考试作为常规的手段来使用。

两个教育机构在性质上属于同类,教学内容基本一致,其考试的要求和方式完全一致,崇文馆的课试举送如弘文馆。因此,只要讲清弘文馆的考试,也就可以知道崇文馆的考试。以下讲述弘文馆的考试。

弘文馆创始于武德四年(621年),初名修文馆,九年改称弘文馆;神龙元年(705年)改为昭文馆,二年改为修文馆;景云中复为昭文馆;开元七年(719年)再改为弘文馆。贞观元年(627年),弘文馆开始招收官僚贵族子弟二十四人入馆,学习书法,置博士讲授经典,又令学者讲授《史记》《汉书》。馆中考试经业,学业成就者,准试贡举。后定学生名额为三十人。《唐六典》卷八《门下省》、《新唐书》卷四七《百官志二》称弘文馆凡学生教授考试,"如国子之制"。实际上,因性质特殊,弘文馆的课程教授及其考试要求都有些特别之处。

弘文、崇文两馆学生皆以资荫补充,因其资荫的品级皆高,考试时降低对其要求,试取粗通文义而已,考试的方式方法皆依照科举考试。

科举考试专设弘文崇文生举,组织单独考试,并单独评卷,不与贡举的明经、进士等同场考试,以保证其录取名额。"礼部试崇文、弘文生举例:习经,一大经,一小经;史习《史记》《汉书》《后汉书》《三国志》,各自为业,及试时务策五条。经、史皆读文精熟,言音典正;策试十道,取粗解注义,经通六,史通三;其时务策须识文体,不失问目意,试五得三。皆兼帖《孝经》《论语》共十条,通六者为第。"①虽有如此规定，但因贵族官僚子弟全凭门荫入学，大都不认真经业，只图混个资格。他们的家庭背景能保证其官运亨通，所以他们并不一定看重科举出身。考官不敢坚持标准，无奈之下，一再降低要求以迁就他们。

但如果贵族学校的考试全不坚持标准，发展下去，对统治集团的长远利益不利；考官没有准则，也很难操办。天宝十四载(755年)二月，朝廷下令降低要求的限度："弘文馆学生，自今已后，宜依国子监学生例帖试。明经、进士帖经并减半，杂文及策，皆须粗通，仍永为常式。"②贵族官僚子弟不能自觉要求，缺乏学习动力，即使已降低标准，仍然达不到最低限度要求。学风败坏也连及考风，舞弊已成为两馆学生中的普遍现象。贞元六年(790年)九月，敕令称："本置两馆学生，皆选勋贤胄子，盖欲令其讲艺，绍习家风，固非开此幸门，隳紊典教。且令式之内具有条章，考试之时，理须精核。比闻此色，幸冒颇深，或假市门资，或变易昭穆，殊愧教化之本，但长侥竞之风。未补者务取阙员，已补者自然登第。用荫既已乖实，试艺又皆假人。诱进之方，岂当如此！自今已后，所司宜据式文考试，定其升黜。如有假贷，并准法处分。"③这是不得已而整顿，效果是短期的，也是有限的，但整顿一下总比不整顿要好。

弘文馆、崇文馆作为部门的附属学校在前期还比较正常，有一定的管理制度，考试还成为有效的管理手段，为唐代培养了一些统治人才。后来，随着政治形势的变化，这两所学校也在发生

---

① 《唐六典》卷八《门下省·弘文馆》。
② 《唐六典》卷八《门下省·弘文馆》。
③ 《唐会要》卷七七《贡举下·宏文崇文生举》。

变化,教育管理制度受到破坏,考试流于形式,在这种环境下难以培养杰出人才。

二、 崇玄馆的考试

开元二十九年(741年)正月,唐代创立崇玄学,设博士一人,助教一人,学生百人。天宝二年(743年),崇玄学改为崇玄馆,博士为学士,助教为直学士。

设立崇玄馆是以学习道教经典、培养道教人才、扩大道教影响为目的的。崇玄馆由管理道教事务的崇玄署管理,隶属于宗正寺。

崇玄馆的教育管理制度以儒学为参照。教学以指导学生习读道教经典为基本任务,以四种道教经典为课程,即《老子》(后改称《道德真经》)、《庄子》(《南华真经》)、《文子》(《通玄真经》)、《列子》(《冲虚真经》)。学生要熟读文注,理解经义。

崇玄馆的考试完全参照明经的考试。每年有经业学习完成者,参加业成考试,其方式有帖经、口问大义、试策等。考试及第者,随贡举人例,申送尚书省礼部,参加道举科考试。

在开始阶段,崇玄馆能通晓道教经典者甚少,愿学习道教经典者甚少,教学水平实在很低,能考试合格者确实不多,为了提倡学习道教经典而给予特别鼓励,降格录取。天宝二年(743年)三月制令:"崇玄生试及帖策,各减一条。三年业成,始依常式。"①

---

① 《全唐文》卷一○○○《唐文拾遗卷之二·试崇元生各减一条制》。

三、 太乐署、鼓吹署的考试

太乐署与鼓吹署是管理乐工的两个机构,实际上也就是中央音乐学校,隶属于掌管邦国礼乐郊庙社稷之事的太常寺。

太乐署的领导称太乐令,掌管教练乐人,调合钟律,为邦国的祭祀、飨燕提供相应的乐队,丞为副以助之。乐正八人为乐师,实际担任教习音乐。[①] 管理人员有府三人,史六人,典事八人,掌故八人。[②] 习乐的生徒至开元时最盛,包括:文武二舞郎一百四十人,散乐三百八十二人,仗内散乐一千人,音声人一万零二十七人。[③] 乐人合计有一万一千五百四十九人。这是一支极为庞大的乐队,以此为基础,形成庞大的音乐学校,生徒在使用中培养,在培养中使用。

因所习内容为音乐,具有特殊性,故太乐署生徒的考试也采取特殊的方式和标准,主要根据实际练习和演奏,以评定依其学习的程度能否成为熟练的乐工。

"凡习乐,立师以教。每岁考其师之课业,为上、中、下三等,申礼部。十年大校之,若未成,则又五年而校之,量其优劣而黜陟焉。(诸无品博士随番少者,为中第;经十五年,有五上考者,授散官,直本司。)若职事之为师者,则进退其考。习业者亦为之限,既成,得进为师。"[④] 乐生每年由太常寺就其乐师所教习的课业进行考试,申报礼部存案。十年一次总考校,称为大校。如有乐生未

---

① 《唐六典》卷一四《太常寺》。
② 《旧唐书》卷四四《职官志三·太常寺》。
③ 《新唐书》卷四八《百官志三·太常寺》。
④ 《唐六典》卷一四《太常寺》。

达到预期的水平,则延长五年再作一次考校,根据其水平决定升黜。

"凡乐人及音声人应教习,皆著簿籍,核其名数而分番上下,短番散乐一千人,诸州有定额。长上散乐一百人,太常自访召。关外诸州者分为六番,关内五番,京兆府四番,并一月上,一千五百里外,两番并上。六番者,上日教至申时;四番者,上日教至午时。皆教习检察,以供其事。"[①]习乐者分为两部分:一部分是长上散乐,人数较少,是职业性的,召用后就稳定不变;另一部分是短番散乐,是从全国各地征召来轮番应差事的,人数较多。关外诸州较远,六番一轮,上日教习至申时;京兆府较近,四番一轮,上日教习至午时。前者教习全天,后者只教习半天。教习后,及时考察,做好准备以应差事。

鼓吹署的领导称鼓吹令,掌鼓吹施用调习之节,以备卤簿之仪,丞为副以助之。[②] 有乐正四人,负责教习鼓吹。凡大驾卤簿所规定的,用一千八百三十八人,分为二十四队,列为二百一十四行。其他各种典礼活动因场合和级别不同,规模各有等差。

习乐"得难曲五十以上任供奉者为业成。习难色大部伎三年而成,次部二年而成,易色小部伎一年而成,皆入等第三为业成。业成、行修谨者,为助教;博士缺,以次补之。长上及别教未得十曲,给资三之一;不成者隶鼓吹署。习大小横吹,难色四番而成,易色三番而成;不成者,博士有谪"[③]。可见,习乐是根据不同的难

① 《唐六典》卷一四《太常寺》。
② 《唐六典》卷一四《太常寺》。
③ 《新唐书》卷四八《百官志三》。

度规定相应的学习期限，学成，随即考试。博士负教习的责任，对乐生的要求比较严格，难色大部伎、次部伎、易色小部伎全都要学。乐生累积掌握难曲五十以上的，可以担任供奉，才算学业成功，成为待命而出的正式演奏员。音乐的教官是在业成者中间选拔的，业既成，行又修谨者，先提拔为助教；当博士有缺时，从助教中选技艺成熟、德行优异者补充。

太常寺协律郎是太常寺乐队的指挥。"协律郎掌和六律、六吕，以辨四时之气，八风五音之节。"①太常寺的规章赋予协律郎专掌教乐的监试权。"凡太乐、鼓吹教乐则监试，为之课限。太乐署教乐：雅乐大曲，三十日成；小曲，二十日。清乐大曲，六十日；文曲，三十日；小曲，十日。燕乐、西凉、龟兹、疏勒、安国、天竺、高昌大曲，各三十日；次曲，各二十日；小曲，各十日。高丽、康国一曲□□□。鼓吹署：棡鼓一曲十二变三十日；大鼓一曲十日；长鸣三声十日；铙鼓一曲五十日，歌、箫、笳一曲各三十日；大横吹一曲六十日，节鼓一曲二十日，笛、箫、觱篥、笳、桃皮觱篥一曲各二十日；小鼓一曲十日；中鸣三声十日；羽葆鼓一曲三十日，錞于一曲五日，歌、箫、笳一曲各三十日；小横吹一曲六十日；箫、笛、觱篥、桃皮觱篥一曲各三十日成。凡教乐，淫声、过声、凶声、慢声皆禁之。淫声，若郑、卫者；过声，失哀乐之节者；凶声，亡国之声，音若桑间濮上者；慢声，不恭者也。使阳而不敢散，阴而不敢集，刚气不怒，柔气不慑，畅于中，发于外，以应天地之和。若大祭祀、飨燕，奏乐于庭，则升堂执麾以为之节制：举麾，鼓柷，而后乐作；偃麾，戛敔，而后止。"②协律郎作为在事务部门太常寺范围内习乐的监试人，掌握乐生学习每类曲目规定的时限，监督乐生如期习成并考

① 《唐六典》卷一四《太常寺》。
② 《唐六典》卷一四《太常寺》。

试,不容任意延期,并掌握评定音乐的艺术标准,防止非雅正的音乐干扰人心。协律郎的裁判具有一定的权威性。

唐代音乐学校的考试,体现了对音乐专业人才特殊的教学要求,从实际需要出发,选择考试的方式方法,形成了音乐专业的考试制度。

四、 太医署的考试

太医署是唐代中央政府的医疗机构,隶属于太常寺。

太医署的领导为太医令二人,太医丞二人为副以助之。太医署掌管医疗与药物诸事务,其属有医师、针师、按摩师、咒禁师、药园师,皆有博士以教学生,其考试、登用,如国子监之法。太医署实际上附设了中央医药学校。

医学专业设医博士一人,助教一人。医师二十人,医工一百人,佐医博士、助教。医博士掌以医术教授,有医生四十人,皆以庶民之子考试选补。医生先学医学基础理论和医学基本知识技能:读《本草》时,即令识药形而知药性;读《明堂》时,即令验图识其孔穴;读《脉诀》时,即令递相诊候,使知四时浮沉涩滑之状;读《素问》《黄帝针经》《甲乙》《脉经》,也皆使精熟。学完以上经典后,医生分为五个专业继续教习:一为体疗,七年学成;二为疮肿,五年学成;三为少小,五年学成;四为耳目口齿,二年学成;五为角法,二年学成。

针疗专业设针博士一人,针助教一人。针师十人,针工二十人,以助针博士、针助教。针生二十人,皆以庶民之子考试,选补为针生。针博士掌教针生,使识经脉孔穴、浮沉涩滑之候,又以九针运用为补泻之法。凡针疾先察五脏有余不足而补泻之。针生除读《素问》《黄帝针经》《明堂》《脉诀》等经典外，兼习《流注》《偃侧》等图和《赤乌神针》等经。

按摩专业设按摩博士一人，按摩师四人，按摩工十六人佐之。按摩生十五人，皆以庶民之子考试选补。按摩博士所教为消息导引之法，以除人之风、寒、暑、湿、饥、饱、劳、逸八疾，导而宣之，使内疾不留，外邪不入。若有损伤折跌者，以法正之。

咒禁专业设咒禁博士一人，咒禁师二人，咒禁工八人佐之，教咒禁生十人，皆由庶民之子考试选补。咒禁博士所教为咒禁拔除邪魅之法。

药物专业设药园师二人，主管药园，以时种莳收采诸药。药园生八人，由庶民十六以上、二十以下者选充。药园师教药园生，使知药有阴阳配合、子母兄弟、根叶花实、草木骨肉之异，及有毒无毒、阴干曝干，采造时月，皆分别焉；使能辨药物所出州土，每年依法贮存。

由于医药分为各种专业，传习医药知识的内容各有不同，因此太医署根据各科课目性质，采取适用的考试方法。其特点是重视培养学生的实践能力，使之学习医药经典知识时能联系实际，经反复练习而具有诊断治病的能力。

医药学校以考试为教学管理的重要手段，并形成较为固定的考试制度："博士月一试，太医令、丞季月一试，太常丞年终总试。"①医药学校每月基本上有一次考试，实行定期的三级考试制度，以保证培养既精通医药典籍又有医疗实践能力的

---

① 《唐六典》卷一四《太常寺》。

医疗人员。

医药学校按规定在学生完成学业时举行毕业考试,作为学习阶段结束的标志。此项考试由太常丞主考,以体现主管部门的高度重视。因为只考一场,所以侧重医药经典知识,当然也需要联系实际。如针生毕业考试,须试《素问》四条,《黄帝针经》《明堂》《脉诀》各二条。[①]

医药人员在唐代政府机构中属技术人员。贡举不设医药科目来选拔医药人才,但政府实际又需要此类人才,就通过荐举聘任或由本部门从下层人员中择优补阙。太医署所培养的毕业生多数用于充实本部门,若经主管部门考察,实际表现突出,业术超过现任医官者,即听补替。由此可见,唐代医药人才的培养和选拔任用不是绝对分离,而是比较密切地联系在一起,这也是很值得后世认真总结的方面。

五、 少府监的考试

少府监作为掌管百工技巧之政令的专门机构,是中央政府手工业品集中生产与供应的部门,也是培训技术工匠的工艺学校。

少府监的长官亦称少府监,少监为副以助之。少府监统辖中尚、供应郊祀圭璧、天子器玩、后妃服饰、雕文错彩。左尚、供应翟扇、盖伞、各种规格车辇。右尚、供应马辔、官帐、刀剑、斧钺、甲胄、纸笔、茵席、履舄等,兼领皮毛工。织染、供应冠冕、组绶及织纴、色染。掌冶专掌范熔金银

---

① 《唐六典》卷一四《太常寺》。

铜铁及涂饰琉璃玉作。等五署官属,监督五署工徒进行制作。有技艺熟练的工匠教年轻的徒工。凡教各种手工制作,核计其劳动量与难易之程度,协调而作出统一规定:"功多而难者,限四年、三年成,其次二年,最少四十日,作为等差,而均其劳逸焉。凡教诸杂作工,业金、银、铜、铁铸、锡、凿镂、错、镂所谓工夫者,限四年成;以外限三年成;平慢者,限二年成。诸杂作有一年半者,有一年者,有九月者,有三月者,有五十者,有四十日者。"①这是根据不同的手工工种、难易程度的差别,规定培养徒工的教学期限,最长四年,最短仅四十天,能按工艺要求生产合格产品。因以徒工所制作的产品作为考试的依据,故要求"物勒工名",制作者留下名字,对自己的产品负责。

《新唐书》也有关于教授不同工艺、工种之不同期限的记载:"细镂之工,教以四年;车路乐器之工,三年;平漫刀稍之工,二年;矢镞竹漆屈柳之工,半焉;冠冕弁帻之工,九月。"②习艺期限已满,经考核合格,就可成为独立生产工艺品的手工工作者。

工艺教授也注重效果,用考试来检查,并形成考试制度。"教作者传家技,四季以令丞试之,岁终以监试之,皆物勒工名。"③教者是技术高手,所传乃专家技艺,在工艺品生产实践过程中传授,初时当然是做好一件就检查一件,以后做几件再检查一次,有实物可比较,加以评讲,指出该注意改进之处。各署的令丞每季考试,年终由少府监主持考试。这种逐级考试的制度可以保证坚持工艺制作的标准,防止技术不成熟的人滥竽充数制作粗陋的产品。这种考试制度也保证了传统手工工艺的传承,不至于后继乏

① 《唐六典》卷二二《少府军器监·少府监》。
② 《新唐书》卷四八《百官志三》。
③ 《新唐书》卷四八《百官志三》。

人,技艺失传。

六、 太仆寺的考试

太仆寺是掌管朝廷车舆马匹的事务部门,将车舆马匹保养补充,以备举行大典礼或行幸活动时能按需提供。

太仆寺的领导为太仆卿,掌邦国厩牧车舆之政令,太仆少卿为副以助之。太仆丞负责办理寺内日常具体事务,兼管兽医人才培养之事。

太仆寺附设有兽医学校,设兽医博士一人,学生一百人。兽医学校利用太仆寺兽医人才集中的条件和有关设备作为学习和实践的场所,以培养年轻兽医,补充兽医队伍。

考试也成为兽医学校重要的管理手段,"凡补兽医生皆以庶人之子,考试其业,成者补为兽医,业优长者进为博士"[1]。兽医学校举行入学考试,由太仆丞组织和主持,贵族官僚子弟不会看重兽医行业,只有庶民子弟才会愿意以此为生活出路,自然只有从庶民子弟中选取学生。兽医学校考试的要求比正规官学低,主要是考察有无一定的文化基础,具备者录取,缺乏者淘汰。

最受重视的考试是毕业考试,仍旧由太仆丞主持,专业考试合格,随即毕业留用,改变学生身份,补为兽医。兽医也属于技术类人才,没有相应的贡举项目,只能在行业内发展,经每年考课,业绩优异者可升为兽医博士。

① 《唐六典》卷一七《太仆寺》。

七、 太史局的考试

太史局隶属于秘书省,其首长为太史令,这一机构负责观察天文,稽定历数,担负着多方面任务。"凡日月星辰之变,风云气色之异,率其属而占候。"[①]太史局不仅观察天象,考订历法,还附设天文学校,培养天文历法人才。天文学校按业务部门设置专业,开展教学活动。

历法专业设有历博士(隋及唐初称历博士,后改称保章正)一人,掌教历生。历生三十六人,装书历生五人,专习历法。

天文专业设有天文博士(隋及唐初称天文博士,后改称灵台郎)二人,掌教天文气色。天文生六十人,习观天文气色,占候天文之变,凡测候晷度,则以游仪为其准。

报时专业设有漏刻博士六人,掌教漏刻生。漏刻生三百六十人,习漏刻之节,按时唱漏,以此报时。

天文学校三个专业的教学内容各有不同,其教学活动的特点是学生边学习边参加实践,以见习性的实践工作检验学生的学业。学生在博士指导下从事实践,要坚守岗位,忠于职守,细心观测,如实记录。学习与工作结合,学用一致,考试方式因学习内容的特点而变化。知识使用得好,工作做得准确无误,表明学生的业务学习学得好。

第三节　地方学校的考试

唐初选用儒学为治国的指导思想,以崇儒兴学为文教方针,

① 《旧唐书》卷四三《职官志二·秘书省》。

对学校教育加以重视,不仅重视恢复和发展中央官学,也重视地方官学的发展。武德七年(624年),唐高祖就下令"州县及乡里,并令置学"[①]。设置地方官学最显著的特点就是与地方行政管理系统相结合,由地方各层的行政机构兼管学校教育。唐代采用府州县制为地方行政制度,县为行政区的基本单位。管理学校教育是府州县行政管理职能的一个方面。府州县任用学官,于所在地设置学校机构,招收生员,开展培养人才的教育活动。这些官办的地方学校如何进行考试,是本节所要探讨的问题。

一、 地方学校的设置

唐代统辖的疆域辽阔,分层实行行政管理。《新唐书》卷三七《地理志一》载:"开元二十八年户部帐,凡郡府三百二十有八,县千五百七十三。"地方学校教育机构与行政区的政权机构相应地设置,形成一个遍布全国的学校网,其系统如下:

京兆、河南、太原三府设有府学,置经学博士一人,从八品上;助教二人;学生八十人。还设有医学,置医学博士一人,助教一人,医学生二十人。

大都督府设府学,置经学博士一人,从八品上;助教二人;学生六十人。还设有医学,置医学博士一人,从八品下;助教一人;学生十五人。

中都督府设府学,置经学博士一人,从八品下;助教二人;学生六十人。还设有医学,置医学博士一人,正九品下;学生十

---

① 《唐大诏令集》卷一〇五《置学官备释奠礼诏》。

五人。

下都督府设有府学,置经学博士一人,从八品下;助教一人;学生五十人。还设有医学,置医学博士一人,助教一人,学生十二人。

上州设有州学,置经学博士一人,从八品下;助教二人;学生六十人。还设有医学,置医学博士一人,正九品下;助教一人;学生十五人。又设有道学,置道学助教一人,学生若干人。

中州设有州学,置经学博士一人,正九品上;助教一人;学生五十人。还设有医学,置医学博士一人,从九品下;助教一人;学生十二人。又设有道学,置道学助教一人,学生若干人。

下州设有州学,置经学博士一人,正九品下;助教一人;学生四十人。还设有医学,置医学博士一人,从九品下;学生十人。又设有道学,置道学助教一人,学生若干人。

京县设有县学,置博士一人,助教一人,学生五十人。

畿县、上县设有县学,各置博士一人,助教一人,学生四十人。

中县设有县学,置博士一人,助教一人,学生二十五人。

中下县、下县设有县学,各置博士一人,助教一人,学生二十人。

由上述的系统考察,唐代地方学校的重心在州一级。武德年间,州只有经学,经学博士专以儒家五经教授诸生。至贞观年间,州设医学,医学博士专以百药救疗教授诸生。至天宝年间,州又设道学,道学助教专以四种道经教授诸生。因此,仅州就有三种类型学校。

地方政府对地方学校实行领导,其重要管理手段是抓住主要环节,定期进行考试。对培养过程抓两头,前者抓入学考试,后者抓毕业考试。入学考试的性质是水平测试,对具有一定文化基础,符合要求的,才录取入学,录取注意控制数量。毕业考试也是水平测试,对于习读经书已能明通,考试成绩优良的,才准予毕业。这种考试的目的在于保证毕业生的质量。

二、入学考试

地方政府委派学官,提供经费,规定了学生员额,在府、州、县所在地设立府学、州学、县学,招收学生是使教育活动开展起来的条件。

唐政府规定:"州县学生,州县长官补,长史主焉。"[①]这就明确了招生的权限,县学招生由县官主持,州学招生由州官主持。县学的博士、助教只是在县官的领导下参加入学考试的实际工作,州学的博士、助教只是在州官的领导下参加入学考试的实际工作。长史是仅次于州刺史的州官之一,分工兼管学校。

州县学招考的学生都是来自本州或本县民间私学的学生,他们争取成为地方官学的学生,因为在学有官费保障学习生活,身份地位也会发生变化,还可以免除徭役。到了开元年间,进一步放宽入州县学的限制,每年须收补学生,明确"州县学生取郭下县人替"[②],还强调"许百姓任立私学,其欲寄州县受业者,亦听"[③]。州县学原以民间私学为基础,放宽限制,使私学与州县学联系进一步密切,学生既有经过考试入学的,也有申请寄学受业的。

由于武则天当政时期,学校教育的一些必要制度受破坏,到

---

① 《新唐书》卷四四《选举志上》。
② 《唐摭言》卷一《两监》。
③ 《唐会要》卷三五《学校》。

了唐中宗神龙二年(706年)，为整顿学校教育秩序，颁布敕令，规定学生"初入学，皆行束脩之礼，……州县学生，当州试，并选艺业优长者为试官，仍长官监试"①。长官监试这一规定很明确，没有疑问。艺业优长者为试官，在本州范围内选择，博士、助教以及现职的部分幕僚都是可以选择的对象。

唐玄宗于开元二十一年(733年)颁敕令规定："州县学生，长官补。"②这是对州县学入学考试属地方政府管辖的进一步确认，强调必须按敕令规定的制度执行。

三、 教学管理的分段考试

唐代的府学、州学、县学都归地方各级行政机关管理，但它们实际只抓入学考试与毕业考试，教学过程的管理大都委托给各级学官，亲自过问的极少。

县是基本行政管理单位，管辖范围内只有几千户居民，财赋也有限，支持教育事业的规模不可能大，所以县学生员限制在十二至四十人。县学的教学课程是经学，目的是为学生参加科举考试作准备。

州是比县高一级的行政区，管辖范围内有数万户居民，财赋收入可支持一些规模较大的教育事业，所以州学生员可达四十至六十人，这是经学类的州学。除此之外，州还设立医学，以培养医药人才；设立道学，以培养通晓道教经典的人才。

随着各级各类地方学校的发展，所需博士、助教数量渐多，不

---

① 《唐会要》卷三五《学校》。
② 《唐会要》卷三五《学校》。

可能全部由中央政府招聘和委派,因此采用分级委派的制度,"县则州补,州则授于吏部"①。县学博士、助教由州委派,未列入九品官阶。州学博士由中央政府吏部委派,位居八品、九品之间。不论有品无品,是由州还是吏部委派,都是受任命的学官,既负责为生员授课,也负责教学过程中的有关考试。

学校的考试内容是由学官讲授的课程内容决定的。

州县学都是经学,以儒学的五经为基本课程,经学博士以五经教授诸生,目的在于使学生掌握传统文化。"诸州县学生,专习正业之外,仍令兼习吉凶礼。公私礼有事处,令示仪式,余皆不得辄使。"②除了习五经为主课外,学生还习礼仪为辅修课。学生习礼仪不仅要读礼书,还要在学官指导下演练。

医学是贞观三年(629 年)设立的,有医药博士,可向学生传授医药的知识技术,还带领学生参加社会实践,以百药救疗平民。因政策调整,虽发生过几次变动,医药博士也改称医学博士,但医学还是维持了下来。州医学的条件虽比不上太医署的医药学校,但要培养地方能行医的医生,关于疾病诊断、药物处方、救治疗伤的基本知识技能,学生都要具有,考试的目的就在于检查学生掌握和应用知识技能的程度。

地方的道学是开元二十九年(741 年)应诏令在各州设置的,实际上到天宝初年才付诸运行。道学设一助教主持教务,生员人数根据各州情形安排。教学课程为道教经典《老子》《庄子》《文子》《列子》,要求学生能读熟并能理解经义。考试即以此为内容。

地方官学进行学业管理,在教学过程中分阶段考试,定期进

---

① 《新唐书》卷四九下《百官志四下》。
② 《唐会要》卷三五《学校》。

行的就是旬试和岁试。

按唐代制度，地方官员每旬一日休沐，学官也放假，学生自然跟着放假。放假前一日，考试本旬内所教的内容，考试方式与国子学相似，有试读与试讲两项。旬试十日举行一次，周期较短，可视为平时考试。

岁试一年举行一次，周期较长，是年度的总考试，受到重视，由州长官出面监试。"其试者通计一年所受之业，口问大义十条，得八已上为上，得六已上为中，得五已上为下。"①成绩评定按答对的数量区分为三等。

州县学除规定的考试之外，长官到学校视察，有时也举行考试，以检查教学效果，察验师生勤惰。如寿州刺史高智周，"每行部，必先召学官，见诸生，试其讲诵，访以经义及时政得失"②。这不是制度规定的定期考试，但作为州刺史，统管州内各项事务，有权临时视察学校，当场考试，以达到直接了解的目的。又如州司功参军，是主管官员考课、贡举、学校等事务的职官，有责任巡视所管理的州县学，这成为其例行的公事。吏部尚书颜真卿为提高州博士的地位，令州博士与司功参军协同巡视，检查州所辖的县学，"请改诸州博士为文学，品秩在参军之上，其中下州学一事已上，并同上州，每令与司功参军同试贡举，并四季同巡县点检学生，课其事业。博士之为文学，自此始也"③。这种巡视检查有一定的季节性，检查的形式包括对学生的考试，司功参军担任监试，州博士是实际主试者，根据考试的结果作出评定，责成县学改进学务。

---

① 《唐会要》卷三五《学校》。
② 《旧唐书》卷一八五上《高智周传》。
③ 《封氏闻见记》卷一《儒教》。

四、 毕业考试

地方行政长官督办州县学，主要出于政治目的，以学校兴教化，使民众知君臣父子之道，育人才，岁贡俊秀于礼部。如张镒，大历五年(770年)任濠州刺史，"为政清静，州事大理。乃招经术之士，讲训生徒，比去郡，升明经者四十余人"①。常衮，建中初，任福建观察使。"始，闽人未知学，衮至，为设乡校，使作为文章，亲加讲导，与为客主钧礼，观游燕飨与焉，由是俗一变，岁贡士与内州等。"②罗珦，为庐州刺史七年，政治淳化，"又命乡塾党庠，缉其墙室，乡先生总童冠子弟，以淹中之《礼》、田何之《易》、上代帝王遗书与鲁《春秋》及百王之言以教之，圆冠方屦者不补吏。不及数岁，俊造之秀升于宗伯者仅四十人"③。从这三位地方行政长官的事迹来看，办地方学校很重要的一方面是为国家科举考试输送人才。而输送科举人才最重要的一关，就是具有选拔性的毕业考试。每岁终，有学业成者，博士、助教试之。试法依科举，项目有帖经、经义、策试等，据试卷评出等第。博士列名报送府或州司功参军，司功参军再禀告行政长官裁定。独孤及《福州都督府新学碑铭并序》就有关于此事的记述："岁终，博士以逊业之勤惰，覃思之精粗告于公，敛其才者，进其等而贡之于宗伯。"④选拔性考试最终录取哪几个人，虽也参验学生一贯的学业表现，但主要还是依据评卷的等第，由行政长官审定。被录取的人就是被举送的贡士，上贡到尚书省礼部参加省试。

① 《旧唐书》卷一二五《张镒传》。
② 《新唐书》卷一五〇《常衮传》。
③ 《全唐文》卷四七八《杨凭·唐庐州刺史本州团练使罗珦德政碑》。
④ 《全唐文》卷三九〇。

第三章

唐代贡举考试的程序

     唐代的贡举制度,先继承隋代旧制,而后根据统治集团的需要渐次革新,形成自己的系统制度。

     贡举士人的重要来源是学校生徒。地方诸州县皆设学,京都则有国子监、弘文馆、崇文馆等,都是为了培养统治人才,以供选拔。每年冬季第二月开始,国子监、弘文馆、崇文馆以及州县学都对已完成学业的生徒举行隆重的考试,从中选拔贡士。还有一些既不经州县学又不经馆监培养,而是私学、家学、自学成才的人,要想参加贡举,就需要带着申请书到州县报名登记,先经本县考试,而后再由州长官复试,通过两次选拔考试筛选,部分被录取的人称为乡贡。法令虽规定每州贡士有一定人数之限,但实际执行时并无固定的人数。所在州的长官举行乡饮酒礼,隆重欢送本州所选的贡士。各州的贡士都会到京都的尚书省报到,由户部集中查验有关证明文书,然后移送吏部考功,由考功主持举行科举考试。每年一度贡举,设科选士,岁以为常,称为常科。武德年间,由吏部考功郎中监试贡举。贞观年间,改由考功员外郎专掌贡举考试。至唐玄宗开元二十四年(736年),以考功员外郎官位低而责任重,专管贡举实在不合适,诏令改由礼部侍郎专管贡举考试。

当年，又置礼部贡举印，以便办理贡举事务，以后即成定制。由上可知，贡士出自学馆之生徒，乡贡来自州县之选拔。全国之贡举，在开元二十四年之前属吏部，以后属于礼部。以下依次论述唐代贡举考试的程序。

第一节　州县考试

一、应试资格

士人要参加贡举考试，须主动向所在县报名。《新唐书》卷四四《选举志上》："而举选不由馆、学者，谓之乡贡，皆怀牒自列于州、县。"此行动也称"投牒自举"。然后，行政长官审核其应试资格。

首先，要审查阶级出身，依据的是四民分业的老法规。"辨天下之四人，使各专其业：凡习学文武者为士，肆力耕桑者为农，功作贸易者为工，屠沽兴贩者为商。工、商之家不得预于士，食禄之人不得夺下人之利。"[①]根据此法规，工商家庭出身的人被限制参加贡举考试。

其次，要审查个人经历中是否犯过法、判过刑、坐过牢以及从事过社会贱业。"其尝坐法及为州县小吏，虽艺文可采，勿举。"[②]《唐语林》卷七记有秦韬玉落选的原因："秦韬玉应进士举，出于单素，属为有司所斥。京兆尹杨损奏复等列，时在选中。明日将出榜，其夕忽叩试院门，大声曰：'大尹有帖！'试官沈光发之，曰：'闻

---

① 《唐六典》卷三《尚书户部》。
② 《新唐书》卷四四《选举志上》。

解榜内有人,曾与路岩作文书者,仰落下。'光以韬玉为问,损判曰:'正是此。'"秦韬玉因为曾是帮人作文书的小吏,所以一被人检举就落选了。

最后,要审查本人的文化条件和道德表现。唐高祖于武德四年(621年)四月一日下令贡举,就作了规定:"敕诸州学士及早有明经及秀才、俊士、进士,明于理体,为乡里所称者,委本县考试,州长重覆,取其合格,每年十月随物入贡。"[1]能为乡里的民众所称赞的人,必然在日常的待人处事中德行无亏,且有良好的行为表现。

如果三方面的审查无疑问,那么报名有效,士人取得应试资格。

二、 考试过程

唐高祖武德四年(621年)四月一日所颁的敕令规定:"委本县考试,州长重覆,取其合格。"[2]这是唐代明确地方举行乡贡选拔考试程序的第一道诏令,以后就遵照这一程序,长期沿用不改。

李奕的《登科记序》作于贞元七年(791年)三月,文中写道:"武德五年,帝诏有司,特以进士为选士之目,仍古道也。自乡升县,县升州,州升府,皆历试行艺,秋会贡于文昌,咸达帝庭,以光王国。"[3]虽然没有讲每一层考试的细节,但是将逐层上升的考试

---

① 《唐摭言》卷一《统序科第》。
② 《全唐文补编》卷一《高祖皇帝李渊·令州县举人敕》。
③ 《全唐文》卷五三六。

程序讲得很清楚。

韩愈的《赠张童子序》作于贞元十一年（795年），文中说："始自县考试定其可举者，然后升于州若府，其不能中科者，不与是数焉。州若府总其属之所升，又考试之如县，加察详焉，定其可举者，然后贡于天子而升之有司；其不能中科者，不与是数焉。谓之乡贡。"此文以县为一级，州或府是其上一级，先考县试，后考州试。州试决定乡贡的人数和名次，显得更为重要。所以，参加州试，争取被列入解送的前列，竞争有时甚为激烈。《唐摭言》卷二《争解元》就反映了有关情况，其中说到杭州的州试。"白乐天典杭州，江东进士多奔杭取解。时张祐自负诗名，以首冠为己任。既而徐凝后至。会郡中有宴，乐天讽二子矛盾。祐曰：'仆为解元，宜矣。'凝曰：'君有何佳句？'祐曰：'甘露寺诗有：日月光先到，山河势尽来。又金山寺诗有：树影中流见，钟声两岸闻。'凝曰：'善则善矣，奈无野人句云：千古长如白练飞，一条界破青山色。'祐愕然，不对。于是，一座尽倾。凝夺之矣。"但这是宴会上的争论，舆论的倾向不能代替考试。张、徐二人都希望获得首荐，白居易就宣布"较胜负于一战"，用考试来决高低是比较公正的，命题遂试《长剑倚天赋》《余霞散成绮诗》。评卷结果为解送的依据，"既解送，以凝为先，祐其次耳"[1]。

州试一般试三场，但也不尽一致，有的只试一诗一赋，有的则加置五场，这取决于州长官。同州、华州试就曾试五场。"同、华解最推利市，与京兆无异，若首送，无不捷者。元和中，令狐文公镇三峰，时及秋赋，榜云：'特加置五场。'盖诗、歌、文、赋、帖经，为

---

① 《唐语林》卷三《品藻》。

五场。常年以清要书题求荐者，率不减十数人，其年莫有至者，虽不远千里而来，闻是皆浸去，唯卢弘正尚书独诣华请试。公命供帐，酒馔侈靡于往时。华之寄客毕纵观于侧。宏正自谓独步文场。公命日试一场，务精不务敏也。弘正已试两场，而马植下解。植，将家子弟，从事辈皆窃笑。公曰：'此未可知。'既而试《登山采珠赋》。略曰：'文豹且异于骊龙，采斯疏矣；白石又殊于老蚌，剖莫得之。'公大服其精当，遂夺弘正解元。"①五场试把一些本想参试的人吓退了，最后只剩两个人竞争，虽然两个人都可以解送，但解元只能是一人。

　　州试之后，定下解送名额，就可送尚书省。但后来朝廷又规定需于京兆府或河南府集试，所以州试之后还有府试。唐宣宗大中元年（847年）六月，"中书门下奏：'贡举人取解，宜准旧例，于京兆、河南府集试。'从之"②。京兆府试或河南府试已成定例，若有变故，停顿几年，也力图恢复。其试法也有定规，"京兆府解试比同礼部三场试"③。参试之人，设殊、次、平三级列名送省。在上十名，称为等第。这一名单的次序受到特别重视，《唐摭言》卷二《京兆府解送》云："神州解送，自开元、天宝之际，率以在上十人，谓之等第，必求名实相副，以滋教化之源。小宗伯倚而选之，或至浑化，不然，十得其七八。苟异于是，则往往牒贡院请落由。"如建中二年（781年），京兆府试，结果取崔元翰、崔敖、崔备三人为府元、府副、府第。礼部侍郎于邵为省试主考，三人全放及第，并依照府试的成绩列名。因为府试以实际文艺才能为标准，所以也就没有

① 《唐摭言》卷二《争解元》。
② 《唐会要》卷七六《贡举中·进士》。
③ 《唐摭言》卷二《为等第后久方及第》。

改变。后来因为争名次的竞争十分激烈，以至于结为朋党，互为鼓吹，闹出不少是非，诉讼不断。大中七年，韦澳任京兆尹，对这种不用力于实艺而热衷于请托的不良风气不胜愤慨。为改变这种风气，他发出公告："朝廷将裨教化，广设科场，当开元、天宝之间，始专明经、进士；及贞元、元和之际，又益以荐送相高。当时务尚切磋，不分党甲，绝侥幸请托之路，有推贤让能之风。等列标名，仅同科第；既为盛事，固可公行。近日以来，前规顿改，互争强弱，多务奔驰；定高卑于下第之初，决可否于差肩之日；曾非考核，尽系经营。奥学雄文，例舍于贞方寒素；增年矫貌，尽取于党比群强。虽中选者曾不足云，而争名者益炽其事。澳叨司畿甸，合贡英髦；非无藻鉴之心，惧有爱憎之谤。……况礼部格文，本无等第，府廷解不合区分。今年合送省进士、明经等，并以纳策试前后为定，不在更分等第之限。"①此项改革取消了等第，按策试交卷先后顺序列名。列名者有解送参加礼部考试的资格。废除等第达二十四年之久。乾符四年（877 年），崔涓为京兆尹，再恢复京兆府试等第，当年差万年县尉公乘亿为试官，所试为《火中寒暑退赋》《残月如新月诗》。

三、 录取与解送

（一）录取

《册府元龟》卷三六九《贡举部·总序》云："州府乡贡属长官，

---

① 《全唐文》卷七五九《韦澳·解送进士明经不分等第榜文》。

职司在功曹司功。"这一说法非常简括，也很准确，反映了历史事实。对乡贡这件事的领导管理，掌权的是长官，如何考试、取舍均由其决定。但按长官意志执行，实际操办的是功曹、司功。《唐六典》卷三〇《三府督护州县官吏》："功曹、司功参军掌官吏考课、假使、选举、祭祀、祯祥、道佛、学校、表疏、书启、医药、陈设之事。……凡贡举人有博识高才，强学待问，无失俊选者，为秀才；通二经已上者，为明经；明闲时务，精熟一经者，为进士；通达律令者，为明法。其人正直清修，名行孝义，旌表门闾，堪理时务，亦随宾贡为孝悌力田。凡贡人，上州岁贡三人，中州二人，下州一人。若有茂才异等，亦不抑以常数。"司功参军管理贡举事务，要按贡举人才的类别，根据各人的才能和专长来选人，名额是依照州的大小定差别，但也不是绝对不可增减。上州若一时乏人可送，也不必年年都贡举三人；下州若有茂才异等，也不必仅限一人，不妨超额贡举。由此看来，贡举名额有制度规定，一般要按制度执行，但也容许有一定的灵活性，不使真正的人才被埋没，司功参军掌握的尺度起了重要作用。

《唐六典》卷二《吏部尚书》："凡诸州每岁贡人，其类有六：一曰秀才，二曰明经，三曰进士，四曰明法，五曰书，六曰算。"由于秀才科在唐高宗永徽年间（650—655）已停贡举，而明法科、明书科、明算科较为专门，三科乡贡的人极少，因此岁贡趋于明经、进士两科。史传中常见"本州举明经""本州举进士"的记述。

录取是由州司功参军阅卷审核后拟出名单，呈报长官裁定，批准才能算数。《旧唐书》卷一八七上《张楚金传》记载："楚金少有志行，事亲以孝闻。初与兄越石同预乡贡进士，州司将罢越石而荐楚金，辞曰：'以顺则越石长，以才则楚金不如。'固请俱退。

时李勣为都督，叹曰：'贡士本求才行，相推如此，何嫌双居也。'仍俱荐擢第。楚金，高宗时累迁刑部侍郎。"按照贡举条令，荐送人数有限额，长官认为兄弟两人俱有才行，符合贡举人才的标准，决定突破限额，把他们一起荐送。这是名额有限而多录取的事例，也有名额多而少录取的事例。《太平广记》卷一七九《贡举二·张正甫》载："李丞相绛，先人为襄州督部。方赴举，求乡荐。时樊司空泽为节度使，张常侍正甫为判官，主乡荐。张公知绛有前途，启司空曰：'举人中悉不如李秀才，请只送一人，诸人之资，悉以奉之。'欣然允诺。"据《新唐书》卷四○《地理志四》所载，襄州有"户四万七千七百八十，口二十五万二千一"，属于望州一级，按贡举条令，可以岁贡三人。但审议的结果是，只荐送最优秀、最有发展前途的一人。后来，李绛果然不负所望，不仅进士及第，而且官至丞相，证实张正甫对人才有高度的识别力。

（二）解送

录取之后，接下来要做的事是将贡士解送尚书省去参加省试。

《新唐书》卷四四《选举志上》："而举选不由馆、学者，谓之乡贡，皆怀牒自列于州、县。试已，长吏以乡饮酒礼，会属僚，设宾主，陈俎豆，备管弦，牲用少牢，歌《鹿鸣》之诗，因与耆艾叙少长焉。"

乡饮酒礼是在地方上举行的重要礼教活动，每年举行一次，旨在倡导尊老爱幼，移风易俗。唐太宗于贞观六年（632年）下令将《乡饮酒礼》颁于天下，要求依礼施行，其后并未尽实行，所以多次下令重申。开元十八年（730 年），宣州刺史裴耀卿上疏曰："窃见以乡饮酒礼颁于天下，比来唯贡举之日略用其仪。"①由此可知，贡举解送时举行乡饮酒礼。

《通典》卷三三《职官十五·州郡下》："每岁贡士符书所关及乡饮酒之礼，则司功参军主其事。"《通典》卷一三〇《礼九十·开元礼纂类二十五·嘉礼九·乡饮酒》："乡饮酒之礼，刺史为主人，先召乡之致仕有德者谋之。贤者为宾，其次为介，又其次为众宾，与之行礼而宾举之。"司功参军具体筹划组织乡饮酒礼。州刺史作为乡饮酒礼活动的主人，通过这一地方性的隆重集会，为贡举人饯行，对与会者也是一种教育。

乡饮酒礼举行之后，贡举人就随同州计吏一道出发，到京都尚书省集中报到，等候省试。

从所在州到京都，路程不一，在当时的交通条件下，距离遥远的，旅途艰辛，故州行政官为贡举人提供川资，这是贡举制度所要求的。至于送多少，则取决于长官关怀的程度，没有全国统一标准。如襄州节度使樊泽，同意判官张正甫的建议，只解送李绛一人，把为众人准备的川资集中提供给他。又如荆州解送贡举人，以往都不成名，被人号为"天荒"。至大中四年（850 年），解送之刘蜕省试及第，因号为"破天荒"。刘蜕赴京，当时荆州刺史崔公破天荒以钱七十万资送。② 再如洪州镇南军节度使钟传，重视贡举，每年资送贡举人，解元三十万，解副二十万，海送皆不减十万，持续三十年，未改初衷。③ 州府为贡举人所

① 《唐会要》卷二六《乡饮酒》。
② 《唐摭言》卷二《海述解送》。
③ 《新唐书》卷一九〇《钟传传》、《唐摭言》卷二《争解元》。

提供的川资，保证了贡举人赴京的旅费和省试期间的生活费。

第二节　省试

一、应试资格

可以参加尚书省贡举考试的，是贡举条令中所规定的具备资格的人或经朝廷特许的人，大致有以下几类：

第一，在馆监及州县学已完成学业并于每岁仲冬参加考试合格者。国子监主要负责其所属的国子学、太学、四门学、律学、书学、算学的学生以及弘文馆、崇文馆报送的学生，选取考试合格者，经审核，把名单推荐上报至尚书省礼部，这是常规。

第二，不经官学，而在私学学习，具有文化才能，县考试、州考试合格，以乡贡的身份应举。这是唐初武德四年（621年）敕令已作的规定：诸州"有明经及秀才、俊士、进士，明于理体，为乡里所称者，委本县考试，州长重覆，取其合格，每年十月随物入贡"①。此令后来继续执行，也成为常规。在参加贡举考试者中，此类人所占的比例越来越大。

第三，宗室子弟中，在皇亲三等以下五等以上，如未入国学习业，而是从师习业或居家习业，业已成而堪贡者，由宗正寺先集中考试，选其合格者，送请国子监审核，然后由国子监统一汇总，上报尚书省礼部。

① 《唐摭言》卷一《统序科第》。

第四，已在中央政府机关部门试官或就职的诸色出身人，实有才学条件参加科举考试者，经申请批准，也允许参加考试。唐德宗建中三年（782年）四月专为此事而发敕令："自今已后，如有试官及不合选，并诸色出身人等，有应举者，先于举司陈状，准例考试。如才堪及第者，送名中书门下，重加考核。如实才堪，即令所司追纳告身，注毁官甲，准例与及第，至选日，仍稍优与处分。其正员官，不在举限。"①这就明确划定，在职有官品的正员官不再属于可贡举考试者的范围，在职而属于试官或无官品的诸色出身人经申请批准可以参加贡举考试。

第五，唐代对于封爵的贵族、高官以及节度使之类的高级将领的子弟，具有一定文化条件的，鼓励其参加科举考试。唐文宗大和元年（827年）二月敕："自今以后，天子勋臣、节将子弟，有能修词尚学，应进士、明经，及通史学者，委有司务加奖引。"②敕令要求对贵族、官僚、将领的子弟加以优待。

以上是有资格参加贡举考试或经申请而被允许参加贡举考试的几类人。唐代也限制一些人参加贡举考试，在律令中作了规定。

《唐律疏议》卷九《职制·贡举非其人》："诸贡举非其人及应贡举而不贡举者，一人徒一年，二人加一等，罪止徒三年。〔疏议〕非其人，谓德行乖僻，不如举状者。若试不及第，减二等。率五分得三分及第者，不坐。"德行乖僻的人是不被容允参加贡举的，如果地方官失于考察或是徇私包庇，举状说其人品甚好或艺业精熟，则属于贡举失职，按唐律当给予惩罚，处以徒刑。

① 《唐会要》卷七六《贡举中·进士》。
② 《唐会要》卷七六《贡举中·缘举杂录》。

对于学业程度甚低而急于参加贡举者,本不该举荐而举荐,也要追究责任。开元二年(714 年)五月诏令:"自今以后,贡举人等宜加勖勉,须获实才。如有义疏未详,习读未遍,辄充举选,以希侥幸,所由官亦置彝宪。有司申明条例,称朕意焉。"[1]如果是经书习读未遍,义疏的解释也没有弄清楚,就充当明经而混入贡举队伍,希图侥幸,则举送的地方官也应依法惩处。

唐代为防止德行不良者参加贡举考试,一再重申禁令。如唐宪宗元和二年(807 年)十二月敕令说:"自今已后,州府所送进士,如迹涉疏狂,兼亏礼教,或曾任州府小吏,有一事不合清流者,虽薄有辞艺,并不得申送。如后举事发,长吏奏停见任,如已停替者,殿二年,本试官及司功官,见任及已停替,并量事轻重贬降。仍委御史台常加察访。"[2]凡是道德品行不端,背离封建礼教,任过州府小吏者,就列入非清流,不得申送贡举。

已出家为僧者,因不尽忠君孝亲的社会义务,属于背离礼教的人。若未经过还俗的程序,获得官府和社会正式认可,就不属于士人,按法令不应解送参加科举考试。张策不能参加科举考试是较为突出的事例。《唐摭言》卷一一《反初不第》载:"张策,同文子也,自小从学浮图,法号藏机,粲名内道场为大德。广明庚子之乱,赵少师崇主文,策谓时事更变,求就贡籍,崇庭遣之。策不得已,复举博学宏辞,崇职受天官,复黜之,仍显扬其过。策后为梁太祖从事。天祐中,在翰林,太祖颇奇之,为谋府。策极力媒蘖,崇竟罹冤酷。"张策两次被赵崇否定参加科举考试的资格,感到自己在当时的制度下没有发展前途,愤而支持军阀朱

---

① 《唐大诏令集》卷一〇六《令贡举人勉学诏》。
② 《唐会要》卷七六《贡举中·进士》。

温篡唐,不仅对赵崇进行报复,置之于死地,而且对科举出身的人也极为敌视,对他们进行迫害。可见,关于考试资格的规定,接受一部分人,拒绝另外一部分人,利害关系的影响实在太大。

随着唐代贡举的发展,来自学校生徒申送者日益减少,来自乡贡申送者日益增多,轻视勤勉切磋,注重广交游、扬名声,风气不良,弊端甚为严重。为扭转这种不良风气,唐代曾数次颁布新的规定,要求必须先入官学,具有学生身份,然后才可以贡举。史籍所见就有四次。

唐玄宗天宝十二载(753 年)七月诏:"天下举人不得充乡试,皆须补国子学生及郡县学生,然听举四门俊士停。"①

唐文宗大和七年(833 年)八月敕令:"应公卿士族子弟,取来年正月以后,不先入国学习业者,不在应明经、进士之限。"②

唐武宗会昌五年(845 年)正月制:"公卿百官子弟,及京畿内士人寄客,修明经、进士业者,并宜隶于太学,外州县寄学及士人,并宜隶各所在官学。"③

会昌五年(845 年)三月,中书门下奏:"贡举人并不许于两府取解,仰于两都国子监就试。"④

朝廷虽有这些规定,力图扭转风气,但结果仍然改变不了乡贡逐年增多的趋势。

① 《册府元龟》卷六四〇《贡举部二·条制二》。
② 《唐会要》卷三五《学校》。
③ 《唐会要》卷三五《学校》。
④ 《唐会要》卷七六《贡举中·进士》。

二、 考前的手续与活动

（一）至省报到，交验状书

《通典》卷一五《选举三》："到尚书省，始由户部集阅。"《新唐书》卷四四《选举志上》："既至省，皆疏名列到，结款通保及所居，始由户部集阅，而关于考功员外郎试之。"到了尚书省，第一道手续就是报到，呈交状书。舒元舆是元和年间（806—820）的贡士，有过亲身经历，他回忆说："无几前年，臣年二十三，学文成立，为州县察臣，臣得备下土贡士之数。到阙下月余，待命有司，始见贡院悬板样，立束缚检约之目，勘磨状书，剧责与吏胥等伦。臣幸状书备，不被驳放，得引到尚书试。"[①]状需写明贡士各项基本情状；书乃是州司功参军所给的贡士解送证明书，要呈交户部审核，接受查问。状与书都不可缺。

（二）自属善士，举人互保

为防止不合格的士人参加贡举考试，省试也采取一些重要措施，让举人五人互保，签名以示负责，彼此共同监督。《文献通考》卷二九《选举考二·举士》："将试各相保任，谓之合保。"当时有人认为此项措施的制定缘由是对贡士有所怀疑和防犯，对贡士实质上不尊重，故在执行中有时趋于放松，几经起伏。唐文宗开成元

---

① 《全唐文》卷七二七《舒元舆·上论贡士书》。

年(836年)十月,中书门下奏:"朝廷设文学之科,以求髦俊,台阁清选,莫不由兹。近缘核实不在于乡闾,趋名颇杂于非类,致有跋扈之地,情计交通。将澄化源,在举明宪。臣等商量,今日以后,举人于礼部纳家状后,望依前五人自相保。其衣冠,则以亲姻故旧,久同游处者;其江湖之士,则以封壤接近,素所谙知者为保。如有缺孝悌之行,资朋党之势,迹由邪径,言涉多端者,并不在就试之限。如容情故,自相隐蔽,有人纠举,其同举人并三年不得赴举。仍委礼部明为戒励,编入举格。"敕:"依奏。"①此奏书说到采取互保措施的必要性,哪些人互保较合适,互保的主要内容有哪些,违规者给什么处罚,并要求把互保作为永久性的条规。奏书获批准实行。

(三) 贡士朝见

唐代旧例,全国贡士集中之后,于十一月一日赴朝见。这是一种例行的仪式,贡士只于朝堂列拜而已。自大明宫建成后,诸帝居此听政。每年贡举人朝见,移于大明宫含元殿前,按规定仪式依次而行,然后由四方馆舍人当直者宣皇帝慰勉之旨:"'卿等学富雄词,远随乡荐,跋涉山川,当甚劳止。有司至公,必无遗逸。仰各取有司处分。'再拜舞蹈讫退。"②

长寿二年(693年)十月,左拾遗刘承庆上疏曰:"伏见比年以来,天下诸州所贡物,至元日,皆陈在御前,唯贡人独于朝堂拜列。但孝廉秀异,既充岁贡,宜列王庭,岂得金帛羽毛,升于玉阶之下,贤良文学,弃彼金门之外,恐所谓贵则而贱义,重物而轻人。伏请贡人至元日引见,列在方物之前,以备充庭之礼。"[1]

朝见的场所后来也有所变动。如唐德宗建中元年(780年)十一月,"朝集使及贡士见于宣政殿"[2]。

朝见是贡举过程中例行的重要礼仪活动,具有深刻的政治意义,它体现了四方贡士愿为皇朝尽忠效劳,也表示最高统治者重视网罗人才。

(四)拜谒先师

贡士到国子监拜谒先师,此项礼仪活动,开元以前未有,实创始于开元五年(717年)。其年九月诏:"诸州乡贡明经、进士见讫,宜令引就国子监谒先师。学官为之开讲,质问疑义,仍令所司优厚设食。两馆及监内得解举人,亦准此。其日,清官五品已上及朝集使,并往观礼,即为常式。"[3]此项活动的政治意义在于重学尊儒,兴贤造士,能美风俗、成教化。开元二十六年正月,朝廷又重申此令。后每年举行此项活动,遂成常规。

(五)进士行卷

唐代应举进士必有行卷,试前将所作诗文写成卷轴,其式为裁纸一幅,用墨边线,成十六行,每行不过十一字,字须端

---

① 《唐会要》卷七六《贡举中·缘举杂录》。
② 《唐摭言》卷一《朝见》。
③ 《唐会要》卷七六《贡举中·缘举杂录》。

正。应举之人找机会投献公卿名士，企盼知己赏识，帮助扬名文坛并推荐于主司，以利及第。这是应举之人在考试前一项极重要的活动。同样参加考试，有无行卷，有无人知，其结果悬殊。

在史籍文献中，唐人行卷事例甚多。《唐摭言》卷八《遭遇》载，牛锡庶、谢登两人累举不第，又一次进京应试，偶遇礼部尚书萧昕，"因各以常行一轴面贽，大蒙称赏"。他们留连叙谈，甚为欢愉。当日，萧昕受命为主考，竟面许牛、谢二人以高第，果如所诺。牛、谢二人因行卷巧遇而得益。

唐代每年的科举名额有限，进士科仅十几名，多至二十几名，应试者多，及第者少，竞争非常激烈。应试者求及第心切，也就积极宣传自己，唯恐不为人知。行卷作为一种介绍自己的手段，也就成为普遍流行的风气，几乎所有参加应试的贡士都参与其中，甚至包括白居易这样有文才的人。《白居易集》卷四四《与陈给事书》："居易，鄙人也，上无朝廷附离之援，次无乡曲吹煦之誉，然则孰为而来哉？盖所仗者文章耳，所望者主司至公耳。"所以，白居易也以行卷介绍自己。《幽闲鼓吹》一书曾谈及白居易行卷有效果："白尚书应举，初至京，以诗谒顾著作。顾睹姓名，熟视白公，曰：'米价方贵，居亦弗易。'乃披卷，首篇曰：'咸阳原上草，一岁一枯荣。野火烧不尽，春风吹又生。'即嗟赏曰：'道得个语，居即易矣。'因为之延誉，声名大振。"白居易的扬名由行卷于顾况开始，但他的及第不是仅靠这一次行卷。又如，牛僧孺进京应举，先行卷于名士韩愈、皇甫湜，受到赏识，因获两个人的指点和帮助而扬名，为登进士第创造了重要条件。

（六）进士纳卷

进士纳卷始于天宝元年（742 年），时韦陟为礼部侍郎。《旧唐书》卷九二《韦陟传》："陟字殷卿，……后为礼部侍郎，陟好接后辈，尤鉴于文，虽辞人后生，靡不谙练。曩者主司取与，皆以一场之善，登其科目，不尽其才。陟先责旧文，仍令举人自通所工诗笔，先试一日，知其所长，然后依常式考核，片善无遗，美声盈路。"原来主考是凭考试决定取舍，实际上只以一场之善否定夺。韦陟认为以往的做法不是最公平合理的，所选不一定是最优秀的人才，要了解一个人的真才实学，还应考察其一贯的表现，看其代表作。纳卷为主考提供了条件，让主考了解应试者的长处，便于把两方面结合起来考虑，以决定取舍。韦陟对考试的改革获得成功，纳卷的做法被保留下来，并成为对贡举人的一项要求。

纳卷为主考提供了重要的信息，对于录取产生重大影响。如元结，天宝十二载（753 年）以进士获举荐，作《文编》纳于礼部。礼部侍郎杨浚见《文编》，叹曰："以上第污元子耳，有司得元子是赖。"[1]他根据《文编》就认定元结应该进士及第，结果确实按其所说的办。

纳卷的数量前后有些小变化，元和十三年（818 年），庾承宣为权知礼部侍郎，张榜限纳杂文一卷。咸通九年（868 年），刘允章为礼部侍郎，榜于南院曰："进士纳卷，不得过三轴。"[2]纳卷主要是看代表作品，内行一看就明白其分量。多送也无益，反而干扰了视线，并

---

① 《全唐文》卷三八一《元结二·文编序》。
② 《唐摭言》卷一二《自负》。

且会给应试者造成错觉，以为可以以多取胜，可能造成新的偏向。进士刘子振颇富学业，而不知大体。主考刘允章患举子纳卷繁多，规定纳卷不得过三轴，而刘子振不顾新规定的限制，仍以为多纳可以显示高才。"子振纳四十轴，因之大掇凶誉。子振非不自知，盖不能抑压耳。"[①]刘子振自以为聪明，反而被误，主考对他特别反感，结果只能是落第。

三、 考试过程中的要事

（一）考试的职权

科举考试的目的在于选拔国家所需要的统治人才，以充实从中央到地方的官员队伍，与国家政治是否清明关系极大，要由专职部门的专任官员来负责此事。

唐武德年间（618—626），考功郎中专责管理科举。李奕《登科记序》说："若明试其业，主张其文，核能否于听览之间，定取舍于笔削之下，职在考功郎。"[②]

唐代首次科举考试就是实际体现。《唐摭言》卷一五《杂记》载："至〔武德〕五年十月，诸州共贡明经一百四十三人，秀才六人，俊士三十九人，进士三十人。十一月引见，敕付尚书省考试。十二月吏部奏付考功员外郎申世宁考试，秀才一人，俊士十四人，所试并通，敕放选与理入官；其下第人各赐绢五匹，充归粮，各勤修业。自是考功之试，永为常式。"

孙培青文集 第二卷 隋唐五代考试研究

至贞观年间（627—649），贡举事务由考功员外郎专掌。据清徐松《登科记考》的考证，卢承庆、王师旦曾先后受命担任考功员外郎，专管贡举考试。此项人事委派制度延续至开元二十四年（736 年）。这一年，考功员外郎李昂与贡举人发生争议。朝廷认为贡举考试事重，而主管的考功员外郎位轻，不能服众，故改由礼部侍郎主管。这是科举考试制度发展过程中的一项重要变革。礼部侍郎专管科举考试作为一项制度，一直保持至唐末和五代。

（二）考试的设科与项目

唐代的贡举设有六科，即秀才、明经、进士、明法、明书、明算。根据各科的性质，确定不同的考试项目，有的考试一项，有的考试两项，有的考试三项不等。

秀才科等级最高，试方略策五条，仅试策一项。

明经科，每经帖十，所试一大经及《孝经》《论语》《尔雅》，帖各有差；帖既通而口问之，一经问十义；问通而后试策，令答时务策三道。要试帖经、口义、策三项。

进士科，所试一大经及《尔雅》各十帖；帖既通而后试文、试赋各一篇；文通而后试策，答时务策五道。要试帖经、杂文、策三项。

明法科，试律令各十帖，试策共十道，律七道，令三道。要试帖与策两项。

明书科，试《说文》《字林》凡十帖，《说文》六帖，《字林》四帖；口试无常限。要试帖与口试两项。

明算科，试《九章》《海岛》《孙子》《五曹》《张丘建》《夏侯阳》

《周髀》《五经算》《缀术》《缉古》帖各有差(《九章》三帖,《海岛》等七部各一帖,《缀术》六帖,《缉古》四帖),兼试问大义。要试帖与口试两项。

(三)别头考试

唐初由尚书省吏部考功郎中(后定为考功员外郎)掌管贡举考试。为了保证贡举考试的公正性,掌贡举官亲族应试者,均应避嫌,转由礼部差郎官专门为这些人举行考试,有及第者,尚书覆定,及第者仍别奏,谓之奏移;送吏部令考功员外试练,侍郎覆定,及第者仍别奏,谓之别头举人。

开元二十四年(736年),改由礼部侍郎掌管贡举考试。此后,礼部侍郎亲故应试者,移由吏部考功为他们举行考试,谓之别头试;及第者依旧别奏,谓之别头举人。

唐代对别头考试的作用认识不一,因此罢别头考试、复别头考试曾有反复。贞元十六年(800年),中书舍人奏罢考功别头试。元和十三年(818年),权知礼部侍郎庾承宣奏复考功别头试。大和三年(829年),监察御史姚中立奏停考功别头试。六年,礼部侍郎贾𫗧又奏复考功别头试。

(四)中书门下详覆

科举考试结果揭晓后,杂文及策的试卷要封送中书门下审查。此项规定开始于开元二十五年(737年)正月《条制考试明经进士诏》:"其应试进士等,唱第讫,具所试杂文及策,送中书门下详覆。"①当时唐玄宗重视用科举考试来选拔人才,对考试中出现的弊端加以整顿,发布诏令,作了一些新规定。为了加强对科举考试的监督检查,他要求将评卷中差别可能较大的杂文及策,在宣布考试结果之后送中书门下复审。这种规定既表明统治者重视而加强监督,也反映了对掌管贡举考试官的存疑。唐玄宗当政时,此规定得到执行。但此后政治上多次发生变故,执政者忙于更重要的事,也难得过问,因此一度停止送中书门下审查。

唐穆宗长庆元年(821年),发生了重大科场案。政治派别斗争严重影响科举考试,分属不同派别的朝中权势或因纳贿,或受请托,皆要及第名额,主考礼部侍郎钱徽难于安排得让权势都感到满意,以至于被告发。朝廷另派官员复试,钱徽所举送的多有落选,有关系者都以贬官作惩处而告终。由此,科举考试的杂文及策恢复送中书门下审查。

长庆三年(823年),礼部侍郎王起上奏:"伏以礼部放榜,已是成名,中书重覆,尚未及第。重覆之中,万一不定,则放榜之后,远近误传。其于事理,实为非便。臣伏请今年进士堪及第者,本司考试讫,其诗赋先送中书门下详覆,候敕却下本司,然后准旧例大字放榜。"②这就把程序作了改变,中书门下先审查,然后礼部按审查的结果放榜。当时舆论认为主管礼部贡举考试的礼部侍郎虽然自己回避了是非,却放弃了应尽的职责。

大和八年(834年)正月,中书门下奏:"进士放榜,旧例,礼部侍郎皆将及第人名先呈宰相,然后放榜。伏以委任有司,固当精慎,宰相先知取舍,事匪至公。今年以后,请便令放榜,不用先呈

① 《通典》卷一五《选举三·历代制下》。
② 《唐会要》卷七六《贡举中·进士》。

人名。其及第人所试杂文，及乡贡三代名讳，并当日送中书门下，便合定例。"①敕旨，依奏。这就把程序改为先放榜，后审查，恢复原先规定的做法，中书门下把贡举考试选才录取的责任归还给礼部，仍旧退居监督的地位。

四、及第与任官

（一）及第的等第

唐代科举考试随即评卷，一般是春二月考试，春三月放榜公布考试结果。及第的标准与等级大略如下：

秀才科，方略策试通，与及第，区分为上上、上中、上下、中上，凡四等。

明经科，帖经帖十，取通五以上；问大义十条，取通六以上；试策三条，取粗有文理者，与及第，区分为甲、乙、丙、丁四科。

进士科，帖一大经及《尔雅》，取通四以上，试文赋各一篇，文通而后试策，凡五条，三试皆通者为第。经策全通为甲第，通四以上为乙第。通三帖以下及策全通而帖经文不通四，或帖经通四以上而策不通四，皆为不第。

明法科，律令各十帖，试策共十道，全通为甲，通八以上为乙，自七以下为不第。

明书科，《说文》《字林》凡十帖，口试无常限，皆通为第。

明算科，帖凡二十，兼试问大义，皆通者为第。

---

① 《唐会要》卷七六《贡举中·进士》。

《通典》卷一五《选举三·历代制下》:"按令文,科第秀才与明经同为四等,进士与明法同为二等。然秀才之科久废,而明经虽有甲、乙、丙、丁四科,进士有甲、乙二科,自武德以来,明经唯有丁第,进士唯乙科而已。"这就明白地告诉后人,明经及第就是丁第,进士及第就是乙科。

关于唐代科举应试者与及第者的比例,《通典》卷一五《选举二·历代制下》云:"其进士,大抵千人得第者百一二;明经倍之,得第者十一二。"科举及第作为士人的一种希望存在,能将希望转变成为现实的,只有少数人而已。

(二) 任官的品位

李奕在《登科记序》中说进士科登第在社会上极为风光,入仕后前程光辉,他写道:"于是献艺输能、擅场中的者,榜第揭出,万人观之,未浃旬而名达四方矣。近者佐使外藩,司言中禁,弹冠宪府,起草粉闱,由此与能,十恒七八。至于能登台阶参密命者,亦繁有徒。所谓选才授爵之高科,求仕滥觞之捷径也,不其然欤!"[1]登第的风光只是暂时的,入仕后的飞黄腾达是以后可能的事。按唐代制度,科举及第只是获得候补官员的资格,并不能立即做官,即使候补期满,入仕的起点也很低。

《新唐书》卷四五《选举志下》:"凡秀才,上上第,正八品上;上中第,正八品下;上下第,从八品上;中上第,从八品下。明经,上上第,从八品下;上中第,正九品上;上下第,正九品下;中上第,从

---

① 《全唐文》卷五三六。

九品下。进士、明法，甲第，从九品上；乙第，从九品下。弘文、崇文馆生及第，亦如之。……书、算学生，从九品下叙。"因为秀才科早已停废，而明经唯有丁第，进士唯有乙科，全都是从九品下，所以九品文官的最低品位就是他们的任官起始点。

以上所说的是一般情况，就按制度办事。如遇特别优异的人才，那就作特殊处理。《唐六典》卷四《尚书礼部》："凡此六科，求人之本，必取精究理实而升为第。其有博综兼学，须加甄奖，不得限以常科。开元二十五年敕，明经、进士中，除所试外，明经有兼明五经已上，每经帖十通五已上，口问大义十条，疏义精通，通五已上；进士有兼通一史，试策及口问各十条，通六已上，须加甄奖，所司录名奏闻。"少数人经奏闻授官，可能加一二阶放选，比其他及第者提前入仕。

（三）及第后的活动

及第并不是科举考试至此结束，而是由省试转向铨试，其中一些活动既是科举考试的附属物，又是科举考试的延伸。现先谈科举考试的附属物，如礼节性拜谢、庆贺、游宴、娱乐等社交活动，仅就主要项目简述之。

1. 谢主司

发榜之后，及第之人对中选自是喜悦万分，也对主考充满感激之情。众同年约期集合，至主考府上致谢。《唐摭言》卷三《谢恩》记述了这一活动过程，具有典型性。"状元已下，到主司宅门下马，缀行而立，敛名纸通呈。入门，并叙立于阶下，北上东向。主司列席褥，东面西向。主事揖状元已下，与主司对拜。拜讫，状元出行致词，又退着行，各拜。主司答拜。拜讫，主事云：'请诸郎君叙中外。'状元已下,各各齿叙,便谢恩。余人如状元礼。礼讫,主事云:'请状元曲谢名第。第几人,谢衣钵。'谢讫,即登阶,状元与主司对坐。于时,公卿来看,皆南行叙坐,饮酒数巡,便起赴期集院。三日后,又曲谢。其日,主司方一一言及荐导之处,俾其各谢挈维之力;苟特达而取,亦要言之。"以上就是这个活动的基本程序,整个活动要延续至三天后才告一段落,由此确立座主与门生的关系。

2. 期集

及第进士有共同活动的集会处,称期集院,它是由专为及第进士操办庆贺活动的团司筹划设立的会所,供帐宴馔兼备,集会、宴会的服务都可包办。《唐摭言》卷三《期集》记述了部分活动。"谢恩后,方诣期集院。大凡敕下已前,每日期集,两度诣主司之门。然三日后,主司坚请已,即止。同年初到集所,团司、所由辈,参状元后,便参众郎君。"当天,状元与同年相见后,便商议公推操办庆贺活动期间的管事人员,请一人为录事,其余主宴、主酒、主乐、探花、主茶之类也从同年中推举。活动要有费用,大排场要有大量费用,因此团司提出多种名目,用多种方式向及第进士敛钱。官家、富家子弟拿钱无所谓,而清寒之家子弟则犯愁。

3. 过堂

及第者约期集体至尚书省都堂,见宰相并面谢。其日,同年于光范门里东廊聚集,等候宰相上堂后参见。宰相既齐集,堂吏来请取名单。新及第进士随座主来到都堂,宰相列成一行站在都堂门里。堂吏禀报:礼部某姓侍郎,领新及第进士见相公。状元以下依次站立阶上。状元为新及第进士代表,出行致词:今月日,礼部放榜,某等幸忝成名,获在相公陶铸之下,不任感惧。言毕,揖而退。接着,自状元以下,新及第进士一一自报姓名。报毕,主司再向宰相长揖,然后领新及第进士退至舍人院。舍人公服出场接待,礼貌谨敬有加。请舍人登席,随事共叙杯酒。新及第进士皆拜,舍人答拜。状元为代表,出行致词,又拜,舍人答拜。出到廊下,候主司出,一揖告退而归。过堂活动的气氛比较庄重,虽不像谢主司活动有浓重的感情色彩,但它表示封建政权系统又新增了预备官员,听候选用。

4. 曲江大会

新及第进士于曲江亭子大宴,始于神龙年间(705—707),盛于开元之末。曲江大会在关试后举行,亦称"关宴"。宴后,同年各有所之,亦称"离会"。因为是官民上下同庆的活动,皇帝也将亲临,所以要择日下令后举行。待敕令颁下后,就开始准备,人置被袋,例以图障、酒器、钱绢放置其中,车马载之而行,届时随处逢花即饮。大会当日,教坊全体出动,奏乐演艺,皇帝带领随从亲临紫云楼,垂帘观看。商贩借此为商机,行市罗列,市民争先出游,车马拥塞,长安几于半空。

5. 进士题名

自神龙以后,新及第进士皆依旧例期集于慈恩塔下题名,同年中推一善书者记之。

除此之外,还有些活动也时有举行。《唐摭言》卷三《宴名》记述了宴会的名目,有"大相识、次相识、小相识、闻喜、樱桃、月灯、打球、牡丹、看佛牙、关宴"。从这十个宴会名称中可以看到一系列宴会游乐活动。

唐代科举考试之后,有一系列的系统活动,几成定规。这些活动是伴随科举考试而来的,有的有政治意义,有的是联谊,有的是炫耀,有的是娱乐性宣泄。从历史实践看,利弊兼存,处于不同社会地位的人待之以不同态度,赞成者有之,反对者亦有之。

唐武宗即位后,起用李德裕为宰相。李德裕以父祖门荫起家,尤恶进士出身者相交结。他意图改变社会风气,于会昌三年(843年)十二月二十二日上奏:"伏以国家设文学之科,求贞正之士,所宜行敦风俗,义本君亲,然后申于朝廷,必为国器。岂可怀赏拔之私惠,忘教化之根源! 自谓门生,遂成胶固。所以时风浸薄,臣节何施? 树党背公,靡不由此。臣等商量,今日已后,进士及第任一度参见有司,向后不得聚集参谒,及于有司宅置宴。其曲江大会朝官及题名、局席,并望勒停。缘初获美名,实皆少隽;既遇春节,难阻良游。三五人自为宴乐,并无所禁,唯不得聚集同年进士,广为宴会。仍委御史台察访闻奏。谨具如前。"[1]于是,以前的各项活动尽数停止,到李德裕罢职始复。

(四)吏部铨选

唐代科举及第,在社会上是一件极荣耀的事,但仅是获得一定出身等第,具有任职资格而已,并不能立即任官,还要经过吏部铨选,才可以受到任命,正式当官。讲任官就必涉及铨选,而参加铨选有一些环节,要经历一个较长的过程。以下依次述之。

1. 关试

进士放榜及第之后,要到吏部报名参加关试。关试之日,吏部员外郎为主试,试场设于吏部南院(亦称选院),所试为判两

① 《唐摭言》卷三《慈恩寺题名游赏赋咏杂记》。

节。试过之人,即归属吏部,不再淘汰。试毕谢恩,自称为主考门生。关试是身份转变的关口,也可以说是进入选官入仕的起点。

2. 待选

唐代候选者多于官员缺额,多数及第者当年不可能立即参加铨选,只好依次待选。由于多途取人,唐代官员的供给远超于需求。杜佑曾说:"按格、令,内外官万八千八十五员。而合入官者,自诸馆学生以降,凡十二万余员。其外文武贡士及应制、挽郎、辇脚、军功、使劳、征辟、奏荐、神童、陪位,诸以亲荫并艺术百司杂直,或恩赐出身受职不为常员者,不可悉数。大率约八九人争官一员。"[①]为解决这种供需极不平衡的矛盾,朝廷制定了多种条规。及第者不受优待,要以及第先后排序,循资按格限年参选。"其明经、进士擢第者,每年委州长官访察,行业修谨、书判可观者,三选听集。"[②]一岁一选,按常规及第后要等待三年才能参选。及第的士人长期从事于读经书、习文学,精神专注于贡举考试,缺少社会阅历,未谙政治事务,与统治集团对官员的要求存在一定的距离,待选期间可让他们多阅历社会,练达世事,以消除以上缺陷。大和九年(835年),中书门下奏:"伏以国家取士,远法前代,进士之科,得人为盛。然于入仕,须更指挥,必使练达,固在经历。起来年进士及第后,三年任选,委吏部依资尽补州府参军、紧县簿尉,官满之后,来年许选。"[③]照此规定,必须等待三年或更长时间,才有可能参选。

① 《通典》卷一五《选举三·历代制下》。
② 《全唐文》卷二七《元宗·整饬吏治诏》。
③ 《册府元龟》卷六四一《贡举部三·条制三》。

3. 平选

完全按照吏部铨选条格的规定,由正常的程序,循规蹈矩而达到入仕的目的,称为平流入选,简称平选,又称常选。

吏部铨选的周期,始于孟冬,终于季春,跨冬、春两季。而选前的准备工作,五月就已开始。《通典》卷一五《选举三·历代制下》:"先时,五月颁格于郡县,示人科限而集之。初,皆投状于本郡或故任所,述罢免之由,而上尚书省,限十月至省。乃考核资绪①、郡县乡里名籍、父祖官名、内外族姻、年齿形状、优劣课最、谴负刑犯,必具焉。以同流者五五为联,以京官五人为保,一人为识,皆列名结款,不得有刑家之子、工贾殊类及假名承伪、隐冒升降之徒。应选者有知人之诈冒而纠得三人以上者,优以授之。其试之日,除场援棘,讥察防检,如礼部举人之法。其择人有四事:一曰身,取其体貌丰伟。二曰言,取其词语辩正。三曰书,取其楷法遒美。四曰判,取其文理优长。四事可取,则先乎德行,德均以才,才均以劳。"选人以四项条件为标准,再加三项因素为权衡,择其优者进之,否则退焉。

铨选有正常的程序:第一为试,集中笔试,观其书法和判文是否规范和文理通顺。第二为铨,当面谈话,考察其身材和言辞是否合乎要求。第三为注,征求本人对去向的意愿,确定拟委派何方的职位。第四为唱,对本人口头宣布拟委派的职位,如不满意,可提出改派要求;另日,又告知本人改派的岗位;仍不满意,还可改派一次,照样告知本人。三次都不满意,听其待冬季再参选。吏部将委派列名编组造册,先呈尚书省仆射,然后送门下省。门下省的审查有三层:给事中读之,黄门侍郎省之,侍中审之。待审查没有问题,然后奏闻请旨。吏部受旨奉行,给受派的官员发"告

---

① "绪",原作"叙"。

身"，其印文为"尚书吏部告身之印"。"告身"就是由吏部正式颁给的任职证书，它是新官上任必不可少的凭证。

（五）提前入仕的途径

大凡科举及第出身的人，都想能早日入仕，不愿长时间待选，特别是那些原先社会地位低的、家庭经济有困难的、负有养家糊口义务的、年龄已经偏大的，要求更为迫切。如要提前入仕，有三种途径可供选择。

1. 应制科举

唐代的制科，武德初年就已开始，到永徽、显庆年间成为与贡举并行的制度。《册府元龟》卷六三九《贡举部一·总序》在叙述唐代贡举后接着说："又有制诏举人，皆标其目而搜扬知之，志烈秋霜、词弹文律、抱器怀能、茂才异等、才膺管乐、道侔伊尹、贤良方正、军谋宏远、明于体用、达于吏理之类，始于显庆，盛于开元、贞元。皆试于殿廷，乘舆亲临观之。试已，糊其名于中，考之策，高者特授美官，其次与出身。"唐代将应制举的对象范围放宽，草泽闲士、贡举及第已获出身者和在职官员都可应制举，已有出身者登制科即可授官，吸引了不少已经及第有出身的人来参加制科。

2. 应吏部科目选

为了使茂异之才不受三年待选等条规的限制，吏部设置了科目选，这是科举考试和铨选考试相结合的一种选举考试取士的形式。吏部科目有宏词、拔萃、平判，又有三礼、三传、三史、五经、九经、《开元礼》等科。《通典》卷一五《选举三·历代制下》："选人有格限未至，而能试文三篇，谓之'宏词'；试判三条，谓之'拔萃'，亦曰'超绝'。词美者,得不拘限而授职。"明经、进士出身者参加吏部科目选,多数选择宏词和拔萃两科。选试如能登科,可立即授予较好的官位。

3. 从藩府辟署

唐代为维护中央集权,将选举权收归吏部,由此带来一些过分集权的弊端,曾有一些高层官员建议容许地方官自辟佐吏。唐玄宗以后,辟署逐渐流行,给及第出身者提供了一条入仕的通道。有相当一部分及第出身者从藩府辟署入仕,这使他们摆脱了长期赋闲而无所事事的状态。附加条件是需要主动开展社交活动,寻找关系,请托推荐。有此途径,及第出身者就不必长时间待选。

三条途径,只要有一条走通,也就入仕,加入官僚行列,做官的目的初步达到,以后再奋力追求的是由下而上的升迁。

第四章

唐代贡举考试的管理

唐代实行科举考试后，逐渐形成一套管理制度：主管考试的职能部门逐步明确，主试考官的选拔、任命和职权形成规范，考试时间与场次、考场设置与考场管理、防弊措施等也渐成制度。

第一节　考试管理机构

唐代常科考试的考生分为生徒和乡贡两种类型。生徒入试在进入尚书省之前自有各种官学负责管理、甄选，如崇文馆生属门下省，国子学生属国子监；而乡贡入试则须先经地方官府考试选拔，再报送中央政府。这样，科举考试就形成了地方和中央两级管理的体制。

一、　地方考试管理机构

相对而言，地方上主持贡举考试的机构、官员及其职责不如中央政府明确，但大体也形成州、县两级管理体制，并有职责规定。

在通常情况下,唐代州府、县两级政府共同完成乡贡的考选和解送,由州府完成终审与决断。州府与县的分工是:先由县负责考试初选,再由州府审查复试,决定去留。唐高祖武德四年(621年)四月,令各州将学士及白丁中欲参加明经、秀才、俊士、进士等科,"明于理体,为乡曲所称者,委本县考试,州长重覆,取上等人,每年十月随物入贡"①,上报中央。自唐睿宗时出于军事需要设立节度使后,节度使的权力逐渐扩张,后来往往兼任所驻州刺史,军、政、财权集于斯,地方向中央的贡才之权亦归焉。

地方选才贡士的负责人为地方行政长官,即州为刺史,县为县令,实际主事者为其下专掌文教的属官。有唐一代,"州府乡贡属长官,职司在功曹司功。五代因之"②。州刺史属下有六曹参军事,其中司功参军掌选举。北齐时,各州即设有功曹参军。隋代因之,更名为司功书佐。"大唐改曰司功参军。开元初,京尹属官及诸都督府并曰功曹参军,而列郡则曰司功参军。令掌官员、祭祀、礼乐、学校、选举、表疏、医筮、考课、丧葬之事。"③司功参军虽官在七八品之间,但主持州府考试,负责向州府长官推荐上报中央的贡举人名单,作用颇为关键。据《刘宾客嘉话录》记载,李绛求乡荐时,"樊司空泽为节度使,张常侍正甫为判官,主乡荐"。张正甫认为李绛"有前途"而予以力荐,樊泽"欣然允诺"。州府长官责在审定属下考选事宜,定夺难决之事,最终确定解送参加尚书省考试者名单。如《大唐新语》卷六《友悌》载:"张楚金年十七,与兄越石同以茂才应举。所司以兄弟不可两收,将罢越石。楚金辞

① 《唐摭言》卷一五《杂记》。
② 《册府元龟》卷六三九《贡举部一·总序》。
③ 《通典》卷三三《职官十五·州郡下》。

曰：'以顺则越石长，以才则楚金不如，请某退。'时李勣为州牧，叹曰：'贡才本求才行，相推如此，可双举也。'令两人同赴上京，俱擢第，迁刑部尚书。"这是得州牧赏识而得解的。也有交恶于州府长官而见弃的。《太平广记》卷二七八《梦三·梦休征·皇甫弘》载："皇甫弘应进士举，华州取解，酒忤于刺史钱徽，被逐出。至陕州求解讫，将越城关，闻钱自华知举，自知必不中第，遂东归。"《太平广记》记皇甫弘后来中第的情形甚多传奇色彩，未必可信，但州府长官对举子能否解送省试有生杀予夺之权，却是可信的。

通常，在一般州，选人贡士的职掌形成有司与州牧两级负责制。但在一些特殊地区，如被称为"三京"之一的京兆府，各县选送考生的复试往往由属下京县、畿县的主要辅佐官员负责。韦正贯在敬宗朝任京兆府万年县主簿，"考京兆进士，能第上下，颇得一时之俊"①。唐持在大和年间为渭南尉，"试京兆府进士。时尹杜惊欲以亲故托之，持辄趋降阶伏，惊语塞，乃止"②。京兆府等"三京"的最高长官为府牧，多由亲王遥领，实际主事者为府尹。唐持能坚持原则，不为长官意志所动，婉拒请托，除人品因素外，似也有职权为之后盾，即州府主持选士的官员是被赋予相当职权的。

从韦正贯和唐持的事例推测，各县具体主持考试的或为主簿、尉一类官员。在当时，选举贡士是一县大事，"县之所重，其举秀贡贤也"③，自非县衙门一般官员所能从事。据《唐六典》卷三〇《三府、都督、都护、州、县官吏》载，主簿是一县中"掌副事"的官

---

① 《全唐文》卷七六四《萧邺·岭南节度使韦公神道碑》。
② 《新唐书》卷八九《唐持传》。
③ 《樊川文集》卷一〇《同州澄城县户工仓尉壁记》。

员;县尉是"亲理庶务,分判众曹"的官员;所谓县的"众曹"中有司功佐一职,从工作职责上分,与府的司功曹相接。因此,由他们负责选举贡士也可说通。

二、 中央考试管理机构

唐代中央政府的考试管理机构有一个逐步专门化的过程,这一过程既适应了中央政府各部门管理工作逐步分化的需要,也适应了科举考试规模和社会影响逐步扩大的需要,因此有其必然性。

(一)常科考试主管部门的转移

据杜佑《通典》记载,唐高祖武德时起,常科考试由吏部考功郎中主持;唐太宗贞观时起,改由考功员外郎知举。唐玄宗开元二十四年(736年)春,进士科考试中发生在主考官李昂与考生李权之间的一场争端,引发了科举考试管理的一次意义重大的改革,考试管理的权限由吏部转入礼部。关于此次争端,史书多有记载。《唐摭言》卷一《进士归礼部》记述得颇生动详尽:

> 开元二十四年,李昂员外性刚急,不容物,以举人皆饰名求称,摇荡主司,谈毁失实,窃病之而将革焉。集贡士与之约曰:"文之美恶悉知之矣,考校取舍存乎至公,如有请托于时,求声于人者,当悉落之。"既而昂外舅常与进士李权邻居相善,乃举权于昂。昂怒,集贡人,召权庭数之。权谢曰:"人或猥知,窃闻于左右,非

敢求也。"昂因曰:"观众君子之文,信美矣。然古人云:'瑜不掩瑕,忠也。'其有词或不典,将与众评之,若何?"皆曰:"唯公之命!"既出,权谓众曰:"向之言,其意属吾也。吾诚不第决矣,又何藉焉!"乃阴求昂瑕以待之。异日会论,昂果斥权章句之疵以辱之。权拱而前曰:"夫礼尚往来,来而不往,非礼也。鄙文不臧,既得而闻矣;而执事昔有雅什,常闻于道路,愚将切磋,可乎?"昂怒而嘻笑曰:"有何不可!"权曰:"'耳临清渭洗,心向白云闲。'岂执事之词乎?"昂曰:"然。"权曰:"昔唐尧衰耄,厌倦天下,将禅于许由,由恶闻,故洗耳。今天子春秋鼎盛,不揖让于足下,而洗耳,何哉?"是时国家宁谧,百僚畏法令,兢兢然莫敢跌。昂闻惶骇,蹶起,不知所酬,乃诉于执政,谓权风狂不逊。遂下权吏。初,昂强愎,不受嘱请,及是有请求者,莫不先从。由是庭议以省郎位轻,不足以临多士,乃诏礼部侍郎专之矣。

考功员外郎李昂为人刚直,主持贡举有革除业已形成的"饰名求称,摇荡主司,谈毁失实"不良风气的愿望,以求杜绝考试中的请托现象,公正考校取舍。就此而言,他不失为尽职的主考官。但他的个性又过于强愎,处事方法简单,不仅当面指责李权,还将其章句之疵"榜于通衢"[1],激化了矛盾。举人李权请托,弄巧成拙,反受奚落,随即蓄意报复,对李昂诗文的含义附会曲解,无限上纲,进行诬陷恫吓,颇类于后世制造"文字狱"的做法。李权的恶劣手法迫使李昂屈服,从一个严拒请托、锐意除弊的主考官,变为自认事柄在人、"有请求者,莫不先从"的软弱可欺者。尽管事

---

[1] 《唐语林》卷八《补遗》。

发之后,在行政长官的干预下,李权下狱,但争端的发生和李昂后来的有请必应也引起朝廷重视。经朝议,朝廷认为考功员外郎的职位太轻,难以服众,于是决定将主管科举考试的权限改由礼部侍郎专掌。开元二十四年(736 年)三月十二日诏曰:"每岁举人,求士之本,专典其事,宁不重欤?顷年以来,唯考功郎中所职,位轻事重,名实不伦。故尽委良吏长官,又铨选猥积。且六官之职,例体是同,况宗伯掌礼,宜主宾荐。自今已后,每诸色举人及斋郎等简试,并于礼部集。既众务烦杂,仍委侍郎专知。"①

至此,科举遂为礼部所职。在此之前,人才选拔的各种考试都由吏部主持,考取后又由吏部量才授官。在此之后,考选和叙用分署执掌:礼部负责人才的考试选拔,吏部根据官员缺额和人才资序予以任用。这样的格局为以后历代王朝所沿袭,影响十分深远。

唐代科举管理的这一重大改革看似导因于李昂与李权的争端,实则有其必然之势。

其一,反映了科举考试尤其是进士科考试地位大大提高的客观形势。唐初,考试由考功郎中主持,而"贞观以来,乃以员外郎专掌贡举省郎之殊美者"②。据唐代官制,官员品级分三品以上、五品以上和六品以下三个等级,以示身份高下。五品以上为中高级官员,制授可不必经过铨试。三品以上官员一般由皇帝亲自任命。四品、五品官员通常由宰相提名,报皇帝批复。六品以下为下级官员,必须经过吏部铨试注拟,按例授官。五品与六品之间是官员等级的重要分界。考功郎中为从五品上,考功员外郎为从

---

① 《唐大诏令集》卷一〇六《令礼部掌贡举敕》。
② 《通典》卷二三《职官五·尚书下·吏部尚书》。

六品上。贞观时，科举考试的主管官员改由考功员外郎担任，降低了一个品级、四个阶次，成为下级官员。考功员外郎掌抢才之职，品位虽低，却握实权，所以仍是尚书省各部郎官中的"殊美者"，成为众郎官竞羡的目标。然而，随着科举考试尤其是进士科地位的日渐提升，社会声望日益高涨，进士科成为"士林华选"，是事实上的众科之首，应举者往往自视甚高，目中无人。而考功员外郎毕竟是下级官员，品阶不高，难以镇服众举子。李昂所见考试中考生"饰名求称，摇荡主司，谈毁失实"的嚣张情状说明了这一点，李昂与李权发生冲突更说明了这一点。李昂主铨之初的感受并非言过其实。据《新唐书》卷一二九《王丘传》载，"开元初，〔王丘〕迁考功员外郎。考功异时多请托，进者滥冒，岁数百人。丘务核实材，登科才满百，议者谓自武后至是数十年，采录精明无丘比"。可见，考功员外郎主贡举业已弊端丛生，王丘精明、善操作而得美名；李昂处事简单直率，终陷于是非之中。将科举考试改由礼部侍郎主持，侍郎官阶为正四品上，且为礼部副长官，已属尚书省之六部大员。主管官员职位的大大提高，既提高了科举考试的地位和权威性，也意味着对应举者地位的肯定和提高。

其二，反映了唐代中央政府平衡有关职能部门权限的需要。将考试管理机构权位提高只是此次改革的一个方面，另一个重要的改革是将考试的职权从吏部转入礼部。就政府管理工作而言，此一改革举措尤其值得注意。按开元二十四年（736年）诏令的解释，考试主管部门的转换有两个理由：一是因为考功员外郎"位轻事重，名实不伦"。之所以最终也不考虑让吏部长官担当，是因为"故尽委良吏长官，又铨选猥积"，即吏部尚书、侍郎既掌贡举又掌铨选，事务剧繁，实难做到两善。说到底，吏部再掌贡举已不合适。二是因为礼部同属尚书省六部，六部之间权位相当。何况唐代礼部所掌相沿于《周礼》之春官宗伯，宗伯掌礼，而选士自古讲究宾贡之礼，考试贡举之职归于礼部合乎古来惯例。说到底，考试贡举之职必须归于礼部，礼部当此职掌也很适宜。然而，透过这样的解释可以看出重新整治政府有关职能部门权限，使之分布更为合理的用意。

实行分权是用意之一。在唐代，吏部在六部中地位最高。就尚书省六部办公厅的位次，杜佑说："尚书六曹，吏部、兵部为前行，户、刑为中行，礼、工为后行，其官属自后进迁入二部者为美。自魏晋以来，凡吏部官属，悉高于诸曹，其选举皆尚书主之。"[①]吏部位高是由于权重，掌管官员任用考核已足够重要，何况还一度统管考试选拔，权力确实过于集中，不便制约。从诏令中可以看出最高统治者分权的决心：吏部长官已经"铨选猥积"，掌贡举与管铨选难以分身两全——事繁成为分职的理由；而礼部也是"众务烦杂"，却还要为其增加职事，"仍委侍郎专知"贡举，事繁却不成为增职的障碍。同时，既然"六官之职，例体是同"，六部官员品阶相当，那么权限大小、职务繁简也应尽量做到均衡。此外，科举的职责从吏部分出，还便于吏部集中力量管理铨选事务。总之，中央政府性质不同的各种考试宜分归诸部门掌管，分而治之，以形成这样的局面："其吏部科目、礼部贡举，皆各有考官。大抵铨选属吏部，贡举属礼部，崇文馆生属门下省，国子学生属国子监，州府乡贡属长官，职司在功曹司功。"[②]

达到制衡是用意之二。分权是为了达到权力制衡。诏令之

---

① 《通典》卷二三《职官五·尚书下》。
② 《册府元龟》卷六三九《贡举部一·总序》。

所以强调将原属吏部的贡举之权划归礼部，无非是希望扩大礼部的权限，提高礼部的地位。礼部原先只掌管国家的礼仪、祭祀、宴飨、典章、学校、诸蕃朝觐等事，虽事事关乎国体，却也并非实权。自考试之权转入礼部后，考试贡举遂成为礼部事实上最重要的职掌和实权，也就大大提高了礼部尤其是礼部侍郎的地位。《通典》卷二三《职官五·尚书下》清楚记载了开元二十四年(736年)后礼部所发生的这一变化："旧制，考功员外郎掌贡举。开元二十三年[①]，考功员外郎李昂为进士李权所诋，朝议以考功位轻，不足以临多士。至二十四年，遂以礼部侍郎掌焉。开元、天宝之中，升平既久，群士务进，天下髦彦，由其取舍，故势倾当时，资与吏部侍郎等同。"礼部及侍郎的地位急剧提高，以至"势倾当时"，可与吏部侍郎相抗，完全是因为天下士人必须"由其取舍"而判为两途：或得以晋身，或身陷草泽。李翱《卓异记·兄弟三人为礼部侍郎》也反映了社会士众对此的认同："按国纪以文章取士，仪曹选之以登第，吏部得补官，方帅因之以奏请，丞相因之除授。不由奏官之择，虽词人无阶级可进。故礼部之重，根本如是。崔邠、郾、郸兄弟三人皆仕此官，斯为卓异。"李翱的话也反映了自开元末进行科举管理改革到唐中后期业已形成的官员选择、任命的秩序——国家确定以文章取士的大政方针，礼部负责考选，吏部负责授官，但首先必须通过礼部的选择。将考试选拔之权归于礼部，也就在政府官员的产生过程中形成礼部与吏部的权力制衡局面，各掌其权，都难专断，还可相互监督、制约。

---

① 李昂第一次当面数落李权或发生在开元二十三年(735年)底，故杜佑如是记年数。刘海峰. 唐代教育与选举制度综论[M]. 北京：文津出版社，1991：104.

（二）礼部贡举管理

据开元二十四年(736年)三月十二日诏令,自此时起,贡举之职移归礼部并委侍郎专掌,时任礼部侍郎的姚奕自然就接手贡事。但据唐制,当年省试已经结束,并于二月放榜,姚奕接手后实际上是开始为礼部来年乃至将来的贡举做建设准备工作:先是建立专门的贡院①;随后,"九月二十日,礼部以贡举请别置印"②;再后,针对科举考试推出颇多改革举措,如应试进士唱第,具所试送中书门下详覆等。礼部对科举考试的管理主要由侍郎与属下有关部门负责。

贡举之职归礼部,礼部的正副长官尚书与侍郎自然就是科举考试的最高负责人。《唐六典》卷四《尚书礼部》云:"礼部尚书、侍郎之职,掌天下礼仪、祠祭、燕飨、贡举之政令。其属有四:一曰礼部,二曰祠部,三曰膳部,四曰主客。尚书、侍郎总其职务而奉行其制令,凡中外百司之事,由于所属,皆质正焉。凡举试之制,每岁仲冬,率与计偕。"《唐六典》在叙述礼部尚书、侍郎的职责、下属、权限之后,紧接着就叙述贡举考试之事,可见主持和管理考试被明确为礼部的首要工作。

既然明确贡举由"侍郎专知",那么礼部侍郎就是代表礼部实际主持科举考试的官员。《通典》卷二三《职官五·尚书下》记礼部官制云:"侍郎一人。……掌策试、贡举及斋郎、弘、崇、国子生等事……"实际情形也证实,主持考试成为礼部侍郎的专务,礼部尚

---

① 《唐国史补》卷下:"开元二十四年……天子以郎署权轻,移职礼部,始置贡院。"
② 《唐会要》卷七六《贡举中·缘举杂录》。

书虽是其上司，却几乎不参与其事。后来常见当礼部侍郎难以行使贡职或职位出现空缺时，往往由其他部门职位相当甚至稍低的官员知贡举或权知贡举，也可为证。只有极少的几例礼部尚书主持贡举之事。贞元三年(787年)正月二十，侍郎薛播贡举事未毕而卒，萧昕以礼部尚书权知贡举。这是在考试进行中，已来不及另委新官，不得已而为之。① 又据《唐摭言》卷一四《主司称意》，元和十一年(816年)，中书舍人李逢吉权知贡举，试策后未及发榜即拜相，遂"令礼部尚书王播署榜，其日午后放榜"。王播不过是在考试事务全部完成，只待放榜时，才代行了发榜职责。从史书记载看，对唐代科举考试的改革、发展和完善提出建议、作出贡献的大多为礼部侍郎。如第一位以礼部侍郎身份出掌贡举的姚奕，接手后就对科举考试作出一项重要改革，即针对已相沿成习的"进士以声律为学，多昧古今；明经以帖诵为功，罕穷旨趣"风气，提出明经考试增加时务策，提高其文理水平；进士考试则改帖小经为帖大经，提高其经史素养。他意在调和折中明经、进士两科，取长补短，提高难度和标准，迫使这两个主要科目的考生勤奋苦读，心无旁骛，有真才实学，又由此杜绝科举中钻营请托等不正之风。对姚奕的奏请，开元二十五年(737年)二月的诏令给予认可。② 礼部侍郎在考试中的作用也证明了将贡举归于礼部，专委礼部侍郎是正确的决策。

礼部侍郎是贡举的领导者、决策者和组织者，负责考试内容和标准的确定、考试管理规章制度的制定、考卷的评判和考生的录取等贡举大政。那么，在礼部属下的礼部司、祠部司、膳部司、主客司四司中，又主要是哪些司在具体参与贡举？或以礼部司和祠部司为主。礼部司是礼部中与尚书、侍郎关系最直接也是最重要的一个司。据《唐六典》卷四《尚书礼部》，礼部司设郎中、员外郎各一人（直接列名于尚书、侍郎之下，而不似其他诸司的郎中、员外郎列名于其所在司之下），"掌贰尚书、侍郎"，也就是尚书、侍郎之"副贰"，即辅助。具体来说，就是"掌礼乐、学校、仪式、制度、衣冠、符印、表疏、册命、祥瑞、铺设、丧葬、赠赗及宫人等"①，其中包含对有关学校学生、祭祀人员的考试选拔。《唐六典》还详细列出秀才、明经、进士、明法、明书、明算等六科举人，弘文馆、崇文馆学生，太庙斋郎，郊社斋郎，国子监大成生的考试内容与标准，这些规定当是礼部侍郎与礼部司实施贡举的依据。

祠部司是另一个参与考试管理的司。据《通典》卷二三《职官五·尚书下》记载，祠部司亦设郎中、员外郎各一人，其职责为"掌祠祀、天文、漏刻、国忌、庙讳、卜祝、医药等及僧尼簿籍"。其中，天文、漏刻、卜祝、医药等专业人员及僧尼按规定均须经过资格考试。除此之外，祠部司官员还参与科举考试的一些管理事务。大中十年（856年），雅好文学，尤重科名的唐宣宗向礼部侍郎郑颢索取《登科记》。当时民间流传有私家记录的历朝历科《科目记》，郑颢委派祠部员外郎赵璘采访，撰成《诸家科目记》十三卷进呈，收集了始于武德元年（618年）而迄于当时的各科登科者姓名、试题。唐宣宗敕曰："自今放榜后，仰写及第姓名，及所试诗赋题目进入内，仍付所司，逐年编次。"②据此，有关科举考试文书档案的收集、

① 《通典》卷二三《职官五·尚书下》。
② 《唐会要》卷七六《贡举中·缘举杂录》、《唐语林》卷四《企羡》。

整理、保管事务，成为此后的一项常规工作。

礼部司、祠部司的郎中、员外郎分别为从五品上、从六品上官员，加上礼部侍郎，较之由吏部考功员外郎主持贡举，无论是官员的品阶还是参与的部门和人员，都不可同日而语。在科举考试地位得到大大提高的同时，对它的管理也大大加强了。同时，贡举在吏部似乎只是其局部，而到了礼部则成为其大局，因此成为更能代表国家的政府行为，其权威性也随之确立。

（三）礼部的异地贡举

贡举移职礼部后，贡举考试沿袭旧制，多在中央政府的所在地长安举行。但在一些特殊年份，礼部也主持异地考试。唐肃宗初即位，因"安史之乱"，国家处在内战之中，京师迁徙，交通断绝，士人流离，难以举行统一的全国性考试。唐肃宗至德二载（757年）的礼部贡举遂分数地举行，由中央政府派员主持：裴士淹由给事中迁礼部侍郎知蜀中贡举，薛邕以右补阙兼礼部员外郎知凤翔贡举，李希言以礼部侍郎知江东贡举，崔涣以门下侍郎、平章事、江淮宣谕选补使知江淮贡举。数地贡举几乎在这年春天同时举行并放榜，使礼部考试在战乱中得以不辍，也开礼部贡举异地举行之先例。

唐代宗广德二年（764年）夏秋之间，尚书左丞贾至出任礼部侍郎。当年正值全国广遭水旱之灾，关中经济供给甚感窘乏，"京师米贵"。贾至以"时艰岁歉"，奏请在东都洛阳别设考场，令赴京师考试之各地举人分别在长安和洛阳参加省试。刚主持完当年贡举，由礼部侍郎迁尚书左丞的杨绾重被任命知次年西京长安贡举,而贾至则受任知东都洛阳贡举。永泰元年(765年)春,杨绾、贾至分别主持西京、东都贡举,举人分别及第,两都贡举自此始。[①]礼部侍郎官号皆以"知两都"为名。直至唐代宗大历十一年(776年)停东都贡举,除大历二年、七年东都未举外,其他年份西京、东都均分别贡举。唐文宗大和元年(827年),又敕来年贡举权于东都举行。永泰初年分置西京、东都两都贡举,确因"京师不雨,米斛千钱,官中无兼时之积,禁军乏食,畿县百姓乃授穗以供之"[②]。而洛阳取资东南,较之八百里关中为便。事实上,每年的科举考试对国家的确是很大的经济负担。韩愈曾粗略作过估计:"今京师之人,不啻百万,都计举者不过五七千人,并其僮仆畜马,不当京师百分之一。"[③]韩愈是为了说明贡举不会造成国家负担,但即使每年因贡举而涉及的人数仅为京城人口的百分之一,也是不小的数目。由此,可见科举考试对国家经济状况的依赖以及唐代年复一年的考试管理工作的繁重程度。

第二节 考试官

唐代科举考试中,地方政府的主试官为诸曹官员,而中央政府的主试官先是吏部考功司官员,开元二十四年(736年)后为礼部侍郎及其下属。《唐大诏令集》卷一〇六《令礼部掌贡举敕》云:"每岁举人,求士之本,专典其事,宁不重欤?"可见,当时也重视考试官的选择,尤其是对省试考试官的挑选,更为审慎。

---

① 《册府元龟》卷六三九《贡举部·总序》、《新唐书》卷四四《选举志上》、《唐摭言》卷一《两都贡举》等。
② 岑仲勉. 隋唐史(上)[M]. 北京:中华书局,1982:153.
③ 《全唐文》卷五四九《论今年权停举选状》。

一、主试官的资格

主持省试的官员通常称作"知贡举",也称"主司""有司""主考""主文"等。由于贡举关乎能否得才,因此对主考官的选择往往有很高的要求,并常常以皇帝的名义亲自任命。

(一)主试官的选任条件

通常,对考试官的选择是从品德、学识和处事才干等方面进行综合考察的。开元、天宝年间曾先后任左右丞相的裴耀卿在开元初年曾任吏部考功员外郎,在其任命制书中云:"敕:朝散大夫、行河南府士曹参军裴耀卿,士行纯密,文词典丽。时人许其清秀,职事推其综核。惟才是举,方凭止水之明;在位斯闻,伫考观光之彦。可检校考功员外郎。"①唐代河南府亦为"三京"之一,裴耀卿从司士曹参军事的正七品下官员被任为检校考功员外郎,可见其表现出众,而对其评价正是从人品("士行纯密")、学识("文词典丽")和管理才干("职事推其综核")几方面作出的。这几方面中又尤重人品,如稍早于裴耀卿的马怀素,"时贵戚纵恣,请托公行,怀素无所阿顺,典举平允"②。"核取实才,权贵谒请不能阿挠"③。又如稍后于裴耀卿的韩休,"执心公正,取

---

① 《全唐文》卷二五一《苏颋·授裴耀卿检校考功员外郎制》。
② 《旧唐书》卷一〇二《马怀素传》。
③ 《新唐书》卷一九九《马怀素传》。

舍平允,不为豪右所夺"①;孙逖,"精核进士,虽权要不能逼"②;等等。可见,人品因素是选择考试官时首先要考虑的,历来对考试官的评价也往往集中在品德问题上,有所谓"德选"的赞誉和"滥选"的批评。

贡举归礼部并委侍郎专掌后,对考试官的要求自然也相应提高。史书中有关考功员外郎和礼部侍郎的记叙的确有所区别。如张谓为礼部侍郎,典大历七、八、九三年(772年、773年、774年)贡举,其授职制书曰:"称秩元祀,春官职焉,举秀兴廉,国朝兼领。非文儒硕茂,鉴裁精实,重于一时者,不在此地。"③又如韦贯之为礼部侍郎,掌元和八、九两年(813年、814年)贡举,其授职制书曰:"中书舍人韦贯之,沉实贤俊,文以礼乐,行成于内,移用于官,公直之声,满于台阁。"④"文儒硕茂""公直之声,满于台阁"云云,不免有过誉之嫌,却也道出了要求礼部知贡举官员有更高的政治、道德、学识和声望的实际情况。事实上,知贡举成为不少人向往的差使,知贡举而众望所归者也确实不少,如代宗朝的常衮,德宗朝的陆贽、高郢、权德舆,文宗朝的贾𫗧,等等。由于礼部考试官具有较高的素养,因此科举考试的声誉、权威性、感召力得以大大提高。

(二)主试官的出身

唐代受派遣执掌贡举的官员大多由科举出身,尤以进士科出

① 《册府元龟》卷六五一《贡举部十三·清正》。
② 《全唐文》卷三三七《颜真卿·尚书刑部侍郎赠尚书右仆射孙逖文公集序》。
③ 《全唐文》卷四一一《常衮·授张谓礼部侍郎制》。
④ 《白居易集》卷五五《中书舍人韦贯之授礼部侍郎制》。

身者居多。但也偶有破例的现象。《陔余丛考》卷二八《礼部知贡举》云："又唐时知贡举大臣有不必进士出身者。《旧唐书·李麟传》：麟以荫入仕，不由科第出身，后为兵部侍郎知礼部贡举。又李德裕与李宗闵有隙，杜悰欲为释憾，谓宗闵曰：'德裕有文才而不由科第，若使之知贡举，必喜矣。'是唐制非科第出身者亦得主试也。"杜悰之言表明，唐代对知贡举官员是否为科举出身并不苛求。另外，《因话录》卷二载，于贞元十八、十九、二十一年（802年、803年、805年）三届衡文，号称"门下所出诸生，相继为公相。得人之盛，时论居多"的权德舆，也是"身不由科第"者。但不强求科第出身也不表示毫无原则。如李麟，是受专权的同僚杨国忠的排挤而权知天宝十、十一载（751年、752年）两届贡举的，事毕即徙国子监祭酒，似乎也是一位颇有品学，堪为士子模范之人。从杜悰对李德裕的评价可见，不由科第出身者知贡举，必须具有能为科第出身者所认可的"文才"。

（三）主试官的品秩与经历

唐玄宗于开元二十四年（736年）诏令贡举"委侍郎专知"，明确了考试官的职衔，此后贡举原则上也由礼部侍郎职掌。但由于中央政府官员的经常性迁徙调动，不久就出现了由其他部门职位大体相当的官员主持贡举的任命。天宝二年（743年）正月，达奚珣以中书舍人身份权知贡举，距开元二十四年规定礼部侍郎专掌贡举仅七年。之后，天宝九载（750年），李暐以中书舍人权知；十载，李麟以兵部侍郎权知；十二载，杨浚以中书舍人权知……以他官权知贡举日见其多，并成为常例。《文献通考》卷三〇《选举考三·举士》认为："开元时，以礼部侍郎专知贡举，其后或以他官领，多用中书舍人及诸司四品清资官。"大体如是。以他官权知贡举确以中书舍人为最，有唐一代约有三四十人之多，而其他部门官员亦复不少。如：

贞元二年(786年)，包佶以国子祭酒权知。

贞元七年(791年)春，杜黄裳以刑部侍郎权知；冬，陆贽以兵部侍郎权知。

贞元八年(792年)冬，顾少连以户部侍郎权知。

贞元十三年(797年)冬，顾少连以尚书左丞知。

元和二年(807年)冬，卫次公以权知中书舍人权知。

元和五年(810年)，崔枢以刑部侍郎权知。

元和七年(812年)，许孟容以兵部侍郎权知。

元和十四年(819年)冬，李建以太常少卿权知。

大和八年(834年)，崔郸以工部侍郎权知。

会昌二年(842年)冬，王起以吏部尚书权知。

会昌三年(843年)正月，陈商以左谏议大夫权知；冬，王起以尚书左仆射权知。

会昌四年(844年)冬，陈商以左谏议大夫权知。

大中十三年(859年)，郑颢以兵部侍郎权知。

咸通四年(863年)，萧仿以左散骑常侍、权知吏部侍郎改权知礼部贡举。

中和元年(881年)，韦昭度以户部侍郎权知。

光启三年(887年)冬，柳玭以尚书右丞权知。

乾宁二年(895年)，崔凝以刑部尚书权知。

天祐元年(904 年),杨涉以尚书左丞权知。

天祐三年(906 年),薛廷珪以吏部侍郎权知。①

此外,尚有以礼部尚书权知者,如贞元三年(787 年)的萧昕、元和十一年(816 年)的王播、乾宁四年(897 年)的裴贽。至德二载(757 年),薛邕以礼部员外郎知凤翔贡举、崔涣以门下侍郎平章事、江淮选补使知江淮贡举。大历三年(768 年),张延赏以河南尹权知东都留守知东都贡举。八年,蒋涣以东都留守兼知东都贡举。这些均为特例。

各部门官员的品秩,六部尚书为正三品,侍郎除吏部为正四品上外,各部均为正四品下;尚书左仆射为从二品,左丞为正四品上,右丞为正四品下;左散骑常侍为从三品,谏议大夫为正五品上;太常少卿为正四品上;国子监祭酒为从三品;中书舍人为正五品上。

从权知贡举官员的品秩看,绝大部分集中在正四品上至正五品上之间,少数为三品乃至二品,最低不低于正五品上,即以中级偏高官员为主,偶有高级官员参与其事,可见其职并不随便轻授,基本上限于六部大员或与之相当者;即使是以正五品上官员权知,也是近期有望升迁者。这样就保证了主贡官员的品秩水平,与强调科举考试的地位和权威性原则相一致。从权知贡举官员的部门分布情况看,中书省(中书舍人)最多,尚书省次之,门下省又次之,诸寺监稍有一二,也大体上折射出唐代中央政府各部门职权地位的主次轻重。此处以中书舍人为例。中书省与门下省

---

① 《唐仆尚丞郎表》卷三《通表中・吏户礼三部尚书及侍郎年表》。所列无以中书舍人权知贡举者。

同秉军国政要,其中中书省掌制令决策,并草为诏敕,交门下省审议复奏,再付尚书省颁发执行。负责执笔草诏的即为中书舍人,故又名"知制诰"。因处于政府决策中心并代皇帝草诏,"唐代的中书舍人都是文人士子企慕的清要之职,所谓'文士之极任,朝廷之盛选',是跃居台省长贰以至入相的一块重要跳板"①。虽官在正五品上,稍欠侍郎品秩,但既然中书舍人有如此特殊的任职背景,加之其设官数额较多(六人),经常差遣也不至于影响原部门职事,委以抡才大任就很可以理解。这同样反映了当时国家对科举考试的重视程度和控制意识。

二、 主试官的委任

在唐代,三品以上官员由皇帝亲自选授;五品以上者由宰相提名呈报皇帝御批,吏部听制授官;而六品以下者则由吏部综合考察候选者的出身、资历、功劳、才能、德行、言辞、书判、身材各方面情况予以"注批"。贡举主试官的委任情况具体如下:

(一) 委任过程

由于礼部主试官之职甚为关键,因此择人颇为审慎。此即所谓"仪曹剧任,中台慎择。总百郡之俊造,考五礼之异同,必求上才,以允金属"②。如欲获得主试官之任,"中台慎择"即得到宰臣的提名推荐甚为关键。李宗闵与杜悰密商安排李德裕职位

---

① 陈茂同. 历代职官沿革史[M]. 上海: 华东师范大学出版社,1988: 258.
② 《全唐文》卷七六一《郑处海·授郑薰礼部侍郎制》。

之事，《唐语林》卷七《补遗》有详细而生动的记述："初，卫公与宗闵早相善，中外致力，后位高，稍稍相倾。及宗闵在位，卫公为兵部尚书，次当大用，宗闵沮之，未效，卫公知而忧之。京兆尹杜悰即宗闵党。一日，见宗闵，曰：'何戚戚也？'宗闵曰：'君揣我何念？'杜曰：'非大戎乎？'曰：'是也。何以相救？'曰：'某即有策，顾相公不能用。'曰：'请言之。'杜曰：'大戎有词学而不由科第，至今怏怏。若令知贡举，必喜。'宗闵默然，曰：'更思其次。'曰：'与御史大夫，亦可平治慊恨。'宗闵曰：'此即得。'"李宗闵于大和四年（830 年）迁中书侍郎平章事。六年，李德裕为兵部尚书，杜、李之议当在是时。朝中大员的安排由主管官员与其党羽私谋于密室，似为小说家言而不足为信，但在牛李党争的背景下却有可信处。一般情况下，官员的提拔调遣也往往是朝中各种政治力量折中调和的结果。从中也可看到，主试官的人选必须先进入宰相的视线，经全面考察其人品、才干、学识、声望、官缘，方得推荐于皇帝批准，再由吏部听制除授。

　　按唐制，朝廷任命官员通常在每年的秋冬（九、十、十一月）之间。知贡举的正常任命也大体在此期间，而主持考试则在第二年。任命知贡举又有两种情况：其一为直接正式任为礼部侍郎知贡举；其二为先任为权知贡举作为过渡，待考试毕再拜礼部侍郎或他调。前一种情况下，被任命者来自各个部门。如广德元年（763 年）春夏间，杨绾由太常少卿迁礼部侍郎知次年贡举；二年夏秋间，贾至由尚书左丞转礼部侍郎知次年东都贡举；大历元年（766 年），薛邕由中书舍人迁礼部侍郎知次年西京贡举；等等。后一种情况下，被任命者也来自各个部门，通常暂不任命礼部侍郎，以"权知"的名义掌贡，尤以中书舍人为多。中书舍人品级稍低，被任为权知贡举可以理解，通常在主持考试完成后正式拜为侍郎，掌贡成为对其未来能否胜任礼部侍郎之职的先期考察。如权德舆"贞元十七年为中书舍人，以本官知礼部贡举。来年，真拜侍郎。凡三岁掌贡士，至今号为得人"[①]。崔瑶大中六年（852 年）以中书舍人知贡举，旋授礼部侍郎；崔瑾咸通十三年（872 年）以中书舍人知举，寻授礼部侍郎；等等。[②]中书舍人事实上成为礼部侍郎的主要来源。而其他部门官员权知贡举，不少纯是临时差遣。如国子监祭酒包佶贞元二年（786 年）正月受命权知贡举，事毕而止；杜黄裳贞元七年春权知贡举，试毕也不再续任；陆贽贞元八年权知贡举，放榜事迄；等等。考其原委，各部长贰原有实际职守，权知贡举或为应急，或为过渡，实非专为贡举计（常有"守本官权知贡举"之说）。唐代知贡举官员任用的特点之一是来源广泛，客观上形成多部门、多人员参与贡举的局面，有利于防止贡举权力长期集中于一个部门、一些人员所带来的弊端，同时也不会有知贡举者乏人之虑。

（二）委任期限

从开元二十五年（737 年）起至唐代终结，历时几近两百年，除去数年停举，知贡举官有一百九十余届。其中，连任或先后任两届者二十三人（姚奕、李麟、裴士淹、姚子彦、杨绾、贾至、蒋涣、潘炎、鲍防、刘太真、顾少连、崔邠、韦贯之、庾承宣、王起、杨嗣复、崔郾、郑瀚、柳璟、陈商、崔沆、郑损、裴贽），三届者十

---

① 《册府元龟》卷六五《贡举部·清正》。
② 《旧唐书》卷一五五《崔邠传》。

人（崔翘、李严、张延赏、张谓、常衮、吕渭、高郢、权德舆、贾𫗧、高锴），四届者三人（达奚珣、杨浚、薛邕）。① 个别人还重复被任，如王起、萧昕等。其他一百余名知贡举任期绝大多数为一届，有的甚至不到一年。

从以上任命期限看，不久其任似乎是唐代主试官任命的重要原则。任期长的与主试官的政绩有关，而任期短的又不全为政绩缘故。虽未见知贡举官何以频繁调动的说明，但更动频繁、任期短暂是唐代考试官任命的又一显著特点，客观上可以防止知贡举长期固定于一职一人而可能带来的问题。

三、 其他考试官的选任

知贡举只是科举考试的主考官，每年规模达到近千至数千人的考试势必要有大量辅试官员为之助。一年一度的科举考试均为一时之事，除礼部有关职能部门将考试作为一项常规工作而有专人负责外，尚需其他方面支持。政府虽有专门规定，但逢考还要临时差遣。

考试官通常分为考官与试官两种。后唐明宗天成四年（929年）十月中书门下条流贡举人事件文云："贡院合请考官、试官，今后选学业精通、廉慎有守者充。如在朝臣门馆人，不得奏请。"②该文说明了对考官、试官的业务、品德和身份要求。考官、试官也有一身兼任的情况。后唐明宗天成二年（927 年）尚书省礼部贡院

---

① 据严耕望《唐仆尚丞郎表》卷三统计，参见《唐语林》卷八、徐松《登科记考》。"杨浚"，一作"阳浚"。
② 《五代会要》卷二三《缘举杂录》。

奏:"五经考试官,先在吏部日,《长定格》合请两员数属,贡院准新定格文,只令奏请一员,兼充考试。伏缘今年科目人数转多,却欲依旧请考试官各一员。如蒙允许,续具所请官名衔申奏。奉敕宜依。"[①]由此可见,考试官的设置和员额是依据考试科目定的,同时也据当年与考人数作适当调整。每年考试官的确定程序为:先由礼部贡院将考试官候选人名单及官衔等材料具奏,御批后进行委任。后唐明宗时距唐不远,当可据以推知唐代考试官的委任情形。

考试官的来源也有一定规定。《唐会要》卷五九《尚书省诸司下·礼部尚书》载:"大和七年八月敕:每年试帖经官,以国子监学官充,礼部不得别更奏请。其弘文、崇文两馆生、斋郎,并依令试经毕,仍差都省郎官两人覆试。"由此可知,国子监学官尤其是都省郎官是礼部考试官的主要来源。《册府元龟》卷六五一《贡举部十三·谬滥》载,宣宗大中十四年(860年),中书舍人裴坦知贡举,放进士三十人,"考试官库部员外郎崔岛言:……时举子尤盛,进士过千人,然中第者皆衣冠士子"。这透露出郎官与试的实情。从户部的库部员外郎充任考试官,又可知考试官的来源颇为广泛,也折射出唐代科举考试的规模。

第三节　考场管理

自开元二十四年(736年)姚奕奏请设置礼部贡院后,贡院成为科举考试的专门场所,考场管理也渐成制度。唐代考场管理远

---

① 《五代会要》卷二三《科目杂录》。

不如后代严格，却也有一定规制。

一、 省试的考期与考试场次

（一）考期

适应中国农业社会的生产和生活需要，唐代将人才选拔的时间选定在每年的冬闲时节，大体从秋末冬初开始，至开春毕其事。每年入秋，举子们均开始准备。故有时谚流行："槐花黄，举子忙。"王维《奉和圣制重阳节宰臣及群官上寿应制》曰："四海方无事，三秋大有年。……无穷菊花节，长奉柏梁篇。"唐代省试并无一定之期，最晚不过次春三四月间，绝大部分在二三月间进行，也有早在农历十二月间进行的记载。

唐高祖武德四年（621年）规定，参加省试的各地举子，于当年十月秋冬之际赴京应试。举子到京，尚需办理有关手续，如到户部纳文解，考生互相结保，举行一些仪式，如朝见皇帝、谒见先师，进行一些活动，如试前向考试官纳文卷，之后方是考试，其间还隔有春节，因此考试在当年内进行已难以安排。但《太平广记》卷一七九《贡举二·阎济美》载，阎济美由江东荐，适逢两都举，遂试于洛下："十一月下旬，遂试杂文。十二月三日，天津桥放杂文榜，……是月四日，天津桥作铺帖经，……"阎济美以诗赎帖而过，中第。所述考试日期虽早得与常例相去甚远，却也并非无由。可用以解释的是：东都考试可能稍早举行，以便及第进士名单及试卷等及时送呈长安中书省审核。杜牧《及第后寄长安故人》曰："东都放榜未花开，三十三人走马回。秦地少年多酿酒，已一作即。

将春色入关来。"这说明东都考试确较早。权德舆《贡院对雪以绝句代八行奉寄崔阁老》云"寓宿春闱岁欲除",表明新年前已入住贡院,想是为了考试事。[1] 但考试是否早至新年之前举行,只能聊备一说。关于考试日期更多的记载集中于正月至三月之间。

有关正月的记载。《册府元龟》卷六四一《贡举部三·条制三》:"宣宗大中元年正月,礼部侍郎魏扶放及第二十三人。"魏扶放又以及第者中有三人为当朝重臣之子,恐遭物议,而奏请复试,当月二十五日试毕。由此推测,当年省试在正月中下旬之间。《黄御史集·别录》引《唐昭宗实录》:"乾宁二年二月乙未,敕:……今年新及第进士张贻宪等二十五人,并指挥取今月九日于武德殿祇候。……丙申,试新及第进士张贻宪等于武德殿东廊。"当科刑部尚书崔凝权知贡举,被疑受请托,所以举行重试。诏下日为二月八日,前数日事发,而考试当正月底已开始。又,《唐摭言》卷三《慈恩寺题名游赏赋咏杂记》记会昌年间新进士情状:"……缘初获美名,实皆少隽;既遇春节,难阻良游。"这表明雁塔题名仍在春节期间。

有关二月的记载。《册府元龟》卷六四三《贡举部五·考试》载:"高宗显庆四年二月,引诸色目举人谒见,下诏策问之。凡九百余人,……则天载初元年,太后临朝。二月十四日,试贡举人于洛城殿前,数日毕。"《唐会要》卷五九《尚书省诸司下·礼部侍郎》云:"元和九年二月,韦贯之为礼部侍郎,选士皆抑浮华,先行实,由是趋竞息焉。"《旧唐书》卷一八上《武宗本纪》载,会昌五年(845年)二月戊寅,"谏议大夫、权知贡举陈商选士三十七人中第,物论

① 傅璇琮在《唐代科举与文学》中也对主考官如此之早住入贡院感到怀疑。傅璇琮. 唐代科举与文学[M]. 西安:陕西人民出版社,1986:229.

以为请托，令翰林学士白敏中覆试，落张渎、李圩、薛忱、张觊、崔凛、王谌、刘伯刍等七人"。

有关三月的记载。据开元二十四年（736 年）三月十二日诏，李昂主持的考试当在二月底三月初。《旧唐书》卷一六六《白居易传》："长庆元年三月，〔白居易〕受诏与中书舍人王起覆试礼部侍郎钱徽下及第人郑朗等一十四人。"《唐摭言》卷二《恚恨》："……去年冬十月得送，今年春三月及第。"又，《唐摭言》卷八《别头及第》记载，会昌五年（845 年），刑部尚书杨汝士之子杨知至重试落下，有诗《覆落后呈同年》曰："三月春光正摇荡，无因得醉杏园中。"

考试究竟安排在哪一月？科举考试在正月、二月、三月都可能举行，但最经常的考期当在二月、三月。西京考试多在冬末春初。《全唐文》卷七二七《舒元舆·上论贡士书》云："试之日，……寒余雪飞，单席在地。"正是春方至，春寒料峭时。如是过早，长安寒意尚浓，不当言"寒余"，考生"单席在地"，如何受得了？所以，省试不会太早。在中国北方中原地区的平常年份，正月还常是冰天雪地。通常，考试阅卷诸事毕，放榜时已是春意盎然。由此回推，开考时节当是春意萌动之时。孟郊《登科后》云："昔日龌龊不足夸，今朝放荡思无涯。春风得意马蹄疾，一日看尽长安花。"《同年春燕》云："高歌摇春风，醉舞摧花枝。"两诗是写情，也是写景。因此，合乎情理的说法是二三月考试，三四月放榜。新进士照例"期集"两月，庆祝活动就"延至仲夏"了。[①] 而考试日期之所以有跨距如此之大的不同记载，是因为中国的农历与时令节气之间并

---

① 《全唐文》卷八二七《孙棨·北里志序》。

不完全对位，有时相差可逾一个月。

（二）考试场次

唐代考试设科较多，各科考试内容差异较大，兴废变更也频繁，因此各科考试场次不同，某一科在不同时期也不同。此处主要以进士、明经两科为例。

据《封氏闻见记》卷三《贡举》，唐初进士科"试时务策五道"。可见，考试仅有考策一项内容，可能一场而毕。唐高宗调露二年（680年），考功员外郎刘思立请求进士科考试加试帖经和杂文。次年，唐高宗下诏批准此议，明确进士科考试的内容为帖经、杂文、试策，考试亦为三场。[①] 至此，进士科考试的内容、场次大体成形。

关于明经科考试场次，据上引《封氏闻见记》，唐初"取通两经，先帖文，乃按章疏试墨策十道"。考试也可能一场而毕。之后明经科考试的内容变化很多，趋势是逐渐增加。到开元末，也形成三场考试："凡明经，先帖经，然后口试，并答策。"[②]明经科考试的内容、场次至此也大体定形。

考试的场与场之间有无间隔？从唐代考试录取中的通榜做法，可以推知有间隔。据《唐摭言》卷八《通榜》，大中年间（847—859），郑颢知贡举，"托崔雍员外为榜，雍甚然诺"，然而郑颢"待榜不至"。后来，崔雍令家僮将榜送至贡院。这样一番来回，当然需要时日。有些时候，考试三榜中每一榜的通榜者均不

---

① 《唐六典》卷二《尚书吏部》。
② 《唐六典》卷四《尚书礼部》。

同,就更需耽搁。并非说三场考试的间隔全由通榜所致,但试卷评阅确需时日。关于场与场之间的间隔,《太平广记》卷一七九《贡举二·阎济美》记东都洛阳考试,"十一月下旬,遂试杂文。十二月三日,天津桥放杂文榜,……是月四日,天津桥作铺帖经"。这表明杂文与帖经两场间有数天间隔。由于考试的组织工作繁重,因此间隔不能过长,否则拖时过久,将不胜负担。

　　关于每场考试的时间,历朝均有不同。进士科杂文考试和各科对策考试的场次一般自早至夕,可以延长入夜。至于晚到几时,诸说不一。长庆元年(821年),白居易与王起受命重试当科中第进士后,奏请今后进士重试,"伏准礼部试进士例:许用书策①,兼得通宵。得通宵则思虑必周,用书策则文字不错。昨重试之日,书策不容一字,木烛只许两条。迫促惊忙,幸皆成就。若比礼部所试,事校不同"②。此中透露的信息是:当时礼部考试可以通宵,而重试仅允许至入夜后,时间以两条木烛燃尽为限。《唐摭言》卷一五《杂记》载,唐懿宗咸通、光启年间,韦承贻题贡院都堂一隅诗中云:"褒衣博带满尘埃,独上都堂纳试回。……三条烛尽钟初动,九转丸成鼎未开。……才唱第三条烛尽,南宫风景画难成。"由此可知,当时以三条烛为限,烛尽鸣钟,考生交卷。在唐代礼部考试的大多数时期,恐都以三条烛为限,后人也是这样认定的。如《渑水燕谈录》卷六《贡举》:"唐制,礼部试举人,夜试以三鼓为定。无名子嘲之曰:'三条烛尽,烧残学士之心;八韵赋成,笑破侍郎之口。'"五代后晋开运元年(944年),工部尚书窦贞固权知贡举奏曰:"进士考杂文及与诸科举人入策,历代以来皆以三条烛

---

① "书策",以下或称"书册"。
② 《白居易集》卷六〇《奏状三·论重考进士事宜状》。

尽为限。"①这在证实夜试以三条烛为限的同时,又透露了一个信息,即准确地说,唐代考试允许夜试可能仅是在进士科的杂文场和各科的策论场,而其他考试场次就未必如此。此外,在后唐的长兴二年(931 年),礼部以"王道以明规是设,公事须白昼显行,冀盛观光,尤敦劝善"为理由,并强说没有先例,迎合旨意,提出进士考试与诸科对策并须昼试,一度又禁止了给烛夜试。但在后晋窦贞固主贡时,这一制度再次得到恢复。

二、考场设置

当贡举还在吏部掌下时,考试场所自然就在吏部考功院中。《朝野佥载》卷六云:"开元四年,尚书考功院厅前一双桐树忽然枯死。旬日,考功员外郎邵某卒。"事虽不稽,却道出贡举场所。开元二十四年(736 年)专设贡院后,考试遂有专门场所。

(一)贡院所在

《唐两京城坊考》卷一《西京·皇城》载:"承天门街之东,第五横街之北。从西第一,左领军卫。卫北有兵部选院。次东,左威卫。卫北有刑部格式院。次东,吏部选院。以在尚书省之南,亦曰吏部南院,选人看榜名之所也。次东,礼部南院。四方贡举人都会所也。……院东,安上门街,横街抵此而绝。"唐长安城基本沿袭隋之大兴城,分为宫城、皇城和外郭城三部分,其中宫城最居北,皇城(又称子城)

① 《旧五代史》卷一四八《选举志》。

在其南,再南为外郭城,整个城区略呈长方形。外郭城区域呈
"凹"字型,而"凹"字上端中间凹下的一块自北向南分别为宫城、
皇城。皇城东西五里余(唐法,三百六十步为里。皇城东西长一
千九百一十五步),南北三里许(南北宽一千二百二十步);城内南
北向六街(竖街),东西向七街(横街)。宫城正南门为承天门,门
外正对之南北大街即承天门大街,承天门大街贯穿皇城南北,
中分皇城为东西两片。皇城东南门为安上门,安上门内竖街为安上
门街。自隋文帝以不便于民为由,始将皇城之内并列衙署,不使
杂人居止,皇城遂成政府各部门办公之地。从《唐两京城坊考》描
述的唐长安城布局可知,礼部贡院位于皇城东片内、第五横街的
街北东头,坐北面南,院西为吏部选院,院东为安上门街。贡院外
有棘篱相围,故又称"棘闱"。贡院门外东墙为特别筑就的一堵高
达丈余的墙,为张榜之处。[①]

贡院占地当不至于过分局促。舒元舆《上论贡士书》云:"试
之日,见八百人尽手携脂烛水炭,洎朝晡餐器……"八百人的场面
已颇为壮观,何况还有上千、数千人规模的场次。据《唐两京城坊
考》,在皇城第五横街东边,自西向东依次排开的是左领军卫、左
威卫、吏部选院、礼部南院,四个衙署沿街相接。那么,即使平均
分配,礼部南院也能占据东西约一百一十步长的一段街沿,南北
街与街之间也可有约一百八十步距离。因此,贡院的范围并不
局促。

东都洛阳的考场,据上引《太平广记》记载,在天津桥附近。
从"放杂文榜"和"作铺帖经"看,应当也有类似长安礼部南院那样

---

① 《唐摭言》卷一五《杂记》。

较为固定的场所。从以天津桥代称考场可见，此处为洛阳城中有代表性的地点。阎济美赎帖诗题"赋天津桥望洛城残雪诗"，也可证明此非偏僻之地。

科举殿试多在皇宫进行。《通典》卷一五《选举三·历代制下》："武太后载初元年二月，策问贡人于洛城殿，数日方了。殿前试人自此始。"

（二）考场设置

贡院内举子应试的场所，总体上说，一是管束甚严，二是设施简陋。舒元舆《上论贡士书》痛陈考场之简陋，条件之艰苦："试者突入，棘围重重，乃分坐庑下，寒余雪飞，单席在地。"庑，一指堂之廊屋，一指大屋，如庑殿，此处指廊屋、大屋均可。考试人数少则近千，多则上千，如皆坐廊下，又需多少堂屋之廊？但史书确实又记载考试于两廊进行。《旧五代史》卷一四八《选举志》："若使就试两廊之下，挥毫短景之中……"所以，据理推之，考场当在贡院内若干座大屋中和围廊下。所谓"分坐"，指隔离而坐，以棘篱相隔，故谓之"棘围重重"。《新唐书》卷一七九《舒元舆传》也说："吏一唱名乃得入，列棘围，席坐庑下。"此处"棘围"并非指贡院大门外的棘围。进士科考试中也有不用棘篱而用帐幕的。《梦溪笔谈》卷一《故事》云："礼部贡院试进士日，设香案于阶前，主司与举人对拜。此唐故事也。所坐设位供张甚盛，有司具茶汤饮浆。至试经生，则悉彻帐幕、毡席之类，亦无茶汤，渴则饮砚水，人人皆黔其吻。非故欲困之，乃防毡幕及供应人私传所试经义。盖尝有败者，故事为之防。"进士科考生受礼遇，座位围有幕帐，可隔离，可保暖,且有气派,但却为心怀不轨者上下其手提供了方便,所以明经考试时撤去。由此又可知,进士、明经考试分批进行。从有利于考场管理计,更多的时候,设棘围当为相隔考生。《唐摭言》卷一五《杂记》记唐懿宗咸通、唐僖宗光启年间举人韦承贻题于贡院都堂西南隅之诗曰:"褒衣博带满尘埃,独上都堂纳试回。蓬巷几时闻吉语,棘篱何日免重来?"他不愿重来的"棘篱",即考试时所处令其满身尘埃的一隅。而在贡院中,如此局促的狭窄空间成片相连。天宝时,张楚致达奚珣之书信云:"复考进士文策,同就侍郎厅房。信宿重关,差池接席。"[①]上引《太平广记》云天津桥"作铺帖经"之"铺",当也同指。所以,贡院中考生应试之处,棘篱相隔,铺席相接。唐代贡院中庑下之棘围可算是后世贡院中号房的前身了。

贡院中有"都堂",当为主考官及其他主要考试官员办公之处,即张楚所说"侍郎厅房"。考试中考卷授受、考场中有关事务处理当在此处进行,即如韦承贻诗云"独上都堂纳试回"。

贡院中还设有考试卷子印刷场所。后唐明宗天成四年(929年),中书门下条流贡举人事件之文说:"一应诸色举人,至入试之时,前照日内,据所纳到试纸,本司印署讫,送中书门下,取中书省印印过,却付所司,给散逐人就试贡院。"[②]可见,试卷纸张由考生自备,交礼部贡院印讫,盖贡院印,交中书省审核署印,还贡院后待考试时发与考生答题。《太平广记》卷一七九《贡举二》记阎济美自述:"比榜出,某滥忝第,与状头同参座主。座主曰:'诸公试日,天寒急景,写札杂文,或有不如法。今恐文书到西京,须呈宰

---

① 《全唐文》卷三〇六《张楚·与达奚侍郎书》。
② 《五代会要》卷二三《缘举杂录》。

相,请先辈等各买好纸,重来请印,如法写净送纳,抽其退本。'诸公大喜。"主考官如此迁就考生,性质几同作弊,令人难以置信,却道出了贡院中备有刻印考试卷子的专门场所和人员的事实。

贡院还建有考试官员住宿的馆舍。权德舆《贡院对雪以绝句代八行奉寄崔阁老》云:"寓宿春闱岁欲除,严风密雪绝双鱼。"[①]权德舆贞元末数度主试,此诗当是他在贡院中住宿时所作。此外,唐代科举考试确定录取名单时,有通榜的做法。郑颢知举,请崔雍帮助定榜,崔雍遣家僮寿儿来贡院,"然日势既暮,寿儿且寄院中止宿"[②]。《太平广记》卷三五《神仙三十五·齐映》也云,齐映举进士时,试毕,"至省访消息,歇礼部南院。遇雨未食,彷徨不知所之"。由此可见,礼部确有歇息处。

三、 考场管理

唐代科举考试的考场管理虽不及后世严密,但已形成一定制度,成为后世考场管理之滥觞。

(一)入场点名

考试之日,考生进入考场,例须点名。舒元舆《上论贡士书》十分形象地描绘出元和年间考生入场的喧哗场面:"试之日,见八百人尽手携脂烛水炭,洎朝晡餐器,或荷于肩,或提于席,为吏胥纵慢声大呼其名氏,试者突入。"点名的同时,胥吏还须仔细核验考生的证

---

① 《全唐诗》卷三二二。
② 《唐摭言》卷八《通榜》。

件类文书。大和年间(827—835),举进士者,"始就礼部试赋,吏大呼其姓名,熟视符验,然后入"[①]。在不少时期,为防止考生挟带书策、冒名倩枪,点名时尚须搜身、问话。《通典》卷一五《选举三》载:"阅试之日,皆严设兵卫,荐棘围之,搜索衣服,讥诃出入,以防假滥焉。"搜索之甚,"至于巾屦,靡有不至"[②],可见关防严密,一丝不苟,甚至到了有辱人格的地步。向来低声下气的胥吏们此时却颐指气使,傲慢无礼;而向来清高的学士们却低声下气,听任差遣。

对考试入场时的唱名、搜身做法,无论考官还是考生,皆有不满和反对,认为"防贤甚于防奸"[③],侮辱人格,不是选贤之举。《新唐书》卷一五〇《李揆传》载,乾元二年(759 年),礼部侍郎李揆知贡举,"病取士不考实,徒露搜索禁所挟,而迁学陋生,菲枕图史,且不能自措于词"。他指出,通过搜索身体、禁止挟带以保证选出人才,是不切实际的做法,反而会走向愿望的反面,尽选些学问、人格俱下之人。上引李府君墓志铭中记载了大和年间举子中流行的一桩美谈。元和中,有江西举人李飞质问贡院点名、搜身的做法:"如是自以为贤耶?"他拒绝被搜,"因袖手不出,明日径返江东"。对其宁重人格而不惜仕途的表现,后来的考生常叹"吾辈不得为伍矣",尽显举子情态。

(二) 禁带书册

点名、搜身的重要目的是防止挟书入场这一在大多数时期被

---

① 《樊川文集》卷九《唐故平卢军节度巡官陇西李府君墓志铭》。
② 《唐摭言》卷一四《主司失意》。
③ 《太平广记》卷七九《方士·贾笼》。

视为舞弊而为政府所明令禁止的行为。韩愈在《论重考试进士事宜状》中说到重考时规定"书策不容一字",即含一纸一字的书本都不许带入考场。后唐明宗长兴四年(933年),礼部重申旧例,"请自今后入省门搜得文书者,不计多少,准例扶出,殿将来两举"①。后晋开运元年(944年),窦贞固知贡举,也针对当时纵容怀藏书册的现象,提出必须"振举弛紊,明辨臧否",而"其进士并诸色举贡人等,有怀藏书册入院者,旧例扶出,不令就试",得到皇帝肯定。② 其所谓"旧例"即唐时通常的做法。

　　不过,也有一些主考官对禁带书册的禁令不以为然,甚至在主持考试时不仅允许考生携书,还在考场中提供参考书籍。乾元二年(759年),李揆知贡举,"不禁挟书,大陈书于庭,多得实才"。后唐明宗时,和凝知贡举甚至"撤棘围,大开门",然而考场秩序却异乎寻常地好:"士皆肃然无哗,上下相应。"③是否允许考试时携带书籍在唐代是个持续争论的问题。持严禁观点者无不强调对考试内容要有熟练的掌握,尤其是有关经书一类基本知识必须做到充分熟练,而且在严禁携带这一点上是一视同仁的;主张不禁或弛禁者则认为,允许携书更有利于考生考出水平。白居易认为"用书策则文字不错",侧重从有利于保证应试文章质量角度着眼;而李揆主张有书"可尽所欲言",侧重从有利于充分检验考生的知识和思想水平角度考虑。其共同之处在于都以选出实才为追求。尤其是李揆提出,"迂学陋生"即使拥有再多的书籍,"且不能自措于词"。其言下之意是:开卷考试更

---

① 《五代会要》卷二三《科目杂录》。
② 《旧五代史》卷一四八《选举志》。
③ 《猗觉寮杂记·卷下》。

利于检验考生水平的差异，而严禁携书的闭卷考试反倒抹杀了考生水平的高低优劣，尤其是不利于真正的人才脱颖而出。李揆的观点触及考试形式的一个重要问题，具有普遍的考试理论和实践价值。

（三）场内监考

考生入场时，点名、搜身严格得近乎苛刻，考场内部通常也设置了重重棘围。然而，唐代科举考试的场内监考似乎并不严格，后世考场中不被允许的现象在唐代却多有存在。

《太平广记》卷二六一《嗤鄙四·郑群玉》载，考生郑群玉家住海滨，颇有生涯，赴考也"仆马鲜华"，身携巨资。"比入试，又多赍珍品，烹之坐享，以至继烛。……突明，竟擎白而去。"这似乎是极端的事例，难以据为信史，但考场内监考管理措施颇为松弛不是没有可能。前引韦承贻题贡院诗中"独上都堂纳试回"，表明考生考试毕，试卷是自行交上的，有可以单独走动的余地。事实上，考场内监考不严还不止于此。

《唐语林》卷七《补遗》载，大中三年（849年），李褒知贡举。杂文考试的赋题为《尧仁如天赋》，宿州考生李涣不解题意，"讯同铺"，告之，仍不悟。勉强成文，但字数不足。同辈戏之曰："但一联下添一'者也'，当足矣。"由此可知，考试时相邻考生之间虽难说允许，却可能交流商量，可见监考者给考生留出了较大的自由活动余地。与李商隐齐名、以"温李"同称的温庭筠虽累举不第，却素以"思神速，多为人作文"闻名。"大中末，试有司，廉视尤谨，庭筠不乐，上书千余言，然私占授者已八人。执政鄙其为。"[1]一场考试自己作文千余言,同时为八个人代笔,这样的记载未免夸大其词,但唐代考场内监管不严则是可以佐证的。

四、 考试舞弊与防弊

唐初,国家草创,官不充员,科举制度方实行,求官者多被叙用。不过,求官者日多,"亦颇加简汰"[2]。自唐高宗时起,政府机构趋于健全,官员编制相对稳定,而求官者却日多一日,"大率十人竞一官"[3];同时,科举考试的各方面制度也渐趋严格,考试难度增加,仕途变得狭窄起来。竞争日趋激烈,致使考试中的舞弊现象日见其多,考场腐败之风滋漫,又促使政府设法防范,考试管理也就愈益周全。

(一)考试舞弊

《新唐书》卷四五《选举志下》述及林林总总的考场舞弊现象,如旁坐假手、借人外助、贿赂请托,此外还有伪造文书、泄露试题等等,不一而足。

1. 旁坐假手

即由邻座考生代做试卷,前引温庭筠"私占授者已八人"即是。《唐摭言》卷一三《敏捷》云:"山北沈侍郎主文年,特召温飞卿

①《新唐书》卷九一《温庭筠传》。
②《新唐书》卷四五《选举志下》。
③《新唐书》卷四五《选举志下》。

于帘前试之,为飞卿爱救人故也。适属翌日飞卿不乐,其日晚请开门先出,仍献启千余字。或曰潜救八人矣。"其事在大中九年(855年),中书舍人沈询权知贡举。温庭筠似以代人答卷、替人"救"场为乐事,充当"枪手"已甚为士人所知。温庭筠只是个典型,旁坐假手的现象在考场中并不罕见。沈询的对策实在不力,只是召其"于帘前试之",或如《新唐书》本传所云"廉视尤谨"。即使如此,温庭筠仍在考官眼皮底下"救"了八个雇倩枪手者。由于考场管理的松弛,对付旁坐假手尚无有效措施,为后世所严令禁止的倩枪舞弊在暗中多有发生。

2. 借人外助

即买通考场有关管理人员,内外联手,传递书册、试卷。《五代会要》卷二三《科目杂录》记后唐长兴四年(933年)礼部奏立考试科条有:"遥口受人回换试处,及义题帖书时,诸般相救,准例扶出,请殿将来三举。"内外联手操作被视为舞弊。礼部明令禁止,说明后唐类似现象颇为严重。五代政局多变,制度废弛,考场尤易发生腐败,自不待言。唐代考场管理存在漏洞,类似的舞弊情况也极易发生。《尚书故实》记载了一则鬼怪故事:郭承嘏有一卷书法宝帖须臾不离身,也携入考场。试杂文毕,夜色尚早,遂以试卷置于箧中,及纳卷时却误将法帖交上。他回到住所,欲取法帖观赏,惊觉试卷尚在,法帖误交。计无所出,来往于棘围门外。一老吏询其故,具以实告。老吏表示愿帮其换回,索酬金三万。郭许之。老吏携试卷逡巡而入,"易书帖出"。翌日,郭上门致酬,却得知老吏早于三日前死去。此事虽不稽,但考之唐代考场管理状况,内外传递并非没有可能。李绰将此事托以鬼怪,无非示其不易,说明内外联手操作也有一定难度。

3. 泄露试题

主要为考官舞弊。《旧唐书》卷一九○上《董思恭传》记载了唐高宗时右史董思恭知举泄题受惩，而《封氏闻见记》卷三《贡举》记之更详："龙朔中，敕右史董思恭与考功员外郎权原崇同试贡举。思恭，吴士，轻脱，泄进士问目，三司推，赃污狼藉；后于西堂朝次告变，免死，除名，流梧州。"董思恭贪赃泄题，这也是不在少数的考试官泄题的主要原因。也有出于私情而泄题的。《唐国史补》卷下："崔元翰为杨崖州所知，欲拜补阙，恳曰：'愿得进士。'由此独步场中，然亦不晓呈试，故先求题目为地。崔敖知之。旭日都堂始开，敖盛气白侍郎曰：'若试"白云起封中"赋，敖请退。'侍郎为其所中，愕然换其题。是岁，二崔俱捷。"侍郎私下泄题，不料隔墙有耳，因此受到要胁。"二崔俱捷"就颇值得怀疑。

4. 伪造文书

多为考生舞弊。《旧唐书》卷一八下《宣宗本纪》载，大中九年(855年)三月，"御史台据正月八日礼部贡院捉到明经黄续之、赵弘成、全质等三人伪造堂印、堂帖，兼黄续之伪著绯衫，将伪帖入贡院，令与举人虞蒸、胡简、党赞等三人及第，许得钱一千六百贯文。据勘黄续之等罪款，具招造伪，所许钱未曾入手，便事败。奉敕并准法处死。主司以自获奸人，并放"。所谓"堂印""堂帖"即为唐代宰相政事堂的官印和文书，而"绯衫"则是唐代四五品官员所穿规定色彩的官服。黄续之等三人系伪造上级主管首长的公章、公文，假冒官员身份，赴贡院指名道姓要求将托主录取。这样的舞弊行为在性质上属犯法，处以极刑理所当然。这是极端的事例，至于考生造伪假冒身份者，可能更多。

5. 关节请托

即打通关节，请托权要，在唐代考试中极为常见，史载频频。通常，请托也被认定为触犯考试科条的舞弊行为而遭禁止。虽有公开进行者，如《封氏闻见记》卷三载有举子结帮成伙，结交权贵，互相竞争："玄宗时，士子殷盛，每岁进士到省常不减千余人。在馆诸生更相造诣，互结朋党以相渔夺，号之为'棚'，推声望者为棚头。权门贵盛，无不走也，以此荧惑主司视听。"此即如《唐国史补》卷下所云："造请权要，谓之关节。"更多的则为私下交易。《册府元龟》卷六五一《贡举部十三·谬滥》"〔贞元〕十一年，礼部侍郎吕渭知贡举，结附户部侍郎、判度支裴延龄。延龄之子操举进士，文词非工，渭擢之登第，为正人嗤鄙。渭连知三举，后因入阁，遗失请托文记，遂出为潭州刺史。"吕渭能"连知三举"，说明其表面政绩颇得到肯定；而受人请托被一一记录在案，表明暗中请托交易已泛滥成灾。如《册府元龟》卷六四二《贡举部二·条制四》指出的："贡举倭滥，势门子弟，交相酬酢；寒门俊造，十弃六七。"请托的方式无非是托以亲、托以势、托以才、托以财数端，也常兼而有之。

托以亲。如李昂知贡举，"昂外舅尝与进士李权邻居，相善，为言之于昂"①。起初，李昂还能公正知举，严拒请托，对李权厉辞斥责。李昂之言行，表明其自认为理所当然，而视以亲故相托为不正当行为。

托以势。《新唐书》卷一七五《杨虞卿传》载："虞卿佞柔，善谐丽权幸，倚为奸利。岁举选者，皆走门下，署第注员，无不得所欲，

---

　① 《大唐新语》卷一〇《厘革》。

升沉在牙颊间。当时有苏景胤、张元夫,而虞卿兄弟汝士、汉公为人所奔向,故语曰:'欲趋举场,问苏、张;苏、张犹可,三杨杀我。'宗闵待之尤厚。"权贵操纵选举,到了考生非走其门下而不能成功的地步。尽管士人和民间舆论谴责此种腐败现象,其他当朝官员也以此为参劾某官的理由,也确实有官员因此获罪,但有唐一代,权贵以科第员阙市利、结党,举子走权势之门以求一第,在在多有,屡禁不绝。

托以才。唐代科举考试中流行的"行卷""求知己"风气,实为以自己的才气、才情托于名家权贵,以求科场得售。《集异记》卷二所记王维得荐于京兆府之事尤为典型。当时张九皋盛有文名,有人为之托公主向京兆府试官推荐为解头。王维则得岐王宠爱,岐王指点他以"旧诗清越者,可录十篇;琵琶之新声怨切者,可度一曲",并借其"锦绣衣服",引见公主。王维"妙年洁白,风姿都美",以琵琶曲与诗作打动公主,且"风流蕴藉,语言谐戏,大为诸贵之钦瞩。……公主则召试官至第,遣宫婢传教。维遂作解头,而一举登第矣"。王维凭借自己的才情风度,占得张九皋的解头位置。

托以财。此类请托当不在少数。《新唐书》卷一二九《李适传》载,宋之问于景龙中迁考功员外郎,先是谄事太平公主,后安乐公主权盛,复往攀附,得罪太平公主。唐中宗欲起用宋之问为中书舍人,"太平发其知贡举时赇饷狼藉,下迁汴州长史,未行,改越州长史"。可见,主考官仗势枉法,视科第为利市。同时,表面上贿赂请托也为朝廷法制所不容。宋之问之流尚属暗中交易,民间流传还有将科第员额待价而沽的情况。《太平广记》卷三四八《鬼三·牛生》载:"有数人少年上楼来,中有一人白衫。坐定,忽曰：'某本只有五百千,令请添至七百千,此外即力不及也。'一人又曰：'进士及第,何惜千缗?'牛生知其贷及第矣,及出揖之,白衫少年即主司之子。生曰：'某以千贯奉郎君,别有二百千,奉诸公酒食之费,不烦他议也。'少年许之,果登上第,历任台省。"从大量主考官被揭发出贪污狼藉的事例看,《太平广记》之记载并非空穴来风。

在请托现象中,之所以托以财的数量最多,是由于托以亲须有亲戚故交,托以势须有权贵相知,托以才须有才情风度,都不是人人能够做到的,而托以财则为更多人所能及。

(二)考试防弊

对考试中的舞弊现象,政府的对策是加强管理,采取防范措施,一些考试防弊制度随之逐渐建立起来。前述贡院点名、搜检、禁带书册也为防弊措施,其他还有：

1. 举人合保

《唐国史补》卷下云："将试各相保任,谓之合保。"即在考试前,由考生若干人结成联保,互相制约,互相监督,这是封建法律中的连坐制度在科举考试防止舞弊上的沿用。唐代规定,考生到礼部报到后,例须结保。唐文宗开成元年(836年),中书省以"核实不在于乡间,趋名颇杂于非类,致有跋扈之地,情计交通"为由,奏准："今日以后,举人于礼部纳家状后,望依前五人自相保。其衣冠,则以亲姻故旧,久同游处者;其江湖之士,则以封壤接近,素所谙知者为保。如有缺孝悌之行,资朋党之势,迹由邪径,言涉多端者,并不在就试之限。如容情故,自相隐蔽,有人纠举,其同举人并三年不得赴举。"①礼部要将此编入考试条例,警示考生。其中透露出要求参加省试举人结保的原因、方式和对违例者的处罚办法。唐中期以后,地方割据势力加强,政局动荡,战事时发,原来的由地方县、府、州政府至中央逐级考试选拔举人的程序受到破坏,使不合要求者或身份不明者有机可乘,也使科举考试生源的纯洁性受到威胁,实行合保的主要理由即为此。同时,政府也希望通过合保增加一重对考生的制约,以相互牵制的方法防止舞弊的发生。无论是对有科第家庭背景的衣冠户,还是无此背景的普通士人,结保的关键是将合保人之间的利益相连,一损俱损,让考生彼此监督,因为毕竟事关个人前途,也事关他人前途。

2. 当众评卷

《唐会要》卷七五《贡举上·帖经条例》载,开元二十四年(736年),礼部侍郎姚奕知贡举后奏请多项改革科举考试管理的措施,其中之一为经义考试当众考定。次年,上因其奏请而颁诏令:"其所问明经大义日,须对同举人考试。应能否共知,取舍无愧,有功者达,可不勉欤!"经义考试当众考定,其用意在于:其一,以示公开考试评卷,平息以往考试中考生不服主考官判卷、结伙滋事的现象;其二,杜绝考官私下有所作为的可能性。当众评卷在帖经和经义考试中采用较多。上引《唐会要》卷七五又载:"天宝十一载七月,举人帖及口试,并宜对众考定,更唱通否。"后唐明宗长兴四年(933年)礼部贡院奏立的科举科条对此规定得更为细致、明确:

一、九经、五经、明经呈帖由之时，试官书通之后，有不及格者，唱落后，请置笔砚，将所纳帖由分明，却令自阅。或是试官错书通不，当于改正。如怀疑者，便许请本经当面检对。如实是错，即便于帖由上书名而退。

一、五科常年放榜出，多称屈塞。今年并明书所对经义墨义，云"第几道不通，第几道粗，第几道通"，任将本经书疏照证。如考试官去留不当，许将状陈诉，再加考校。如合黜落，妄有披述，当行严断。

…………①

帖经和经义考试当众考定，要求考官当面讲（写）清评卷依据，允许考生当场核对经疏原本，也允许考生进行合理的陈诉、申辩，确实增加了考试的透明度，有利于纠正和杜绝考试中的失误与舞弊。除帖经和经义考试外，也偶见杂文考试当众考定的。《大唐新语》卷七载，考功员外郎李迥秀知贡举。有崔姓举进士者，文章非佳，"迥秀览之良久，谓之曰：'第一清河崔郎，仪貌不恶，须眉如戟，精彩甚高，出身处可量，岂必要须进士？'再三慰谕而遣之，闻者大噱焉"。李迥秀用打趣的方式，判落一位进士。这是赋或策文当众考定。《太平广记》卷二六一《嗤鄙四·李云翰》载："咸通中，举人李云翰行口脂赋，又罗虬诗云：'窗前远岫悬生碧，帘外残霞挂熟红。'又李罕《披云雾见青天》诗：'颜回似青天'，皆遭主司庭责面遣。"这是诗赋当众考定。

从史书记载看，帖经和经义考试当众考定在唐代形成制度，

---

① 《五代会要》卷二三《科目杂录》。

而杂文、对策考试则未必然。究其原因，显然是由于考经内容限定、答案固定，不用考生发挥铺陈，易于做到当众考定；而杂文和策问的评卷难度高，不易速成。

3. 试卷详覆

即考试完毕，礼部将及第人名单、试卷和乡贯三代名讳等材料送中书省复核，以最终确定放榜名单。姚奕掌贡举后整顿科举还有一条加强考试管理的措施，得到皇帝认可，并于次年依诏令执行："其应试进士等唱第迄，具所试杂文及策，送中书门下详覆。"[1]即进士考试先发榜，再交中书审核。此项措施的目的是在肯定礼部侍郎职权的前提下（即礼部侍郎考试录取"唱第迄"），由中央政府的最高长官增加一道审核手续，使考试的权威性更得提高，既可以防止考生干扰主司，也便于加强对主考官的制约。但此项措施如《新唐书》卷四四《选举志上》所言，"其后中废"，未能坚持实行下去。

唐穆宗长庆元年（821 年），礼部侍郎钱徽知贡举，所取进士十四人经王起、白居易重试，竟有十人落下，引起震动，钱徽被贬职。同时，唐穆宗颁布诏令："宜准开元二十五年敕，及第迄，所试杂文并策，送中书门下详覆。"[2]由于实行试卷详覆，中书在审核后可以据情进行重试，并可以推翻礼部的录取决定。如果复试结果与录取名单相差过大，主考官还会因此丢官，使礼部知贡举官的压力大大增加。究竟是先放榜再送中书审核，还是先送中书审核再放榜，引起争议。说到底，争议的关键在于责任谁负、过失谁担。

长庆三年（823 年），礼部侍郎王起知贡举，于正月开考前上

---

① 《唐会要》卷七五《贡举上·帖经条例》。
② 《册府元龟》卷六四四《贡举部六·考试二》。

奏："伏以礼部放榜,已是成名,中书重覆,尚未及第,重覆之中,万一不定,则放榜之后,远近误传,其于事理,实为非便。臣伏请今年进士堪及第者,本司考试讫,其诗赋先送中书门下详覆,候敕却下本司,然后准旧例大字放榜。"[①]王起主张先送中书详覆,再由礼部依敕放榜,名为避嫌,实则将责任推给了中书。王起之奏虽得唐穆宗准许,但也引起针锋相对的批评。《新唐书》卷四四《选举志上》记载当时"议者以起虽避嫌,然失贡职矣"。这是批评王起的奏议推卸知贡举的职责。《唐会要》卷七六《贡举中·进士》载,大和八年(834 年)正月,中书门下以"委任有司,固当精慎,宰相先知取舍,事匪至公"为由,奏准"今年以后,请便令放榜,不用先呈人名。其及第人所试杂文,及乡贯三代名讳,并当日送中书门下,便合定例。"这是主张先放榜,再由中书详覆,仍强调礼部侍郎应当负起责任,还指出由中书预先得知弃取并不公平。唐武宗会昌三年(843 年)正月,宰相李德裕将此派意见发挥到极致:"旧例,进士未放榜前,礼部侍郎遍到宰相私第,先呈及第人名,谓之呈榜。比闻多有改换,颇致流言。宰相稍有寄情,有司固无畏忌,取士之滥,莫不由斯。将务责成,在于不挠,既无取舍,岂必预知。臣等商量,今年便任有司放榜,更不得先呈臣等。仍向后便为定例,如有固违,御史纠举。"[②]李德裕同样强调贡举职在礼部侍郎,中书不应随意插手,否则易招非议;尤其是先呈榜详覆,如宰相稍有私心,必致知贡举官有恃无恐,肆意妄为,舞弊滋起。

　　先由礼部放榜还是先送中书详覆之争,表面上看,其言均出于公心,而背后则为唐中后期贡举猥滥、考场腐败、权族势门操纵

---

① 《唐会要》卷七六《贡举中·进士》。
② 《全唐文》卷七一《李德裕六·请罢呈榜奏》。

科举的事实。《玉泉子》中一则记载颇耐人寻味：号称"抑退浮薄，奖拔孤寒"并坚持先放榜而不得先呈宰相的李德裕，早先曾有卢肇等举人以文卷见知。当会昌三年（843 年）王起再度知贡举时，"问德裕所欲。答曰：'安用问欲？如卢肇、丁稜、姚鹄，岂可不与及第耶？'起于是，依其次而放"。王起并非真的相信李德裕奏折中的言辞，只是屈服于李德裕的势力。由此判断，王起提出先送中书详覆，候敕再放榜，并非简单的推卸责任，而是自有苦衷——明明进士弃取定于宰臣，礼部却要担责任甚至代人受过，不如责与权同归中书！王起（礼部）最终未争过李德裕（中书省）。

礼部贡院试卷送中书详覆并酌情重试，从考试管理上说，无疑是一项有利于防止考试舞弊的措施。但由于这项措施未明确职权，也不规范，反而造成舞弊的可能，使人有机可乘。后世科举中殿试制度的确立和由众大臣共同评定试卷，可以说完善了此项制度。

4. 考官锁院

后世科举考试中，主考官在得到任命后必须立即入住贡院，断绝与外界交往，此即锁院制度。锁院制度在唐代似已初露端倪。权德舆《贡院对雪以绝句代八行奉寄崔阁老》云："寓宿春闱岁欲除，严风密雪绝双鱼。思君独步西垣里，日日含香草诏书。"[①]此诗当写在贞元十八、十九、二十一年（802 年、803 年、805 年）之间，权德舆知此三年贡举。据常例，权德舆作此诗时尚未开考，即使此年考试在正月，离开考也当还有一些时日，他却已住进了贡院。天寒地冻，风雪交加，又是如此思念舒舒服服中"日日含香草诏书"的前辈友人。由此可知，他住进贡院并非自愿，而是因了某

----

① 《全唐诗》卷三二二。

种要求和规定。尽管同为朝臣，却因此规定而有一段时间难以晤面，不禁思从中起。此诗中尤应注意的是"绝双鱼"几字。"双鱼"指书信。杜甫《送梓州李使君之任》有云："五马何时到，双鱼会早传。"[1]很清楚，"绝双鱼"当是指断绝书信来往，完全符合锁院制度的特征。

贞元十一年(795 年)，礼部侍郎吕渭知贡举时也有意境相近的一首诗《贞元十一年知贡举挠闷不能定去留寄诗前主司》："独坐贡闱里，愁多芳草生。仙翁昨日事，应见此时情。"[2]《唐语林》卷四《伤逝》中记有同样的诗句，但时间和作者均异："贞元四年，刘太真侍郎入贡院，寄前主司萧昕尚书诗曰：……"吕渭的前主司为顾少连。不论作者究竟为谁，此诗说明唐代某些时期主考官确需锁居贡院，尽管当时并未要求严格封闭。对于这两首知举官于贡院内寄友人的诗作，是否可作如此解释：断绝书信来往，但允许赋诗，且不涉及具体考试内容？

虽然唐代考试并未普遍使用糊名法，也大量存在考生录取中的通榜现象，似乎唐代锁院不像后世具有那么高的防弊价值，但锁院并不一定"与杜绝或防范考官与举子交通无关"[3]。从前引龙朔中董思恭因泄进士问目而差点儿送命，主考官泄题给崔元翰而受到崔敖威胁的事例可知，考官与举子之间存在着防范、隔离的要求和措施，锁院或为其中之一。可以肯定的是，锁院制度在唐代执行得并不严格，不一定每朝皇帝、每科考试都要求实行主考官锁院制度；即使实行锁院制度，隔离的要求也不严格，措施也不

---

① 《全唐诗》卷二二七。
② 《全唐诗》卷三〇七。
③ 傅璇琮. 唐代科举与文学[M]. 西安：陕西人民出版社，1986：229.

周密。

5. 当朝重臣子弟回避

唐德宗贞元五年(789年)三月,礼部侍郎刘太真被贬为信州刺史,原因是"太真性怯懦诡随,其掌贡举,宰臣、姻族、方镇子弟,先收擢之"[①]。这说明政府鉴于民众和士子呼声,也注意避免让科举考试成为高官势家的特权,考官如有出格之举,自当惩办。

在当朝重臣子弟是否必须在其父兄在位时回避贡举问题上,存在不同意见。唐宣宗大中元年(847年)正月,礼部侍郎魏扶放进士二十三人及第,其中封彦卿、崔琢、郑延休等三人,虽然才学为众人所知,但因"其父皆在重任,不敢选取",而将其试卷封进,请求重试,考试结果"尽合程度"。唐宣宗明确表示:"有司考试,只合在公,如涉徇私,自有刑典。从今以后,但依常例取舍,不得别有奏闻。"[②]这是肯定当朝重臣子弟依常例取舍,不必作限制。但在相当长的时期,当朝重臣子弟必须回避贡举的规定得到执行。《新唐书》卷一六七《王播传》载,咸通、乾符间,王龟之子"荛,力学,有文辞,以铎当国,不贡进士。终右司员外郎"。王荛虽为王铎从子,也因王铎当时为尚书左仆射兼门下侍郎同平章事而回避贡举。唐后期,此项规定执行得更为严格,以至于唐末曾为哀帝户部侍郎的姚洎因考生过少而奏请"今在朝公卿亲属,将相子孙,有文行可取者,请许所在州府荐送,以广毓才之义"[③]。

《新唐书》卷一六六《令狐楚传》载:"滈避嫌不举进士。绹辅政,而滈与郑颢为姻家,怙势骄倨,通宾客,招权,以射取四方货

① 《册府元龟》卷六五一《贡举部十三·谬滥》。
② 《册府元龟》卷六四一《贡举部三·条制三》。
③ 《全唐文》卷八四一《姚洎·请令公卿子弟准赴贡举奏》。

财,皆侧目无敢言。懿宗嗣位,数为人白发其罪,故绹去宰相。因丐涵与群进士试有司,诏可,是岁及第。谏议大夫崔瑄劾奏绹以十二月去位,而有司解牒尽十月,屈朝廷取士法为涵家事,请委御史按实其罪。不听。涵乃以长安尉为集贤校理。"《册府元龟》卷六五〇《贡举部十二·应举》还记载了令狐绹为准许其子应举而上皇帝的表,言辞恳切,诉说其子自会昌二年(842年)应举,但至大中十三年(859年)仍"未沾一第",原因是他后来身居"枢衡","事体有妨,因令罢举"。由于他"齿发已衰",儿子年岁已长,所以愿辞去相位,让儿子得以应试。即便如此,还是有人揪住令狐绹不放,认为举人礼部试的报名时间为十月份,而其去相时间为十二月份,因此其子当年仍旧不得应试。最后,皇帝发话,才帮助其子过关。

据上可知,重臣子弟避嫌的规定要求:其一,必须是当朝重臣,外派则无碍,如令狐绹即辞相外派;其二,必须是身居"枢衡"者,即"公卿亲属,将相子孙",令狐绹先后任门下侍郎兼兵部尚书平章事、右仆射迁左仆射均兼门下侍郎平章事等。

6. 别头考试

《旧唐书》卷一三六《齐抗传》:"故事,礼部侍郎掌贡举,其亲故即试于考功,谓之'别头举人'。"从中可知,其一,别头考试是专为主持贡举的礼部侍郎之子弟亲族而设,当礼部侍郎掌举时,其亲故如恰要参加科举,必须别设考场;其二,主持别头考试者为吏部考功员外郎,从贡举职掌的沿革说,也顺理成章;其三,别头考试的开设,是在贡举归于礼部侍郎职掌之后。别头考试的出现,自然是为了防止考试舞弊,实际上是一种主考官的避亲制度。

别头考试究竟起于何时? 有两说。其一为开元二十九年（741年）。"开元二十九年十一月十九日，礼部侍郎韦陟奏：'准旧例，掌举官亲族，皆于本司差郎中一人考试，有及第者，尚书覆定，然后附奏。臣本司今阙尚书，纵差郎官，是臣麾下，事在嫌疑，所望厘革。伏望天恩，许臣移送吏部，差考功员外郎试拣，侍郎覆定，任所在闻奏。即望浮议止息。'敕旨：'依。'"[1]韦陟当年由中书舍人迁礼部侍郎，其时春试已毕，也许恰逢其亲故要参加次年省试，又恰逢当年礼部无尚书，于是有此建议。从奏言看，在开元二十四年贡举归礼部后，侍郎亲故参加考试已采取回避做法，不过仍在礼部内部解决。韦陟的建议说得很是合情合理，就考试管理和防止舞弊而言也有作用。而从其指明由吏部考功员外郎另外主试，并须经吏部侍郎复核，以平息"浮议"推测，吏部对不久前将贡举之权移交礼部的决定似乎颇不情愿，或有怨声。韦陟提出建议的另一番用意也就在于稍稍平息吏部的不满，堵住其口。奏议上于开元二十九年，而真正实行当是在天宝元年（742年）。

其二为上元二年。《唐摭言》卷八《别头及第》："别头及第，始于上元二年钱令绪、郑人政、王俤、崔志恂等四人。亦谓之承优及第。"唐代先后存在过两个上元二年，即唐高宗时（675年）与唐肃宗时（761年）。徐松《登科记考》卷二据《文献通考》卷二九《选举考二》所录唐《登科记》总目中高宗上元二年（675年）下所列进士"别敕二人"，认为"别敕"即《唐摭言》所谓"别头"，"别敕二人"之"'二'当作'四'"，即钱令绪等四人。如据此说，则唐代别头考试于高宗朝贡举职尚在吏部时就已开始。那么，王定保所记载的别头考试与韦陟所奏行的别头考试的内涵就有不同，对考试管理的意义也有差异。但此说仍然存在问题。据权德舆所见："初，天官氏每岁表他曹郎二人，阅多士试言，第其甲乙。春官氏俾考功郎选孝秀之亲故者而进退之。"①他认为考功郎对知贡举亲故另外组织的考试是出于"春官氏"即礼部的意思。也就是说，别头考试之设是在礼部掌贡举之后。权德舆是当时人，又曾数知贡举，当熟知举事，所言不至于无据。关于别头考试究竟始于何时，尚可斟酌。

别头考试也多有兴废，贯彻不常。唐德宗贞元十六年（800年），中书侍郎同中书门下平章事齐抗、中书舍人权知贡举高郢奏罢考功别头试。②唐宪宗元和十三年（818年）十月，中书舍人权知礼部侍郎庾承宣以"臣有亲属应明经进士举者，请准旧例送考功试"，又奏准恢复。③至唐文宗大和三年（829年），仍准敕由考功员外郎高锴"考试别头进士、明经等"④。不过，由于高锴取士有不当，以致群议沸腾，后虽经御史台吏部分察姚中立审查、干预，事情得到平息，却又同时奏停考功别头试。到大和六年，礼部侍郎贾𫗧又奏请恢复。⑤然而，到唐懿宗咸通三年（862年）吏部侍郎萧仿权知贡举时，别头考试又废止有年。《全唐文》卷七四七《萧仿·与浙东郑商绰大夫雪门生薛扶状》云："去冬⑥遽因铨衡，叨主文柄。……窃以常年主司亲属，尽得就试。某敕下后，榜示南院，外内亲族，具有约勒，并请不下文书，敛怨之语，日已盈庭。"既说"常年主司亲属，尽得就试"，就说明别头考试之不行已久，而萧仿

---

① 《全唐文》卷四九九《权德舆十七·唐故中书侍郎同中书门下平章事太子宾客赠户部尚书齐成公神道碑铭并序》。
② 《旧唐书》卷一三六《齐抗传》、《新唐书》卷四四《选举志上》。
③ 《唐会要》卷七六《贡举中·缘举杂录》。
④ 《册府元龟》卷六四四《贡举部六·考试二》。
⑤ 《新唐书》卷四四《选举志上》。
⑥ "去冬"，咸通三年冬。

算是懂得避嫌,对亲属应试仍作了"约勒"———一定的约束规避。此后至唐终,别头考试可能已不复坚持。

别头考试的实质是要求公正考试,杜绝人才选拔中任人唯亲的现象,是一项合乎考试管理原则的措施,对主考官及其亲属的限制极大。别头考试的奏复奏罢兴废多变,实际上反映了在贡举考试中要求公正考试的社会舆论与主考官及其亲属利益间矛盾冲突的势力消长。

7. 法令约束

为贡举专门拟定法律条文,以惩戒考试中的失误和舞弊行为,是唐代贡举管理的重要方面。贞观十一年(637 年)颁布法律新格于天下,即《唐律》,其中原则性地规定:"凡贡举非其人者、废举者、校试不以实者,皆有罚。"[①]凡不符合资格要求的考生被送至尚书省与试,一经查出,立即取消其考试资格;凡不据实考试选拔的各政府部门及官员,一经发现,必定处罚。出于《唐律》须有权威性解释的需要,永徽三年(652 年),唐高宗令太尉长孙无忌等大臣撰写《律疏》,于次年十月撰成进奏并颁行。其中对贡举失职与否的认定及其处罚标准作出明确的规定与解释:

诸贡举非其人及应贡举而不贡举者,一人徒一年,二人加一等,罪止徒三年。非其人,谓德行乖僻,不如举状者。若试不及第,减二等。率五分得三分及第者,不坐。

【疏】议曰:依令,诸州岁别贡人,若别敕令举及国子诸馆年常送省者为举人,皆取方正清循,名行相副。若德行无闻,妄相推

---

① 《新唐书》卷四四《选举志上》。

第四章　唐代贡举考试的管理

荐，或才堪利用，蔽而不举者，一人徒一年，二人加一等，罪止徒三年。注云"非其人，谓德行乖僻，不如举状者"，若使名实乖违，即是不如举状，纵使试得及第，亦退而获罪。如其德行无亏，唯试策不及第，减乖僻者罪二等。"率五分得三分及第者，不坐。"谓试五得三，试十得六之类，所贡官人，皆得免罪。若贡五得二，科三人之罪；贡十得三，科七人之罪。但有一人德行乖僻，不如举状，即以"乖僻"科之。纵有得第者多，并不合共相准折。

      ············

    失者，各减三等。余条失者准此。承言不觉，又减一等；知而听行，与同罪。

【疏】议曰"失者，各减三等"，谓意在堪贡，心不涉私，不审德行有亏，得减故罪三等。自"试不及第"以下，"应附不附"以上，失者又各减三等。……承言不觉，亦从贡举以下，承校试人言，不觉差失。从失减三等上更减一等，故云"又减一等"。知而听行，亦从贡举以下，知非其人，或试不及第，考校、课试知其不实，或选官乖状，"各与同罪"，谓各与初试者同罪。[1]

    法令延续了贞观时贡举法令的精神，进而明确了掌握贡举中有罪与非罪的标准及处罚办法，其基本精神是督责主持考试官员恪尽职守，选出名副其实的人才。此处值得注意的是《律疏》在掌握贡举罪及处罚上的分寸。

    其一，仍强调"贡举非其人"须治罪，并具体解释"贡举非其人"的两类情况，即"德行乖僻"而与举状所述不符和"德行无亏"而合于

---

[1]　《唐律疏议》卷九《职制·贡举非其人》。

举状但试策不及第,予以分别处置:前者即使考试及第,也须落下并问罪;后者尽管考试不合格,但罪减前者二等。《律疏》区分了德行的不符与学业的不符之罪责性质的轻重,由此强调考生德行的重要性;同时,还确定了判别是否失贡的数量指标,即所贡举人百分之六十及第则不作处罚,这样又给贡举官留下了余地。

其二,提出对"应贡举而不贡举者"的治罪,并具体区别两类情况,即"德行无闻,妄相推荐"与"才堪利用,蔽而不举",前者为妄举,后者为不举,均被视为失职。

其三,对贡举失职作出细致区分,并确定处罚标准。如妄举与不举属有意犯科,罪在当罚;"知而听行",即明知不实而听之任之,责亦重;"意在堪贡,心不涉私"的失审失察属于过失,处理从轻;"承言不觉",即事出并非自觉,处理又轻。《律疏》区分了有意犯罪、知情放任、过失犯科、不自觉失误,予以分别对待,体现了对舞弊者严厉打击、对失误者给予教戒的意图。

《律疏》中有关贡举的法规在此后的年代里得到一定的执行,尤其是在当权者欲整顿考场腐败风气,打击舞弊者,以儆效尤时。例如,十数年后,董思恭泄进士考试题而为三司推查,后虽免死,仍"除名,流梧州";开元八年(720年),李纳知举,时有勋臣葛福顺子举明经,"帝闻之,故试其子,墙面不知所对",明显有弊,因贬李纳沁州司马;[①]贞元五年(789年),礼部侍郎刘太真知举,优先擢取宰执姻族、方镇子弟,事涉不公,被贬为信州刺史。但当吏治腐败时,权臣或倚势操纵科举,或与知贡举联手把持科举,甚或枉法打击敢于秉公执法的考官,法令遂成一纸空文。

---

① 《册府元龟》卷六五一《贡举部十三·谬滥》。

第五章

唐代贡举诸科的考试

唐代贡举曾形成繁多的考试科目,以满足政府机构不同的人才需求和士子文人因不同的学养、志趣而对仕途所作的不同选择。对唐代取士诸科,《新唐书》卷四四《选举志上》有一段概述:

> 唐制,取士之科,多因隋旧,然其大要有三。由学馆者曰生徒,由州县者曰乡贡,皆升于有司而进退之。其科之目,有秀才,有明经,有俊士,有进士,有明法,有明字,有明算,有一史,有三史,有开元礼,有道举,有童子。而明经之别,有五经,有三经,有二经,有学究一经,有三礼,有三传,有史科。此岁举之常选也。其天子自诏者曰制举,所以待非常之才焉。

这段话虽有些逻辑不清,但大致表达了数层含义:其一,所谓取士各科,其大要有三,是指唐代参加中央政府组织的入仕考试者的来源有三种,即来自中央官学的生徒、来自县州府考试选拔贡送的乡贡、及时应诏自荐或他荐入试的制举人;其二,所有的入试科目可分为两大类,即"岁举之常选"的常科和根据临时需要诏设的制举;其三,常科也有诸多科目,尤其是明经科之下又细分为诸多次一级科目。本章先述诸常科的考试。

常科科目如前引所说，颇为繁杂。但《唐六典》卷四《尚书礼部》称："凡举试之制，每岁仲冬，率与计偕。其科有六：一曰秀才，二曰明经，三曰进士，四曰明法，五曰书，六曰算。"仅举六科。《旧唐书》卷四三《职官志二》也作相似记载。《大唐新语》卷一〇《厘革》也认为："隋炀帝改置明、进二科。国家因隋制，增置秀才、明法、明字、明算，并前为六科。"可见，在唐人眼里最受认可的是上述六科，由此也表明此六科为唐代科举常科中的主体。清人王鸣盛在其《十七史商榷》卷八一《新旧唐书·取士大要有三》中对《新唐书》卷四四《选举志上》所列考试科目作过分析："其实若秀才则为尤异之科，不常举。若俊士与进士，实同名异。若道举，仅玄宗一朝行之，旋废。若律书、算学，虽常行，不见贵。其余各科不待言。大约终唐世为常选之最盛者，不过明经、进士两科而已。"他也表达了大体相似的见解，并对六科地位高下和实际影响作了评价。

第一节　进士科的考试

尽管从法定地位上说，在唐代最初的考试各科中，"秀才科等最高"[①]，但终唐一代，进士科考试受重视程度在众科之上，荟集人才的数量较多，日后仕进也较畅达。唐人就曾说过："伏以国家取士，远法前代，进士之科，得人为盛。"[②]进士科事实上成为唐代科举考试最重要的科目。

---

① 《通典》卷一五《选举三·历代制下》。
② 《全唐文》卷九六六《关名七·请更定三考奏改并及第人数奏》。

一、 进士科的沿革与地位

据赵傪《登科记序》记载，唐高祖武德五年（622 年）下诏实行进士科考试，同时开考的还有秀才、明经、俊士诸科。《唐摭言》卷一《统序科第》记为"武德四年"，并强调"斯我唐贡士之始也"。当时的政治形势是：自晋阳起兵后，武德元年降薛仁杲；二年执李轨而定关西；三年逐走刘武周；四年五月李世民率部消灭窦建德主力，七月又平定洛阳王世充。在短短的几年里，中原平定，唐王朝的政权迅速得到巩固，即如白居易诗云："太宗十八举义兵，白旄黄钺定两京。擒充戮窦四海清，二十有四功业成。"[①]于是，改造和建设政府机构自然就成为新的工作重心，较大规模地选拔官员，并据以扩大和稳固统治基础，也就被提上议程。

唐代进士科初设时，不过与诸科并列，为岁举常贡之一，其地位并不显要，排名甚至还稍稍居后。当时秀才位最高，其下依次为明经、俊士、进士、明法、明字、明算……直到开元末撰《唐六典》时，各常科的排名次序依旧如此。新旧《唐书》之《职官志》《选举志》的各科排序也仍旧。[②] 这表明唐初业已形成各科次第的法定观念，或者说是统治者最初所认定的各类人才的轻重位次。但是，不久之后各科地位发生消长变化，进士科声望日隆，秀才科在贞观后渐渐退出舞台，明经与进士二科取其位而代之，而明经科

---

① 《白居易集》卷三《讽谕三·七德舞》。
② 见《唐六典》卷二《尚书吏部》、卷四《尚书礼部》，《旧唐书》卷四三《职官志二》，《新唐书》卷四四《选举志上》，等等。

又渐次不能望进士科之项背,进士科事实上位居众科之首,以至"搢绅虽位极人臣,不由进士者,终不为美"①。进士科地位的这种变化发生在贞观、永徽之际。《唐摭言》卷一《述进士上篇》载:"进士,隋大业中所置也……然彰于武德而甲于贞观。"《唐摭言》卷一《散序进士》也说:"进士科始于隋大业中,盛于贞观、永徽之际。"《述进士上篇》又说:"永徽已前,俊、秀二科犹与进士并列;咸亨之后,凡由文学举于有司者,竞集于进士矣。由是赵儋等尝删去俊、秀,故目之曰《进士登科记》。"这就清楚地指出,进士科在武德时得到提倡,而在贞观、永徽之间发生重要转折。但转折只是地位提高,还未达到一枝独秀的地步,仅与秀才、俊士并列而已。进士科压倒诸科的地位真正在人们心目中确立还是在唐高宗咸亨年间(670—674),当时欲以文学求仕进者竞相报考进士科,造成进士科考试的"拥挤",竞争程度随之加剧;考试难度的增加,反而刺激人们愈加奔竞于此,进士科的地位被越抬越高。封演《封氏闻见记》卷三《贡举》也说:"高宗时,进士特难其选。"在唐高宗晚年时为相的薛元超曾对其亲知祖露心声:"吾不才,富贵过分,然生平有三恨:始不以进士擢第,不得娶五姓女,不得修国史。"②虽处宰相之尊,却仍对早年未能由进士入仕耿耿于怀;虽也因未能通过娶五姓女结附门阀士族而感到遗憾,但第一憾事仍为未由进士科晋身。这种心态并非孤立的,"恰恰是新的社会条件的反映,同时也从另一方面说明进士科的社会影响是如何在迅速地扩大"③。到开元年间(713—741),连应进士科考试的举子们也自视甚高,

① 《唐摭言》卷一《散序进士》。
② 《隋唐嘉话》卷中。
③ 傅璇琮.唐代科举与文学[M].西安:陕西人民出版社,1986:163.

到了目空一切的地步，他们结帮成伙，翻手为云，覆手为雨，哄造声势，干扰乃至左右主司。虽经考试管理改革，礼部侍郎姚奕整顿科举，考场秩序得以改善，但进士地位仍然得到肯定。上引《封氏闻见记》载："天宝初，达奚珣、李岩相次知贡举，进士文名高而帖落者，时或试诗放过，谓之赎帖。"虽仅"文名高"者方可享受以诗赎帖的优待，但仍可认为这是对进士科应试者的某种迁就，也反映出进士科的优越地位。

进士科何以会如此受尊？《唐摭言》卷一《散序进士》有段话颇可说明问题：

进士科始于隋大业中，盛于贞观、永徽之际；搢绅虽位极人臣，不由进士者，终不为美，以至岁贡常不减八九百人。其推重谓之"白衣公卿"，又曰"一品白衫"；其艰难谓之"三十老明经，五十少进士"；其负倜傥之才，变通之术，苏、张之辩说，荆、聂之胆气，仲由之武勇，子房之筹画，弘羊之书计，方朔之诙谐，咸以是而晦之，修身慎行，虽处子之不若；其有老死于文场者，亦无所恨。故有诗云："太宗皇帝真长策，赚得英雄尽白头。"

这段话将文韬武略、治国经邦之才全集中于进士一身，虽不无渲染夸大之意，但透露出进士科的若干优势：其一，进士科出身者升迁畅达，往往可以由布衣而至卿相；其二，进士出身者易于升迁是因为有应举者自身素质为后盾，也即进士科相对要求应试者富有才能、才干、才气和才情，更具创造性，绝非抄诵经义、帖括者所能应对，因此选出的人也更为出众；其三，进士科逐渐形成良好的社会评价，甚至夸大和抬高了进士科的实际地位，形成了导向性的社会舆论;其四,进士科虽取之甚艰难,但也不像秀才科那样严格而不可企及。正因为如此,进士科具有强大的号召力,深受士子青睐。虽然历朝都有不少批评者指出进士科选人在实际知识、才能和道德人格方面存在缺陷,但经时愈久,愈受人重视。

二、 进士科考试的内容

唐代进士科考试的科目内容变化甚多,其端绪颇不清晰,清人赵翼《陔余丛考》卷二八《进士》曰:

其初虽有诸科,然大要以明经、进士二科为重,其后又专重进士。此后世进士所始也。唐初制:"试时务策五道,帖一大经。经、策全通为甲第;策通四,帖过四以上为乙第。永隆二年,以刘思立言进士惟诵旧策,皆无实材,乃诏进士试杂文二篇,通文律者然后试策。"此进士试诗、赋之始。开元二十五年诏:"进士以声韵为学,多昧古今,自今加试大经十帖。"建中二年,中书舍人赵赞权知贡举,又以箴、论、表、赞代诗、赋。大和八年,仍复诗、赋。此唐一代进士试艺之大略也。

赵翼所言虽与史实颇有出入,却说出了唐代进士科考试内容的复杂多变以及曾经有过的考试内容和形式。大体而言,唐代进士科考试经历了只试时务策—试策文加经书—试策文、经书加杂文的演变过程,而杂文考试又经历了诸多实用性文体与诗赋的反复,进士科考试科目的内容遂成定制。

（一）唐初进士科的考试内容

关于唐初进士科考试的科目内容历来存在不同意见。有认为进士科初起时试时务策与帖经两项，如赵翼。赵翼之说当是依据《新唐书》卷四四《选举志上》："凡进士，试时务策五道，帖一大经。经、策全通为甲第，策通四、帖过四以上为乙第。"宋人叶梦得也持相同意见。《避暑录话》卷下云："唐初以明经、进士二科取士，初不甚相远，皆帖经文而试时务策。但明经帖文通而后口问大义，进士所主在策，道数加于明经，以帖经副之尔。永隆后，进士始先试杂文二篇，初无定名，唐书已不记诗赋所起，意其自永隆始也。"此说多为后人所据。① 但是，叶梦得细致地意识到一个问题：如果唐初进士考试亦试策与帖经，那么与明经何以为别？ 他的解释是：考试科目虽同，但科目侧重有异——进士科重在试策，是主考科目，且道数多于明经；而帖经只是副考科目而已。

然而，事实上，在唐初相当长的一个时期里，进士科考试内容不仅与诗赋无关，亦与帖经无关，甚至与经书无涉。关于这一点，时人文辞中多有提及。《通典》卷一五《选举三·历代制下》说，贞观起，秀才科渐废，"自是士族所趣向，唯明经、进士二科而已。其初止试策，贞观八年，诏加进士试读经史一部。至调露二年，考功员外郎刘思立始奏二科并加帖经"。《大唐新语》卷一〇《厘革》说，进士"古唯试策。贞观八年，加进士试经史"。《旧唐书》卷一

---

① 刘虹.中国选士制度史[M].长沙：湖南教育出版社，1992：144.

一九《杨绾传》记杨绾《条奏贡举疏》云："近炀帝始置进士之科，当时犹试策而已。"《封氏闻见记》卷三亦云："国初，明经取通两经，先帖文，乃按章疏试墨策十道；秀才试方略策三道；进士试时务策五道。"从保存下来的唐初进士时务策文看，其策题确实大多关涉时事政务，如关于礼乐、刑政、律令、狱讼、治术、选才、君臣等事务的对策。这些策题的设问，确是出于探索治国之道和了解应试者的政治态度、思想水平、处事能力、文字功夫的愿望，绝非记诵经文科条者所能应对。但也正因为唐初进士考试仅试时务策，行之既久，就出现问题：以"时务"为题，要求联系实际，陈当前之弊，解当务之急，确有良好的愿望。但举子们往往将应答当世之急务的策问之对策文撰写成文辞华丽的美文，对时务问题的应对流于套路，考试流于形式，暴露了进士科考时务策的弊端。[①] 考时务策既可以脱离时务也能取得成功，导致举子们"唯诵旧策，皆亡实才"[②]。所以，才有了贞观八年（634 年）三月三日的诏："进士试读一部经史。"[③]通过加试经书、史书各一部，引导举子除练习策文外，多多留意读书，以增强经史素养。

进士科考试早期的实践暴露了其缺陷所在，即进士于经于史都缺乏根底，[④]对历来重视经史传统的政治而言，当然算不上"实才"。改革的第一步是增加经史内容，这也证实唐初进士考试内容单一的缺陷。所以，贞观八年（634 年）进士科考试中引进经史

---

① 傅璇琮将初唐时务策称为"策赋"，以言其精致工丽。傅璇琮. 唐代科举与文学［M］. 西安：陕西人民出版社,1986：168.
② 《新唐书》卷四四《选举志上》。
③ 《唐会要》卷七六《贡举中·进士》。
④ 唐初，因进士科考试与经史无涉，举子多疏于习经。《全唐文》卷三四一《颜真卿·朝议大夫守华州刺史上柱国赠秘书监颜君〔元孙〕神道碑铭》记武周垂拱元年(685 年)进士颜元孙举进士时，"素未习《尚书》"，考试却要求"兼注必议"。当时进士科考经史已经多年，正式实行帖经考试也已三年，却仍有未习《尚书》者，可见进士忽视经史之积习甚深。

是进士考试内容发展中一个重要转折的开始。不过,改革只是初步的,因为虽然增加了经史内容,但考试形式仍是试策。① 以经史问题策问和对策,相较帖经而言,对扎实掌握经史(尤其是经)的要求仍不能算是高的。同时,考试形式仍是试策,举子们"唯读旧策,共相模拟"的状况也无大的改观,于是又开始孕育新的改革。

(二)唐高宗晚年进士科考试内容的改革

进士科考试在唐高宗晚年发生了一次重大改革,即由仅试一场时务策增加为试帖经、杂文、策文三场。改革的发起人为考功员外郎刘思立。《唐会要》卷七六《贡举中·进士》载:"调露二年四月,刘思立除考功员外郎。先时,进士但试策而已,思立以其庸浅,奏请帖经及试杂文。自后因以为常式。"《封氏闻见记》卷三更具体地指出了增加考试杂文和帖经的数量要求:"开耀元年,员外郎刘思立以进士惟试时务策,恐伤肤浅,请加试杂文两道,并帖小经。"刘思立的建议得到采纳,唐高宗于次年正式诏令实行。《唐会要》卷七五《贡举上·帖经条例》:"永隆二年八月敕:'如闻明经射策,不读正经,抄撮义条,才有数卷;进士不寻史籍,惟诵文策,铨综艺能,遂无优劣。自今已后,明经每经帖十得六已上者,进士试杂文两首,识文律者,然后令试策。'"调露二年(680 年)即为永隆元年,永隆二年(681 年)又为开耀元年,所以调露二年刘思立奏增帖经、杂文考试,次年诏令实行,但因诏下已是八月,真正实行

---

① 关于贞观八年(634 年)的进士科考试改革,有说是进士帖经的开始,实则否,不过是在时务策中增加了经史问题,并没有改变考试项目。谢青,汤德用. 中国考试制度史[M].合肥:黄山书社,1995:75. 傅璇琮. 唐代科举与文学[M]. 西安:陕西人民出版社,1986:166.

又要到开耀二年即永淳元年(682年)春了。也就是说,从开耀二年起,进士科考试正式实行帖经、杂文、策文三场考试。三场考试顺序为帖经、杂文、试策,每场定去留。《唐六典》卷四《尚书礼部》:"凡进士先帖经,然后试杂文及策。"

关于帖经考试的内容要求,《唐会要》卷二《吏部尚书》载:"其进士帖一小经及《老子》,皆经、注兼帖。""一小经"指《周易》《尚书》《春秋公羊传》《春秋穀梁传》择一,帖十通六以上;《老子》通三以上。直到开元二十四年(736年)为止,进士科帖经考试基本如是。

关于杂文考试的内容与形式,徐松《登科记考》卷二"永隆二年"条下注云:"按杂文两首,谓箴铭论表之类。开元间,始以赋居其一,或以诗居其一,亦有全用诗赋者,非定制也。杂文之专用诗赋,当在天宝之季。"徐松的见解基本符合事实,最初试杂文多为箴、铭、论、表、颂等实用文体。但试杂文以赋居其一,并非如徐松所言晚至开元间,试杂文之初即已有试赋。上引颜真卿《颜元孙神道碑铭》记颜元孙"省试《九河铭》《高松赋》"二首及时务策五道,深得考官刘廷奇称赞。当年为垂拱元年(685年),正式实施帖经、杂文考试才三年。

唐高宗晚年对进士科考试内容的改革在进士科发展历史上意义重大。其一,增加帖经与杂文,形成三场考试的格局,进士科考试的内容与场次基本定形。其二,增加考试帖经,实是向举子提出起码的经学要求,以弥补进士历来疏于经书的缺陷;增加考试杂文,则便于辞藻出众、才思敏捷者脱颖而出。这两场考试的增设,适应了武周政权有别于以往的新的人才需要,即擅文艺且通经学。其三,增加杂文考试为日后进士考试选择诗赋的发展方向创造了可能。其四,帖经、杂文、时务策三者构成一个较为合理的考试内容体系,对人的要求较为全面,因此使进士科考试具备其他各科都不具备的优势。

(三) 唐中期进士科考试内容的演变与定形

唐中期进士科三场考试的基本格局未变,变化较大的是帖经和杂文考试的内涵以及三场考试的先后侧重。

杂文考试内涵的变化大体如是:自杂文考试开始实行时起即间而有赋,开元年间赋更频出又间而有诗,天宝年间则专用诗赋。据徐松《登科记考》,开元元年(713 年)试《籍田赋》;二年试《旗赋》;四年试《丹甀赋》;五年试《止水赋》;七年试《北斗城赋》;十一年试《黄龙颂》;十二年试《终南山望余雪诗》,是杂文试诗最早出现;十四年试《考功箴》;十五年试《积翠宫甘露颂》;十八年试《冰壶赋》;二十二年试《梓材赋》《武库诗》,是杂文同时试诗赋最早出现;二十六年试《拟孔融荐祢衡表》《明堂火珠诗》;天宝四载(745 年)试《玄元皇帝应见贺圣祚无疆诗》;十载试《豹蔫赋》《湘灵鼓瑟诗》;等等。杂文考试内容的变化是逐渐发生的,总的趋势是文学色彩越来越浓重,逐渐走向考试诗赋。进士科杂文考试的这一变化,反映了唐诗在经过初唐的发展而在开元、天宝年间达到繁荣的局面,至天宝年间促成以诗赋取士形成固定格局。

帖经考试的变化发生在开元二十五年(737 年)。二十四年,姚奕知贡举后采取诸多改革措施,其中包括改革明经、进士两科考试内容,奏请"进士帖《左氏传》《周礼》《仪礼》,通五与及第"①。次年二月，以"进士以声律为学，多昧古今"为由，敕令"其进士宜停小经，准明经帖大经十帖，取通四已上，然后准例试杂文及策者，通与及第。……进士中兼有精通一史，能试策十条得六已上者，委所司奏听进止"②。由帖小经一下子改为帖大经，对经书要求的提高跨度甚大，不能排除借此打击一下举子们的威风之意，同时也无非是设置一堵门墙，对进士掌握儒家经典提出更高要求。结合对精通史书者所规定的特殊待遇，可见进士科考试在偏重文学的同时，对经史的要求也未放松。这可以看成在进士科考试标准之争中，重文学的主张最初并未完全占据上风。但这种格局迅速被打破。《封氏闻见记》卷三《贡举》："天宝初，达奚珣、李岩相次知贡举，进士文名高而帖落者，时或试诗放过，谓之赎帖。"达奚珣、李岩相次知天宝二年至七载（743—748）贡举，当时"文士多于经不精，至有白首举场者，故进士以帖经为大厄"。帖小经已是为难了进士，帖大经更成为许多举子的一道难以逾越的障碍，即使才高八斗，也徒唤奈何！达奚珣、李岩的"时或试诗放过"，偶尔以诗赎帖，表明对进士的让步，也表明重文学的主张逐渐得势。

这种变化还表现在进士考试三场的先后顺序上。将帖经放在第一场，无非是强调经书是进士及第的基本要求，在逐场定去留的情况下，尤其显出对经书的重点要求。因为经不熟，诗赋、策论再好也无济于事。随着主张文学的势力上升，三场考试的顺序同样面临挑战。天宝十一载（752年），杨国忠任吏部尚书知选事，"进士孙季卿曾谒国忠，言'礼部帖经之弊大，举人有实

---

① 《唐会要》卷七六《贡举中·进士》。
② 《唐会要》卷七五《贡举上·帖经条例》。

才者,帖经既落,不得试文。若先试杂文,然后帖经,则无余才矣'。国忠然之。无何,有敕,进士先试帖经,仍前后开一行。"①很清楚,要求更换前两场次序的目的是保证进士科考生的杂文才能有机会得到展现。虽然动议当时未得采纳,但问题毕竟被提出来了,并且也在不久后得以实现。《太平广记》卷一七九《贡举二·阎济美》记阎济美试于东都洛阳,十一月下旬试杂文。十二月三日,"天津桥放杂文榜",阎通过。"四日,天津桥作铺帖经",阎以诗赎帖通过。东都考试的一切安排皆以西京长安为法,可知当时三场次序已换,杂文场已在帖经场之前。阎济美于大历九年(774年)东都榜进士及第,帖经与杂文场次的更换当发生在天宝十一载至大历九年之间。阎济美试帖时,自忖"不工帖书,必恐不及格"。主司告之:"可不知礼闱故事,亦许诗赎。"可见,到此时,以诗赎帖也已实行有日。

要之,唐中期进士科考试内容变化的总趋势是由重帖经转向重杂文,即帖小经—帖大经—以诗赎帖,由三场帖经、杂文、策论转变为三场杂文、帖经、策论。杂文考试则渐以诗赋为主。因此,诗赋优劣逐渐成为能否及第的决定因素,帖经考试甚至逐渐淡出,②日后被废也由此发端。这样,进士科的考试模式更加确定,地位更得确立。正如杜佑所说,"开元以后,四海晏清,士无贤不肖,耻不以文章达"③,形成进士尤为贵、得人尤为盛的局面。

（四）唐后期进士科考试内容的争议与反复

在进士科考试以诗赋决定弃取的模式逐渐形成之际，反对意见也在形成，争议集中于进士科考试是重文学还是重经史这一问题。争议固然是历史的延续，但也有当时的社会背景。就近而言，"安史之乱"引发当政者的反思，也及于人才及其选拔制度；就远而言，唐代前中期统治政策的取向周旋取舍于儒佛道三者中，儒学不显造成明显的统治思想混乱和社会道德沦丧，于是重振儒学传统形成社会思潮。进士科考试中的重经史主张因此抬头，与之相应，诗赋考试受到严重批评。

与之前不同的是，唐后期重经史，却未再肯定帖经的地位，而是重策和以经史试策。还在宝应二年（即广德元年，763年），杨绾初履礼部侍郎职即上疏条奏贡举之弊，认为隋炀帝设置进士科不过"试策而已"，自刘思立奏进士试杂文后，积弊成俗。"幼能就学，皆诵当代之诗；长而博文，不越诸家之集。递相党与，用致虚声，六经则未尝开卷，三史则皆同挂壁。况复征以孔门之道，责其君子之儒者哉！祖习既深，奔竞为务。"[①]考试诗赋造成人们不读经史典籍，只留意当代诗赋文集，最为严重的后果是丢失儒道。为了引导人们"返淳朴，怀礼让，守忠信，识廉隅"，杨绾建议考试于"三传""三礼"《尚书》《毛诗》《周易》中任通一经，"每经问义十条，问毕对策三道"，以之斟酌取士。提议开设东都举的尚书左丞贾至也附议说："今试学者以帖字为精通，不穷旨义，岂能知迁怒

第五章　唐代贡举诸科的考试

---

①　《旧唐书》卷一一九《杨绾传》。

贰过之道乎？考文者以声病为是非，唯择浮艳，岂能知移风易俗化天下之事乎？是以上失其源而下袭其流，波荡不知所止，先王之道，莫能行也。"①杨绾、贾至二人的批评充分强调了儒经应在考试中占有至高无上的位置，但他们所主张的考经已非"帖字"，而是"穷旨义"，即如杨绾所建议的问义和对策。因此，帖经受到鄙弃，诗赋面临非议。尽管二人的建议最终遭否决，甚至到大历年间（766—779）以诗赋取人还愈演愈烈，"非以辞赋登科者，莫得进用"②，但在政府上层围绕考试内容所引发的争论延续不绝，因循与改革的举措也时有反复。

建中二年（781 年），中书舍人赵赞权知贡举，对明经、进士两科考试都作出改革。他对考经强调"义以为先"；对杂文考试"请以箴、论、表、赞代诗赋，仍试策二道"③。据徐松《登科记考》卷一一考证，建中三年（782 年）进士试题为《学官箴》，进士别头试题为《欹器铭》；四年为《易简知险阻论》；兴元元年（784 年）为《朱干铭》。之后，又恢复试诗赋，但批评诗赋考试凭文辞取士的呼声也愈高。洋州刺史赵匡上《举选议》，批评进士考试诗赋"务求巧丽"，不唯无益于用，且有妨正习。因此，他提出：

> 进士习业，亦请令习《礼记》《尚书》《论语》《孝经》并一史。其杂文请试两首，共五百字以上、六百字以下，试笺、表、议、论、铭、颂、箴、檄等有资于用者，不试诗赋。……其所试策，于所习经史内征问，经问圣人旨趣，史问成败得失，并时务，共十节。④

---

① 《旧唐书》卷一一九《杨绾传》、《新唐书》卷四四《选举志上》。
② 《旧唐书》卷一一九《崔祐甫传》。
③ 《唐会要》卷七六《贡举中·进士》。
④ 《通典》卷一七《选举五·杂议论中·举人条例》。

礼部员外郎沈既济的条奏也表达了相同的意见。①虽然众多力倡改革贡举的议论、奏疏并未立即被采纳，但越来越多的人认识到以文辞韵律取士之弊，接受以经史衡文的意见。

唐德宗贞元末年，重经史的主张终占上风。贞元十五至十七年（799—801），先是中书舍人高郢权知贡举，"谢绝请谒，专取行艺"。其举措一是以经史入诗赋题，如贞元十五年《行不由径诗》，十六年《性习相近远赋》，十七年《乐德教胄子赋》。二是取人标准首重经艺。《旧唐书》卷一一六《白居易传》载："贞元末，进士尚驰竞，不尚文，就中六籍尤摈落。礼部侍郎高郢始用经艺为进退，乐天一举擢上第。明年，中拔萃甲科。"

紧接着，从贞元十八年至二十一年（802—805）知三届贡举（贞元二十年停举）的权德舆延续了高郢的考试路线，在重经史、倡实用方面更进一步。他曾反省："近者祖习绮靡，过于雕虫，俗谓之甲赋、律诗，俪偶对属。况十数年间，至大官右职，教化所系，其若是乎！是以半年以来，参考对策，不访名物，不征隐奥，求通理而已，求辨惑而已。"②出题不搜罗罕僻的事物，不征引隐奥的现象，考试求平实，求通识道理、辨别疑惑。

高郢和权德舆抑制浮艳、崇尚才艺的考试路线，不仅影响了进士三场考试（尤其是诗赋）的内容取向，也影响了三场考试的地位。以经史入诗赋题和取人崇尚才艺必然带来三场考试中对策地位的提升和对诗赋地位的贬抑，高郢、权德舆均十分注重对策即是表征。至此，进士科考试中诗赋的地位不再至高无上。之

---

① 《通典》卷一八《选举六·杂议论下》。
② 《全唐文》卷四八九《权德舆七·答柳福州书》。

后，元和三年(808年)卫次公、七年许孟容、八年和九年韦贯之主试，均以重实著称。[①] 到大和七年(833年)八月，礼部侍郎李汉奏准"进士举人先试帖经，并略问大义，取经义精通者，次试议论各一首，文理高者，便与及第。其所试诗赋并停者"[②]。翌年，果真不考诗赋及策，而代之以帖经、经义与议论三声。虽然大和九年又恢复诗赋策考试[③]，但经史在进士考试中的地位已经不可动摇。

三、 进士科考试的评卷

进士科考试的评卷是个变动性甚大的问题：每一考试科目有各自的评卷标准，主考官对评卷标准的理解和执行尺度各有不同，不同时期因社会形势和选才观念的变化而重新确定标准……各科考试中，帖经考试评卷最易，而杂文、对策的评判弹性就较大。从文献记载看，为示人以公允和让考生知其所以，政府明文规定帖经和经义考试的评判须当众进行，也偶有诗赋、策文卷当众评定的记载(见本书第四章第三节"四、考试舞弊与防弊")。从开元二十四年(736年)李昂"摘权章句小疵，榜于通衢以辱之"[④]，可知当时确有当众评定诗赋与策文试卷的做法。

（一）评帖经卷

唐高宗永隆、开耀年之前，进士考试不试帖经。刘思立奏请

---

① 《旧唐书》卷一五九《卫次公传》、卷一五四《许孟容传》、卷一五八《韦贯之传》。
② 《唐会要》卷七六《贡举中·进士》。
③ 《资治通鉴》卷二四五《文宗大和八年》。
④ 《大唐新语》卷一〇《厘革》。

"加试杂文两道，并帖小经"后，最初规定的帖经要求是：其一，从《周易》《尚书》《公羊传》《穀梁传》中选一，由主考官指定；其二，经、注兼帖，共十条。评卷标准为：十帖全通为甲第，通六以上为乙第，通六以下为不第。[①] 开元二十四年（736年），姚奕奏请改帖小经为帖大经；次年，规定进士帖经"准明经帖大经十帖，取通四已上"为乙第，即及格线，而"全通为甲第"。[②] 大和七年（833年）八月，礼部奏请增加帖经分量，"请帖大小经各十帖，通五通六为及格"[③]。

（二）评诗卷

自刘思立奏请进士加试杂文后，渐次形成杂文考试一诗一赋的格局。永隆时所规定的杂文考试要求是"识文律"，是就箴、铭、论、表之类而言。天宝年间，杂文考试诗赋后，"识文律"仍是评诗赋的基本要求。就试诗而言，要求按照规定的字数和韵律写作，须辞藻华美而不失典雅。进士试诗，通常要求写成五言律诗，一般限定十二句，特殊情况下也允许写成十六句，或允许写成八句甚至四句。试题大抵取自古人诗句、成语典故等，并限定韵脚。《白居易集》卷三八载省试题《玉水记方流诗》，题下注"以'流'字为韵，六十字成"，就明确规定了韵脚、格式和体裁。《云溪友议》卷七记大中十二年（858年）唐宣宗召中书舍人李藩等商讨当年博学宏词举之诗赋论评卷标准，李藩等提出"诗则缘题落韵"的评诗

---

① 《唐六典》卷二《尚书吏部》。
② 《唐会要》卷七五《贡举上·帖经条例》、《新唐书》卷四四《选举志上》。
③ 《唐会要》卷七六《贡举中·进士》。

标准,反映了评诗的一般要求。由于考试要求严格,举子刻意求工,加之考场气氛紧张,应试诗中一般缺乏佳作,但也偶遇一二。天宝十载(751 年)进士试诗题为《湘灵鼓瑟诗》,号称"大历十才子"之一的钱起所作诗即为传世之作:

善鼓云和瑟,常闻帝子灵。冯夷空自舞,楚客不堪听。苦调凄金石,清音入杳冥。苍梧来怨慕,白芷动芳馨。流水传湘浦,悲风过洞庭。曲终人不见,江上数峰青。①

钱起的诗情景交融,飘逸洒脱,意味隽永,是考试中少见的精品,由此又可见评诗卷仍然有着人们所认可的共同标准,所谓"识文律"的具体内涵从此诗也可以推知。

虽然进士诗的音韵格律要求谨严,似乎是评诗的基本要求,但考官也常具体问题具体对待,不拘泥于格律,更注重诗的辞藻和意境,作出"破格"的评判。即使佳作如钱起之《湘灵鼓瑟诗》,严格就格律推敲,也是有疵可寻的。《云溪友议》卷七记唐宣宗与李藩等论评诗标准时提及一首诗中的重用字问题,李藩等认为重用字不能成为常例,但对特例须特别对待,并提到钱起省试诗"楚客不堪听"与"曲终人不见"两句重用"不"字。唐宣宗重读钱起诗并与诸多同题材诗作比较后认为:"他诗似不及钱起。……惟谢脁云:'洞庭张乐地,潇湘帝子游。云去苍梧野,水还江汉流。'此若比《鼓瑟》一篇,摛藻妍华,无以加其前。"所以,"进宏词诗重用字者,登科"。钱起诗的评卷标准成为一个通例,即若确是佳作,

① 《文苑英华》卷一八四。

孙培青文集 第二卷 隋唐五代考试研究

则可不死拘格律。

　　钱起诗还仅是重字，不能说是"大病"，而有些省试诗从体裁格律上说"病"更大，但因诗好，也给予破格。杂文考试开始有试诗记载的开元十二年(724年)，诗题为《终南山望余雪诗》，祖咏之作也是破格的典型：

　　有司试《终南山望余雪诗》，咏赋云："终南阴岭秀，积雪浮云端。林表明霁色，城中增暮寒。"四句即纳于有司。或诘之，咏曰："意尽。"[①]

省试诗通常要求十二句六韵，而祖咏诗只四句二韵，从体裁要求上看，相去甚远。但其诗辞句洗练，意境如画，确已意尽，如再续句，将似蛇足。所以，主考官虽提出询问，但最终也为之折服。相似的事例还有大历九年(774年)东都洛阳榜进士阎济美的赎帖诗：

　　主司曰："赋天津桥望洛城残雪诗"。某只作得二十字。某诗曰："新霁洛城端，千家积雪寒。未收清禁色，偏向上阳残。"已闻主司催纳诗甚急，日势又晚，某告主司："天寒地冻，书不成字。"便闻主司处分："得句见在将来。"主司一览所纳，称赏再三，遂唱过。[②]

如照章办理，阎济美诗也不能合格，主考官乍阅卷时发话，同样是

---

①　《唐诗纪事校笺》卷二〇《祖咏》。
②　《太平广记》卷一七九《贡举二·阎济美》。

因了"意尽"而予以破格通过。格律限制甚严,考生当然不敢造次,为达到要求,难免生拉硬造,应试诗出不了佳作就很自然。

(三)评赋卷

由于赋实为诗的变体,也讲究对偶、韵律、用典、字数等体例格式,因此赋卷的评判与评诗颇有相通之处。《唐六典》卷二《尚书吏部》言及进士科考试评杂文卷的要求:"试杂文两首,策时务五条。文须洞识文律,策须义理惬当者,为通(若事义有滞,词句不伦者,为下)。"可见,杂文考试评卷重在深入掌握"文律"。《白居易集》卷三八收有其省试赋题《性习相近远赋》,下注云:"以'君子之所慎焉'为韵,依次用,限三百五十字以上成。"也就是说,给定试题、限定韵脚(字数)、依次押韵、字数在三百五十至三百八十之间,这是评赋的基本要求。白居易赋云:

噫!下自人,上达君;德以慎立,而性由习分。习则生常,将俾夫善恶区别;慎之在始,必辩乎是非纠纷。原夫性相近者,岂不以有教无类,其归于一揆?习相远者,岂不以殊途异致,乃差于千里?昏明波注,导为愚智之源;邪正歧分,开成理乱之轨。安得不稽其本,谋其始,观所恒,察所以?考成败而取舍,审臧否而行止。俾流遁者返迷途于骚人,积习者遵要道于君子。且夫德莫德于老氏,乃曰道是从矣;圣莫圣于宣尼,亦曰非生知之。则知德在修身,将见素而抱朴;圣由志学,必切问而近思。在乎积艺业于黍累,慎言行于毫厘。故得其门,志弥笃兮,性弥近矣。由其径,习愈精兮,道愈远而。其旨可显,其义可举。勿谓习之近,徇迹而相背重阻；勿谓性之远，反真而相去几许。亦犹一源派别，随浑澄而或浊或清；一气脉分，任吹煦而为寒为暑。是以君子稽古于时习之初，辩惑于成性之所。然则性者中之和，习者外之徇。中和思于驯致，外徇戒于妄进。非所习而习则性伤，得所习而习则性顺。故圣与狂，由乎念与罔念；福与祸，在乎慎与不慎。慎之义，莫匪乎率道为本，见善而迁。观炯诚于既往，审进退于未然。故得之则至性大同，若水济水也；失之则众心不等，犹面如面焉。诚哉！性习之说，吾将以为教先。

白居易此赋是在诗赋考试中主经史派占上风时的应试赋作，是一篇文辞骈俪的议论文。议论文写成韵文，在结构严整、说理有力的同时，又韵律抑扬、文采斐然，确是美文。赋按题目要求，依"君子之所慎焉"次序在特定句末押韵，在某韵前后句子的一些句末押相同的韵。破题、转承、收结，十分讲究，一气呵成。"……已经看出唐代进士试赋与后来八股制艺在作法上的渊源关系。"[1]

　　白居易赋按要求押六韵，三平三仄。宋人洪迈认为，唐中前期试赋押韵并无定格，自三字至八字韵均有，而在大和以后始以八韵为常；八韵中平仄字数也不定规，有六仄二平、六平二仄、三平五仄等。[2]《能改斋漫录》卷二云，试赋用八韵始于开元二年（714年）："赋家者流，由汉晋历隋唐之初，专以取士，止命以题，初无定韵。至开元二年，王邱员外知贡举，试《旗赋》，始有八字韵脚，所谓'风日云野，军国清肃'。见伪蜀冯鉴所记《文体指要》。"[3]

①　傅璇琮.唐代科举与文学[M].西安：陕西人民出版社,1986：175.
②　《容斋随笔》卷一三《诗赋用韵》。
③　《雨村赋话》卷一《新话一》。

如不按要求，即为失韵，失韵即被落下。宋陈鹄《耆旧续闻》卷四《李秀才贺滕学士启用侧声结句》云："四声分韵，始于沈约。至唐以来，乃以声律取士，则今之律赋是也。凡表启之类，近代声律尤严，或乖平仄，则谓之'失粘'。"《唐国史补》卷下亦记载有人因失韵而久困考场："宋济老于文场，举止可笑。尝试赋，误失官韵，乃抚膺曰：'宋五又坦率矣！'由是大著名。后礼部上甲乙名，德宗先问曰：'宋五免坦率否？'"所谓"官韵"，即是由政府规定的考试押韵标准。《册府元龟》卷六四二《贡举部·条制四》记载后唐长兴元年（930年）中书详覆新进士杂文试卷后，将结果奏报，所认为存在问题之处均与韵律有关："卢价赋内'薄伐'字合使平声字，今使侧声字，犯格。孙澄赋内'御'字韵使'宇'字，已落韵，又使'膂'字，是上声；'有'字韵中押'售'字，是去声，又有'朽'字犯韵；诗内'田'字犯韵。李象赋内一句'六石庆兮'，并合使此'奚'字；'道之以礼'，合使此'导'字，及错下事；'常'字韵内使'方'字；诗中言'十千'，'十'字处合使平声字，'偏'字犯韵。"据此，中书建议："今后举人，词赋属对并须要切，或有犯韵及诸杂违格，不得放及第。"所谓的"声病""犯韵"就这样决定了举子的命运。后唐的情况如此，唐代进士考试评赋也大致如是。

然而，在掌握评判尺度上，考官之间存在差异。《太平广记》卷一七八《贡举一·放杂文榜》载，常衮判杂文甚严，当时与鲍防判帖经甚严齐名，谓之"常杂鲍帖"。这表明评卷受考官个人主观因素影响甚大。《唐摭言》卷八《已落重收》载："顾非熊，况之子，滑稽好辩，凌轹气焰子弟，为众所怒。非熊既为所排，在举场三十年，屈声聒人耳。长庆中，陈商放榜，上怪无非熊名，诏有司追榜放及第。时天下寒进，皆知劝矣。诗人刘得仁贺诗曰：'愚为童稚时,已解念君诗。及得高科晚,须逢圣主知。"这已不是考官评卷尺度宽严的问题了,评卷更是受到舆论的左右。诗人刘得仁自称在儿时就已诵读顾非熊诗,因种种考试以外的原因而使其受屈数十年,可见评卷不仅仅是评文章。类似情形当不在少数。

(四) 评策卷

进士试策,初为时务策五道,后逐渐增加经史比重。历经争议,至大和七年(833 年)、八年又经反复,最终明确五道策中经史三道、时务两道,无非要求考生古今并通,有致治才干。考经史,意在使考生知圣人修道之故、古今兴衰之由;考时务,意在使考生明当世治乱之道。无论考经史或时务,均要求考生直截了当地提出有益于当今经邦治国的见解,这是评策卷的思想内容标准。同时,要做到说理妥帖、通达,即如《唐六典》卷二《尚书吏部》所言,"文须洞识文律,策须义理惬当者为通(若事理有滞、词句不伦者,为下)"。这是评判策卷的为文标准。《白居易集》卷五八《奏状一·论制科人状》中对元和三年(808 年)制举"能直言极谏科"考试后处罚了一批肯定直言极谏的考策官提出异议,表明了在正常情况下评判策卷的一般见解:

> 杨于陵以考策敢收直言者,故出为广府节度;韦贯之同所坐,故出为果州刺史;裴垍以覆策,又不退直言者,故免内职,除户部侍郎;王涯同所坐,出为虢州司马;卢坦以数举事,为人所恶,因其弹奏小误,得以为名,故黜为左庶子;王播同之,亦停知杂。臣伏以裴垍、王涯、卢坦、韦贯之等,皆公忠正直,内外咸知,所宜授以

要权,致之近地。故比来众情私相谓曰:"此数人者,皆人望也。若数人进,则必君子之道长;若数人退,则必小人之道行。"

对策或以古喻今,或直逼时弊,往往"指言当时在权位而有恩宠者",甚至"诽谤"当时"圣明",极易得罪。白居易认为"正直忤物",这正是试策所要求的,考官评卷恰恰应该以此为原则,因此上述官员不仅不应遭罚,相反应当受奖。白居易此处乃论制科试策评卷标准,"直言极谏科"应以直言为上,而进士试策也不外于此。

然而,试策这种较为有用的考试形式早在初唐就已暴露出形式化的弊端。贞观元年(627年)进士考试策题中有《用刑宽猛》《求贤》两道题:

> 问:狱市之寄,自昔为难;宽猛之宜,当今不易。缓则物情恣其诈,急则奸人无所容。曹相国所以殷勤,路廷尉于焉太息。韦弦折中,历代未闻,轻重深浅,伫承嘉议。[①]

> 问:棘津登辅,不因阶于尺木;莘郊作相,岂凭资于累迁。盖道有攸存,时无可废,爰暨浇讹,必循班序,先容乃器,因地拔萃,共相沿袭,遂成标准。今圣上务切悬旌,心摇启骣。虽衣冠华胄,已乔迁于周列;而衡沁幽人,罕遥集于魏鼎。岂英灵不孕于山泽,将物理自系于古今。无蔽尔辞,切陈其致。[②]

作为时务策题,所问无可非议。一问用刑如何掌握轻重深浅、宽

---

① 《全唐文》卷一五五《上官仪·对用刑宽猛策》。另见《文苑英华》卷四九七。
② 《全唐文》卷一五五《上官仪·对求览策》。另见《文苑英华》卷五二〇。

猛相济,要求斟酌探讨;一问选人如何不循资序、随才而叙,要求
直陈对策。但题目的形式却近似骈文,这就多少成为导向,引导
着考生答题,策文也就呈现程式化,一如赋文。如当年的进士、著
名诗人上官仪的《用刑宽猛》对策为:

> 对:攘袂九流,披怀万古,览七书之奥义,觌金简之遗文,睹皇
> 王临御之迹,详政术枢机之旨,莫不则乾纲而张礼乐,法霆震而置
> 威刑。纵使轩去鼎湖,非无涿鹿之戮;舜辞雷泽,遂有崇山之诛。
> 自皋陶不嗣,悠生长往。甫侯设法,徒有说于轻重;子产铸书,竟
> 无救于衰败。是知风淳俗厚,草艾而可惩;主僻时昏,黥凿而犹
> 犯。我君出震继天,承图宰化,孕十尧而遐举,吞九舜而上征。犹
> 以为周书三典,既疏远而难从;汉律九章,已偏杂而无准。方当采
> 韦弦于往古,旋折中于当今。若能诏彼刑章,定金科之取舍;征其
> 张赵,平丹书之去留。必使楚国受金,不为庄生所责;长陵盗土,
> 必用张子之言。谨对。①

上官仪的对策如仅从为文而言,自然不可否决,但就时务而言,实
在价值有限。时务策的价值就在于对当务之急提出解决办法。
准此原则,此篇策文就不免流于辞藻堆积、徒具文章形式了。主
考官以此衡文,自然就成为导向,以至策文追求骈俪成风。后世
考策要求增加经史内容,改革策文文风,无非是为了改革试策评
卷标准,引导考生的关注点。后唐天成三年(928年)七月敕要求
诸经科、礼科、史科于本业考试毕再行试策,并提出试策的评卷标

① 《全唐文》卷一五五《上官仪·对用刑宽猛策》。另见《文苑英华》卷四九七。

准："宜令主司于时务中采取要当策题,精加考校,不必拘于对属。须有文章,但能词理周通,文字典切,即放及第。"①既然对其他诸科均提出对策为文要求,何况进士? 唐代进士考试对策评卷标准也受到文学兴盛、诗赋繁荣的影响,所以徘徊在重形式与重内容之间。由于对策毕竟可以弥补帖经与杂文考试的缺陷,尽管也流于诗赋所具有的弊端,但仍保存下来。

四、 进士科的录取与出路

作为唐代最受青睐的考试科目,进士科的录取在秀才科消亡后较其他各科为难,而其出路又较其他各科为优越。

(一) 进士科的录取

1. 进士科录取等第

《唐六典》卷二《尚书吏部》载:"其进士帖一小经及老子(皆经注兼帖),试杂文两首,策时务五条。文须洞识文律,策须义理惬当者,为通。若事义有滞、词句不伦者,为下。其经策全通,为甲;策通四、帖通六已上,为乙;已下,为不第。"《通典》卷一五《选举三·历代制下》记进士等第时关于"不第"说得更具体:"经策全通为甲第,通四以上为乙第,通三帖以下及策全通而帖经文不通或帖经通四以上而策不通四,皆为不第。"《通典》还未指出杂文要求,说的当是在增试杂文前的录取标准。综合两条材料,可以得知判定进士录取等

① 《五代会要》卷二三《科目杂录》。

第的一些情形：其一，等第分为及第与不第两种，及第又分为甲第与乙第两等；其二，进士等第的判定依据帖经、杂文、策三项考试的成绩，每一项又有具体标准；其三，等第的判定既有数量要求，也有质量要求，似以数量要求为主，而杂文则难以定出数量要求。

由于甲第的要求是数量和质量的完全合格（"经策全通""洞识文律""义理惬当"），因此难求，及第者遂大多为乙第，甲第者为数甚少。上引《通典》云："按令文，……进士与明法同为二等。……自武德以来，明经唯有丁第，进士唯乙科而已。"杜佑认为自武德设考迄于当时，进士及第唯有乙第，而事实上及甲第者也屡有出现。《陔余丛考》卷二九《甲榜乙榜》列举："杜氏《通典》：'进士有甲、乙二科，武德以来，第进士惟乙科。'《旧唐书》：玄宗亲试，敕曰：'近无甲科，朕将存其上第。'《杨绾传》：'玄宗试举人，登甲科者三人，绾为之首。'其乙科凡三十余人。是甲、乙科俱谓进士也。"可见，唐前期进士录取甲科者确实难得，但也偶有。杜佑之说虽与事实不符，但无非是为了说明甲第不易。

除分甲第、乙第外，进士录取还排定名次。如上引杨绾为同榜三甲科之首。再如贞元十七年（801年），高郢知贡举，班肃考第一；同榜罗让也是"进士甲科"[①]，但名次在班肃之后。徐松《登科记考》还常列出某人为某榜进士第几人等。细按史籍记载，甲第、乙第反映了进士考试所达之数量硬指标，而名次则为同一档次中的排名先后，或许更多反映了对进士考试质量的评价。甲第、乙第的划分对进士今后的出路并不产生决定性影响，因此等第的实际作用在于判定及第与不第；名次的排列也相同，因此名次排定

① 《登科记考》卷一五。

的实际作用似乎就是确定第一名（状元）。

2. 进士科录取人数

有学者据徐松《登科记考》统计,有唐一代计二百八十九年,开科举进士二百六十六次,及第进士六千四百四十二人。《封氏闻见记》卷三《贡举》记:"玄宗时,士子殷盛,每岁进士到省者常不减千余人。"又据《通典》卷一五《选举三·历代制下》,每年应举者"多则二千人,少犹不减千人"。每科应进士举者在一千至两千人之间,取其折中,平均在一千五百人左右。这样,唐代约有四十万人次参加过进士考试。又据上引《通典》,"其进士,大抵千人得第者百一二;明经倍之,得第者十一二",与上述及第进士总数之间比例大体相当。

每科进士录取数额不等,有的年份相差还很大。据《文献通考》卷二九《选举考二》所载唐《登科记》总目,取额最高者为咸亨四年(673年)七十九人,较多的还有垂拱三年(687年)六十五人、神龙元年(705年)六十一人、开元元年(713年)七十一人。取额在五十至六十之间的有:咸亨元年(670年)五十四人、上元元年(674年)五十七人、开耀二年(682年)和永淳二年(683年)各五十五人、武后光宅二年(685年)五十九人、景云元年(710年)五十二人、开元八年(720年)五十七人、天宝十二载(753年)五十六人,共八个年份。取额在四十至五十人之间的有:永徽六年(655年)四十三人,上元二年(675年)四十五人,长安四年(704年)四十一人,景龙元年(707年)四十八人、二年四十人,开成元年(836年)、二年、三年各四十人,咸通十二年(871年)四十人,共九个年份。取额在三十至四十人之间的有:长安三年(703年)三十一人,以后共六十六个年份。取额在二十至三十人之间的共有一百一十三个年份。取额在十人以下的共有二十六个年份,取额最少的为一人,分别是高宗永徽五年、调露二年(680年)和永隆二年(681年)。

从唐《登科记》总目所载可以看出唐代进士录取名额变化的一些特点:其一,取额最高与最低的几个年份均在唐前期的唐高宗、武后时期;其二,唐前期取额上下摆动幅度大,多可六七十人,少则不到十人,而唐中期后取额趋于稳定;其三,取额以二十至三十人之间的年份为最多,其次为三四十人和一二十人。

进士取额变化的特点可以归纳如下:其一,建唐前期,政府机构重建,吸纳官员能力较强,候补官员数与官员缺额之间的矛盾尚不尖锐。在实行考试取官前期,进士取额高的年份较多。随着政府机构建设渐趋完善,官员需求数额趋于稳定,进士取额遂在三十人上下摆动。其二,科举考试实行前期,制度尚未规范,特别容易受到政治稳定与否、当政者个人主观愿望等人为因素的影响。进士取额忽高忽低、极高极低的现象集中出现在唐高宗和武后时期,就是证明。

归根结底,进士科作为唐代政府骨干官员的选拔科目,影响取额的决定因素是官员供求关系。进士科出身者多官至尊贵,供求关系的矛盾就更为突出。因此,当官员缺额少、安排困难时,政府常以保证质量的名义控制取额,并常规定每科进士的录取总数。对进士取额的明确规定大约始于唐中期,[①]所规定的数额最少为每科二十人,最多为每科四十人。如《唐会要》卷七六《贡举中·缘举杂录》:"〔贞元〕十八年五月敕:明经、进士,自今

---

① 杨玚《谏限约明经进士疏》中称考试中不宜抑制明经、进士赴考人数与取额,可知当时对明经、进士的取额已有限制。见《全唐文》卷二九八、《唐会要》卷七五《贡举上·帖经条例》。

已后,每年考试所拔人,明经不得过一百人,进士不得过二十人。如无其人,不必要补此数。"唐文宗大和四年(830年)规定不得超过二十五人;九年,中书门下又请求增加到四十人。[①] 开成二年(837年),"礼部奏请每年进士以三十人为限"[②]。从唐《登科记》总目的记载看,实际上从天宝十二载(753年)录取五十六人之后,就再没有一个年份是超过四十人的,达到四十人的年份也不多。

唐代进士科取额的确定是一个逐渐探索的过程,反映了科举制度与国家政治机构逐步协调,取额渐趋稳定,稳定在二十至四十人之间,表明科举制度与政府机构之间的供需关系有了一个较适当的结合点。

3. 进士科录取的地域分布

唐代进士科录取事实上也考虑到地域分布问题。虽然历科绝大部分进士的籍贯因失载于文献而难知其详,但也有学者就此做过探讨,认为:"从中唐以后,中原一带的文化是在逐步向边缘地区扩展,这也使得进士应试与及第者的地区分布较前广泛,使进士的构成成分有所变化。"[③]被录取进士的籍贯虽难知其详,但可以从政府规定各地解送赴京省试的限额大体推知进士科录取的地域分布情况。

《通典》卷一五《选举三·历代制下》载:"大唐贡士之法,多循隋制。上郡岁三人,中郡二人,下郡一人,有才能者无常数。"《唐会要》卷二六《乡饮酒》记载了开元二十五年(737年)规定的相同

---

① 《唐会要》卷七六《贡举中·进士》:"大和九年十二月,中书门下奏:……准大和四年格,及第不得过二十五人,今请加至四十人。"又见《册府元龟》卷六四一《贡举部·条制三》。
② 《册府元龟》卷六四一《贡举部·条制三》。
③ 傅璇琮.唐代科举与文学[M].西安:陕西人民出版社,1986:205.

的贡士数额："应诸州贡人,上州岁贡三人,中州二人,下州一人,必有才行,不限其数。"上、中、下州的划分综合考虑了该地区在政治、经济、人口、文化、地理位置等方面发展的不平衡性,确定与之相应的贡额。由于行政区划的变化,唐中后期各地贡额的划拨按各节镇的等次确定。《唐摭言》卷一《会昌五年举格节文》记载了唐武宗会昌五年(845年)所规定的各地明经、进士举送员额:

> 所送人数:其国子监明经,旧格每年送三百五十人,今请送三百人;进士,依旧格送三十人;其隶名明经,亦请送二百人;其宗正寺进士,送二十人;其东监、同、华、河中所送进士,不得过三十人,明经不得过五十人;其凤翔、山南西道东道、荆南、鄂岳、湖南、郑滑、浙西、浙东、鄜坊、宣商、泾邠、江南、江西、淮南、西川、东川、陕虢等道,所送进士不得过一十五人,明经不得过二十人;其河东、陈许、汴、徐泗、易定、齐德、魏博、泽潞、幽孟、灵夏、淄青、郓曹、兖海、镇冀、麟胜等道,所送进士不得过一十人,明经不得过十五人;金汝、盐丰、福建、黔府、桂府、岭南、安南、邕容等道,所送进士不得过七人,明经不得过十人。

可见,唐代中央政府将各地解送赴京省试进士的数额定为四个档次,即三十人、十五人、十人、七人。除第二、三档的地区稍有交叉外,大体上是以中原地区为圆心,随离圆心距离的增加,人数递减,而取额大致会与贡额形成一定比例关系,并可能偏多于中原和其他一些经济发达或文化传统深厚的地区。

状元是进士的代表,可从状元录取的地区分布推测进士录取的情况。

唐代有名姓可考的状元计一百四十五人,可考知籍贯者五十九人。其中,属今河南十二人,河北十一人,陕西九人,江苏苏州地区六人,山东四人,山西四人,四川四人,甘肃三人,安徽二人,江西二人,广西二人。① 显然,状元集中在中原及其附近地区,与中央政府规定给各地的贡额相应。状元代表着科举考试的质量,而质量的形成需要数量为基础。据此推知,进士科录取的地域分布情况也当如此。

值得注意的是,唐代状元的籍贯呈现逐步增多和向南方乃至边缘地区扩展的趋势。

开元四年(716 年)状元范崇凯,内江(今属四川内江)人,是见载第一个中原及附近以外地区出身的状元。也就是说,唐代实施科举考试将近百年,才见有河南、河北、陕西、山西、甘肃以外地区的状元。之后的状元又有贞元七年(791 年)阆州(今属四川阆中)的尹枢、元和八年(813 年)阆州的尹极以及大和七年(833 年)成都的李馀。

元和十五年(820 年)方见载江淮籍状元卢储,长庆四年(824 年)状元为合肥籍李群,当时实施科举考试已二百余年。

会昌三年(843 年)方见载袁州宜春(今江西宜春)籍状元卢肇。五年,见载宜春籍状元易重。

大中十年(856 年)见载出生于博州(今山东聊城)的状元崔铏,另有大中十三年曲阜状元孔纬,以及其弟咸通十四年(873 年)状元孔纁、乾符三年(876 年)状元孔缄。

① 此处依据周亚非《中国历代状元录》(上海文化出版社 1995 年版)。另外,康学伟、王志刚、苏君《中国历代状元录》(沈阳出版社 1993 年版)记唐代状元有名姓可考者为一百三十七人,可考知籍贯者四十九人。

咸通十年(869年)见载苏州吴(今江苏苏州)状元归仁绍,当时实施科举考试已二百五十余年。之后,还有其弟咸通十五年状元归仁泽、其子景福元年(892年)状元归黯,以及同为苏州状元的乾宁元年(894年)的苏检、天复元年(901年)的归佋、天祐二年(905年)的归系。

乾宁二年(895年)见载桂州(今广西桂林)籍状元赵观文,另有天祐三年(906年)同籍状元裴说。

所以,状元籍贯的增加明显呈现出从中原由近及远地向南方扩散的过程,这一过程在唐后期尤其显著地加速了。非中原地区状元的出现是以该地区进士大量及第为先导的。因此,可以说状元与进士分布区域的扩大是一个渐进的同步过程。如果再结合一些一般进士录取的材料,更可以显出整个进士分布区域不断扩展的趋势。

《唐摭言》卷一五《闽中进士》载:"薛令之,闽中长溪人,神龙二年及第,累迁左庶子。"这是关于福建籍进士的最早记载。贞元八年(792年),欧阳詹与韩愈、李观、李绛、崔群等同登一榜,号称"龙虎榜"。此后,八闽之地文学之士继踵,盛于一时。

《北梦琐言》卷四《破天荒解》记载:"唐荆州衣冠薮泽,每岁解送举人,多不成名,号曰'天荒解'。刘蜕舍人以荆解及第,号为'破天荒'。尔来余知古、关图、常修,皆荆州之居人也。率有高文,连登上科。"刘蜕及第在大中四年(850年),在取得突破后,带动了该地区科举事业的发展。

可见,唐中期以后,四川、江西、山东、江苏、荆南、闽中、广西等地的进士及第者相继涌现,科举考试的影响向南方地区全面扩展。唐代进士科录取地域分布的变迁反映了科举(进士)考试的影响不断扩大,越来越具有广泛性。同时,这也反映了中唐以后全国的经济和文化重心逐渐南移的趋势。宋代进士考试的状元"高产区"除中原地区外,还有四川、江西、山东、江南、浙东、闽中、两湖等地,均在唐后期露出端倪。

(二) 进士科的出路

唐代进士及第后虽荣耀天下,但只是取得出身,并不能立即授官,必须再通过吏部考试合格,才能改变平民身份,走上仕途。吏部的这一考试被称为"释褐试",意谓脱去平民的麻布衣而穿上官服。从及第到释褐是一道关口,不少进士往往于此受挫,蹭蹬一二十年而未得一官半职者比比皆是。名满天下的韩愈于贞元八年(792年)进士及第,却三试吏部而不售,十年犹为布衣,只得去藩镇幕下谋一官职,贞元十九年方得授四门博士。中唐时古文家独孤及的一位孟姓友人,及第二十年仍为一介青袍。[①] 因此,不少进士及第后仍不能放怀庆幸。但进士及第后毕竟有了走上仕途的基本资格,授职拜官只是需要时日而已。唐代进士及第后的出路有数端。

1. 平选入仕

进士及第又通过吏部释褐试后所授官职大体有几种情形。

(1) 平选京官

宋人徐度《却扫篇》卷上述及当时称新科进士为"秘校"、称三鼎甲为"监丞"的由来:"旧制,进士登科人,初官多授试秘书省校书郎,

---

① 《毗陵集》卷一六《序下·送孟评事赴上都序》。

故至今新擢第人,犹称'秘校'。祖宗朝,进士上三名皆授将作监丞、通判,故至今犹称状元为'监丞'。"此处所谓"旧制"指唐制,即唐代进士所授京官大多数为秘书省校书郎一类官员。考之唐人材料,其所言不差。具体而言,进士所授京官又有几种情形。

校书郎、太子校书 即补入秘书省担任校书郎、太子校书。《旧唐书》卷一八九上《敬播传》载:"敬播。蒲州河东人也。贞观初,举进士。俄有诏诣秘书内省佐颜师古、孔颖达修《隋史》,寻授太子校书。"敬播后来迁著作佐郎,兼修国史。同样授太子正字的还有开元中的赵晔、赵宗儒父子,天宝末的常衮以及苏弁、王质、杜颐等。①

授校书郎的史书记载就更多。《旧唐书》卷一四六《薛播传》:"薛播,河中宝鼎人,中书舍人文思曾孙也。父元晖,什邡令,以播赠工部郎中。播,天宝中举进士,补校书郎。"此外,还有裴佶、许孟容、于敖、郑瀚、李翱、李建、白行简、柳公权、宋申锡、柳仲郢、李景业、薛逢、郑从谠、王徽、孔纬、陈乘等。② 校书郎为正九品上,太子正字为正九品下,掌校雠典籍,刊正文章。与校书郎、太子正字职事和官品大致相当的授官还有:崔郾授集贤殿校书郎,卢元辅授崇文馆校书郎。③

学官 进士有授国子监学官的。《旧唐书》卷一七三《李绅

---

① 见《旧唐书》卷一三七下《赵晔传》、《新唐书》卷一五一《赵宗儒传》、《新唐书》卷一五〇《常衮传》、《旧唐书》卷一八九下《苏弁传》、《新唐书》卷一六四《王质传》、《新唐书》卷一六六《杜颐传》等。
② 见《册府元龟》卷六五〇《贡举部·应举》、《旧唐书》卷一五四《许孟容传》、《旧唐书》卷一四九《于休烈传》、《旧唐书》卷一五八《郑瀚传》、《旧唐书》卷一六〇《李翱传》、《旧唐书》卷一五五《李建传》、《旧唐书》卷一六六《白行简传》、《旧唐书》卷一六五《柳公权传》、《旧唐书》卷一六七《宋申锡传》、《新唐书》卷一六三《柳仲郢传》、《樊川文集》卷八《唐故处州刺史李君墓志铭》、《旧唐书》卷一九〇下《薛逢传》、《新唐书》卷一六五《郑从谠传》、《新唐书》卷一八五《王徽传》、《旧唐书》卷一七九《孔纬传》、《十国春秋》卷九七《闽·陈乘传》等。
③ 见《新唐书》卷一六三《崔郾传》、《旧唐书》卷一三五《卢杞传》等。

传》载："李绅字公垂，润州无锡人。……元和初，登进士第，释褐国子助教，非其好也。"《新唐书》卷一七九《李训传》还记有李训进士擢第后补太学助教，但似也与李绅一样不喜教职，不久便辟河阳节度府。相比之下，国子监学官品阶要高校书郎不少，国子助教为从六品上，太学助教为从七品上，却不受进士欢迎。

礼乐官　也有进士补去太常寺的，太常寺为具体掌管礼乐、郊庙、社稷之事的机构。《新唐书》卷二〇二《沈佺期传》："沈佺期字云卿，相州内黄人。及进士第，由协律郎累除给事中。"相同的授官还有严郢。《新唐书》卷一四五《严郢传》："严郢字叔敖，华州华阴人。……郢及进士第，补太常协律郎，守东都太庙。"太常寺协律郎为正八品上。《唐六典》卷一四《太常寺》："协律郎，掌和六律、六吕，以辨四时之气，八风五音之节。"同样是任在太常寺，诗人张籍则被授太常寺太祝，官在正九品上，掌六祝之词。相类似的还有王维。《新唐书》卷二〇二《王维传》："王维字摩诘……开元初，擢进士，调太乐丞。"王维多才多艺，长于乐律，任在太乐署也算是用其所长。太乐丞官在从八品下。

三司巡官　"三司"指盐铁转运、度支、户部三个与国家经济关系密切的机构，分别管理盐铁买卖与漕运、政府财政支出、全国赋役。进士及第者也偶有进入这些国家要害部门主管官员属下的。

〔刘〕暹孙潼，字子固，擢进士第，杜惊判度支，表为巡官。①
孙揆字圣圭，……第进士，辟户部巡官。②

---

① 《新唐书》卷一四九《刘潼传》。
② 《新唐书》卷一九三《孙揆传》。

陆扆字祥文，本名允迪，吴郡人。徙家于陕，今为陕人。……光启二年登进士第，其年从僖宗幸兴元。九月，宰相韦昭度领盐铁，奏为巡官。[①]

巡官通常是唐代节度、观察、团练、防御诸使的僚属，其位次于判官、推官。三司既是中央政府专门机构，其工作性质又与藩镇诸使有些相近之处，巡官的性质也类似于辟入藩镇幕府。

王府参军　进士及第释褐后也有授诸亲王府参军的。《新唐书》卷一六《高智周传》："高智周，常州晋陵人。第进士，补越王府参军。"此外，还有郎余令授霍王府参军，韦承庆补雍王府参军，韦见素授相王府参军，杜鸿渐解褐延王府参军等。[②] 据《唐六典》卷二九，诸亲王府设有记室、录事、功曹、仓曹、户曹、兵曹、骑曹、法曹、士曹等参军事，除记室、录事参军事官在六品上，其他都为正七品上。此外，还有参军事和行参军，分别为正八品下和从八品上，进士解褐后补入王府之始当是授此二职。

除上述授职之外，偶尔也有授其他官职的。据《新唐书》卷一四九《班宏传》，班宏"天宝中擢进士第，调右司御胄曹参军"。另有唐款，"贞元初，举进士甲科，解巾补宫卫纪纲掾"[③]。

进士及第释褐后所授京官情况反映出一些趋向性的问题。其一，授校书郎、太子正字最多，尤其是中唐以后。其官品虽仅为正九品上或下，在所有授京官者中是最低的，但多被视为博学能文之士，校理典籍，同时也在备皇帝顾问者之列。他们品阶不高，

---

① 《旧唐书》卷一七九《陆扆传》。
② 见《旧唐书》卷一八九下《郎余令传》、《旧唐书》卷八八《韦思谦传》、《旧唐书》卷一八《韦见素传》、《旧唐书》卷一八《杜鸿渐传》等。
③ 《权载之文集》卷二五《唐故鄜坊节度推官大理评事唐君墓志铭并序》。

却居清华之职,向来受人尊重,并极有可能逐步进入中书舍人、翰林学士的行列,继而成为各部大员。这反映了进士科升迁趋势的主流。其二,进士及第授王府参军主要集中在唐中期前。进入唐中期后,授校书郎明显增多,所授京官的部门明显增多(唐末尤甚)。其三,学官不受进士欢迎。

（2）平选外官

进士平选外官多派为各地州县的佐官,如县尉、主簿、参军等,其中以县尉数量最多。《新唐书》卷一〇五《李义琰传》:"李义琰,魏州昌乐人,其先出陇西望姓。及进士第,补太原尉。"《旧唐书》卷九三《娄师德传》:"娄师德,郑州原武人也。弱冠,进士擢第,授江都尉。"此外,杜易简补渭南尉,刘延祐补渭南尉,杜审言为隰城尉,郭震为通泉尉,刘宪为河南尉,韦元旦补东阿尉,崔日用为芮城尉,毕构补金水尉,宋务光为洛阳尉,苗晋卿授修武尉,常建授盱眙尉,李颀为新乡尉,李揆补陈留尉,柳浑调单父尉,乔琳为成武尉,赵涓补郾城尉,权皋为临清尉,李翰为卫尉,皇甫冉为无锡尉,严维为诸暨尉,孟郊为溧阳尉,皇甫湜为陆浑尉,姚合为武功尉,等等。[①] 从所授县尉的区域看,似无限定,各县皆可授予,但据后人考察,由于县分等级,所授县尉也有等次之差,如京畿诸县县尉的地位显然更高。唐末尉迟偓《中朝故事》云:"故事:若登廊庙,须曾扬历于字人,遂假途于长安、万年之邑,或驾在东洛,亦为河南洛阳之宰。数月之后,必迁居阁下,京尹不可俟也。"相较于京畿县尉"数月之后,必迁居阁下"的仕途顺达,有些外地县尉甚至有几十年不离一尉的。可见,虽同为县尉,仕途

① 见《旧唐书》《新唐书》中上述各人本传。

顺滞相去甚远。

县尉之外，还有选为县主簿、参军等州县佐官的。《新唐书》卷一二五《苏瓌传》："苏瓌字昌容，雍州武功人，……擢进士第，补恒州参军。"《旧唐书》卷一〇二《刘子玄传》："刘子玄，本名知几，楚州刺史胤之族孙也。少与兄知柔俱以词学知名，弱冠举进士，授获嘉主簿。"《新唐书》卷一六三《杨于陵传》："杨于陵字达夫，……十八擢进士，调句容主簿。"《新唐书》卷一〇三《苏弁传》："〔苏世长〕从孙弁，字元容，擢进士，调奉天主簿。"授县令的也偶有一见。《新唐书》卷一一七《魏玄同传》："魏玄同字和初，定州鼓城人。……玄同进士擢第，调长安令。"

唐代的县分京县、畿县、望县及上县、中县、下县，由于级别不同，因此虽同为州县佐官，品秩却有高下差异。县尉品秩较低，从京县的从八品下至下县的从九品下；主簿品秩稍高，从京县的从八品上至下县的从九品上；州参军品秩亦在八品、九品之间。至于县令，京县为正五品上，下县为从七品下。魏玄同所任长安令是京县令，即使为破例之选，也似乎过于离谱，是否可信，在此存疑。

2. 辟署使府

进士及第而未能通过释褐试者，也可按政府有关规定，先得到地方长官如节度使、观察使、招讨使、团练使等的推引，成为其幕僚，假以时日，再谋求中央政府正式授官。韩愈就是先被宣武节度使董晋表为推官，然后才得到政府正式任命的。

进士及第而未得释褐者被辟入使府成为幕僚，或兴起于唐中期。这一条入仕途径的开辟取决于两个因素。其一，政府官员职位趋于饱和，仕途变得越来越拥挤。这一现象出现在唐中期，大约从唐玄宗时起,进士科取额呈现下降趋势并趋于恒定(见前)。

其二,地方使府势力形成并逐渐崛起。这一过程也出现在唐中期。据《唐会要》卷七八《节度使》载,唐睿宗景云二年(711年)始有节度使官名,此后边地重镇皆设之,及至天宝元年(742年)更置十节度经略使以备边,使府势力日趋膨胀,渐成跋扈割据局面。①因此,一方面,仕途狭窄,得官不易;另一方面,使府势力壮大,需要幕僚辅佐。及第进士辟入使府的入仕道路渐被打开。

方镇使府幕职通常由府主自行辟署,但中央政府对及第进士辟入使府有一定的制度规定。《唐会要》卷七六《贡举中·进士》载:"〔大中〕二年正月,中书门下奏:从贞元元年、大和九年科秋冬前,皆是及第,便从诸侯府奏试官,充从事,兼史馆集贤宏文诸司诸使奏官充职,以此取人,常多得士,由是长不乏材用。大和、会昌末,中选后四选,诸道方得奏充州县官职,如未合选,并不在申奏限。臣等昨已奏论,面奏进止,自今已后,及第后第三年,即任奏请。"敕旨:依奏。"从这则材料可以推知,及第进士辟署使府最初并无定限,之后才规定经若干选后仍未得官者方可获得奏请,这符合政府授官往往从宽松渐至紧束的一般规律。韩愈经三选方得辟署大致反映了上述规定。

及第进士被表奏为使府幕僚通常经过自荐、他荐、使府自识等途径。自荐如:"郑云逵,荥阳人。大历初,举进士。性果诞敢言。客游两河,以画干于朱泚,泚悦,乃表为节度掌书记、检校祠部员外郎。"②又如肃宗朝宰相李揆的族子李益"长为歌诗",及

---

① 韩国磐.唐末五代的藩镇割据[M]//隋唐五代史论集.北京:生活·读书·新知三联书店,1979:308-320.
② 《旧唐书》卷一三七《郑云逵传》。

第后"不得意,北游河朔,幽州刘济辟为从事"。① 韩愈的被辟
也是自荐所得。自荐者往往需要显示其才能以赢得青睐。郑
云逵以画,李益以歌诗,韩愈将所著文"采其可者若干首,录在
异卷,冀辱赐观焉"②。

他荐多为朋友、同志上书使府勉力相助。如《唐摭言》卷六
《公荐》所载高阳、齐孝若被荐,李翱荐其知交,都是极言所荐之人
为一时英才。

使府自识,如《新唐书》卷二〇三《邵说传》载,邵说举进士后
曾为史思明判官,及至史朝义兵败,"归郭子仪,子仪爱其才,留幕
府"。《新唐书》卷一八一《李绅传》载,李绅"客金陵,李锜爱其才,
辟掌书记"。

进士辟入方镇使府,其所任幕职主要有判官、掌书记、巡官、
推官、参谋等,都没有阶品。

判官可以泛指所有的幕职。专称的判官在使府中通常有两
人,《通典》卷三二《职官十四》云"掌判仓、兵、骑、胄四曹事",是管
理兵马钱粮等实际事务的职官。据载,天宝末,邵说举进士后"为
史思明判官"③,畅璀"安禄山奏为河北海运判官"④;贞元中的高
沐、任迪简,元和中的李中敏等,均被辟为判官。

掌书记掌表奏书檄,凡文辞之事皆出焉,因此被称为"军中之
书记,节度使之喉舌"的"谅非容易"之职。⑤ 历代进士辟为掌书记
者最多,其中著名者如刘太真、钱徽、李逢吉、李绅、柳公权、白敏

① 《旧唐书》卷一三七《李益传》。
② 《韩昌黎文集校注》卷三《上宰相书》。
③ 《旧唐书》卷一三七《邵说传》。
④ 《旧唐书》卷一一一《畅璀传》。
⑤ 《唐摭言》卷六《公荐》。

中等,白敏中还先后历三使府掌书记。

巡官掌巡察事务。《新唐书》卷一八二《周墀传》载周墀举进士,"辟湖南团练府巡官";《新唐书》卷九七《魏暮传》记魏暮举进士,同州刺史杨汝士"辟为长春宫巡官"。

推官掌推决狱讼。《新唐书》之《崔从传》《韩愈传》记崔从、韩愈均曾为使府推官。

参谋掌参议谋划。《新唐书》卷一七五《窦常传》记大历时进士窦常隐居二十年,杜佑镇淮南,署为参谋。

韩愈在《上宰相书》中言辞恳切地说:"今有人生七年而学圣人之道以修其身,积二十年,不得已一朝而毁之,是亦不获其所矣!"这表达了他迫切得官的心情,也是一般士人的普遍心态。辟署使府使大量暂时未得到中央政府正式任命的进士各得其所。《旧唐书》卷一三八《赵憬传》引赵憬于贞元八年(792年)所上奏议,云"大凡才能之士,名位未达,多在方镇",也说明了这一点。

3. 应制科或吏部科目

(见本书第三章)

4. 其他出路

与大多数及第进士的锐意进取不同,也有部分士人登第后绝意禄位,归隐山林。如《唐才子传》卷一《祖咏》记开元十二年(724年)进士洛阳人祖咏,"后移家归汝坟间别业,以渔樵自终"。《唐才子传》卷六《施肩吾》记元和十五年(820年)进士睦州人施肩吾及第后"不待除授,即东归。……拍浮诗酒,寒擘烟霞"。也有好道教养生炼药之术者,如《桂苑丛谈》记咸通初进士张绰,历游江淮间,颇有道术,"常养气绝粒,嗜酒耽棋,又以炉火药术为事"。

又有任侠者，如《剑侠传》之《荆十三娘》载："唐进士赵立中，家于温州，以豪侠为事。"然而，与大量走入仕途者相比，退隐的进士毕竟是少数。

总体而言，进士在唐代是权力、地位、身份、声名的代名词，深受社会瞩目。《封氏闻见记》卷三中说得分明："故当代以进士登科为登龙门，解褐多拜清紧，十数年间，拟迹庙堂。轻薄者语曰：'及第进士，俯视中黄郎；落第进士，揖蒲华长马。'又云：'进士初擢第，头上七尺焰光。'"此处可谓言尽进士仕途升迁之畅达。

第二节　明经科的考试

在唐代科举制度中，明经与进士两科占有主要位置，往往相提并论。如清王鸣盛在《十七史商榷》卷八一《取士大要有三》中所言："大约终唐世为常选之最盛者，不过明经、进士两科而已。"首先，明经科主要依据儒经取人，与汉代开始形成的统治阶级意识形态深为契合。其次，唐代明经科得人甚多，授职与升迁虽不及进士，但入仕者数量数倍甚至十倍于进士。最后，明经科之中还设置了诸多次一级的考试科目，十分繁杂。因此，尽管明经科的实际地位、声名远不如进士科，但其价值、地位始终居高不下，有着不可忽视的社会影响。

一、　明经科的发展

唐代开设明经科始于唐高祖武德五年（622 年）。《唐大诏令集》卷一〇五《置学官备释奠礼诏》云："方今函夏既清，干戈渐戢，搢绅之业，此则可兴。宜下四方诸州，有明一经以上未被升擢者，本属举送，具以名闻，有司议等，加阶叙用。"①明经科与秀才、进士、俊士等科同时开考，同样因了唐代国家初定，迫切需要选拔众多人才，以便着手进行政权建设的缘故。明经科在唐代的发展情况，可以从明经科在诸科中的地位和明经科内涵的发展两方面进行考察。

唐代实行科举考试之初，最主要的科目有六，即秀才、明经、进士、明法、明书、明算等六个常科，这也奠定了整个唐代考试选才最基本的科目格局。六科排列自有次序，从《唐六典》《旧唐书》《新唐书》等正史典志的记载看，排序几乎固定不变："一曰秀才，二曰明经，三曰进士，四曰明法，五曰书，六曰算。"②次序先后必然反映设科者对科目价值高低的主观认识。《通典》卷一五《选举三》说"初，秀才科等最高"，而贞观以后秀才科逐渐"废绝"，"自是士族所趣向，唯明经、进士二科而已"。可见，六科排列的先后顺序正反映了六科地位的高低次序。在秀才科被废后，明经科在排序上已然居首。尽管在唐代中期以后的科举实践中进士科的地位事实上最高，但在政府的观念导向上，明经科"第一"的位置始终未曾改变，相提并论的"明进"也始终未改换成"进明"。明经科观念上的至上地位取决于明经科考试的内容与目的，正如贞元十三年（797 年）尚书左丞权知礼部贡举顾少连在奏书中所言："伏以取士之科，以明经为首；教人之本，则义理为先。"③顾少连的意见反映了当时的主导观念。所以，经书义理是教化之本，自然不得

① 本诏在《全唐文》卷三中作《令诸州举送明经诏》。其中，"有司议等"一句作"有司试策"。
② 《唐六典·尚书吏部》《唐六典·尚书礼部》。
③ 《唐会要》卷七五《贡举上·明经》。

有须臾松懈，明经科在观念上的地位由此得到维护和确认；而唐代对进士科的多次改革及其发展趋势，也是以加强经史要求为宗旨的，同样反映出对儒经和儒家思想地位的肯定，也反证了明经科的价值导向。

可以说，在唐代所有考试科目中，明经科是内涵最为丰富甚至显得过分繁杂的一科，还没有哪一科像明经科一样在其下又包含众多次一级科目。关于明经科的内涵，《新唐书》卷四四《选举志上》认为："而明经之别，有五经，有三经，有二经，有学究一经，有三礼，有三传，有史科。"此处列举了明经科所包含的诸多次一级科目。实际上，《新唐书》并未说全，例如还有九经。《五代会要》卷二三《科目杂录》载，后唐天成三年（928年），应九经举考生刘英甫"请对经义九十道，以代旧格帖经"，得到奏准。《册府元龟》卷六三九《贡举部·总序》也说，唐代"又有三礼、三传、三史、五经、九经、《开元礼》等科"。

如果说明经科是对隋代既有考试科目的沿袭，那么其内容的繁杂分科形成并发展于唐代，但其滋长过程颇不清晰。从武德五年（622年）唐代科举考试始设时，有关明经科考试的《置学官备释奠礼诏》中所言"宜下四方诸州，有明一经以上未被升擢者，本属举选，具以名闻"来看，明经科考试从一开始就包括"明一经以上"，似乎不止一科。那么，究竟包括哪几科？当时不知其详。但至少到唐中期前，分科已经十分明确。《唐六典》卷二《尚书吏部》载："其明经各试所习业，文注精熟，辨明义理，然后为通。正经有九：《礼记》《左传》为大经，《毛诗》《周礼》《仪礼》为中经，《周易》《尚书》《公羊》《穀梁》为小经。通二经者，一大一小，若两中经；通三经者，大、中、小各一；通五经者，大经并通。其《孝经》《论语》并须兼习。"①可见,中唐时的明经科明确包含两经、三经、五经诸科。《旧唐书》卷九九《张嘉贞传》记张嘉贞"弱冠应五经举"。《登科记考》卷三将张嘉贞登第记于光宅二年(685 年),时当武则天即位后。

唐中期,出现以一经取人,倡导者为杨绾。《旧唐书》卷一一九《杨绾传》载,唐代宗宝应二年(763 年),杨绾以贡举积弊成俗,请废明经、进士,改由州县察举孝廉,试以经书:"其所习经,取《左传》《公羊》《穀梁》《礼记》《周礼》《仪礼》《尚书》《毛诗》《周易》,任通一经,务取深义奥旨,通诸家之义。"唐代宗虽未准废明经、进士,却同意以"通一经"举人"与旧法兼行"。此即学究一经。

到了唐后期,又先后形成了三礼、三传科。《通典》卷一五《选举三》记贞元五年(789 年)五月敕云:"自今以后,诸色人中有习三礼者,前资及出身人依科目选例,吏部考试;白身依贡举例,礼部考试。"关于三礼科的开设时间,《旧唐书》卷四四《职官志三》说得更肯定:"自贞元五年一月敕特置三礼、《开元礼》科。"而开设三礼科的理由在于引导士人深入研究圣人制礼设教之道,以敦本劝人、安上理人。如《唐会要》卷七六《贡举中·开元礼举》中所言,这是为改变以往的明经科考试"使效官者昧于郊庙之仪,治家者不达冠婚之义"这种脱离实际的状况。

三礼科开设后三十余年又开设了三传科。《唐会要》卷七六《贡举中·三传》载,长庆二年(822 年),谏议大夫殷侑奏准"置三传科以劝学者"。《旧唐书》卷四四《职官志三》对此同样肯定地说:"长庆二年二月,始置三传、三史科。"三传科开设的目的同样十分实际。殷侑在奏书中指出,《春秋》言尽"王道之正,人伦之

① 《新唐书》卷四四《选举志上》:"通五经者,大经皆通,余经各一。"

纪"。然而,同为大经,《左传》篇幅多于《礼记》一倍;同为小经,《公羊》《榖梁》多于《尚书》《周易》五倍,造成明经科考试选考传学者"十不一二"。长此以往,周公之微旨、仲尼之新意、史官之旧章"将坠于地"。[①] 因此,设置三传科同样具有导向性。

需要说明的是,学究一经、三礼、三传等科既是礼部科目,也是吏部科目。殷侑在奏书中建议,三传"其白身应者,请同五经例处分;其先有出身及前资官应者,请准学究一经例处分"[②]。

至三传科开设,唐代明经科考试形成九经、五经、三经、二经、一经、三礼、三传的庞大系列,其中的三经或不常设,而其他科目则比较固定。如大中十年(856 年),中书省以取人太滥而奏权停九科,其中有三礼、三传、学究等经学科目;后唐天成三年(928 年)诏令改革各科考试方式时,提及三传、三礼、学究、九经、五经、明经等经学科目。[③] 明经考试在唐代的发展趋势是不断分化,日趋繁复,至唐后期尤其,恰与进士考试中对经史内容的不断增强相应,也在根本上反映了中唐以后重振儒学的思想运动使儒家思想重新崛起的过程。

由于唐代明经科考试过于繁复,史书记载或互有出入,或语焉不详,给后人留下了不少困惑。

其一,《新唐书》卷四四《选举志上》所列"明经之别"的各科中有史科,而在列举的诸常科中,与明经、进士等科并列的又有一史、三史,那么史科究竟指什么? 它与一史、三史的关系如何? 查检《唐六典》《通典》《唐大诏令集》《唐会要》等典籍,未见史科,只

---

① 　《唐会要》卷七六《贡举中·三传》。
② 　《唐会要》卷七六《贡举中·三传》。
③ 　见《唐会要》卷七七《贡举下·科目杂录》、《册府元龟》卷六四一《贡举部三·条制三》。

见三史,宋人编《新唐书》记唐代明经各科时是否有误?

其二,《新唐书》卷四四《选举志上》说:"而明经之别,有五经,有三经,有二经,有学究一经,有三礼,有三传,有史科。"明经似乎只是其下各次一级科目的总称,而无单独的"明经"。然而,《通典》卷一五《选举三》记天宝十一载(752年)杨浚改革帖经考试:"明经所试一大经及《孝经》《论语》《尔雅》,帖各有差。帖既通而口问之,一经问十义,得六者为通;问通而后试策,凡三条。三试皆通者为第。进士所试一大经及《尔雅》,帖既通而后试文试赋各一篇,文通而后试策,凡五条。三试皆通者为第。"明经分明是与进士相对举的一个独立科目。《册府元龟》卷六四一《贡举部三·条制三》记后唐天成三年(928年)敕文:"应将来三传、三礼、三史、《开元礼》、学究等考试,本业毕后,引试对策时,⋯⋯应九经、五经、明经帖书及格后引试对义时,⋯⋯"在三传、三礼、学究(一经)、九经、五经之外,分明别有明经一科。因此,可以说明经有广、狭二义,广义的明经包含诸多次一级科目,狭义的明经就是指"明经"。狭义的明经即如《唐六典》卷三〇《三府督护州县官吏》所述:"通二经已上者,为明经。"《封氏闻见记》卷三也说:"明经取通两经。"

二、 明经科的考试内容及特点

(一)明经科考试场次的演变和定形

明经科设科繁复,考试内容也变化多端。科目既号为"明经",明经科考试自然以熟练掌握儒家经典为要求。《唐六典》卷四《尚书礼部》："凡明经,先帖经,然后口试,并答策,取粗有文理者为通。"明经科考试有帖经、口试、答策三场,而考试内容和场次是逐步形成的,其演变大致经历了从仅仅试墨策,到增加帖经,再到试帖经、问义、时务策三场。

宋人叶梦得《避暑录话》卷下云："唐初以明经、进士二科取士,初不甚相远,皆帖经文而试时务策。但明经帖文通而后口问大义,进士所主在策,道数加于明经,以帖经副之尔。"叶梦得之言颇有矛盾之处,他先说唐初明经、进士两科考试内容相差不大,都是考帖经与时务策,随即话锋一转,又说两科的区别:明经是帖文通而后口问大义,所主在帖经;进士则是帖经与时务策,所主在策。这样,明经、进士考试科目就不是"不甚相远"了。问题在于:明经究竟考什么?是帖经加时务策,还是帖经加问义,又或是帖经、问义加时务策?叶梦得之言前后矛盾,不明所以。对此,唐天宝时人封演《封氏闻见记》卷三《贡举》认为,唐初明经考试科目为帖经与墨策:"国初,明经取通两经,先帖文,乃按章疏试墨策十道;秀才试方略策三道;进士试时务策五道。……其后明经停墨策,试口义,并时务策三道;进士改帖大经,加《论语》。"封演的话说明了唐初秀才、明经、进士三科考试的差别和侧重点,即明经试经疏,秀才试方略,进士试时务。《唐六典》卷三〇《三府督护州县官吏》对三科特点的概括如下:"凡贡举人有博识高才,强学待问,无失俊选者,为秀才;通二经已上者,为明经;明闲时务,精熟一经者,为进士;……"这与封演之说颇为一致。但封演认为唐初明经考试即有帖经与墨策两项,实为误解。实际上,唐初明经考试只有一项,即试策。

据《通典》卷一五《选举三》记载,明经、进士两科"其初止试策"。《大唐新语》卷一〇也说，明经、进士两科"古唯试策"。加上秀才科，唐初三科均试策，反映各科的不同选才要求，所试之策内涵各异：秀才试方略策，进士试时务策，而明经则试经策（墨策）。从封演所言"其后明经停墨策，试口义"来看，墨策即为以文字而非口头形式答问经疏大义。关于考试的要求，如封演所言：明经试墨策十道，秀才试方略策三道，进士试时务策五道。

然而，明经试墨策行之既久，流弊日益严重，一如进士试时务策。正如唐高宗在永隆二年（681年）《条流明经进士诏》中所指出的："如闻明经射策，不读正经，抄撮义条，才有数卷；进士不寻史传，唯读旧策，共相模拟，本无实才。"这造成"侥幸路开，文儒渐废，兴廉举孝，因此失人，简贤任能，无方可致"。号为明经，却不读正经，名实之间相去如此之远，有乖国家选才本意。于是，唐高宗下令："自今已后，考功试人，明经每经帖试，录十帖得六已上者，进士试杂文两首、识文律者，然后并令试策日仍严加捉搦。"①这才开始了明经科考试帖经的制度。

唐代对与进士科考试改革同时进行的明经科考试的改革，同样是由考功员外郎刘思立发起的。《通典》卷一五《选举三》载："至调露二年，考功员外郎刘思立始奏二科并加帖经。"《大唐新语》卷一〇《厘革》也说："调露二年，考功员外刘思立奏，二科并帖经。"《旧唐书》之《刘宪传》《文苑传》则说得更肯定："〔刘思立〕后迁考功员外郎，始奏请明经加帖、进士试杂文，自思立始也。"调露二年（680年），刘思立提出明经考试改革设想。次年八月，唐高宗

① 《唐大诏令集》卷一〇六《条流明经进士诏》。

下诏实施。而明经科考试真正采用帖经形式已到了永淳元年(682 年)春了。

刘思立对进士考试的改革力度甚大,一下子增加了帖经、杂文两项,并形成了帖经、杂文、策三场制度。而明经考试的帖经、问义、策三场制度是否也在此次改革中同时形成? 可能要晚一些。细按《条流明经进士诏》所言"明经每经帖试、录十帖得六已上者,进士试杂文两首、识文律者,然后并令试策日仍严加捉搦",其所谓"策"究竟为何? 是指明经墨策、进士时务策,还是都指时务策? 不明确。从语气上体会,所谓"策",当是指明经、进士考试的旧内容,即墨策与时务策。

明经考试三场制度的实施当在开元二十五年(737 年)之前,而最终定形则是在开元二十五年。开元二十四年姚奕掌贡举后,采取了多项改革措施,根据明经、进士两科考试实施中出现的不同倾向,分别提高两科的要求,是改革的重点。次年春,诏令肯定姚奕的改革建议:

> 今之明经、进士,则古之孝廉、秀才。近日以来,殊乖本意。进士以声律为学,多昧古今;明经以帖诵为功,罕穷旨趣,安得为敦本复古,经明行修? 以此登科,非选士取贤之道。其明经自今以后,每经宜帖十,取通五已上,免旧试一帖;仍按问大义十条,取通六已上;免试经策十条,令答时务策三道,取粗有文理者,与及第。其进士宜停小经,准明经帖大经十帖,取通四已上,然后准例试杂文及策者,通与及第。①

① 《唐会要》卷七五《贡举上·帖经条例》。

细读诏令可以明了，姚奕改了首场帖经、第三场对策，第二场"仍按问大义"未加改动，表明他是在已形成三场考试的基础上进行改革。据《唐摭言》卷一《试杂文》的说法，三场考试制度形成的时间大致在神龙元年（705 年）："寻以则天革命，事复因循。至神龙元年，方行三场试，故常列诗赋题目于榜中矣。"刘思立提出三场考试，但因武则天当政而未得实施，直到复唐后方真正实现了三场考试制度。虽然《唐摭言》此处主要是说进士科，但由于明经与进士事实上的并驾齐驱，因此可以相信两科改革也会齐头并进。虽然明经试三场的提出较进士晚，但具体实施三场考试不会晚很多。估计在神龙元年至开元二十五年（705—737）之间的某年，实施了明经三场考试。明经考试帖经造成考生徒然记诵，忽视理解，疏于致用。姚奕改革的措施就是降低帖经要求，从帖十通六减为帖十通五，同时问经疏大义，并试时务策。此即《封氏闻见记》所说的"其后明经停墨策，试口义，并时务策三道"，由此形成明经考试的新三场：帖经、问义、时务策。

因此，明经三场考试制度定形于开元二十五年（737 年）。我们可以从《唐六典》的行文中看出唐人对此问题的认识。《唐六典》自开元十年起稿，约开元二十六年成书。由于开元二十四年贡举之职由吏部转入礼部，因此反映历史事实，《唐六典》于卷二《尚书吏部》和卷四《尚书礼部》均记载了有关贡举考试的内容。所记载内容大部分相同，也有一定差异。《尚书吏部》成文早，所载是贡举职在吏部时的既往事实；而《尚书礼部》成文晚，除重复《尚书吏部》所载内容之外，另有一些为其所无的记载，这些内容就是贡举职归礼部后的新举措、新制度。如关于明经考试，《尚书礼部》云：

凡明经,先帖经,然后口试,并答策,取粗有文理者为通。旧制,诸明经试每经十帖……然后试策十条,……开元二十五年敕:诸明经先帖经,通五已上;然后口试,每经通问大义十条,通六已上,并答时务策三道。

可见,《唐六典》几乎同步记载了明经科考试三场制度的形成。同时,这也透露出明经科考试三场制度是逐步形成的:最初只试(墨)策;调露二年至永淳元年间(680—682)试帖经加(墨)策;神龙元年至开元二十五年间(705—737)试帖经、问义和墨策;开元二十五年(737年)试帖经、经义和时务策。

　　明经、进士三场考试制度的形成表现出考试内容和场次的变化,实质上反映的是考试目标和要求的发展完善。明经、进士考试内容和场次的变化相互衬托,其共同趋势是对考生的要求逐步全面化。就明经而言,从最初的墨策,到增加帖经,意在克服"不读正经,抄撮义条"之弊,要求考生切实掌握经典文字,使明经名副其实;从帖经加墨策,到改墨策为口义,并增加时务策,意在克服以记诵为功之病,更注重考生对经典的理解、灵活掌握和实际运用。经过否定之否定的发展过程,明经科考试的要求也就趋于全面。但是,相对而言,进士科考试的帖经、杂文、时务策结构对人的要求更为全面,为明经科考试所不能及。这也是后来在明经、进士两科地位之争中明经科处于下风的原因之一。

(二)明经科考试内容的变迁

　　明经系分科众多,考试内容的规定各不相同,但各科考试内容大体上可分为两部分，即主考经目与兼考经目。出于不同时期的政治需要，考试内容常有变更，又主要集中在兼考经目上。统治者往往将某一经设考或不设考当作指挥棒，引导考生重视和研习某一经，从而达到提倡和推广某种政治、道德观念以及调整仕途的目的。

据《唐六典》卷二《尚书吏部》记载，唐代将儒家九部经典分为大、中、小三类：《礼记》《左传》为大经，《毛诗》《周礼》《仪礼》为中经，《周易》《尚书》《公羊》《穀梁》为小经。试二经者为一大一小或两中经，试三经者为大、中、小经各一，试五经者大经并通，这是主考经目。而《孝经》《论语》等则为所有明经科目的兼考经目。这是明经科考试内容的基本结构。

最初，明经只试两经。《封氏闻见记》卷三《贡举》载："国初，明经取通两经。"后来，渐渐有了三经、五经之别，并增加《论语》《孝经》为兼考经目。《论语》《孝经》考试何时开始？《通典》卷一五《选举三》认为："至调露二年，考功员外郎刘思立始奏二科并加帖经。其后，又加《老子》《孝经》，使兼通之。"明经考《老子》始于上元二年（675年）。《唐会要》卷七五《贡举上·明经》载："上元元年十二月二十七日，天后上表曰：'伏以圣绪出自元元。五千之文，实惟圣教。望请王公以下，内外百官，皆习老子《道德经》。其明经咸令习读，一准《孝经》《论语》，所司临时策试，请施行之。'至二年正月十四日，明经咸试《老子》策二条，进士试帖三条。"可见，在上元二年增加《老子》考试之前，《孝经》《论语》均已设考，设考时间当在唐太宗晚年至唐高宗前期。

上元二年（675年）加考《老子》是贡举中考试《老子》的开始，也是非儒家经典在考试中出现的开始。仪凤三年（678年），贡举中再次强调《老子》，将其与《孝经》同定为"上经"，贡举者"皆须兼通"。① 此后，随着武周政权的建立和覆亡与唐中期后重振儒学的势力崛起，《老子》在考试中的地位屡有沉浮。

武则天称帝后的长寿三年（694 年），仿唐太宗《帝范》体例而作，意在约束群臣听命的《臣轨》著成，她随即下令以《臣轨》二卷"令贡举人习业，停《老子》"②。这是现实政治在科举中极其露骨的表现。未久，唐中宗即位，于神龙元年（705 年）诏令："天下贡举人，停习《臣范》，依前习《老子》。"③《老子》又恢复了原有地位，并且地位日隆。

开元二十一年（733 年），唐玄宗新注《老子》成，诏天下每岁贡士，减《尚书》《论语》策一两道，而加《老子》策。④ 这也正与唐中期道家学说在政治生活中炙手可热互为表里。《老子》在科举考试中的步步渗透，为开元二十九年准明经先例开设道举作了准备。

然而，道举开设，《老子》在明经等各科考试中的地位反倒呈现出下降趋势。《唐会要》卷七五《贡举上·明经》记载了这一过程。天宝元年（742 年），除应道举的崇玄学生外，其他各科所试《道德经》并停，有司另择一小经代替之。取消的理由是：《老子》微言奥旨，义象高远，"非百代之能俦，岂六经之所拟"，却被列于小经之目，不如停试，以示尊崇。当年替代《老子》的为《尔雅》。《尔雅》由此成为贡举考试内容。但到贞元元年（785 年），《尔雅》因"多是鸟兽草木之名，无益理道"而被取消，《老子》再度恢复。十二年三月，国子司业裴肃称"《尔雅》博通诂训，纲维六经，为文

① 《唐会要》卷七五《贡举上·明经》。
② 《唐会要》卷七五《贡举上·明经》。
③ 《唐会要》卷七五《贡举上·明经》。
④ 《通典》卷一五《选举三·历代制下》、《唐丞相曲江张先生文集》卷七《敕岁初处分》。

字之楷范,作诗人之兴咏,备详六亲九族之礼,多识鸟兽草木之名",而《老子》"是圣人元微之言,非经典通明之旨",奏请停《老子》,复《尔雅》,得准。① 就此,明经、进士考试中《老子》设考与否的纷争停息,考试中儒家经典的一统局面重新确立,并延续至唐代终了。

(三)明经科考试形式的争议

明经科考试形式的争议主要围绕帖经和问义两项展开,焦点在于:如何考出人的真才实学,以不负开科取士的本意? 如何使考试做到公平公正,既不遗落实才,又杜绝侥幸投机者得逞?

关于帖经的争议在于:出题是一味求难求偏求怪,以难住考生为务,还是出平常题目,引导考生平实读书? 帖经本是一种目的、形式皆简单的考试形式,意在强制性地设置一堵门墙,要求考生通过死记硬诵,对经典有基本的掌握。但是,一方面,经书的篇幅毕竟有限,掌握并非难以做到;另一方面,考生数量日见其多,必须有所淘汰。解决问题的办法之一就是提高帖经难度,帖经考试由此走入歧途。《通典》卷一五《选举三·历代制下》对此过程叙述得十分清楚:

> 帖经者,以所习经掩其两端,中间开唯一行,裁纸为帖,凡帖三字,随时增损,可否不一,或得四、得五、得六者为通。后举人积多,故其法益难,务欲落之,至有帖孤章绝句、疑似参互者以惑之。甚者,或

① 《唐会要》卷七五《贡举上·明经》。

上抵其注，下余一二字，使寻之难知，谓之"倒拔"。既甚难矣，而举人则有驱联孤绝、索幽隐为诗赋而诵习之，不过十数篇，则难者悉详矣。其于平文大义，或多墙面焉。

为求难度，帖经考试中出现怪题、偏题，以致"多有聱牙孤绝倒拔筑注之目"。[①] 这造成的严重后果是助长考生只钻研"帖诵"的投机取巧之心，而无认真研读平常的经书文字之愿，连基本的读经要求也不能达到，即使侥幸成功，也非国家所需之才，尤其会败坏士风学风。就这样，结果走向愿望的反面。

对帖经考试出题的偏颇以及因此对考生的误导，批评和建议改革之声不绝于耳。开元十六年（728 年），杨玚批评指出："今之举明经者，主司不详其述作之意，每至帖试，必取年头月尾，孤经绝句。自今已后，考试者尽帖平文，以存大典。"[②]天宝十一载（752年）的诏书也因此而对礼部直接提出批评："礼部举人，比来试人，颇非允当。帖经首尾，不出前后，复取'者、也、之、乎'，颇相类处下帖。为弊已久，须有厘革。"同时，诏书肯定礼部侍郎杨浚在当年考试中的改革措施：其一，将所帖文字原来的只开一行改为"开为三行"，前后各出一行；其二，"相类之处，并不须帖"，"不得帖断绝疑似之言"。[③] 这样，关于帖经的争议才平息下来。

关于问义的争议在于：考试经问大义是采用口试（口义）还是笔试（墨义）？明经科考试增加帖经和时务策，改墨策为"口问大义"后，问义考试采用口试形式成为通例。但是，口问大义行之既

① 《封氏闻见记》卷三《贡举》。
② 《全唐文》卷二九八《杨玚·请定帖经奏》。
③ 《通典》卷一五《选举三》、《册府元龟》卷六四〇《贡举部二·条制二》。

久,存在较大问题。唐德宗建中二年(781年)十月,中书舍人赵赞权知贡举,上奏提请注意口试问义的缺陷和改进办法:"承前问义,不形文字,落第之后,喧竞者多。臣今请以所问录于纸上,各令直书其义,不假文言。既与策有殊,又事堪征证,凭此取舍,庶归至公。"①赵赞指出了口试问义形式的最大缺陷是"不形文字",以致取舍判断等缺乏可靠而可信的依据,容易引起争议,影响考试的公平公正。按赵赞之意,当年改墨策为口问大义是为了与第三场试对策加以区分,当时坚持口义者恐也是以为将口问大义形诸文字会与试对策难以区别。但他认为,以文字形式试问经义既能与试对策区别开来(即"直书其义,不假文言"),又可使考试与录取有据可查。尽管敕下书"依",但赵赞的动议在落实时恐怕会遭遇到强力阻挠。贞元十三年(797年)十二月,尚书左丞权礼部知贡举顾少连再次上奏,说了与赵赞几乎相同的话。《唐会要》卷七五《贡举上·明经》载:

伏以取士之科,以明经为首;教人之本,则义理为先。至于帖书及以对策,皆形文字,并易考寻。试义之时,独令口问,对答之失,覆视无凭,黜退之中,流议遂起。伏请准建中二年十二月敕,以所问录于纸上,各令直书其义,不假文言,仍请依经疏对。

此提议再次得到肯定,然而反复仍在继续。元和二年(807年)十二月,礼部奏准罢试口义,准旧例试墨义;七年,韦贯之权知礼部

① 《册府元龟》卷六四〇《贡举部二·条制二》。

贡举,奏准明经停墨义,依旧格试口义;十四年,再以墨义代口义;之后又复旧,至大和二年(828年),礼部再奏"以墨义代口义"①……如此反复,直至五代后周时仍在继续。②

经问大义与帖经都注重对经书注疏的熟练记诵,在考试要求方面颇为相似,差别在于:帖经更注重文字记诵,更刻板;而经义更注重经疏大义及前后联系,稍灵活。经义考试中,口义与墨义也各有利弊,前者更灵活,可视考试对象的表现随机追加考问,但评判尺度不易把握,也就留下漏洞;后者更规范,易于对考生区别权衡,一如批评口义者所反复指出的。正因为帖经与经义考试在形式特点方面相近,而经义考试稍显优长,帖经考试在后世最终被淘汰由此埋下伏笔;也正因为经义考试中的墨义形式在考试实施和管理方面漏洞较少,使其在与口义形式的斟酌使用中稍显优势而得到保存和发展。唐代明经科考试形式的争议与兴废,促进了考试制度的不断完善。

三、 明经科的录取与出路

(一)明经考试的评卷

明经考试在形成三场前,录取主要依据试墨策的情况。《封氏闻见记》卷三《贡举》说"乃按章疏试墨策十道",未曾言明通几道才算合格。

在唐高宗晚年,刘思立改革明经考试,形成帖经、经策两场考

---

① 《唐会要》卷七五《贡举上·明经》、《册府元龟》卷六四一《贡举部·条制三》。
② 《五代会要》卷二三《科目杂录》、《旧五代史》卷一四八《选举志》后周广顺二年、三年条。

试。录取的总要求是"其明经各试所习业,文注精熟,辨明义理,然后为通"。考生先须试帖经并通过,然后试经策并通过,方得取中。具体要求是:"诸明经试两经,进士一经,每经十帖。《孝经》二帖,《论语》八帖。每帖三言,通六已上,然后试策……"明经科帖经考试的主考经目与兼考经目各为十帖,以通六为及格,否则就为落下。考生在帖经及格后方可参加试经策。试经策的要求是:"《周礼》《左氏》《礼记》各四条,余经各三条,《孝经》《论语》共三条。皆录经文及注意为问,其答者须辨明义理,然后为通,通十为上上,通八为上中,通七为上下,通六为中上。其通三经者,全通为上上,通十为上中,通九为上下,通八为中上,通七及二经通五为不第。"①此处对试经策合格及其等第规定得十分繁复。《唐六典》卷四《尚书礼部》则记述得简洁一些:"旧制,诸明经试每经十帖,《孝经》二帖,《论语》八帖,《老子》兼注五帖,每帖三言,通六已上,然后试策十条,通七,即为高第。"这是开元二十五年(737年)前夕的规定。开元二十五年,明经科形成新的三场考试制度。依据敕文的规定,考试评卷和录取的要求是:"诸明经先帖经,通五已上,然后口试,每经通问大义十条,通六已上,并答时务策三道。"这一规定至杜佑撰写《通典》时仍然大体沿用。《通典》卷一五《选举三》:"明经所试一大经及《孝经》《论语》《尔雅》,帖各有差;帖既通而口问之,一经问十义,得六者为通;问通而后试策,凡三条。三试皆通者为第。"

　　以上所列,从表面看是考试合格的数量要求,但在数量要求中包含质量要求。如帖经的通与不通,即视所帖三字是否熟练写

---

① 以上引文出自《唐六典》卷二《尚书吏部》。

出;经问大义的要求,即视是否"文注精熟,辨明义理"①。当实行口试时,须"对众考定,更唱通否"②。无论帖经还是问义,有一条重要的评卷标准是要求答题严守经注本义,不允许疑似含糊、歪曲杜撰。墨义考试还明确规定"不假文言"③,勿随意阐发。要求答题忠实于经典本义,这是明经考试的基本精神与特点。这也正是为了维护儒家经典的神圣性,使士人在平时的读经和考试时的说经中有统一标准。唐代早在贞观七年(633年)就颁发"新定五经",后又命孔颖达等人重新编纂,并于永徽四年(653年)三月专门"颁孔颖达《五经正义》于天下,每年明经令依此考试"④。唐文宗开成年间(836—840),又颁《新加九经字样》并创置石经,即"开成石经",以之为经书范本和考试依据。

与帖经、问大义要做到"文注精熟,辨明义理"的高要求相比,第三场时务策考试的评卷要求似乎要低得多。《旧唐书》卷二四《礼仪志四》:"答时务策三道,取粗有文理者及第。"由此可见,明经科考试是帖通而后问义,问通而后试策,试时务策虽要求三条皆通,但只要求文理粗通,评卷衡人的重心显然在于熟练掌握经书与否。这表现出明经科考试的特点,也是其缺陷之所在。

按规定,明经科考试录取也应有等第之差。《通典》卷一五《选举三》:"按令文,科第秀才与明经同为四等,进士与明法同为二等。然秀才之科久废,而明经虽有甲、乙、丙、丁四科,进士有甲、乙二科,自武德以来,明经唯有丁第,进士唯有乙科而已。"从

---

① 《唐六典》卷二《尚书吏部》。
② 《唐会要》卷七五《贡举上·帖经条例》。
③ 《唐会要》卷七五《贡举上·明经》。
④ 《旧唐书》卷四《高宗本纪上》。

实行情况看,明经科最终评卷与录取实际上不分等第。

(二) 明经考试的录取

清人徐松在其《登科记考·凡例》中,关于明经录取后的名录问题有一个发现:"《玉海》引《中兴书目》云:'崔氏《登科记》一卷,载进士、诸科姓名。'是诸科之名始于崔氏,乐史沿而不改。所谓诸科者,谓明法、明字、明算、史科、道举、《开元礼》、童子也,明经不在此数。何以明之?明经每岁及第将二百人,其数倍蓰于进士,而《登科记》总目所载诸科人数皆少于进士。《玉海》云:'《登科记》颛载进士,续之者自元和方列制科。'言进士、制科,对明经为义也。《韩文五百家注》每详科目,惟牛堪明经及第,注文一无征引,知明经为记所无矣。今之编辑则贵详赡,故于其年明经可考者,特书以补之。"徐松发现,唐代每年明经取额数倍甚至十倍于进士,却未在历朝的《登科记》中留名,因此使如此之大的一个士人群体之名姓、籍贯、数量等均难以详知。虽经徐松多方扒抉勾稽,《登科记考》也只考出有名姓者近三百人,考知及第年份者二三十人。

明经每科考试究竟录取多少人?虽然每科情况不一,但由于官员缺额所限,当也会有一个大致稳定的数字。根据一般规律,唐前期取额会稍宽裕些,越往后,取额会控制得越严。据《通典》卷一五《选举三》,唐中后期的取额与考生比例为:"其进士,大抵千人得第者百一二,明经倍之,得第者十一二。"明经考试录取人数最多时可达到进士取额的十倍。关于明经每科考生人数,《封氏闻见记》卷三载:"玄宗时,士子殷盛,每岁进士到省者常不减千余人。"明经考生数量当多于此数。如按十取一二的比例,每科取人当在一百多人。唐中后期往往对明经每科取额作出限定,也多在此数上下。如贞元十八年(802 年)规定:"自今已后,每年考试所拔人,明经不得过一百人,进士不得过二十人。如无其人,不必要补此数。"①由此推断,此前的取额当在百人以上,而此后则在百人上下浮动。如大和九年(835 年),中书门下奏准"明经准大和八年正月敕,及第不得过一百一十人,今请再减下十人"②。而到开成四年(839 年),又敕"每年明经及第宜更与十人"③。限选是为了体现精选和对士人有所激励,而真实的原因是吏部对新官员的消化能力有限;适当放开则是视官员空额而作调整,以缓解考生和社会因仕途期待而对政府形成的压力。由于明经考试考生来源于国子监与各府州县,选送参加省试的考生数额事先由政府按地区等级分配(参见本章第一节"进士科的考试"),因此明经考试录取事先已考虑到地区间的平衡问题。

由于注重记诵的考试特点和取人数额较多,因此相比进士而言,明经考试易于取得成功,录取者的年龄也就相对较小,"三十老明经,五十少进士"是其写照。一般情况下,明经及第者的年龄以二十岁(弱冠)上下为多。如尹思贞、张嘉贞、李尚隐、敬晖、田归道、韦抗、王晙、郑宠、朱巨川、丁公著等等,均为弱冠之年及明经第。二十岁下的明经及第者也比比皆是,徐松《登科记考》所载甚多,如萧灌(十八岁)、崔景(十七岁)、权自挹(十四岁)、徐浩(十五岁)、卢涛(十九岁)、白镐(十七岁)、萧直(十七岁)、郭揆(十七

① 《唐会要》卷七六《贡举中·缘举杂录》。
② 《唐会要》卷七六《贡举中·进士》。
③ 《册府元龟》卷六四一《贡举部三·条制三》。

岁)、元稹(十五岁)、韦温(十一岁)、张路斯(十八岁)、殷元觉(十八岁)、王贾(十七岁)、王进思(十八岁)、常敬忠(十五岁)、张志和(十六岁)、颜春卿(十六岁)、韦真(十五岁)等等。至于未记载确切年龄,而肯定在二十岁下的及第者也不少,如"少以明经及第""幼以明经擢第"的录名者。其中,韦温(十一岁)是记载所见最年少者。也偶见四五十岁的明经及第者。如《太平广记》卷一一八《报应十七·韦丹》记载"唐江西观察使韦丹,年近四十,举五经未得",举明经时当已年逾四十。又如《前定录》记载郑相如"年五十余,自陇右来应明经",更属年迈。因此,明经科可谓年轻人的考试科目。这是由于明经考试重在记诵,年轻人精力集中,记忆力强,更容易在短期内取得成功。《旧唐书》卷一八八《丁公著传》记丁公著"年十七,父勉令就学。年二十一,五经及第。明年,又通《开元礼》,授集贤校书郎"。《新唐书》卷一六九《韦温传》记韦温"方七岁,日诵书数千言。十一,举两经及第"。他们都在读经起步后的短短数年中取得成功。

(三) 明经及第者的出路

明经及第后又经吏部试合格的,出路大体上也是平选京官或外官、辟署使府、继续应制科或吏部科目考试几种。

1. 平选京官

明经及第经释褐试后被选为京官大体上有如下情形。

《新唐书》卷一一二《王义方传》:"王义方,泗州涟水人,……举明经,……补晋王府参军,直弘文馆。"

《新唐书》卷一九五《元让传》:"元让,雍州武功人。擢明经,以母病不肯调。……永淳初,巡察使表让孝悌卓越,擢太子右内率府长史。"

《新唐书》卷一一一《唐休璟传》:"休璟少孤,授《易》于马嘉运,传礼于贾公彦,举明经高第。为吴王府典签,改营州户部参军。"

《新唐书》卷一二五《苏干传》:"干擢明经,授徐王府记室参军。"

《新唐书》卷一九一《高仲舒传》:"〔高睿〕子仲舒,通故训学,擢明经,为相王府文学,王所钦器。"

《新唐书》卷一〇九《窦兢传》:"〔窦〕怀贞从子竞,字思慎,举明经,为英王府参军、尚乘直长。"

《陈伯玉文集》卷二五《府君有周文林郎陈公墓志文》:"公讳元敬,……二十二,乡贡明经擢第,拜文林郎,属忧艰不仕。"

《新唐书》卷一〇七《陈子昂传》:"陈子昂字伯玉,梓州射洪人。……父元敬,世高赀,岁饥,出粟万石赈乡里。举明经,调文林郎。"

《新唐书》卷一〇六《高子贡传》:"高子贡,善《太史书》,……擢明经。历秘书省正字、弘文馆直学士。"

《新唐书》卷一五一《董晋传》:"董晋字混成,河中虞乡人。擢明经。……拜秘书省校书郎,待制翰林。"

《新唐书》卷一六四《丁公著传》:"丁公著字平子,苏州吴人。……稍长,父勉敕就学,举明经高第,授集贤校书郎。"

《新唐书》卷一六四《王彦威传》:"王彦威,其先出太原。……举明经甲科,淹识古今典礼,未得调,求为太常散吏,卿知其经生,补检讨官。"

《张说之文集》卷二二《四门助教尹先生墓志》:"先生讳守贞,……垂拱四年,以明经高第,遂授大成。"

《颜鲁公文集》卷五《河南府参军赠秘书丞郭君神道碑铭》:"君讳揆,字良宰,太原人也。……年十七,崇文生明经及第。……授太常寺太祝。"

《新唐书》卷二〇一《元正传》:"〔元〕万顷孙正,修名节,擢明经高第,授监门卫兵曹参军。"

明经授京官人数最多的为王府参军和其他一些部门的参军,其次为秘书省校书郎,另有少数翰林院撰史官、国子监学官、太常寺礼乐官等。明经与进士所授京官相比,尽管品秩相差不大,但授去部门有差别。进士授秘书省校书郎最多,次为学官、礼乐官、王府参军。此外,明经所授官职与授去部门对朝政的参与、影响不及进士。

2. 平选外官

明经释褐后被选为京官实系幸运者,更多的是被选为外官。《旧唐书》《新唐书》等文献对后者的记载远多于前者。

《旧唐书》卷八五《张文瓘传》:"张文瓘,贝州武城人。……瓘幼孤,事母兄以孝友闻。贞观初,举明经,补并州参军。"

《新唐书》卷一一二《冯元常传》:"冯元常,相州安阳人,……元常举明经及第,调浚仪尉。"

《旧唐书》卷一〇〇《尹思贞传》:"尹思贞,京兆长安人也。弱冠明经举,补隆州参军。"

《新唐书》卷一二〇《崔玄暐传》:"崔玄暐,博陵安平人,……举明经,为高陵主簿。"

《新唐书》卷一一五《狄仁杰传》:"狄仁杰字怀英,并州太原人。……举明经,调汴州参军。"

《旧唐书》卷九〇《杨再思传》:"杨再思,郑州原武人也。少举明经,授玄武尉。"

《新唐书》卷一二二《韦安石传》:"韦安石,京兆万年人。……安石举明经,调乾封尉。"

《新唐书》卷一九七《韦景骏传》:"韦景骏,司农少卿弘机孙。中明经,神龙中,历肥乡令。"

《新唐书》卷一一一《王晙传》:"王晙,沧州景城人,后徙洛阳。……擢明经第,始调清苑尉,历除殿中侍御史。"

《新唐书》卷一三〇《裴漼传》:"裴漼,绛州闻喜著姓。……始擢明经,调陈留主簿,迁监察御史。"

《白氏长庆集》卷四六《故巩县令白府君事状》:"公讳锽,字上钟。…年十七,明经及第,解褐授鹿邑县尉、洛阳主簿、酸枣县令。"

《旧唐书》卷一二六《裴谞传》:"裴谞字士明,河南洛阳人。父宽,礼部尚书,有重名于开元、天宝间。谞少举明经,补河南府参军,通达简率,不好苛细。积官至京兆仓曹。"

《旧唐书》卷一一五《崔器传》:"崔器,深州安平人也。……器有吏才,性介而少通,举明经,历官清谨。天宝六载,为万年尉,逾月拜监察御史。"

《新唐书》卷一一二《蒋清传》:"清举明经中第,调巩丞。"

《旧唐书》卷一三八《贾耽传》:"贾耽字敦诗,沧州南皮人。以两经登第,调授贝州临清县尉。"

《新唐书》卷一一九《贾至传》："至字幼邻,擢明经第,解褐单父尉。"

《新唐书》卷一七五《杨虞卿传》："杨虞卿字师皋,虢州弘农人。……擢明经,调临涣主簿。"

明经选为地方基层官吏的,主要有县尉、主簿和州参军几种,以县尉最多,主簿次之,州参军再次。偶也有补为地方学官的。《全唐文》卷八九四《罗隐·扬威将军钱公列传》："公讳元修,字文通。……唐贞观五年,策试通经,补长兴县博士。"可以说,州县地方政府首长的属官大量取自明经及第者。这些出身明经的县尉、主簿和州参军,其仕途往往在各级地方政府中迁转,甚至终于县丞、县令。如《旧唐书》卷一八九下《王元感传》记王元感"少举明经,累补博城县丞"。《新唐书》卷一〇〇《姜师度传》记姜师度"擢明经,调丹陵尉、龙岗令,有清白称"。白锽也堪称典型:明经及第后,历官鹿邑县尉、洛阳主簿、酸枣县令。有学者认为"明经是培养吏治人才的"[①]。从唐代明经及第后大量授予地方县州属官的情况看,这种选派确实具有导向作用,引导举明经者的仕途选择和自我成就方向。从上述文献对一些明经的评价看,"事母兄以孝友闻""有清白称""以清干称""通达简率""历官清谨"等,的确显示了干练质朴、品行优长的特点,与进士多才气、多无行之人形成对比。

3. 辟署使府

也有少量明经被辟入使府。

① 傅璇琮. 唐代科举与文学[M]. 西安:陕西人民出版社,1986:127.

《新唐书》卷一四七《李叔明传》:"李叔明字晋,阆州新政人。……叔明擢明经,为杨国忠剑南判官。"

《新唐书》卷一三〇《裴冑传》:"〔裴〕宽弟子冑,字胤叔,擢明经,佐李抱玉凤翔幕府。"

《新唐书》卷九五《高重传》:"〔高〕士廉五世孙重,字文明,以明经中第,李巽表盐铁转运巡官。"

4. 应制科及其他科目

明经及第除应制科外(参见本书第三章),还有再应进士考试的。欧阳詹《欧阳行周文集》卷九《送常熟许少府之任序》:"君十三举明经,十六登第,后三举进士,皆屈于命。去冬以前明经从常调。"虽然许某最终未能进士及第,但这表明明经可以在吏部举选取中之前再应其他科目考试。

相较"进士为士林华选"[1],明经入仕显得落寞得多,虽然由明经而位至显赫者不是没有,但的确不如进士。明经与进士日后在官场上地位、影响的消长有一个过程,也有其必然原因。

四、明经、进士地位之争

(一)明经、进士地位的消长

晚唐康骈《剧谈录》卷下《元相国谒李贺》中记载了一个有关明经与进士高下之争的故事:唐中后期名相、名诗人元稹明经及

---

[1]　《通典》卷一五《选举三·历代制下》。

第。当时诗人李贺正备考进士,因其善为歌篇,深得韩愈器重,于搢绅间每加延誉,由此声华藉甚。元稹"亦攻篇什,常愿交结贺。一日,执贽造门。贺览刺不容,遽令仆者谓曰:'明经擢第,何事来看李贺?'相国无复致情,惭愤而退"。虽然此事于史实是否有依据颇值得怀疑,但其中所反映的社会心理无可怀疑。也就是说,至少在中晚唐时,明经与进士的社会地位已分出高下,轻视明经的社会心理已经形成。《剧谈录》作者不过是选择两个典型人物形成对比,假小说家言,将这种社会心理表达出来而已。

明经与进士之间地位和影响的差距并不是一开始就是如此的。实际上,唐初明经地位当在进士之上,这可以从最初各科排名顺序上看出。即使在进士地位事实上已居明经之上时,原有的排名并未在官方认可的法定次序上被改换掉,表明了一种旧有观念的惰性力量。然而,二三百年选举的实践所体现的是一种竞争淘汰精神,社会和政治的需要则是科目筛汰的自然原则。因此,明经与进士地位和影响的起伏消长由此形成。

前已论及,唐前期,明经无论是在观念上还是在社会实践中的地位都不低。唐中期之初,唐睿宗曾下诏欲给明经以优待:"县令字人之本,明经为政之先,不稍优异,无以劝奖。"[①]同时,社会上对进士也未形成尊崇心理。开元中,赵邕在《对乡贡进士判》中说:"文艺小善,进士之能;访对不休,秀才之目。"[②]他对进士考试颇有微词,也反映了相当一部分人的看法。事实上,唐前期,尤其是唐高宗、武则天时期,不少宰相名臣都出身于明经。如张文瓘、裴行俭均于贞观时举明经。唐高宗时,张文瓘拜侍中,裴行俭一

---

① 《全唐文》卷一九《申劝礼俗敕》。
② 《全唐文》卷三九八。

日拜礼部尚书兼检校右卫大将军，均深得倚重。武则天称帝后的名相李昭德、狄仁杰，也都是明经出身。明经出身而至相位的还有裴炎、唐休璟、杜景俭、王晙、徐有功、韦安石等十多人。玄宗朝的名臣中，尹思贞、李杰、苏珦、卢从愿等也都是明经出身。^① 考试科目的地位高低往往取决于及第者仕途升迁状况。唐前期，明经入仕升迁大体上不输于进士，表明明经、进士两科的不相上下，甚至在社会评价上明经还稍优于进士。

明经在唐前期的地位是由以下因素促成的：其一，从中国官员选举制度的发展看，明经科自汉代起就是察举科目，历史积淀深厚，社会影响久远，迄于唐初，自非后起的进士科所能比。因此，唐代设科考试后，人们仍习惯于接受传统科目，而年轻的进士科尚未形成气候，不足以挑战明经。其二，早期举明经者不少出身高官望族之家，如裴行俭、裴炎、李昭德、狄仁杰等，而唐以前的世家多靠读经做官的方式得以维持其家庭和家族的传承，这种模式延续到了唐前期。其三，从考试内容看，唐前期，明经只试经策，进士只试时务策，两科考试的特点均还未形成。明经试经策毕竟比试帖经要少受章句束缚，应试者的整体素质因此可得到相当保证。另外，进士科考试的特点还未形成，就尚未形成趋难、趋高导向并造成考生应考选择上的分流，不足以使考生奔竞于进士。

正如不少学者所指出的，明经科地位的下降是在唐中期，尤其是在"安史之乱"以后。唐肃宗至德二载（757 年），正当"安史之乱"期间，侍御史郑叔清为宣谕使，奏请许人"纳钱百千文，与明经

---

① 吴宗国. 唐代科举制度研究[M]. 沈阳：辽宁大学出版社，1997：185 - 186.

出身,如曾受业、粗通帖策、修身谨行、乡曲所知者,量减二十千文;如先经举送、到省落第、灼然有凭、帖策不甚寥落者,减五十千文"①。纳赀授官与授明经出身,显见是因了动乱之际军费急增、财税不足的缘故而采取的敛财办法,但独独以明经明码标价而沽,也正说明其在朝野人们观念中已变得无关紧要。此虽系权宜之计,而且很快停罢,但给明经科的声誉所带来的消极影响可想而知。

随着唐中期社会注重文学风气的日益盛行、进士科社会声誉的日益上升,大历年间,进士出身且以文章享誉一时的常衮为相,用人公开排斥"非文辞登科第者"②,非以诗赋登第者不得进用。由此,朝野轻明经重进士的态度日益表面化。关于元稹与李贺的传说就反映了这一时期明经、进士两科的现实社会评价。据《唐语林》卷三《识鉴》所载,元和时,李绛为华州刺史,有李珏"早孤,居淮南,着母以孝闻。举明经"。李绛"见而谓之曰:'日角珠庭,非常人也,当掇进士科。明经碌碌,非子发迹之地'"。李绛乃进士出身,是过来人,对李珏也算是忠告,表明社会上普遍认为明经已非理想的入仕之路,而为有才者、有为者所不屑。《梦溪笔谈》卷一记"焚香礼进士,彻幕待经生"的故事:进士考试时,场地"供张甚盛,有司具茶汤饮浆";明经考试时,则"悉彻帐幕、毡席之类,亦无茶汤,渴则饮砚水,人人皆黔其吻"。这是为防备明经考生借帐幕传递所试经义。此处已非轻视,应该说是歧视了。厚进士而薄明经由此可见一斑。

明经社会地位既如此,相应地,明经出身者的政治影响力也

---

① 《文献通考》卷三五《选举考八·赀选进纳》。
② 《旧唐书》卷一一九《常衮传》。

就大大降低。按照考试取额的演变规律，唐后期明经及第者的人数较之前期有所减少，最终稳定在每科百人左右；进士每科后期也较前期为少，稳定在三四十人左右。但明经出身者的仕途远不如进士通达，成名者也远不如进士为多。有学者统计，唐前期明经及第有传于和有见于两《唐书》者分别为三十七人和二十七人，唐后期则分别为十七人和十九人。唐后期明经出身官至宰相者仅六人：董晋、贾耽、卢迈（德宗朝）、程异（宪宗朝）、元稹（穆宗朝）、路随（文宗朝）。唐代最后的半个多世纪里就再无所见。

（二）明经地位下降的原因分析

唐后期明经地位的下降是由科举考试内外部众多原因造成的，国家的意识形态和文教政策选择是其外因，而科举考试各科内容、形式的结构和演变状况则是其内因。

唐代国家的意识形态和文教政策选择可以概括为在崇儒兴学前提下的儒佛道三家学说并用。在很多时期，统治政策往往摇摆于三者之间，儒学未能占据独尊地位。对于以儒家经典为考试内容的明经科而言，儒学地位直接影响到明经地位。隋文帝晚年过度崇佛，隋炀帝也予佛门以政策优待。唐初李渊出于维护李唐统治需要，崇奉道家和道教，排定三家次序为：道、儒、佛。李世民虽不排斥佛、道，但崇尚儒学，亲近儒生，以偃武修文、尊儒兴学为治国方针，尊孔立庙、撰写《五经正义》、科举考试注重经史是其表现。这也是唐前期明经仍有较高地位的思想政治大环境。

武则天当政期间，出于其政治需要，扬佛以抑斥道、儒，佛教势力极度膨胀。唐玄宗执政前期采抑佛并倡儒的政策，后期则沉醉于道教,开玄学,设道举,罗致道家学者,道教和道家学说步步兴盛。这就是唐中期明经地位趋下的客观背景。

唐后期,佛教又几度兴废。唐宪宗崇佛,迎佛骨,佛教风靡一时。韩愈因谏迎佛骨几致杀身,儒佛两家之争异常激烈。后虽有唐武宗禁佛的"会昌法难",但唐末佛教再度复兴。韩愈为重振儒家道统挺身而出,疾声呼吁,可见儒学地位的不济。明经地位在唐中后期降到最低点也就是自然之事。

因此,尽管唐代历朝都未放弃儒学,但儒学地位极不稳定,也就连带影响到授经传业的盛况不再。韩愈曾说:"古之学者必有师,所以通其业,成就其道德者也。由汉氏已来,师道日微,然犹时有授经传业者。及于今,则无闻矣。"①外部环境既如此,明经为人所轻就不足为奇了。

明经地位的下降还与其考试形式、内容的演变与定形有关。秀才科停举后,人们竞趋明经、进士两科,表明两科最初的地位不相上下。明经较进士不居劣势,最初考试形式与内容相去不远(都试策)也是不可忽视的原因。随着考试的不断改革,明经渐次形成帖经、经问大义、时务策三场考试,总的发展趋势是在坚持经学的前提下强调全面要求和通古达今。但比起进士逐渐形成的帖经、杂文、策论三场考试,明经考试的劣势顿现,即考试内容显得狭隘局促,要求简单。因为三场考试有两场要求紧扣经书,只需记诵,无须阐发(不假文言)。虽有时务策一场,但一则三场考试唯重帖经、问义,帖经过方可继考其他;再则时务策只需文理粗通,要求实在太低。考试设科对人才培养具有导向作用,既然

① 《韩昌黎集》卷一四《杂文·进士策问十三首》。

明经考试内容狭隘、要求粗简，就只会窒息思想、消磨个性、扼杀创造性，其结果连由明经及第的元稹也予以批评："其所谓通经者，又不出于覆射数字；明义者，才至于辨析章条。是以中第者岁盈百数，而通经之士蔑然。"[①]每年取明经者满百，但没几个通经之人，号为"明经"，却远没有做到"明"经。洋州刺史赵匡《举选议》中历数选举之弊，关于明经还指出了另一缺陷："明经读书，勤苦已甚，既口问义，又诵疏文，徒竭其精华，习不急之业，而当代礼法，无不面墙，及临民决事，取办胥吏之口而已。所谓所习非所用，所用非所习者也。故当官少称职之吏，其弊三也。"[②]以上对明经的批评，如不通经疏、不通古今、不切实用以及文风浮夸等等，也是对进士考试的批评。但进士考试内容、形式的构成较之明经确实胜过一筹，杂文考试至少给考生留下了展示才华、驰骋思想的余地，其对策的要求显然也比明经高。进士考试的三场兼顾了经史素养、思想和文字能力、对现实问题的应对能力等诸多方面，对人的要求显得更加全面、深入。相形之下，明经考试的劣势不言而喻。

第三节　秀才及明法、明书、明算诸科考试

虽然明经、进士在诸科中最为人所称道，但秀才及明法、明书、明算也同列于六个主要的"常贡之科"中。其中，最初秀才科等最高，后因故而废，让位于明经、进士。明法、明书、明算是考试专门学问，选拔专门人才的科目。

① 《文苑英华》卷四八七《才识兼茂明于体用策》。
② 《通典》卷一七《选举五·杂议论中》。

一、秀才科考试

"秀才"之名由来已久。在汉代,秀才是察举科目,又称茂才,意在选拔优异人才。魏晋南北朝实行九品中正制,秀才亦为选拔人才的科目,并要试策。作为唐代的常科,秀才科源自隋代。隋代举秀才从开皇早期即已开始,断断续续而至隋末,每科得人颇少。如按《隋书》《新唐书》所言,有隋一代,秀才得人"不过十数",但后来唐代秀才考试的一些基本要素,如考试内容和形式、录取要求等第、授官类别序阶等,已经初步具备。

(一)秀才科的存废

唐高祖武德五年(622年)始开科考试,其中有秀才科,这也是唐代秀才考试之始。据《文献通考》卷二九《选举考二》所载唐《登科记》总目记录,开考当年就有秀才一人及第。唐代实施科举考试之初,秀才科的地位在诸科之上,如《通典》卷一五《选举三》所言:"初,秀才科等最高,试方略策五条,有上上、上中、上下、中上,凡四等。"这四等说的是及第的四等,实际上有五等,即还有不第一等。对此,《唐六典》卷二《吏部尚书》作了更详细的解说:"其秀才试方略策五条,文理俱高者为上上,文高理平、理高文平者为上中,文理俱平者为上下,文理粗通为中上,文劣理滞为不第。"所谓的"秀才科等最高"主要体现在及第后叙用的官阶品第上。《唐会要》卷八一《阶》对秀才及第的四等应享品阶作了记载:"谓秀才上上第,正八品上叙。已下递降一等,至中上第,从八品下。明经降秀才三等,进士、明法甲第,从九品上,乙第降一等。"秀才科考上上第按正八品上叙用,明经降三等则为从八品下而与秀才及第最下等同,进士、明法甲第又降明经三等。这是唐初期的规定。因此,秀才科地位的尊贵是实实在在的。

所谓方略策,当是指有关治国的大政方针、策略等问题的策论,这样的考试内容与秀才科的人才选拔目的也相一致。评卷的标准显然是从文字能力和思想水平两方面考虑,即文理兼求。秀才考试在这两方面的评卷要求显然相当之高,即如《唐六典》卷二《尚书吏部》所注明的:"此条取人稍峻,自贞观后遂绝。"《通典》卷一五《选举三·历代制下》则更具体地说道:"贞观中,有举而不第者,坐其州长,由是废绝。"

秀才科在唐代实行的时间实在很短,关于其废止时间,《唐六典》《通典》均含糊其词,《新唐书·选举志上》则明确说:"高宗永徽二年,始停秀才科。"《玉海》卷一一五《明经举明经著令》的记载相同:"按登科记,永徽元年犹有秀才刘釭一人,二年始停秀才举。"《文献通考》卷二九《选举考二》也作同样的记载。

曾经显赫一时的秀才科一旦停考,颇有人为之不甘。唐高宗显庆二年(657年),黄门侍郎刘祥道奏请恢复秀才科:"国家富有四海,已四十年,百姓官僚,未有秀才之举。岂今人之不如昔人,将荐贤之道未至?……特降纶言,更审搜访,仍量为条例,稍加优奖。不然,赫赫之辰,斯举遂绝,一代盛事,实为朝廷惜之。"[①]从唐建国至显庆二年正好四十年,明明有秀才科目,刘祥道不是不知道,因此其所谓"秀才"当是指汉代以来察举意义上的秀才。但

---

① 《旧唐书》卷八一《刘祥道传》。

察举科目的秀才与唐初贡举常科的秀才之间毕竟存在渊源关系。所以，重提设置秀才科以广求人才，无非表明秀才科的社会影响仍在。

开元末，恢复秀才科考试的动议又起，并一度实施。《通典》卷一五《选举三·历代制下》载："开元二十四年以后，复有此举。其时以进士渐难，而秀才本科无帖经及杂文之限，反易于进士。主司以其科废久，不欲收奖，应者多落之，三十年来无及第者。至天宝初，礼部侍郎韦陟始奏请，有堪此举者，令官长特荐，其常年举送者并停。自是士族所趣向，唯明经、进士二科而已。"关于秀才科恢复的确切时间，《通典》说得含糊。成书在开元二十六年（738 年）的《唐六典》关于秀才科只记"自贞观后遂绝"。可见，其时还未恢复秀才考试。从《通典》所述分析，韦陟任礼部侍郎是在天宝元年（742 年），此前已恢复秀才考试。而书中"三十年来无及第者"之"三十年"或为"三年"之误，如此文意方可通。因此，秀才科的恢复当在开元二十六年或二十七年。恢复的原因是进士科实行了改革，增加了考试内容与场次，难度加大，而秀才科长期停置，未曾变革，反而容易应付，故此而起群议，要求复置。然而，主考官因其废置已久，考试评判标准不易把握，虽予恢复，但从严权衡，以免生事，所以始终未有及第者。中书舍人韦陟知举，干脆明令秀才今后只作为"特荐"，以往常年举送的做法停止。就此，作为常科的秀才科被最终取消，而明经、进士二科成为士人的考试取向。

（二）秀才科废止的原因

自唐武德五年（622 年）始开秀才科至永徽二年（652 年）停

考,恰恰历时三十年。其间,除了贞观二年(628 年)、十六年不贡举外,有六个年份无取中者,其他年份秀才及第通常为一人,至多仅三人,而同期进士录取最多的年份已达二十四人(贞观十八年)。据《文献通考》卷二九《选举考二》所载唐《登科记》总目统计,至永徽元年的三十年中,秀才及第共二十九人;进士为二百四十五人;明经数量无载,可能多至两千人以上。由此可见,秀才确实难考。正因为取中者太少,史籍留名者也少。徐松《登科记考》只录永徽元年刘鉴一人。另外,《金石萃编》卷一〇六之许孟容《裴耀卿碑》记有"王父畣,皇朝举秀才,授许州司户,登明经高科,迁□□郎"。此人或为另一位秀才。

关于秀才科的停考原因,通常认为有两个:

其一,"取人稍峻"[①],录取标准过高,以致考生视其为畏途,士人不求。封演《封氏闻见记》卷三《贡举》就持此看法。国初,秀才试方略策,"其后,举人惮于方略之科,为秀才者殆绝,而多趋明经、进士"。《旧唐书》卷一九〇上《张昌龄传》:"张昌龄,冀州南宫人。弱冠以文词知名,本州欲以秀才举之。昌龄以时废此科已久,固辞,乃充进士贡举及第。"张昌龄进士及第是在贞观二十年(646 年),其所在州欲荐其举秀才事当在此前。张昌龄以"时废此科已久"为由坚决推辞,只是借口,其真实的心态是以秀才为难事。秀才以方略策为定夺,方略策涉及国家大政方针、全局问题、发展战略,要提出见识实非易事,考生畏难,很正常。贞观十八年,李世民接见各州所举送孝廉十一人,"借以温颜",和颜悦色地垂询治国之道,结果众人都"莫能对扬,相顾结舌"。李世民恐其胆

---

① 《唐六典》卷二《尚书吏部》。

怵,再令太子问以《孝经》,又不能答;复由近臣问之再三,仍不能答。最后,李世民改令引入中书省代以射策,结果照样是"构思弥日,终不达问旨,理既乖违,词亦庸陋"①。李世民不禁为之忧虑:"朕发诏征天下俊异,才以浅近问之,咸不能答。海内贤哲,将无其人耶! 朕其忧之。"②他下令退回十一人,并对举非其人者论罪。虽然秀才与孝廉的选人要求各有侧重,但与孝廉中反映出来的问题具有一定共性。因此,士人视秀才科为畏途,而设科者对历来实践的结果也不满意,秀才科存在的政治和社会基础发生了动摇。

其二,根据秀才科考试"有举而不第者,坐其州长"③的法律规定,地方长官责任过大,同样视其为难事,因此州长不举。贞观时,始修订《唐律》,关于科举有明确规定。《新唐书》卷四四《选举志上》:"凡贡举非其人者,废举者,校试不以实者,皆有罚。"(参见本书第四章第三节)尽管史籍中尚未见有哪位州长因秀才考试问题而受到处罚,法律也规定了举人不当和举人不第要区别对待,但因举荐人应考而要冒受到惩办的风险,对地方行政长官来说,毕竟显得有些得不偿失。秀才科考试失去了地方官员的积极推动,也就难以维持。

秀才科的最终被废除还有一个极重要的原因,就是进士科考试不断成熟完善,考试的目的、要求、内容、形式都具备可以替代秀才科的条件,甚至还更全面,更胜一筹,且没有秀才科的苛刻规定。既如此,秀才科存在与否已无关紧要。

孙培青文集 第二卷 隋唐五代考试研究

---

① 《唐大诏令集》卷一○二《荐举贤能诏》。
② 《唐会要》卷七六《贡举中·孝廉举》。
③ 《通典》卷一五《选举三·历代制下》。

二、 明法科考试

据《大唐新语》卷一〇,明经、进士二科原由隋炀帝改制而成,唐代不过是沿设;秀才、明法、明书、明算则为唐代设创的贡举科目。实际上,秀才科也源自隋。至于明法、明书、明算是否也有隋代的基础,史载不详。但明法也渊源有自,即为汉代所设的察举科目——明法。唐代多种政书典志记贡举科目多提秀才、明经、进士、明法、明书、明算六科,可见这六科是唐代贡举制度中的骨干科目,并可见最初这六科可以相提并论。事实上,明法科入仕叙阶最初与进士同,即考在甲科者从九品上,考在乙科者从九品下,低于明经三等,低于秀才六等。随着科举考试制度的发展,六科发生分化,地位也随之而变。先是秀才科逐渐消亡,明经、进士脱颖而出,"大要以明经、进士二科为重,其后又专重进士"①。分化的结果是,六科事实上分为两组,即秀才、明经、进士与明法、明书、明算。前者选拔一般的治国人才,即以儒家经术治国的人才;后者选拔政府有关部门的专门人才。

明法科选拔精通法律法令的专门人才,即如《唐六典》卷三〇《三府督护州县官吏》所言:"通达律令者,为明法。"明法科考生主要来自国子监律学的生徒,也有部分贡自于州县。律学学生在学时主要学习律、令,兼习格、式,明法考试也基本以此为据。

据《唐六典》卷二《尚书吏部》记载,明法科的考试内容为律、令,考试形式则为帖经与试策,具体要求如下:"其明法,试律、令各一部,识达义理,问无疑滞者,为通。粗知纲例,未究指归者,为不通。所试律令,每部试十帖,策试十条:律七条,令三条。全通者为甲,通八已上为乙,已下为不第。"其所谓策,当是与明经考试之墨策、经问大义相当。从所规定要求看,明法考试重在熟练记诵法律条文,并正确理解其意之所指。这样的要求合乎司法人才的实践需要。

唐代建国之初就重视法律建设。李渊定都长安,即约法十二条,称帝后,修订为律令,即为《武德律》。李世民即位后,命房玄龄、长孙无忌等将《武德律》修订成《贞观律》。出于国家司法活动和明法科考试的需要,永徽三年(652年),唐高宗诏令再度修律、释律,以为司法活动和明法考试提供一个标准的法律范本。诏曰:"律学未有定疏,每年所举明法,遂无凭准。宜广召解律人,条义疏奏闻,仍使中书、门下监定。"唐高宗命太尉长孙无忌等"参撰《律疏》,成三十卷,四年十月奏之,颁行天下。自是断狱者皆引疏分析之"。① 此即《永徽律》,也即著名的《唐律疏议》,是中国现存最早最完整的一部封建法典。之后,唐玄宗也数度修律,开元末完成的《唐六典》为中国最早的行政法典。

唐代法律分为律、令、格、式四种。《唐六典》卷六《尚书刑部》:"凡文法之名有四:一曰律,二曰令,三曰格,四曰式。……凡律以正刑定罪,令以设范立制,格以禁违正邪,式以轨物程事。"《新唐书》卷五六《刑法志》也说:"唐之刑书有四,曰律、令、格、式。令者,尊卑贵贱之等数,国家之制度也;格者,百官有司之所常行之事也;式者,其所常守之法也。凡邦国之政,必从事于此三者。其有所违及人之为恶而入于罪戾者,一断于律。"作为国家未来的

① 《旧唐书》卷五〇《刑法志》。

司法人员，如何依据封建国家法律精神判案行刑并准确把握国家的组织制度和社会规范，是其基本素养要求。明法科考试重在试律、令，就可以理解了。

《唐律疏议》全书共三十卷，十二篇，五百零二条。关于唐令，《旧唐书》卷五〇《刑法志》说"又定令一千五百九十条，为三十卷"，《唐六典》记为二十七篇。明法试律、令，每部试帖十条，又试策十条，而试律、令时又往往会牵涉到格、式，因此熟记律、令，掌握格、式，确也是相当不易。

明法科在唐代似乎并不兴旺，除在唐前期每年开考外，后期甚至可能因被视为可有可无而所设不常。保存下来的相关文献资料稀少，表明了当时对它的忽视。另据《旧五代史》卷四二《唐书·明宗纪第八》，后唐长兴二年（931年）"六月丁巳朔，复置明法科，同开元礼"。明法科似乎之前是停考了。对此事，《册府元龟》卷六四二《贡举部四·条制四》载："〔长兴二年〕六月，刑部员外郎和凝奏：'臣窃见明法一科，久无人应，今应令请减其选限，必当渐有举人。谨按考课令，诸明法试律令十条，以识达义理、问无疑滞者为通。所贵悬科待士，自勤讲学之功。为官择人，终免旷遗之咎。况当明代，宜举此科。'敕旨：'宜升明法一科，同《开元礼》选数。兼赴举之时，委贡院别奏请，会刑法试官，依格例考试。'"从所述"久无人应"以至有"旷遗"之虞看，明法科停考已久不仅仅是唐末五代之交战乱频仍所致。

唐代明法及第者史载甚少，计有张鷟、李朝隐、裴润、裴净、裴济、薛敖。[1] 其中，张鷟"年十九，明法擢第，解褐饶阳尉"，曾"历饶

---

① 《登科记考》卷二七《附考·诸科》。

阳、长子二尉，介休主簿，洪洞丞"。① 张鷟明法及第当在唐高宗即位之初。《旧唐书》卷一〇〇《李朝隐传》："李朝隐，京兆三原人也。少以明法举，拜临汾尉，累授大理丞。"李朝隐上元元年（674年）举明法，开元十年（722年）授大理卿。张鷟、李朝隐均为早期明法及第者，所授官职与明经、进士不相上下。李朝隐更官至大理卿，即封建国家最高法院长官。可见，明法科实施前期，确有一定的社会影响。

明法科的地位从最初与进士科比肩，到唐中后期的莫知所终，与进士科的日趋上升呈相反之势，究其原因，大致有二：其一，出路问题。唐初明法及第授官与秀才、明经、进士几无不同。但后来明经尤其是进士科炙手可热，及第者数额趋于稳定，而中央和地方政府的官员数额也渐趋饱和，连进士及第后授官也要待以时日，明法当然难以与进士去分一杯羹。同时，政府各部门中专门的司法人员官额也十分有限。如据《唐六典》卷一八《大理寺鸿胪寺》，大理寺中从九品上和从九品下官员分别为录事二人、狱丞四人；据卷六《尚书刑部》，刑部及各司有从九品上官员主事十二人；卷二《尚书吏部》录有各政府部门有品当值人员定额，其中"门下省明法一人""刑部明法一人""中书省明法一人""大理寺明法二人"。因此，与明法科相对应的官员设置数并不多，官员需要自然更换补充的就更少。而唐中期以前国子监律学学生总数保持在五十人，其中每年有相当数量的学生应举，加上地方选送的，数量就更多些。因此，明法考生感到出路困难。其二，自汉代起，今文经学有所谓以《春秋》断狱之说，唐代倡导考试增加经史内容的

① 《张说之文集》卷二〇《府君墓志》《唐赠丹州刺史先府君神道碑》。

官僚在给皇帝的奏章中也有相同说法。既然如此，明经、进士二科出身者，只要熟读《春秋》三传，也就能去执法断狱，何况通经者所深谙之儒术自是高过律、令、格、式。那么，又何必去举明法呢？

三、 明书科考试

明书科一称明字科，又称书学，《新唐书》卷四四《选举志上》云："其科之目，有秀才，有明经，有俊士，有进士，有明法，有明字，有明算……""凡书学，先口试，通，乃墨试《说文》《字林》……"或者简称为书科，《唐六典》卷四《尚书礼部》云："其科有六：一曰秀才，二曰明经，三曰进士，四曰明法，五曰书，六曰算。"明书科也是唐代贡举的六个骨干科目之一，主要选拔通晓文字、训诂之学和擅长书法的专门人才。

唐代明书科的考生来自国子监属下的书学学生。书学早在隋代就已设置，唐武德初一度被废；贞观元年（627 年）复置，当时设于弘文馆内；显庆三年（658 年）再废；龙朔二年（662 年）改制，复置，隶属于国子监。书学课程分为专业课：《石经三体》《说文》《字林》，每日写字一幅；兼习课：《国语》《三苍》《尔雅》及策。[①] 明书科考试内容大致与书学所设课程相衔接。

明书科也是唐代开设的贡举考试科目，其开设时间是在贞观初年。《唐会要》卷六四《史馆下·弘文馆》："贞观元年敕：'见在京官文武职事五品已上子，有性爱学书，及有书性者，听于馆内学书，其书法内出。'其年，有二十四人入馆，敕虞世南、欧阳询教示

---

① 　《新唐书》卷四四《选举志上》、《唐六典》卷二一《国子监》。

楷法。黄门侍郎王珪奏：'学生学书之暇，请置博士，兼肄业焉。'敕太学助教侯孝遵，授其经典，著作郎许敬宗授以《史》《汉》。二年，王珪又奏请为学生置讲经博士，考试经业，准式贡举，兼学书法。"关于王珪的奏请是否得到唐太宗批准，结果不详，但很可能是批准了的。引同上书："武德四年正月，于门下省置修文馆。至九年三月，改为弘文馆。至其年九月，太宗初即位，大阐文教，于弘文殿聚四部群书二十余万卷，于殿侧置弘文馆。精选天下贤良文学之士，虞世南、褚亮、姚思廉、欧阳询、蔡允恭、萧德言等，以本官兼学士，令更宿直。听朝之隙，引入内殿，讲论文义，商量政事，或至夜分方罢。令褚遂良检校馆务，号为馆主。"正因为其时李世民正热衷于文史典籍的阅读、讲论、收藏，准许开明书科以选拔、培养古籍整理、研究人才和书法人才也就十分自然。因此，明书科开考时间当在贞观二年（628 年）或后一两年。

明书科考试形式和内容也有一个逐步发展的过程。《新唐书》卷四四《选举志上》："凡书学，先口试，通，乃墨试《说文》《字林》二十条，通十八为第。"所述应是明书科前期的考试情形，即试两场：口试与墨试。参酌明经、进士二科考试内容与场次的演变情况，初期明书科考试重在问义，又分口义与墨义两种。也许明书科考试也发生了与明经、进士二科考试相同的问题，于是对考试形式和内容进行改革，形成新的考试格局。

《唐六典》卷二《尚书吏部》载："其明书，则《说文》六帖，《字林》四帖。诸试书学生，帖试通讫，先口试，不限条数，疑则问之，并通，然后试策。"也就是说，到开元末年，明书考试也已形成帖经、口义和试策三场制度。当时同样是通过设置帖经考试，对明书科的专业要求设置起码的入门线，进而通过不限数量、酌情而行的口试来深化这种要求。明书科考试的专业合格标准定得较高,也由数量和质量两方面所组成。数量要求是:《说文》《字林》共十条帖经和不限数量的口试必须"并通"即全部通过,这是在所有科目的帖经考试中都未曾有过的。质量要求是:"试《说文》《字林》,取通训诂,兼会杂体者为通。"①即必须知晓《说文》《字林》所收字及其训解义疏以及相应的各种杂体字。帖经、口试全通过后试策。明书三场考试中的策已肯定不再是墨策,而是对策。在对策的内容上,经史与时务都有可能。从贞观初王珪建议为弘文馆书学生延师讲授经史来看,试策更可能以经史策为主,经史策与明书科的性质更相符合。

明书及第后的任官,品阶稍低于明法,为从九品下。《唐六典》卷二《尚书吏部》:"书、算于从九品下叙排。"具体的官职是在政府各有关部门担任文字和文化工作,属政府最低层有品秩的官员。这也是史籍何以对明书及第者一无所载的原因。

四、 明算科考试

明算科简称算科,《唐六典》卷二《尚书吏部》云:"凡诸州每岁贡人,其类有六:一曰秀才,二曰明经,三曰进士,四曰明法,五曰书,六曰算。"明算也是唐代取人的骨干科目,主要选拔通晓算学的实用人才。

明算科考生也来自国子监算学学生和地方州县的岁贡。算学为隋代始设;唐贞观二年(628 年)复置,后废;显庆二年(657

年)又置,旋废;龙朔二年(662年)改制,复置于国子监中,为国子监六学之一。《唐六典》卷二一《国子监》载,算学学生分业而习:部分学生习《九章》《海岛》《孙子》《五曹》《张丘建》《夏侯阳》《周髀》;部分学生习《缀术》《缉古》。另有《记遗》《三等数》为两专业共同的兼修课程。明算科考试内容大体上与算学所授课程相衔接。

关于明算科于何时开考,史书缺乏记载,据今人推测,在唐高宗显庆元年(656年)到永隆二年(681年)之间。

关于明算科考试内容,史载颇有出入。《唐六典》卷二《尚书吏部》载:"其明算,则《九章》三帖,《海岛》《孙子》《五曹》《张丘建》《夏侯阳》《周髀》《五经》等七部各一帖。其《缀术》六帖,《缉古》四帖。录大义本条为问,答者明数造术,辨明术理,然后为通。《记遗》《三等数》读令精熟,试十得九为第。其试《缀术》《缉古》者,《缀术》七条,《缉古》三条。诸及第人并录奏,仍关送吏部。书、算于从九品下叙排。"《新唐书》卷四四《选举志上》的记载则要有条理得多:"凡算学,录大义本条为问答,明数造术,详明术理,然后为通。试《九章》三条,《海岛》《孙子》《五曹》《张丘建》《夏侯阳》《周髀》《五经算》各一条,十通六;《记遗》《三等数》帖读十得九,为第。试《缀术》《缉古》录大义为问答者,明数造术,详明术理,无注者合数造术,不失义理,然后为通。《缀术》七条、《缉古》三条,十通六;《记遗》《三等数》帖读十得九,为第。落经者,虽通六,不第。"如果按国子监算学学生"二分其经以为之业"的培养方式,明算科考试应如《新唐书》所记载的那样,也当二分其经以考之。据此,明算科考试实又分为两组。

一组试《九章》和《五经算》等七经加《记遗》《三等数》。考试形式也有两项:其一,《九章》问义三条,《五经算》等七经各问义一条,共十条,通六为第;其二,《记遗》《三等数》共帖经十条,得九为第。

另一组试《缀术》《缉古》加《记遗》《三等数》。考试形式也有两项:其一,《缀术》问义七条,《缉古》问义三条,共十条,通六为第;其二,《记遗》《三等数》共帖经十条,得九为第。

两组考试均由专业科目与共同基础科目组成,专业科目考问义,共同基础科目考帖经。问义考试的要求也相同,即详细而明确地掌握各部算学经典中的原理,并能运用原理进行演算推论;若不合经典原理,即使通六条,也不予及格。从《新唐书》卷四四《选举志上》所记载的规定看,明算科考试更强调对经典算学原理的理解和运用,考《缀术》的一组还提倡有所创造("无注者合数造术,不失义理,然后为通")。

比较《唐六典》与《新唐书》关于明算科的记载,最大的差别在于:《唐六典》中的两组考试,考试形式都有三项,即《九章》等七经、《缀术》和《缉古》,都须帖经。细按《唐六典》的行文,"录大义本条为问"句以上为正文,此句起往后为注文;正文记叙既成之制度,注文则反映撰《唐六典》时的制度改革新措施。这样的事例在《唐六典》中有很多。因此,可以推测,到开元年间撰写《唐六典》时,明算科考试的形式主要是帖经,如上引《唐六典》卷二《尚书吏部》记明算科考试的正文所言:"《九章》三帖,《海岛》《孙子》《五曹》《张丘建》《夏侯阳》《周髀》《五经》等七部各一帖。其《缀术》六帖,《缉古》四帖。"当《唐六典》即将成书时(即开元末年),明算科与明经、进士等其他贡举科目一起进行了考试内容和形式的改革,形成了专业科目考试问义、共同基础科目考试帖经的格局,明算科考试内容和形式也自此定形。

明算科考试及第后叙用品阶同明书,为从九品下。唐代科举以经学、文学为主导,明算科较之明法科、明书科距经学和文学更远。因此,史书中难以找到明算科及第者的名姓也就不足为奇了。

唐代的制举考试

《新唐书》卷四四《选举志上》关于唐代科举制度的诸多科目有一段含混不清的叙述,在列举"岁举之常选"的诸常科之后,紧接着说:"其天子自诏者曰制举,所以待非常之才焉。"这就说明了制举的性质和特点:其一,制举是帝王下诏临时设置的考试科目;其二,设置制举的目的是根据当时国家的特别需要选拔特殊的人才。《新唐书》卷四四《选举志上》将应试的制举人与生徒、乡贡作为政府未来官员来源的三条途径,表明了对制举在唐代科举考试中地位的肯定。

第一节　制举考试的沿革

制举又称制科。唐代制举制度近可以上追溯到隋代的下诏举人,远可以逆源于汉代察举制中的特科,如察举特科中有贤良方正直言极谏科。就都是帝王据其所需而下诏举人这一点而言,唐代制举与汉代特科存在着明显的渊源关系。恰如《新唐书》卷四四《选举志上》所言:"所谓制举者,其来远矣。自汉以来,天子常称制诏道其所欲问而亲策之。"由于唐代制举是在实施科举制度的大背景下逐渐形成的特殊的考试科目体系,因此有着自己独特的内容、形式和作用。

一、 制举考试的源起与发展

(一) 制举考试的源起

关于唐代完全意义上的制举考试的开创时间,历有争议,至今未有定论。宋人王溥所编《唐会要》中搜集了唐代历年制举科目和及第人,居首的年份是显庆三年(658年),科目为志烈秋霜科,及第者为韩思彦[①],事实上是以此为唐代制举的起始。王溥编《唐会要》,是依据唐德宗时苏冕的《会要》和唐宣宗时崔铉的《续会要》,并采唐宣宗以后的史事而成书。以显庆三年为制举首创时间的观点代表了唐宋时人的认识。如宋人赵彦卫《云麓漫钞》卷六汇集唐代制举科目时,有明确名称的科目仍为显庆三年的志烈秋霜,而在此之前仅记载永徽三年(652年)的"制科及第",未详述科目名称,事实上仍认为制举始于显庆三年。制举起于显庆三年之说,也得到今人的支持。[②]

清人徐松在其《登科记考》卷一"武德五年"条下,引当年三月荐举诏中所言:"宜令京官五品以上及诸州总管、刺史各举一人。其有志行可录,才用未申,亦听自举,具陈艺能,当加显擢,授以不次。"[③]他断定"按此为制举之始"。徐松之说可以在两《唐书》中找

① 《唐会要》卷七六《贡举中·制科举》。
② 吴宗国在《唐代科举制度研究》中认为,《唐会要》中所述显庆三年开设志烈秋霜科"是文献中见到的关于制举科目的最早记载"。
③ 《唐大诏令集》卷一〇二《京官及总管刺史举人诏》。

到一些佐证材料。如《新唐书》卷九九《崔仁师传》记崔仁师"武德初,擢制举,调管州录事参军"。《旧唐书》卷七四《崔仁师传》也说他"武德初,应制举,授管州录事参军"。但有今人指出,制举的形成是一个逐步发展的过程,武德时的制举"恐怕与过去的诏举相近似"①,也就是说与察举意义上的特科相近。

徐松是细致的,他实际上认为,要论定唐代制举的开创时间,须将制举的开始和制举科目的开设区分开来。易言之,制举的出现是一个过程,先是萌芽,后是完成,完成的标志是制举科目的开设。制举科目的开设是在贞观三年(629 年),根据是当年四月的诏令:"白屋之内,闾阎之人,但有文武材能,灼然可取;或言行忠谨,堪理时务;或在昏乱而肆惰,遇太平而克己,亦录名状,官人同申。"②因此,徐松特别指出:"按此诏所言,即制举科目之始。"既有了制举考试,又有了制举科目,唐代制举至此算是真正创立。今人有据徐松之见,赞同制举始于贞观三年(629 年)的。③ 但也有反对者认为,唐太宗此诏所列只是一般的指令,而非科目,"与后来的制举设科似非一事"④。

那么,唐代制举究竟初创于何时?

从历代人们对唐代制举开创时间的论定来看,大部分人持一个共同的标准,即是否设置了明确的科目。除此之外,还须补充并强调的标准是:是否进行了考试。以这两条标准权衡,就可以区别荐举与制举,较顺利地断定唐代制举的开创时间。

以下先考察武德、贞观时的制举及第者。

① 傅璇琮. 唐代科举与文学[M]. 西安:陕西人民出版社,1986:135.
② 《册府元龟》卷六七《帝王部·求贤一》。
③ 刘恩惠. 唐代制举初探[J]. 松辽学刊(社会科学版),1984(3).
④ 傅璇琮. 唐代科举与文学[M]. 西安:陕西人民出版社,1986:135.

《新唐书》卷九九《崔仁师传》:"崔仁师,定州安喜人。武德初,擢制举,调管州录事参军。"

《新唐书》卷一〇四《张行成传》:"张行成字德立,定州义丰人。……隋大业末,察孝廉,为谒者台散从员外郎。后为王世充度支尚书。世充平,以隋资补谷熟尉。家贫,代计吏集京师,擢制举乙科,改陈仓尉。"

《旧唐书》卷一八五上《田仁会传》:"田仁会,雍州长安人。……武德初应制举,授左卫兵曹,累迁左武候中郎将。"

从武德时几位制举及第者的材料看,除了张行成"擢制举乙科",区分出了等第,含有考试的意味外,其他的既未言及科目,也看不出考试的情况。然而,贞观时制举及第者的材料有了细微的变化。

《旧唐书》卷一九〇上《谢偃传》:"谢偃,卫县人也。……偃仕隋为散从正员郎。贞观初,应诏对策及第,历高陵主簿。"

《旧唐书》卷一七九上《崔信明传》:"崔信明,青州益都人也。……及长,博闻强记,下笔成章。……贞观六年,应诏举,授兴世丞。"

郑敞,"字仲高,荥阳开封人。……贞观七年,制策高第,授越州都督府参军"①。

李楚才,"卫州卫县人也。……贞观元年,授长乐监。……十四年,应诏四科举,射策登甲第"②。

《新唐书》卷二二三上《李义府传》:"李义府,瀛州饶阳人。……贞观中,李大亮巡察剑南,表义府才,对策中第,补门下

① 《全唐文》卷二七五《薛稷·唐故洛州洛阳令郑府君碑》。
② 《杨盈川集》卷七《原州百泉县令李君神道碑》。

省典仪。"

《新唐书》卷一九六《孔述睿传》:"孔述睿,越州山阴人。……贞观中,对策高第,历魏州司马,有治状,帝为不置刺史。"

从"对策及第""制策高第""射策登甲第""对策中第""对策高第"的表述,已明确可见贞观年间的制举广泛采用了考试(对策)的方式,再也不像武德时以"擢制举"含糊称之。此外,相关材料还明确记载贞观十四年(640 年)设置了"四科举",即四种考试科目。据此,似可断定制举初创于贞观年间。

以下再考察武德、贞观时的制举诏令。

武德五年(622 年)的诏举已如前述。

武德七年(624 年)二月诏:"宜下四方诸州,有明一经已上未被升擢者,本属举送,具以名闻。有司试策,加阶叙用。"[①]但此诏的重点在于崇儒兴学,很难说就是制举诏。

贞观三年(629 年)的诏举也如前述。

贞观八年(634 年)正月诏:"若有鸿材异等,留滞末班;哲人奇士,隐沦屠钓,宜精加搜访,进以殊礼,务尽使乎之旨,俾若朕亲觏焉。"[②]

贞观十一年(637 年)四月诏:"宜令河北、淮南诸州长官,于所部之内精加采访。其孝悌淳笃,兼闲时务;儒术该通,可为师范;文词秀美,才堪著述;明识治体,可委字民,并志行修立,为乡里所推者,举送洛阳宫。各给傅乘,优礼发遣,当随其器能,擢以不次。"[③]

---

① 《册府元龟》卷五〇《帝王部·崇儒术第二》。
② 《唐大诏令集》卷一〇三《遣使巡行天下诏》。
③ 《册府元龟》卷六七《帝王部·求贤》。

贞观十五年(641 年)六月又诏:"可令天下诸州,搜扬所部,士庶之内,或识达公方,学综古今,廉洁正直,可以经国佐时;或孝悌淳笃,节义昭显,始终不移,可以敦风励俗;或儒术通明,学堪师范;或文章秀异,才足著述,并宜荐举,具以名闻。"①

贞观十九年(645 年)二月诏:"其有理识清通,执心贞固;才高位下,德重位轻。或孝悌力行,素行高于州里;或洪笔丽藻,美誉陈于天庭;或学术该通,博闻千载;或政事明允,才为时新。……所在官僚,精加访采,……一善弓旌,咸宜举送。"于是,州郡所举,前后至者数百人。②

贞观二十一年(647 年)正月诏:"仍令天下诸州,搜扬仄陋。其有学艺优洽,文蔚翰林,政术甄明,才膺国器者,并宜〔申送。限以来年二月一日〕总集泰山。庶令作赋掷金……"③

从贞观历年有关举荐的诏书,可以看出制举科目逐渐凸显的过程:三年诏是指令性意见。八年时,仍然只是指定对象范围,而不能算是科目。到了十一年,情况发生显著变化,所列出的四种选人要求分明就是四个内涵和指向都十分确定的选举科目,即包括德行(孝悌淳笃)、儒术(儒术该通)、文章(文词秀美)、治国(明识治体)四种人才。十五年和十九年的诏书实际上都重复了这四个科目,虽然其表述和排列顺序不尽相同。将贞观时的荐举诏与制举及第人的记载合而观之,值得注意的是贞观十四年李楚才"应诏四科举,射策登甲第",正与十一年、十五年、十九年诏书的选拔要求相合。这不是偶然的。据此可以断定:下诏设置明确的

---

① 《唐大诏令集》卷一〇二《求访贤良限来年二月集泰山诏》。
② 《册府元龟》卷二五九《储宫部·监国》。
③ 《册府元龟》卷三五《帝王部·封禅一》。六角括号中文字,《册府元龟》原无,据徐松《登科记考》卷一补。

科目,通过对策考试来选拔特殊人才的制举制度,于贞观十一年(637年)就已开创。事实上,"四科举"在后来的制举中始终是一个传统的考试项目,而其内涵在贞观十一年就已初步确定。

(二) 制举考试的发展

贞观时制举的创立还只能算是初步的,因为从贞观十一年(637年)到二十一年所诏举四个科目,其内涵完全相同,而其表述却无一相同。然而,在此后的年代里,制举科目的名称日益明确、固定,考试也逐步规范。《册府元龟》卷六三九《贡举部·总序》认为,制科举人"始于显庆,盛于开元、贞元"。说"始于显庆"未必恰当,却指出了唐高宗显庆年间确为制举发展的重要时期;而说制举"盛于开元、贞元",则大体符合历史事实。

唐高宗于贞观二十三年(649年)六月高宗即位,九月就下诏:"其有经明行修,谈讲精熟,具此严才,堪教胄者;志节高妙,识用清通,博闻强正,终堪卿辅者;游情文藻,下笔成章,援心处事,端平可纪者;疾恶扬善,依忠履义,执持典宪,终然不移者,京师长官、上都督府及上州各举二人,中下州刺史各举一人。"[①]唐太宗时制举的基本精神得以延续。

从文献记载看,唐高宗显庆年间,制举几乎年年举行。显庆元年(656年)十月诏:"宜令河南、河北、江淮以南州县,或纬俗之英,声驰管、乐;或济时之器,价逸萧、张,学宰帝师,材堪栋辅者,必当位之不次,可明加采访,务尽才杰,州县以礼发遣。"[②]显庆二

---

① 《册府元龟》卷六七《帝王部·求贤一》。
② 《唐大诏令集》卷一〇二《河南河北江淮采访才杰诏》。

年二月的《采访武勇诏》创造性地开设了武举制科。武举制科的开设，丰富了制举的内涵，也完善了制举考试的体系。根据武举的产生一般晚于文科的规律，这也说明此前已有相当的文科制举的实践。正因为如此，也才有了显庆三年唐代制举考试历史上的这个重要年份。当年二月，志烈秋霜科韩思彦及第，开始正式记录科目名称和及第人姓名，从此制举有了明确的文献记载，也反映出制举的相对制度化。之后，唐高宗对制举的重视程度提高，名称更为规范、目标更为明确的科目如雨后春笋般开设出来，制举的社会影响也迅速扩大，应试者踊跃。

显庆四年（659 年）二月，唐高宗亲自策试制举人"凡九百人，惟郭待封、张九龄五人居上第，令待诏弘文馆"①。所设科目繁多，有洞晓章程、材称栋梁志标忠梗、政均卓鲁字俗之化通高、安心畎亩力田之业凤彰、道德资身乡闾共挹、养志丘园嘉遁之风载远、材堪应幕、学综古今等八科，对人才的要求丰富而多样，基本上奠定了唐代此后制举考试的科目规模。显庆五年六月又诏"四科举人"："或孝悌可称，德行夙著，通涉经史，堪居繁剧；或游咏儒术，沉研册府，下帷不倦，博物驰声；或藻思清华，词锋秀逸，举标文雅，材堪远大；或廉平处事，强直为心，洞晓刑书，兼包文艺者。"②

直到唐高宗执政终了，其间大部分年份有制举。其中，有几个科目的开设应予注意：其一，幽素科的多次开设。如龙朔三年（663 年）的岩薮幽素，麟德元年（664 年）的销声幽薮、藏器下僚，仪凤元年（676 年）的丘园秀异、志存栖隐，等等。其二，礼乐科目的多次开设。如咸亨二年（671 年）的能明习礼经，详究音律者；

① 《旧唐书》卷四《高宗本纪上》。
② 《册府元龟》卷六七《帝王部·求贤一》。

仪凤元年的备晓八音,洞该七曜;调露元年(679年)的洞晓音律,识均牙旷;等等。① 其三,宰执科目的开设。如仪凤二年的材蕴廊庙,器均瑚琏,体王佐之嘉猷,资公辅之宏量;调露元年的文武兼资,才堪称将相;等等。② 其四,忠梗科目的开设。如显庆四年(659年)的材称栋梁志标忠梗,乾封二年(667年)直言极谏等。其五,文学科目的继续发展。如上元三年(676年)的词殚文律,文学优赡;仪凤二年的下笔成章;调露元年的藻思宏赡,思擅文宗;等等。③

此外,永淳二年(683年),"敕令应诏举人,并试策三道,即为永例"④。制举考试的基本内容与形式要求被确定下来。

唐高宗时期通过开设大量科目和考试的规范化建设,使制举制度初步成熟。但是,广泛而丰富的设科显出重点不明的缺陷,这也反映了唐高宗统治思想不很明确的政治现状。

武则天临朝称制之后,网罗四方人才以为其统治服务,制举是其重要手段之一。据所见,从嗣圣元年(684年)至长安四年(704年)的二十一年间,有十二年开设制举,共二十科。⑤ 徐松认为,武则天革唐命,大开制举之门,应举者向万人。如《旧唐书·张柬之传》记载,张柬之"永昌元年,以贤良征试。同时对策者千余人,柬之独为当时第一"。几乎每一个制举开考的年份,都有近千人应试,可谓盛况空前。

---

① 见《册府元龟》卷六四五《贡举部·科目》、卷三六《帝王部·封禅二》、卷六七《帝王部·求贤一》。
② 见《唐大诏令集》卷一○二《京文武三品每年各举所知诏》、《册府元龟》卷六七《帝王部·求贤一》。
③ 见《登科记考》卷二、《册府元龟》卷六七《帝王部·求贤一》。
④ 《唐会要》卷七五《贡举上·帖经条例》。
⑤ 见《登科记考》卷三、四。

武则天当政时制举科目设置的特点是,科目类别相对集中,侧重点明确。首先是文学类设科频繁。如嗣圣元年(684 年)和垂拱四年(688 年)的词标文苑,载初元年(689 年)的蓄文藻之思,天册万岁二年(696 年)的文艺优长,大足元年(701 年)的文擅词场,等等。另有一些用意微妙的科目,如嗣圣元年的抱儒素,载初元年的抱儒素之业,天授二年(691 年)的英才杰出、业奥六经,等等。又如永昌元年(689 年)和天册万岁二年的贤良方正,天授二年的孝悌鲠直,长寿三年(694 年)的临难不顾徇节宁邦,等等。在这三类科目中,文学与经术、道德之间的关系颇为微妙,甚至存在着一定的冲突。文学科目的设科频繁,表现了武则天广泛搜罗文学人才,欲以文学与经术相抗衡的用意。从设科年份看,文学科目从嗣圣元年至大足元年,差不多贯穿武则天统治的整个时期,可见其始终不渝的坚持态度。经术科目从嗣圣元年至天授二年,仅设置于武则天统治的前三分之一时期,而止于其称帝之初。这似乎说明,经术科目是为其夺取帝位服务的遮人耳目的幌子。事实上,为收买官僚士人,壮大统治基础,这一时期武则天的统治策略是"以禄位收天下人心"①,儒术科目的设置正与之互为表里。而道德类科目从永昌元年至天册万岁二年,仅设置于武则天称帝前夕至称帝之后的几年。继承汉代察举特科的贤良方正是在唐代首次开设的,它与孝悌鲠直、徇节宁邦诸科一起,在武周革命之初的敏感时期,明确表达了武则天对士人的政治和道德要求,即须"贤良",讲"孝悌",需要时还须为国"徇节",同样是借助儒家的政治道德来为其统治服务。事实上,武周政权建立之后,武则天的

---

① 《资治通鉴》卷二〇五《唐纪·则天顺圣皇后中之上·长寿元年》。

统治政策是"任威刑以禁异议"①，以忠孝贤良的科目号召和束缚士人也正与之互为表里。

唐中宗践位，恢复唐国号。从神龙元年（705 年）至景云三年（712 年），唐代所开制举科目也表现出显著的侧重点。如神龙元年的贤才，二年的才膺管乐、才高位下，三年的材堪经邦、草泽遗才、宰臣；景龙二年（708 年）的抱器怀能、茂才异等、藏器晦迹；景云二年的文以经国、藏名负俗，三年的文可以经邦、材可治国、材堪刺史、寄以宣风能兴化变俗、道侔伊吕、怀能抱器；等等。② 几乎每次设科考试中必有有关各种治国人才的科目。人才要求如此集中而明确，这一时期的设科在唐代其他时期是未曾有过的，这反映了恢复唐祚后政治秩序的重新建立和官僚队伍的重新建设过程。

唐玄宗统治时期较长，尤其是前期出现"开元之治"，国家昌盛，使其在位期间制举开设的年份、开科的数目都颇可观，分别达到二十八年、四十八科③。除在开元前期科目设置有一定侧重外，在唐玄宗在位的大部分时间里，设科缺乏主题。开元前期，制举设科主要突出了对文学的注重。如开元二年（714 年）的手笔俊拔，五年、十九年、二十二年和天宝二年（743 年）的博学宏词，开元五年的文史兼优、文儒异等，六年的博学通艺，七年、二十六年的文词雅丽，十年的文藻宏丽，天宝元年的文词秀逸，六载的风雅古调，十三载的词藻宏丽。从文学科目的开设年份看，开元二年至十年颇为集中，计五年共七科（九年中有两年未开制举），占玄宗

---

① 《资治通鉴》卷二〇五《唐纪·则天顺圣皇后中之上·长寿元年》。
② 见徐松《登科记考》卷四。
③ 见徐松《登科记考》卷五至卷一〇。

朝制举文学科目的一半。同时，文学科目也延续于整个开元、天宝时期，正与这一时期社会上注重文学成风并波及科举考试，形成以文学取士的大势相吻合。影响所及，也使制举考试的内容与形式再次发生改变。《唐会要》卷七六《贡举中·制科举》载："天宝十三载十月一日，御勤政楼，试四科举人。其辞藻宏丽，问策外更试诗赋各一首。制举试诗赋，从此始。"虽然当时只是辞藻宏丽科加试诗赋，但却开了制举在对策上外试诗赋的先例。

文学科之外，唐玄宗时期的制科还有韬略、优异人才、隐逸等类别。尤其是与常科中道举的开设相呼应，天宝十三载（754 年）新开洞晓玄经制科，从而与道举在考试体制上相衔接。关于唐玄宗时期制举设科缺乏重点的原因，有学者认为这与"开元之治"形成的同时社会矛盾激变有关，因此更注重凭借吏干之才选官。

唐肃宗在位时正值"安史之乱"，时局动荡，也致使制举不兴。但统治者迫于国家多难，表现出求才若渴的急切心情。《册府元龟》卷六八《帝王部·求贤二》所载乾元三年（760 年）之诏颇可说明问题："三年闰四月，御明凤楼，诏：'宜令中外五品以上文武正员官，各举贤良方正直言极谏一人。武艺文才俱堪济理者，亦任状举。其或文乏词策、武非骑射，但权谋可以集事，材力可以临戎，方圆可收，亦任通举，并限制到一月内奏毕。'"其中所体现的精神是不拘一格，即非文非武，只要是有谋或有力者，皆举之。值得注意的是，汉代察举特科"贤良方正直言极谏"被借鉴为唐代制举科目，表现了统治者垂询下属、虚怀以待的诚意。自此之后，此科成为制举经常设置的代表性科目，也折射出中唐以后皇帝总体上呈不断"弱势"状态。

制举考试在唐德宗至唐文宗时又出现一个频繁举行的时期，

设科也表现出一定的倾向性,其主要意图在于选拔出能匡扶朝纲的政治、军事人才和能治国理民的吏治、经史人才。

首先,贤良方正直言极谏科成为首重科目而经常开设,并往往在帝王建元、改元时开设。如唐德宗建中元年(780年)与贞元元年(785年)、四年、十二年,唐宪宗元和二年(807年),唐穆宗长庆元年(821年),唐敬宗宝历元年(825年),唐文宗大和二年(828年),等等。贤良方正直言极谏科要求考生既博通经史,也胸有治国方略,且品德正直,敢于直陈时弊乃至批评时政,确为选拔宰辅的科目。不少唐中后期政治家、思想家出自此科,故此科有较大的社会影响。

其次,军谋宏达材堪将帅类科目也受到很大关注,并常在帝王初即位时开设。如建中元年(780年)的军谋越众,贞元元年(785年)的识洞韬略堪任将相,元和二年(807年)、长庆元年(821年)和大和二年(828年)的军谋宏达材(堪)任将帅,宝历元年(825年)的军谋宏达材任边将,等等。将帅科目的受重视反映了在藩镇割据、边患频仍的压力下将帅乏才的窘况。

再次,博通文典达于教化类科目设科频繁,常与以上两科相提并论。如建中元年(780年)的经学优深,贞元元年(785年)和十二年、元和二年(807年)、长庆元年(821年)的博通坟典达于教化,贞元四年的清廉守节政术可称堪县令,贞元十二年、长庆元年的详明政术可以理人,元和元年、二年的达于吏治可使从政,元和元年的才识兼茂明于体用,宝历元年(825年)的详明吏治达于教化,大和二年(828年)的详明吏理达于教化,等等。此类科目要求考生通经治国,所选拔的主要为教化民众、治理地方的称职官员。

此外,不求闻达等隐逸类科目、博学宏词等文学类科目在这一时期沿设。[①]

这一时期制举考试形式和内容上的重要特点是重视对策,尤其重视时务策。唐代一批著名的对策就出现在这一时期,如元和三年(808年)牛僧孺、李宗闵、皇甫湜的对策,大和二年(828年)刘蕡的对策,等等。

唐文宗之后的唐代历朝皇帝在位期间,除个别科目断续开设外,其他科目已基本不开设。这与唐王朝国势更趋衰弱,朝政混乱而举措无力有关。

二、 制举在科举考试中的地位

所谓制举在科举考试中的地位,是指制举与常科(尤其是进士科)比较孰重孰轻。对唐代制举在科举考试中的地位,唐人的看法有所不同。有人认为,制举的地位高于常科。唐德宗贞元元年(785年),穆质在应贤良方正能直言极谏科考试对策中说道:"臣窃见国家取贤之道,其礼部、吏部,失之远矣。则制策之举,最为高科,以臣言之,不得无弊。"[②]他以为制举位在诸科之上。唐人范摅所著《云溪友议》卷下在叙述制举考试过程中给予考生优厚礼遇时感叹:"男子荣进,莫若兹乎!"认为制举出身不如进士出身的代表是天宝时人封演。在《封氏闻见记》卷三《制科》中,封演断言:"然制举出身,名望虽高,犹居进士之下。"他还具体举出事例为证:"同僚迁拜,或以此更相讥弄。御史张璪兄弟八人,其七人

---

① 以上科目参见《唐会要》卷七六《贡举中·制科举》、《云麓漫钞》卷六等。
② 《文苑英华》卷四八六《穆质·贤良方正能直言极谏策》。

皆进士出身，一人制科擢第。亲故集会，兄弟连榻，令制科者别坐，谓之'杂色'，以为笑乐。"考察制举在唐代士人中和社会上的影响，可以看到制举的实际地位并不像封演所断言的那样。

首先，制举是"天子自诏"的特殊考试科目，这一特殊性贯穿于考试的全过程。先是设科，制举的科目均由帝王亲自确定并通过诏书下达。科目的设置是基于帝王对国家形势的判断而提出的人才需要设想，也就更多地体现了帝王的意志。也正因为这样，制举就在名义上成为帝王主持的考试。一旦进入考试程序，帝王确也常常参与考试，亲自策试举人，甚至亲自批阅试卷。《通典》卷一五《选举三》载，制举"试之日，或在殿廷，天子亲临观之"。《旧唐书》卷四《高宗本纪上》记显庆四年（659年）二月，唐高宗"亲策试举人，凡九百人"。唐玄宗更是屡屡亲临制举考场，据《登科记考》记录，有七八次之多。《杜阳杂编》卷上也记载了唐德宗亲自阅卷的事："上试制科于宣政殿，或有词理乖谬者，即浓笔抹之至尾。如辄称旨者，必翘足朗吟。翌日，则遍示宰臣、学士曰：'此皆朕门生也。'"据上，可以看出帝王对制举应试和及第者的重视程度。

其次，制举及第后的待遇要优于明经、进士等常科，表现在制举及第后立即授予官职上。按唐制，进士及第后仅获得出身资格，授官尚须经吏部考试合格，谓之释褐。不少进士及第者因久困于吏部考试而不售。如欧阳詹"四试于吏部，始授四门助教"；韩愈更是"四举于礼部乃一得，三选于吏部卒无成"，以至十年蹉跎。[①] 然而，制举却是及第后即可以授予官职的。如孙逖于开元十年（722年）"应制，登文藻宏丽科，拜左拾遗"；柳公绰"举贤良方

---

① 《十七史商榷》卷八一《登第未即释褐》。

正直言极谏,补校书郎。间一年,再登其科,授渭南尉";等等。①
制举的这一优越性吸引了不少明经、进士及第却又暂未授官者积极应试,甚至一试再试,一得再得。制举事实上成了明经、进士及第者踏上仕途的一块跳板。《十七史商榷》卷八一《得第得官又应制科》归纳:"有得进士第后又中制科者。如《刘蒉传》,蒉擢进士第,又举贤良方正能直言极谏科;《儒学传》,马怀素擢进士第,又中文学优赡科;《文艺传》,阎朝隐连中进士、孝悌廉科;《隐逸传》,贺知章擢进士、超拔群类科,是也。"此类事例有很多。如奚陟,"大历末,擢进士、文辞清丽科,授弘文馆校书郎"②;崔群,"十九登进士第,又制策登科,授秘书省校书郎,累迁右补阙"③;等等。尤其应当注意的是,由明经、进士出身而试制举及第者,日后升迁往往不凡。如贞元十年(794年),贤良方正能直言极谏科登第者十五人,其中进士出身者裴垍、王播、裴度、崔群、皇甫镈均位至宰相;元和元年(806年),才识兼茂明于体用科登第者十六人,明经出身的元稹、进士出身的韦处厚和萧俛都至相位,白居易、独孤郁、崔绾、沈传师、罗让等也都位居要职;元和三年贤良方正能直言极谏科登第者十一人,进士出身的牛僧儒、李宗闵、贾𫗧都至相位,王起为左仆射……可见,制举还是明经、进士及第者踏上仕途后又跃至要津的一块跳板,不少高官是屡试制举而屡得者。

最后,制举规定无论是前资官(即已去职之官)还是现职官员,都可以参加考试。前资官即使任期未满,制举及第后,也可提前授予新职;在任官考试及第后,可以转授新职。这样,就加快了

---

① 《旧唐书》卷一九〇中《孙逖传》、《新唐书》卷一六三《柳公绰传》。
② 《新唐书》卷一六四《奚陟传》。
③ 《旧唐书》卷一五九《崔群传》

官员个人官职转升的频率与速度,增加了仕宦机会。制举对于在职官员的益处不言而喻。唐代士人的入仕程序通常为:应常科考试及第一应吏部试—入官—再应制举考试—授新职,或应常科考试及第一应制举考试及第一入官—再应制举考试—授新职。应制举及第后再应明经、进士或现任官员应明经、进士的情况却未曾得见。这体现了唐代科举考试中常科与制科设置的先后序列,反映了制举在唐代科举考试中的地位。

第二节 制举考试的科目、方法与内容

由于制举与一定时期的政治形势关系密切,因此考试科目具有临时、多样和多变的特点。《通典》卷一五《选举三·历代制下》说:"其制诏举人,不有常科,皆标其目而搜扬之。"《新唐书》卷四四《选举志上》甚至认为:"其为名目,随其人主临时所欲。"

一、 制举考试的科目

关于唐代制举考试的科目,《封氏闻见记》卷三《制科》说:"国朝于常举取人之外,又有制科,搜扬拔擢,名目甚众。"《云麓漫钞》卷六也认为唐代制举"科目至繁"。关于唐代制举考试究竟开设了多少科目,实难确论。对此问题,学者们历来众说纷纭。如《唐会要》卷七六《制科举》记载,从显庆三年(658年)至大和二年(828年)共有四十一年举行过制举考试,先后开设七十八科次,除去科目名称完全或基本相同的,约六十三科。徐松据其所见,在《登科记考》的"凡例"中就唐代制举科目数作了一个说明:

《困学纪闻》云:"唐制举之名多至八十有六,凡七十六科。"《玉海》亦言:"自志烈秋霜而下凡五十九科,自显庆三年至大和二年,及第者二百七十人。"今以《旧唐书》《唐会要》《册府元龟》《文苑英华》《云麓漫钞》诸书参考之,其设科之名已无虑百数。又如曰吏职清白,曰孝悌廉让,见《孝子郭思训墓志》;曰穿杨附枝,见李邕《臧怀亮碑》;曰经明行修,见李邕《李思训碑》;曰五臣,见李邕《程府君碑》;曰文擅词场,见张说《杨志诚碑》;……是知科目之名遗佚者多矣。

徐松认为唐代制举科目"已无虑百数",这一估计并不为过,何况还有不少"遗佚者"。今人据《唐会要》《唐大诏令集》《云溪友议》《册府元龟》《登科记考》等文献辑出制举科目一百多科,它们是:

贤良方正能直言极谏科。明识政体可委字人科。言行忠谨堪理时务科。英才杰出材称栋梁志标忠鲠科。文武材能灼然可取科。洞晓章程科。材堪应幕科。藏器下僚科。岳牧举,亦称"四岳举"。武艺超绝科。长才广度沉迹下僚科。绝伦科。经邦科。贤才科,亦称"县令科"。才位高下科。才堪经邦科。宰臣科。抱器怀能科。藏器晦迹科。文以经国科。文可以经邦科。材可以治国科。才堪称刺史科。才高未达沉迹下僚科。多才科。王霸科。牧宰科。高蹈不仕科。才可宰百里科。才兼文武科。讽谏主文科。高蹈丘园科。清廉守节政术可称堪任县令科。详明政术可以理人科。隐居丘园不求闻达科。达于吏理可使从政科。才识兼茂明于体用科。详闲吏理达于教化科。五臣科。吏职清白科。韬钤科，亦称"武艺驰声科""将帅举"。临难不顾徇节宁邦科。武足安边科。智谋将帅科。军谋越众科。智谋经武科。识洞韬略堪任将帅科。军谋出众科。军谋宏远堪任将帅科，亦称"军谋宏达才任将帅科"。韬晦奇才科。穿杨附枝科。孝悌淳笃兼闲时务科。昏乱而肆情遇太平而克己科。志烈秋霜科。政均卓鲁字俗之化通高科。安心畎亩力田之业夙彰科。养志丘园嘉遁之风载远科。道德资身乡同共挹科。销声幽薮科。幽素科。孝悌廉让科。草泽遗才科。哲人奇士逸沦屠钓科。藏名负俗科。乐道安贫科。博通坟典达于教化科。寄以宣风则能兴化变俗科。经明行修科。茂才异等科。学综古今科。儒术该通可为师范科。抱儒素科，亦称"抱德幽栖科"。明堂大礼科。抱儒素之业科。英才杰出业奥大经科。明三经通大义科。抱一史知其本末科。疾恶科。良才异等科。文史兼优科。文儒异等科。高才沉沦草泽自举科。有道科。博通坟典科。洞晓元经科。经学优深科。长念九经科。精通经史科。儒学博通科。袭黄科。道侔伊吕科。通三教宗旨究其精微科。燮理阴阳科。明四子科。处士科。文辞秀美才堪著述科。文章秀异科。词殚文律科。文学优瞻科。下笔成章科。词标文苑科。蓄文藻之思科。文艺优长科。文擅词场科。才膺管乐科。文学优长科。藻思清华科。手笔俊拔超越流辈科，亦称"超拔群类科"。博学通艺科。文词雅丽科。文藻宏丽科。文词秀逸科。风雅古调科。词藻宏丽科。日试百篇科。日试万言科。文词清丽科。博学专门科。

以上所列制举科目实际上仍然存在问题。首先，异名同实者都予以列举。如"文以经国"与"文可以经邦"两科，或许只是一科。而"洞晓元经"与"明四子"就是同一科的不同名称,"明四子"即要求明《老》《庄》《文》《列》道家四子书,就是洞晓玄经,是道举制科。其次,科目仍有遗漏。如开元二十二年(734 年)诏举"博学、多才、道术、医药举人等,先令所司表荐,兼自闻达,敕限以满,须加考试"①。其中的道术、医药科就未被列入,也为其他的研究者所忽略。另外,武则天即帝位后的天授二年(691 年),郭霸"应革命举"而拜左台监察御史。② 类似的遗漏应该还会有一些。然而,从另一方面说,由于唐代制举设科实在繁复且多变,令人难究其详。如果我们把握了唐代制举发展的基本线索和其中的主要科目,究竟开设了多少科目就成了不必细究的问题了。

唐代制举发展的基本线索已如上述,而关于其主要科目,有学者依据《唐会要》所列的六十三科,归纳为七类:文、武、吏治、长才、不遇、儒学、贤良忠直,即文章辞藻类、军事谋略类、政术治道类、长才异能类、怀才不遇类、博通儒学类和道德气节类。这七类大体概括了唐代制举科目的选才指向。《新唐书》卷四四《选举志上》同样不纠缠于制举设科多少,而是着重指出诸多科目中最稳定、最著名、最重要的四种科目:"其为名目,随其人主临时所欲而列为定科者,如贤良方正直言极谏、博通坟典达于教化、军谋宏远堪任将率、详明政术可以理人之类,其名最著。"

制举科目繁多表现了处在中国古代社会鼎盛时期的唐代在人才问题上不求其备、兼收并蓄的观念和气度。贞观二十年(646 年)进士及第的田备在其对策中说:"吹竽弹剑,犬吠鸡鸣,用才各

---

① 《册府元龟》卷六三九《贡举部·条制一》。
② 《旧唐书》卷一八六上《郭霸传》。

任所能,取士不求其备。"①徐松在其《登科记考》自叙中表达了相同的意思:"又若待非常之才,列制举之目,期之以伊吕,责之以霸王。或才综八能,或名成一艺,束帛之贲,相望丘园,弓旌之招,无间屠钓。山陬海澨,命使遐蒐;诸子百家,献书授职。何其牢笼群有,囊括九流如此哉!"相对于宋代制举设科不广、开科不常的萧条,明代的制举不开,清代制举的寥寥可数,唐代制举确可称极盛。那么,唐代制举何以盛?后代又何以盛况不再?这一现象颇耐人寻味。

二、 制举考试的应试资格

由于制举考试的目的是广泛搜罗各种特殊人才,因此对应试资格的规定较为宽松,确有不拘一格之意。唐代应制举,既可由地方政府和有一定级别的文武官员荐举,也可自举。自举途径的存在,同样表现了对制举应试者资格的优待政策。如咸亨二年(671年)诏:"其四方士庶及丘园栖隐,有能明习礼经,详究音律,于行无遗,在艺可录者,宜令州县搜扬博访,具以名闻。"②此诏指明地方政府推举参加制举的考生不论士庶。又如开元二十六年(738年)诏:"其内外八品已下官及草泽间有学业精博,蔚为儒道,文词雅丽,通于政术,为众所推者,各委本州本司长官精加搜择,具以奏荐。"③此诏明确允许八品以下官和草泽之民报考。可见,从文献记载看,制举应试者既有在编官员,也有常科及第而暂

---

① 《登科记考》卷一。
② 《册府元龟》卷六七《帝王部·求贤一》。
③ 《册府元龟》卷六八《帝王部·求贤二》。

未得官者和国子监诸学生员，还有一无身份者，即所谓"白身"。

（一）白身应举

白身应制举自唐初就已实行，此后这一政策始终遵行不悖。白身应制举入仕者中既有出身世家却未有过仕宦名分的，也有普通老百姓。《旧唐书》卷一八五上《田仁会传》记官宦世家出身的长安人田仁会，祖父田轨为隋幽州刺史、信都郡公，父亲田弘为隋陵州刺史并袭信都郡公，他本人"武德初应制举，授左卫兵曹，累迁左武候中郎将"。尽管武德初年制举还未形成，但允许无仕宦身份者应试的政策已经明确。此类情况甚多，如：

> 〔郑〕公讳敞，字仲高，荥阳开封人。……贞观七年，制策高第，授越州都督府参军事。①
>
> 李义府，瀛州饶阳人，……贞观中，李大亮巡察剑南，表义府才，对策中等，补门下省典仪。②
>
> 〔扬〕公讳至诚，字某，弘农华阴人也。……显庆中，诏郡国举贤良，公对策天朝，无能出其右者，迁太子通事舍人。③
>
> 王无竞者，字仲烈，其先琅玡人，……初应下笔成章举及第，解褐授赵州栾城县尉。④

表荐李义府的李大亮之族孙李迥秀也是"弱冠应英材杰出举，拜

---

① 《全唐文》卷二七五《薛稷·唐故洛州洛阳令郑府君碑》。
② 《新唐书》卷二二三上《李义府传》。
③ 《张说集》卷一六《赠太州刺史杨君神道碑》。
④ 《旧唐书》卷一九〇中《王无竞传》。

孙培青文集　第二卷　隋唐五代考试研究

相州参军"①。《滕王阁序》的作者王勃也属此类情形。《旧唐书》卷一九〇上《王勃传》云："勃六岁解属文,构思无滞,词情英迈,……勃年未及冠,应幽素举及第。"《新唐书》本传更详细地记载了王勃应举的过程:"麟德初,刘祥道巡行关内,勃上书自陈,祥道表于朝,对策高第。年未及冠,授朝散郎,数献颂阙下"。王勃既自荐又被举,考试对策高第而被授官,可称典型。

(二) 学馆生员应举

唐代国子监各学以及弘文馆、崇文馆按规定每年均有一定数额的学生可以被选送参加省试,参与明经、进士诸常科的角逐。同样,每次制举考试应诏设置后,国子监和弘、崇二馆也属于遵诏举送的政府部门。据文献记载,各学馆学生也常有应制举而及第者。

韩思彦字英远,邓州南阳人。游太学,事博士谷那律。……万年令李乾祐异其才,举下笔成章、志烈秋霜科,擢第,授监察御史。②

〔李〕公讳思训,字建,陇西狄道人也。……十有四,补崇文生。举经明行修科甲。明年吏以文翰擢未几,加朝散大夫③

房琯,河南人,天后朝正议大夫、平章事融之子也。琯少好

① 《旧唐书》卷六二《李迥秀传》。
② 《新唐书》卷一一二《韩思彦传》。
③ 《全唐文》卷二六五《李邕・唐故云麾将军右武卫大将军赠秦州都督彭国公谥曰昭公李府君神道碑》。

学,风仪沉整,以门荫补弘文生。……开元十二年,玄宗将封岱岳,琯撰《封禅书》一篇及笺启以献。中书令说奇其才,奏授秘书省校书郎,调补同州冯翊尉。①

唐代国子监诸学和弘、崇二馆学生入学资格均须视其父祖官品高下而定。简言之,学馆生员均为官员子弟。学馆生员可应制举,又增加了一条官员子弟入仕之路,但有关文献记载并不多见。这表明学馆生员应制举及第者数量不如其他身份者多,似也反映出制举取人的某种导向。

(三) 有科举出身而未仕者应举

按唐代制度,有科举出身者未必能立即得官,制举的开设为这些人提供了一条入仕捷径。此中又有两种情形。一种为取中常科后未有间隙的连中,免去了吏部的科目选,大大加快了走上仕途的速度。例如:

马怀素,润州丹徒人也。……举进士,又应制举,登文学优赡科,拜郿尉,四迁左台监察御史。②

裴守贞,绛州稷山人也。……初举进士,及应八科举,累转乾封尉。③

〔苏〕晋数岁能属文……弱冠举进士,又应大礼科,皆居上第。

---

① 《旧唐书》卷一一一《房琯传》。
② 《旧唐书》卷一〇二《马怀素传》。
③ 《旧唐书》卷一八八《孝友传》。

先天中，累迁中书舍人，兼崇文馆学士。①

另一种是常科及第后始终未能通过吏部的考选，历多年仍为布衣，然一朝制举得第，终得入宦。可以说，制举之路的存在，为解决一批仕途坎坷的前进士、前明经的"老大难"问题增加了机会。

（四）已仕者应举

制举允许已仕者甚至是在职官员应举，大量官员踊跃应举，借以改变现状，另谋他就，加快升迁的速率。例如：

〔冉〕公讳实，字茂实，其先鲁国邹人也。……弱冠太学生进士擢第。遭家不造，府君捐馆。五日绝浆，三年泣血，……服阕，调并州大都督府参军事。丁太夫人忧，过哀终丧，有如前制。应八科举，策问高第，授绵州司户参军，转扬州大都督仓曹参军。又举四科，敷言简帝，除益州导江县令。②

〔杨〕公讳至诚，字某，弘农华阴人也。……显庆中，诏郡国举贤良，公对策天朝，无能出其右者，迁太子通事舍人。再举高第，徙国子监丞。③

〔康〕君讳希铣，字南金，……年十四，明经登第，补右内率府胄曹。应辞藻宏丽，举甲科，拜秘书省校书郎。转左金吾卫录事

① 《旧唐书》卷一〇〇《苏晋传》。
② 《张说集》卷一六《河州刺史冉府君神道碑》。
③ 《张说集》卷一六《赠太州刺史杨君神道碑》。

285

参军。应博通文史，举高第，授太府寺主簿，转丞。又应明于政理举，拜洛州河清令，加朝散大夫、泾州司马、德州长史。[①]

〔张柬之〕进士擢第，累补青城丞。永昌元年，以贤良征试。同时策者千余人，柬之独为当时第一，擢拜监察御史。[②]

上述诸人有的是以前资官身份应制举而得到再度任命，有的则是以现职官身份应试而得到升迁，还有的是多次应制举。从考试和及第后的任命情况看，有多次应制举资格者似乎更易在以后的应试中取得成功。唐史文献中制举连中者比比皆是，反映了制举为人所注重的事实。

虽然制举应试者不受身份所限，但是及第后的授官因身份不同而有所区别。

三、 制举考试的过程

与常科考试十分规范的程序相比，制举考试的过程显出临时性特征，但制举实行既久，自然也形成一套规程。制举的考试过程通常是由下诏设科、举荐、考试诸阶段组成。

（一）下诏设科

每次制举考试举行前，均须下达专门的制举诏令，表明本次

---

① 《全唐文》卷三四四《颜真卿·银青光禄大夫海濮饶房睦台六州刺史上柱国汲郡开国公康使君神道碑铭》。
② 《旧唐书》卷九一《张柬之传》。

考试的指导思想和基本要求。如仪凤元年（676年）十二月的制举诏：

> 山东、江左人物甚众，虽每充宾荐，而未尽英髦。或孝悌通神，遐迩推敬；或德行光俗，邦邑崇仰；或学统九流，垂帷睹奥；或文高六艺，下笔成章；或备晓八音，洞该七曜；或射能穿札，力可翘关；或丘园秀逸，志存栖隐；或将帅子孙，素称勇烈。委巡抚大使，咸加采访，仁申褒奖。亦有婆娑乡曲，负材傲俗，为讥议所斥，陷于踦弛之流者，亦宜选择，各以名闻。①

从此诏书看，制举诏通常都要说明开科设考的理由。此诏所述的表面理由是：山东、江左人才辈出，虽历有举荐，却未能尽意。实际上，这反映了逐渐控制朝政的武则天借助山东、江左及其他区域士人的力量与关陇势力相抗的意图。由此可见，某一次制举的开设有着十分明确的目的，反映了当时国家的政治形势和朝廷斗争的需要，绝非帝王一时的心血来潮。

制举诏还需表明本次制举设考选人的范围、要求乃至具体科目，即取人的指向性。上述诏令所列选人范围主要包括八个方面，也就是其他文献所称的"八科举"。制举诏所列的对举人的具体要求，既可以是只说明范围，在考试时据其意旨另外规定科目；也可以是直接列出考试科目。此诏属于前者。因此，仪凤元年（676年）制举诏中所列八个方面，还有相对应的八科。如《旧唐书》卷九四《崔融传》载："崔融，齐州全节人。初，应八科举擢第，

① 《册府元龟》卷六七《帝王部·求贤一》。

累补宫门丞,兼直崇文馆学士。"《唐会要》卷七六《贡举中·制科举》更具体记述了崔融应八科举的具体科目:"上元三年正月,辞殚文律科,崔融及第。"上元三年即仪凤元年。可见,当年的八科举中有辞殚文律一科。因此,制举诏中所列开考名目并不完全等于制举科目,科目是诏书中考试指导精神的具体化。但也有在制举诏中直接说出考试科目的,如开元十一年(723年)十一月诏曰:"其官人有清白政术堪任刺史县令及抱器怀才不求闻达者,州长官具以名荐。"①诏书中所说的"清白政术堪任刺史县令"和"抱器怀才不求闻达"就是考试科目。又如唐肃宗乾元三年(760年)闰四月诏:"宜令中外五品已上文武正从官员,各举贤良方正直言极谏各一人。"②诏书中所说的"贤良方正直言极谏"同样是著名的制举科目。

(二) 举荐

制举设科开考诏书下达后,即进入举荐过程。诏书中往往也对举荐要求作出规定。举荐应制举考试者通常有以下几种形式:

其一,由地方政府和有一定级别的政府官员按例举荐。几乎在每份制举诏书中,都对举荐者的身份作出明确规定。如《册府元龟》卷六四五《贡举部·科目》载龙朔三年(663年)八月"诏内外五品以上,各举岩薮幽素之士"。又如《册府元龟》卷六七《帝王部·求贤一》载咸亨二年(671年)十月诏:"其四方士庶及丘园栖

---

① 《唐大诏令集》卷六八《开元十一年南郊赦》。
② 《唐大诏令集》卷四《改元上元赦》。

隐,有能明习礼经,详究音律,于行无遗,在艺可录者,宜令州县搜扬博访,具以名闻。"此诏规定了相应级别的政府官员和各级地方政府逢制举开设时,有责任"采访"蕴藏于官民士庶中的人才,并在认真考察后加以"选择",如实举送中央政府参加考试,即所谓"务取得贤之实,无贻滥吹之讥"①。长安二年(702年)的制举诏还对应举荐官员的职责和奖惩作了毫不含糊的规定:

> 可令文武内外官五品及七品已上清官及外官刺史、都督等,于当管部内,即令具举。且十室之邑,忠信尚存,三人同行,我师犹在。会须搜访,不得称无。荐若不虚,自从褒异之典;举非其士,岂漏贬责之科。所司明为条例,布告远近,知朕意焉。②

虽然武则天统治时的制举有其特殊性,但要求如实举荐制举者,不得有徇私舞弊或消极不举现象发生,可以认为是历朝制举对举荐者的一般规定。历朝制举所规定的举荐者官品高下也随当年选举需要而有变化,通常要求五品以上官。有时也提高标准,要求举荐者为三品以上官,如仪凤二年(677年)十二月诏:"京文武职事三品以上官,每年各举所知。……咸宜搜访,具录封进,朕当详览,量加奖擢。"③在某些特殊的时候,偶尔将举荐者的身份放得很宽。如武后的《改元光宅诏》:"宜令京官九品以上、诸州长官各举一人,咸以名荐。"又如唐中宗恢复唐国号的神龙元年(705年)

---

① 《唐大诏令集》卷三《改元光宅诏》。
② 《文苑英华》卷四六二《翰林制诏四十三》。此诏年月无考,据徐松《登科记考》所举多为练习武艺之事,疑在长安二年(702年)。
③ 《唐大诏令集》卷一〇二《京文武三品每年各举所知诏》。

二月，"诏九品以上及朝集使举贤良方正直言之士"①。几乎凡是品官，皆可推荐。

其二，委派专门官员举荐。唐代也常有委派中央政府赴各地的诸使采访挑选应制举者的情况。如仪凤元年（676年）专门面向山东、江左士庶的八科举就是"委巡抚大使，咸加采访"②的。稍早的王勃也是于麟德初，遇"刘祥道巡行关内，勃上书自陈，祥道表于朝，对策高第"③。稍后又有兖州人徐彦伯，"少以文章擅名，河北道安抚大使薛元超表荐之，对策擢第，累转蒲州司兵参军"④。又如开元二年（714年）四月，因去岁淮扬地区遭灾歉收而遇春上饥荒，朝廷派给事中杨虚受前往安抚，并要求"百姓间有伟识异才，潜藏鳞羽，隐沦屠钓，栖迟阎间。……还日各以名闻"⑤。

其三，应试者自举。唐代科举考试的一项基本精神就是允许士庶自愿报名投考，即有所谓"投牒自进"之说。制举在此方面的规定当更为宽松。因为除了允许应试者向地方政府报考或由地方政府和有关官员搜访外，还允许或提倡通过各种形式向有关官员和中央政府有关部门自荐。开此风气的当为武则天。如《旧唐书》卷六《则天皇后本纪》载，武则天于垂拱元年（685年）"诏内外文武九品以上及百姓，咸令自举"。在统治期间，武则天为笼络人心，培植党羽，提倡官民士庶自举。《大唐新语》卷八称："则天初革命，大搜遗逸四方之士，应制者向万人。"此中当有大量自举者。

① 《册府元龟》卷六七《帝王部·求贤一》。
② 《册府元龟》卷六七《帝王部·求贤一》。
③ 《新唐书》卷二〇一《王勃传》。
④ 《旧唐书》卷九四《徐彦伯传》。
⑤ 《唐大诏令集》卷一一五《遣杨虚受江东道安抚敕》。

之后,在大多数朝代,都允许人们自举应试,尤其是在皇帝初即位或改元时以及国家逢特别境遇时。自举又有两种情形:一为应试人向地方政府和有关官员自举,二为应试人按规定直接向朝廷自举。乾元元年(758年)十月诏举"怀才抱器隐遁丘园",除内外文武五品以上官"不限人数,任各荐闻"外,"如自举者,亦听于所在投状"。① 这是规定制举人向所在地政府自举。开元二年(714年)六月,制曰:"其有茂才异等,拔萃超群,缘无绍介,久不闻达者,咸令自举,朕当亲问。其应宣抚使名闻……"②这是规定应试者通过中央派遣至地方的有关官员自举,并报送朝廷。前引王勃就是于刘祥道巡行关内时向其上书自举,而被表荐于中央政府参加对策考试的。《册府元龟》卷六八《帝王部·求贤二》载:"〔开元〕七年五月,敕曰:'诸投匦献书上策人,其中或有怀才抱器者不能自达,宜令理匦使料简,随事探赜,仍加考试。如有可采,具状奏闻。'……〔开元〕十五年二月,制曰:'草泽中有文武高才者,听诣阙自举。'"这是应试人按规定直接向朝廷自举。自举之门的打开是基于两个考虑,即考虑到民间确有部分士庶人等"缘无绍介"而难有出头之日,考虑到特定时期国家特殊的人才需要。因此,自举的存在使有志向、有才能而无门路、无背景的吏民士庶获得更多的仕进机会,也使王朝政府能在尽可能大的范围里选拔优秀人才。需要说明的是,制举考试中应试者的自举只是一种补充措施,占主导地位的还是地方政府和有关官员的推荐,同时还通过对策考试进行甄别。正如开元二十二年《考试博学多才道术医药举人诏》中所言:"先令所司表

① 《唐大诏令集》卷二九《立成王为皇太子德音》。
② 《册府元龟》卷八五《帝王部·赦宥四》。

291

荐，兼自闻达，敕限以满，须加考试。"

（三）考试

制举诏书下达后，推举要在规定时间内完成，然后应制举人集于京都，参加考试，即如开元二十二年（734 年）诏所言，"敕限以满，须加考试"。从下诏到考试，即应试者从举荐到集于京师的最后期限，大约一个月至数月不等。《册府元龟》卷六三九记开元二十二年《考试博学多才道术医药举人诏》中给定的时限为：三月下诏，"博学、多才举人，限今年四月内集。道术、医药举人，限闰三月内集"。可见，道术、医药举人推荐限期一月余，博学、多才举人推荐限期二月余，而考试则分别在期满之后的一个月内举行。唐肃宗乾元二年（759 年）闰四月诏举贤良方正直言极谏等科，也是"限制到一月内奏毕"[①]。也有限期较宽的，可宽限到半年甚至一年。唐德宗于大历十四年（779 年）即位，六月下诏举人，"仍限今年十二月内到"，限期半年；贞元九年（793 年）十一月下诏，"限来年七月内到京"，限期八个月。唐穆宗长庆元年（821 年）正月下诏，"限今年十月到上都"，限期十个月。唐文宗大和元年（827 年）正月下诏，"限来年正月到上都"，限期一年。[②]

促发下诏开科行制举的原因多种多样，有帝王初即位、改元、册尊、立嗣、祭祀、庆典以及国家面临某些突发性事件等，下诏时间就有随机性，举荐限期也不一。因此，与常科考试有比较确定的时间（通常在每年春天）有所不同，制举考试的时间非常

---

① 《册府元龟》卷六八《帝王部·求贤二》。此诏原作乾元三年，徐松《登科记考》认为当作二年。
② 《册府元龟》卷六八《帝王部·求贤二》、《唐大诏令集》卷七〇《贞元九年南郊大赦天下》等。

不确定。从文献记载看,除了溽暑六七月外,其他各月都举行过制举考试。如上述开元二十二年(734年)四科举人分别为闰三月和四月集,四月和五月试;大历十四年(779年)十二月集,次年正月试;贞元十年(794年)七月集,八月试;长庆元年(821年)十月集,十一月试;大和二年(828年)正月集,二月试。此外,开元十五年九月考试,天宝十三载(754年)十月一日考试,等等。①

　　制举考试通常在白天举行,一般要求至夜时完成答卷,但是规定并不十分严格,也允许答卷入夜。《旧唐书》卷一一《代宗本纪》载:"〔大历六年〕夏四月丁巳,上御宣政殿试制举人,至夕,策未成者,令太官给烛,俾尽其才。"有时,甚至宽许考生答卷至深夜。《唐会要》卷七六《制科举》载:"元和三年三月敕:'制举人试讫,有逼夜纳策,计不得归者,并于光宅寺止宿。应巡检勾当官吏并随从人等,待举人纳策毕,并赴保寿寺止宿。仍各仰金吾卫使差人监引,送至宿所。如勾当,勿令喧杂。'"如此规定,表明考试可以延至深夜。但从上述规定中也可以看出,制举考试通常被要求在白天完成,如要延长至入夜甚至夜深,则须专门敕书批准。以上二例即为得到皇帝亲准,考试时间才得以延长。

　　制举考试的场所并无规定之处。《册府元龟》卷六三九《贡举部·总序》云:"又有制诏举人,皆标其目而搜扬之,……始于显庆,盛于开元、贞元。皆试于殿廷,乘舆亲临观之。"既然制举是帝王亲自设置的考试,并且帝王经常亲临视考,那么为方便其行止,

_____

① 《册府元龟》卷六四三《贡举部·考试一》、《唐会要》卷七六《制科举》、《旧唐书》卷一六六《元稹传》。

考场设在殿廷也很自然。事实上,制举大部分是在宫城范围内举行的。例如:

先天元年(712年),李隆基初即位,尚未亲政,故在东宫试贤良方正科。[①]

开元九年(721年),玄宗于含元殿试应制举人。[②]

天宝十三载(754年),玄宗于勤政楼试四科举人。[③]

大历二年(767年),代宗于紫宸殿试四科举人。[④]

代宗大历六年(771年)、德宗贞元元年(785年)、穆宗长庆元年(821年)、敬宗宝历元年(825年)、文宗大和二年(828年),均于宣政殿试制举人。[⑤] 宣政殿是文献记载的进行制举考试次数最多的地方。

此外,开元十五年(727年),玄宗于洛城南门试制举人。[⑥]

从文献所载可以看出,每当帝王"亲试",制举考试往往就在殿廷。上举事例均为皇帝到场或亲自策试。而当帝王不打算亲临视考时,制举考试就未必在殿廷中举行了,顺理成章的去处就是尚书省。《册府元龟》卷六四四《贡举部·考试二》载:"宪宗元和元年四月丙午,命宰臣已下监试应制举人于尚书省。以制举人皆先朝所征,故不亲试。"《旧唐书》卷一一《代宗本纪》记代宗宝应二年(763年)也是在尚书省试制举人的。尚书省是另一个举行制举考试次数较多的地方。所以,制举考试通常是在殿廷和尚书省

① 《新唐书》卷一二六《韩休传》。
② 《旧唐书》卷八《玄宗本纪上》。
③ 《唐会要》卷七六《制科举》。
④ 《册府元龟》卷六四三《贡举部·考试一》。
⑤ 《册府元龟》卷六四三《贡举部·考试一》、卷六四四《贡举部·考试二》,《旧唐书》卷一七上《敬宗本纪》。
⑥ 《册府元龟》卷六四三《贡举部·考试一》。

两处举行,视皇帝是否亲临而定。

四、 制举考试的内容与形式

(一) 专门科目的考试内容与形式

通常认为,制举考试以对策为主,而实际情形可能要复杂一些。因为制举考试的一大特点是科目随当时国家所需而设,设科既多且专,势必使得各科考试内容与形式有所区别。像调露元年(679 年)四科中的"或洞晓音律,识均牙旷;或深明历数,妙同京管"①,一为音律,一为历数,专业性和技术性很强,如何对策? 还有长安二年(702 年)《搜访贤良诏》中的"或捷如迅电,走若追风,弯弧则七札洞开,奔陈则重围自溃"②,更属军事技能项目,如何对策? 在实际考试过程中,只能据科目特点确定考试形式与内容。这一推断可以从开元二十二年(734 年)《考试博学多才道术医药举人诏》关于考试内容与形式的规定中得到证实:"其博学科,试明三经、两史已上,帖试稍通者。多才科,试经国商略大策三道,并试杂文三道,取其词气高者。道术、医药举,取艺业优长、试练有效者。宜令所由依节限处分。"③四科考试内容与形式各不相同:博学科考经史,以帖试为主;多才科试对策加杂文;道术、医药两科更有特色,不仅试专业知识与技能,还要考察实际效果,十分明白而典型地说明了制举考试内容与形式完全视科目性质而定,

① 《册府元龟》卷六七《帝王部·求贤一》。
② 《文苑英华》卷四六二《翰林制诏四十二》。
③ 《册府元龟》卷六三九《贡举部·条制一》。

不可一概而论；而专门科目的考试内容与形式往往不局限于对策，要丰富得多。

（二）一般科目的考试内容与形式

一般科目指那些不涉及专门知识与技能，通过书面考试就能基本考察应试者的思想文化水平、思维能力和治国理民才干的科目。这些科目以选拔各种治国人才为目的，是唐代制举的主干科目，其考试内容与形式以对策为主。从《唐大诏令集》《册府元龟》《文苑英华》等文献中保存下来的制举策问和对策文字，可以大致看出对策考试涉及的制举科目：洞晓玄经科（四子举）、贤良方正直言极谏科、博通坟典达于教化科、识洞韬略堪任将帅科、才识兼茂明于体用科、礼乐兵刑科、沉谋秘算科、词标文苑科、临难不顾徇节宁邦科、长才广度沉迹下僚科、文可以经国科、文词雅丽科、知合孙吴可以运筹决胜科、茂才异等科、宰相（臣）科等。相比较而言，上述科目所欲选择的人才更为一般，主要包括文、武、吏治、儒学、贤良忠直等几类，而《新唐书》卷三四、三五《选举志》所列最主要和最重要的四个科目大体上已被包括在其中。保存下来的制举对策文字中，数量最多的是四科之首贤良方正直言极谏科的对策文。这似可说明，此科最重对策，对策质量也最高。这也就是为什么人们会认为制举考试就是考对策的原因所在。

虽然制举考试对策始于何时未知其详，但在贞观初制举制度尚未完全成形时，就已经以对策试人了。谢偃于贞观元年（627年）应诏对策及第，郑敞于贞观七年制策高第，当时还未有明确的科目。贞观十四年李楚才应四科举，射策登甲第，当时已有初步成形的制举科目,考试仍然是对策。^① 至于对策的道数,没有明确的规定。永淳二年(683 年)三月规定,"令应诏举人并试策三道,即为永例"^②,此后制举考试对策的数量均以三道为准。如武后永昌元年(689 年)制举人诏曰:"其有抱梁栋之材,可以丹青神化;蕴韬钤之略,可以振耀天威;资道德之方,可以奖训风俗;践孝友之行,可以劝率生灵;抱儒素之业,可以师范国胄;蓄文藻之思,可以方驾词人;守贞亮之节,可以直言无隐;履清白之操,可以守职不渝。凡此八科,实该三道。取人以器,求才务适。"^③这八个科目包括文词、谋略、吏治、儒术、道德等制举基本科目,考试要求均为"实该三道",即对策三道。唐玄宗开元九年(721 年)亲试应制举人时对此作过变更:"古有三道,朕今减其二策。"^④显然,这不可能成为长久之计,否则就显得要求过低。

制举考试内容与形式的另一项改革发生在天宝十三载(754年),当年的辞藻宏丽科考试除策问之外,再试诗、赋各一首。《唐会要》卷七六《制科举》特加说明:"制举试诗赋,从此始。"实际上,早在开元二十二年(734 年)的多才科考试中,除对策三道外,已经加试"杂文三道"了,当然包括诗赋。《唐会要》作此判断似乎表明,天宝十三载制举加试诗赋,是一种针对制举各科的普遍规定,而不仅仅是对一两个具体且专门的科目而言。那么,制举加试诗赋的实行情况究竟如何? 从现有文献记载看,这项改革举措未必得到长久而规范的实行,制举考试留存大量出色的

---

① 参见《旧唐书》卷一九〇上《文苑传上》、薛稷《唐故洛州洛阳县令郑府君碑》、杨炯《原州百泉县令李君神道碑》。
② 《唐会要》卷七五《贡举上·帖经条例》。
③ 《文苑英华》卷四六二《翰林制诏·求访贤良诏》。
④ 《册府元龟》卷六四三《贡举部·考试一》。

对策而诗赋却难觅一二。这恐怕与诗赋在制举考试中未得严格
落实有关。

（三）制举策问试题与答卷

制举的基本考试形式是对策，对策题通常由指定的专门官员
以皇帝的口气拟定，皇帝偶尔亲自出题。如调露元年（679 年）十
二月岳牧举，唐高宗御武成殿，试诸州举人。

> 问之曰："兵书云天阵、地阵、人阵，各何谓也？"武陟尉员半千
> 对曰："臣观载籍，多谓天阵，星宿孤虚也；地阵，山川向背也；人
> 阵，偏伍弥缝也。臣以为不然。夫师出以义，有若时雨，得天之
> 时，此天阵也。兵在足食，且耕且战，得地之利，此地阵也。三军
> 使兵士如父子兄弟，得人之利，此人阵也。三者去矣，将何以战？"
> 帝又问："皇道、帝道、王道，何以区别？朕今可行何道？"长寿令萧
> 思问、越州参军周彦昭以次应诏，帝皆称善。①

岳牧举是有关军事和国防的制举科目，考试对策确实可以了解考
生对国家军事和边防形势的知晓程度以及有关政治、军事、经济
等方面的发展战略思想。唐高宗亲临考试，先是口试诸州举人，
可以将上述问题视为口试题。员半千"越次而进"，抢着发言，使
"高宗甚嗟赏之。及对策，擢为上第"。② 真正的对策试题要比上
述口问复杂得多。如开元二十九年（741 年），唐玄宗制策四子举：

---

① 《登科记考》卷二"调露元年"条。
② 唐高宗问天阵、地阵、人阵以及员半千所对，又可见《旧唐书》卷一九〇中《员半千传》。

朕听政之暇,常读《道德经》《文》《列》《庄子》等书,文约而义精,词高而旨远,可以理国,可以保身。朕敦崇其教,以左右人也。子大夫能从事于此,甚用嘉之。古今异宜,文质相变,若在宥而不理,外物而不为,行邃古之化,非御今之道。适时之术,陈其所宜。又礼乐刑政,所以经邦国;圣智仁义,所以序人伦。使之废绝,未知其旨。《道德经》曰"绝学无忧",则乖进德修业之教;《列子·力命》曰"汝奚功于物",又遗惩恶劝善之文。二旨孰非,何优何劣?《文子》曰"金积折廉,璧袭无赢",且申其义;《庄子》曰"括与支,交相养",明征其言。使一理混同,三教兼举,成不易之则,副虚伫之怀。[①]

四子举又名明四子举、洞晓玄经,考试要求是通晓道家《老》《庄》《文》《列》四书,并阐明其现实价值。制策题肯定道家学说"可以理国,可以保身",要求在此前提下解释道家黜礼废乐、绝圣弃智的言论之要旨,进而分别分析四子书中一个相应的具体观点。考试的用意十分明显,即通过说明"一理混同,三教兼举",为李隆基崇道制造舆论。儒、道、释三家在历史上、理论上和现实中的分歧、对立和斗争,使策试题有一定难度。因为应试者必须熟谙道家经典和学说,却又不能局守其说,要把握儒家甚至佛教的基本主张,更要能够将诸说折中调和,自圆其说。尤其是要求阐发道家学说对于治国理民的价值一如儒家,确实是对应试者的学识、思想水平和文字表达能力的考验。考生为了满足试题要求,不得不挖空心思曲意强说,驰骋文字,敷衍成文,也就埋下了对策考试也能以文词取胜的种子。类似的事例在唐代中前期制举对策考

① 《册府元龟》卷五三《帝王部·尚黄老一》。

试中颇为普遍。

再以延和元年(712年)文可以经国科策对为例。

问：三雄鼎立，四海瓜分，魏氏独跨于中原，孙刘割据于南土。五胜更袭，唯受命于当涂；四大居尊，咸仗义而称帝。二十八宿，指躔次于何方？三十六郡，列封疆于何所？醇化懿纲，非无宽猛之规；爱国治人，自有张弛之度。皇皇祖考，并建鸿名；眇眇子孙，俱闻失德。为功业之厚薄，而存亡之后先。至如献纳忠规，纵横武节，既自方于乐毅，或见比于张良。各有其人，详诸史传，所行事迹，咸请缕陈。

当时应试及第者有韩休、独孤楷、郑少微、晁良贞、雍惟良，其中雍惟良对曰：

天命靡常，地变其宗；三雄鼎据，分割乾坤。或利近江海，银铜之凑；或邑居河洛，桑梓之余。用能仗风云，采松竹，开物成务，广运靖人。至如仰纬星躔，傍分列郡，成都应乎井络，建邺开于斗牛。若乃发迹谯墟，图光毕昴，竟能一紫宙之意，兆黄精之符。然而物运弛张，得失成败，此关诸天意也，谅非人事也。岂功业之厚薄，何存亡之先后。长想前修，载述古迹。且为人臣者，善指事之要，专切直之言。然则荀氏之比张良，沉机已迅；葛侯之方乐毅，希古自高。俱能明允克诚，兴光大化，代收其器，人献其谋，观国以取肃军容，退恶以力扶王室。共理甚博，厥美惟先。画为九洲，时更七代，徒勤短思，有愧缕陈。谨对。①

---

① 《文苑英华》卷四七九。

孙培青文集　第二卷　隋唐五代考试研究

策问从三国鼎立的历史引发对帝王建功立业、国家治乱存亡的思考，要求考生据史传所载事实加以陈述，并论其兴亡之道。策题并无深奥之处，无非是要求考生熟知历史上朝代兴替和帝王成败的时机因素、地理环境、决策影响、人物作用等，并条分缕析地加以阐述。显然，对历史的熟悉程度和文字表达能力在此会起到决定作用。事实上，从几篇及第者的对策看，无一例外都熟稔历史事件、历史人物、疆域变迁和区域地理特征，尤其是文笔出色，将一篇由历史而及现实的对策文章写成了文采斐然的骈俪之文，颇类似于赋，反映了当时对策考试中的问题乃至缺陷与弊端。

针对制举考试中的这种现象，天授年间，左补阙薛登提出批评："才应经邦之流，唯令试策；武能制敌之例，只验弯弧。若其文擅清奇，便充甲第；藻思微减，便即告归。以此收人，恐乖事实。"因此，他向唐高宗建议："降明制，颁峻科。……断浮虚之饰词，收实用之良策，不取无稽之说，必求忠告之言。文则试以效官，武则令其守御，始既察言观行，终亦循名责实，自然侥幸滥吹之伍，无所藏其妄庸。故晏婴云：'举之以语，考之以事；寡其言而多其行，拙于文而工于事。'此取人得贤之道也。"[①]这就明确提出了制举考试对策及衡文的根本要求：内容必须切实有用，态度必须忠直坦诚。唐代中前期，国力强盛，浮华成风，帝王通常不屑于纳诤言，士人一般无意于进危言，决定了制举对策的崇文和浮华风气。

但是，到了唐代晚期，国运日衰，朝纲日坏，帝王不得不做出虚怀垂询的姿态，不仅制举常设贤良方正直言极谏之类的科目，

第六章　唐代的制举考试

---

① 《旧唐书》卷一○一《薛登传》。

策题也更多地以国家治理等现实问题设问求对,并要求考生坦言相对,言之有物,因而涌现了一批直陈时弊的著名对策。受此风气感染,应举者也努力关注现实社会问题,力求于对策中对救朝政之弊、解国家之难有所贡献。元和初,白居易、元稹为应制举,"退居于上都华阳观,闭户累月,揣摩当代之事,构成策目七十五门"。尽管这事先写就的七十五篇策文是"揣摩"考试的门道,为应试而作,以便考试时截头、植项、套尾,不足为训,但它们针对七十五个问题,包括大量现实社会问题设计了对策方案。如"辨水旱之灾,明存救之术""息游堕""平百货之价""人之困穷,由君之奢欲""不夺人利""议盐法之弊""议罢漕运可否""请行赏罚,以劝举贤""革吏部之弊""君不行臣事""使官吏清廉""省官、并俸、减使职"等等,从中可以看出当时制举对策文的衡文导向。[①]

事实上,尽管白居易后来称事先准备的七十五篇策文"百不用其一二",但他当时应才识兼茂明于体用科的对策确是直言相向,言之有物的:

……洎天宝以降,政教浸微,寇既荐兴,兵亦继起。兵以遏寇,寇生于兵,兵寇相仍,迨五十载。赋征由是而重,人力由是而罢。下无安心,虽日督农桑之课而生业不固;上无定费,虽日峻箅榷之法而岁计不充。日剥月朘,以至于耗竭其半矣。此臣所谓疲病之因缘者也,岂不然乎? 由是观之,盖人疲由乎税重,税重由乎军兴,军兴由乎寇生,寇生由乎政缺。然则未修政教而望寇戎之销,未销寇戎而望兵革之息,虽太宗不能也。未息兵革而求征徭

① 《白居易集》卷六三《策林一》至卷六五《策林四》。

之省，未省征徭而望黎庶之安，虽玄宗不能也。何则？事有所必然，虽常人足以致；势有所不可，虽圣哲不能为。伏惟陛下，将欲安黎元，先念省征徭；将欲省征徭，先念息兵革；将欲息兵革，先念销寇戎；将欲销寇戎，先念修政教。……①

白居易在策文中直接指陈当时皇帝的治国不如太宗、玄宗，其根本问题在于政教不修，由此走入社会的恶性循环。唐后期的制举考试对策以直陈朝政之失为尚，确可称之为"对策"。元和初，牛僧孺、李宗闵、皇甫湜等应贤良方正直言极谏科举，对策"俱第一"，策中"条陈政失""不避宰相"，因而触怒宰相李吉甫。李吉甫迁怒于考官，杨于陵、韦贯之、郑敬、李益等人因此罢官。②《册府元龟》卷六五一《贡举部·清正》记：

> 韦贯之……又与户部侍郎杨于陵、左司郎中郑敬、都官郎中李益同为考策官。贯之奏居上第者三人。是三人言实指切时病，不顾忌讳。虽同考策者，皆难其词直，贯之独署其奏，遂出为果州刺史，道黜巴州刺史。及为礼部侍郎凡二年，所选士人大抵抑浮华，先行实，由是趋竞者稍息。

尽管当时因考策问题受累者尚有覆策官裴垍、王涯二人被贬，但同为覆策官的白居易挺身而出，上书称"君圣则臣忠，上明则下直"，历史上的贤君当天下太平时"尚求诽谤以广聪明"，何况此次制举是"陛下明下诏令，征求直言，反以为罪，此臣所以未谕也"。

---

① 《文苑英华》卷四八八《白居易·对才识兼茂明于体用策》。
② 见《新唐书》之《牛僧孺传》《李宗闵传》。

同时,他提出,如要怪罪,愿与诸人同罪。① 可见,各方在制举对策答卷和衡文标准问题上针锋相对,而"抑浮华,先行实"的观点已获得相当大的社会认同。两相比较,唐中前期的对策文字以"策赋"称之也许是更为合适的。由此可见,唐代制举对策的出题与答卷做得名副其实的还是在后期。也就是在这一时期,科举考试中对策的基本精神才算基本确立。

第三节 制举考试的录取与授官

制举考试的录取与授官之规定不如常科之明经、进士等科来得明确而细致,后者被写入《唐六典》一类国家的行政法中,以为执行依据。制举考试的相关事宜则多通过帝王的有关敕书、诏令予以规定。

一、 制举考试的主管机构与官员

制举考试虽为皇帝专门下令进行,但在具体管理过程中,一应大小事务须由专门职能部门通过专门任命官员来承担。

(一)主管机构

唐代考试的主管机构因考试性质不同而有区别:"有官阶出身者,吏部主之;白身者,礼部主之。其吏部科目、礼部贡举,皆各

① 《白居易集》卷五八《奏状·论制科人状——近日内外官除改及制科人等事宜》。

有考官。大抵铨选属吏部,贡举属礼部,崇文馆生属门下省,国子监学生属国子监,州府乡贡属长官,职司在功曹司功。"①从制举考试应试者的身份看,既有现任官员,也有"白身者"。制举考试似乎既不属于吏部主之,也不属于礼部主之。由于制举考试不属于官员的入职铨选和现任官员的叙阶升迁考核,尤其是由于"白身者"的存在,因此制举考试与明经、进士等常科考试具有相同的性质,即属于未来官员的选拔性考试,属于贡举的范畴。既然说"贡举属礼部",那么制举是否也"属礼部"? 上引《旧唐书》卷一一《代宗本纪》与《册府元龟》卷六四四所记代宗宝应二年(763 年)和宪宗元和元年(806 年)的制举考试均在尚书省举行,但未明确在何部。有些官员对某些年份制举考试在尚书省举行提出异议。如元和十五年二月,穆宗初即位,以当年的贤良方正直言极谏等科是由"先帝所征"为由,表示"不欲亲试"而专委中书门下和尚书省四品以上官"就尚书省同试"。② 对此,吏部尚书赵宗儒等奏道:"伏以制科所设,本在亲临,南省策试,亦非旧典。"③但这只是表明了制举考试的两个惯例:其一,皇帝必须亲临;其二,考试场所不宜在尚书省,并不表示制举考试的管理机构不是礼部。《通典》卷二三《职官五·尚书下》记礼部诸官的职掌时说得很明确,认为制举是礼部侍郎之职掌:"侍郎一人。……掌策试、贡举及斋郎、弘、崇、国子生等事。旧制考功员外郎掌贡举。……至二十四年,遂以礼部侍郎掌焉。……""策试"是由于制举考试主考对策而成为对制举的别称。可见,制举考试的管理机构为礼部,一切具体考试事务由礼部侍

① 《册府元龟》卷六三九《贡举部·总序》。
② 《唐会要》卷七六《贡举中·制科举》。
③ 《册府元龟》卷六四四《贡举部·考试二》。

郎负责执行。制举考试可能与常科考试一样，也经历了由吏部到礼部、由吏部考功员外郎到礼部侍郎的职掌转换。

然而，应当指出的是，礼部侍郎掌制举与其掌常科贡举是有所区别的：掌常科贡举是以主持者的身份，而掌制举则是以执行者的身份。这是由于制举是由皇帝亲自主持的考试。从制度规定上说，制举考试的负责人是皇帝，由此又决定了制举的地位远在常科贡举之上。上引赵宗儒等人的奏言所说的制举当是由皇帝亲临主持的，交与尚书省执行而皇帝不到场不合惯例，实际上也表明了制举是皇帝的职责这一事实。从唐代制举发展的历史看，制举创设之后，逐渐形成皇帝亲试的传统。《唐会要》卷七六《贡举中·制科举》载："则天载初元年二月十四日，试贡举人于洛城殿前，数日方毕。殿前试人，自兹始也。"认为帝王亲自殿试制举人始于载初元年（690年）的观点是不确切的，因为在此之前的垂拱四年（688年），武则天就已亲试制举人。《大唐新语》卷八载："则天初革命，大搜遗逸，四方之士应制者向万人。则天御洛阳城南门，亲自临试。张说对策为天下第一。"据《唐才子传》载，时在垂拱四年。实际上，帝王亲临制举考试还要更早。贞观十七年（643年）五月，唐太宗"令州县举孝廉茂才、好学异能卓荦之士"；次年二月六日，引应试制举人赐坐于殿前，"上问以皇王政术，及皇太子问以曾参《孝经》，并不能答"；后又令到中书省射策，仍然"所答乖旨"。① 这是帝王亲自策试制举人的最早记载。此后的高宗时代也有过亲试。显庆四年（659年）二月，"上亲策试举人，凡九百人，惟郭待封、张九龄五人居上第，令待诏弘文馆，随仗

---

① 《册府元龟》卷六七《帝王部·求贤一》、卷六四三《贡举部·考试二》、卷六四五《贡举部·科目》、《唐会要》卷七六《贡举中·孝廉举》。

供奉"①。之后的调露元年(679年)十二月,唐高宗先是在武成殿亲问诸州制举人,隔日又"御制问目以试之"②。帝王亲试制举人在唐玄宗时期贯彻得最为经常而持久。据记载,从开元九年(721年)起,先后有十年、十四年、十五年、二十六年与天宝元年(742年)、十载、十三载等多次,亲试已完全形成制度。③ 正因为有此制度,才会有唐宪宗与唐穆宗即位后,以当年制举人系先帝所征故而不亲试的举动。

综上所述,帝王亲临是制举考试制度的一个组成部分,说明制举在制度规定上的主持人是皇帝,而礼部作为管理部门只是具体的执行者而已。因此,制举的主管机构具有特殊性。

(二) 考试官

制举从理论上说是由皇帝主持的,皇帝就是主考官。既如此,制举就不能再有其他主考官,而只有考试官。制举考试官通常被称为典试官、考策官,以后又有覆策官。不论皇帝是否亲临考场以及是否亲自制策考问,每次制举考试都任命考试官。

关于唐代制举考试官设置的记载最早见于武则天时期。《新唐书》卷一二五《张说传》载:"武后策贤良方正,吏部尚书李景谌糊名较覆,说所对第一,后署乙等。"《唐才子传》记张说于垂拱四年(688年)学综古今制科及第。又据《大唐新语》卷八载,张说对

---

① 《旧唐书》卷四《高宗本纪上》。但据徐松《登科记考》引《云麓漫钞》及《册府元龟》卷六四三,当年制举开科最多,达八科,居上第的五人为李巢、张昌宗、秦स如、崔行功、郭待封,而无张九龄。
② 《旧唐书》卷一九〇中《员半千传》、《册府元龟》卷六四三《贡举部·考试一》。
③ 吴宗国.唐代科举制度研究[M].沈阳:辽宁大学出版社,1992:85.

策得第一后，"则天以近古以来未有甲科，乃屈为第二等"。这些记载中透露出不少有关制举考试程序方面的信息：其一，此次制举是典型的帝王亲试，武则天不仅亲临，还制策求对，并依据考试官的评卷结果最终确定录取者等第；其二，考试设有考试官，其职责是"较覆"对策试卷，初步判定学生录取名次等第后向帝王推荐；其三，从李景谌的吏部尚书身份推测，制举考试的主管机构在当时是吏部；其四，制举考试阅卷采取"糊名"的做法。尤其重要的是，其中透露出制举考试官的职责范围，即考官负责阅卷和初选，最终录取与否和等第高下的决定权在帝王手上。

这一制度在以后的考试中得到证实。永昌元年（689 年），张柬之应贤良方正科。《太平广记》引《命定录》载：

> 张柬之任青城县丞，已六十三矣。有善相者云，后当位极人臣。众莫之信。后应制策被落，则天怪中第人少，令于所落人中更拣。有司奏："一人策好，缘书写不中程律，故退。"则天览之，以为奇才，召入，问策中事，特异之，即收上第，拜王屋县尉。

对此事件，《大唐新语》卷六《举贤》的记载稍有不同：

> 永昌初，免复应制策。试毕，有传柬之考入下课者，柬之叹曰："余之命也！"乃委归襄阳。时中书舍人刘允济重考，自下第升甲科，为天下第一。

这两则有关张柬之的材料同样说明制举考试的实际执行者是朝廷专门任命的考试官，而最终的决定者为帝王本人。张柬之的经历表明，至少是在武则天时期，制举考试的阅卷录取制度就曾有过一次改革，即实行复试重考，这在后来成为经常性的做法。如天册万岁二年(696年)，崔沔应贤良方正科，"初应制举，对策高第。俄被落第者所援，则天令所司重试，沔所对策，又工于前，为天下第一，由是大知名"①。又如天宝二年(743年)，"吏部侍郎宋遥、苗晋卿等主试，禄山请重试，制举人第一等人十无一二。御史中丞张倚之子奭，手持试纸，竟日不下一字，时人谓之拽帛"②。制举重考最初是考试出现争议后采取的补救措施。后世制举中在考策官之外更设覆策官的做法，可能就是以此为渊源而形成的一种制度化的措施。至唐后期如元和初，从李宗闵、牛僧孺等人的事件发生后白居易的谏书所言看，当时制举考试中已经设置考策官和覆策官，考策官有杨于陵、韦贯之、郑敬、李益等诸人，覆策官有裴坰、王涯、白居易等六人。考策官和覆策官的设置表明制举考试管理更加周密，考试阅卷已形成阅与覆两道工序，增加了考试公平、公正和切实的保障条件。这也反映了唐代考试制度日益完善的发展趋势。

制举考试官的任命多为临时差遣，所任官员遍及政府各部门，品类多且杂。

《册府元龟》卷六五〇《贡举部·清正》记开元年间，"韩休为起居舍人，奉制考制举人策，执心公正，取舍平允，不为豪右所夺。迁给事中"。

《旧唐书》卷一一《代宗本纪》记宝应二年(763年)五月，"尚书省试制举人，命左右丞、侍郎对试，赐食如旧仪"。

---

① 《旧唐书》卷一八八《崔沔传》。
② 《唐摭言》卷一五《没用处》。

《旧唐书》卷一五八《韦贯之传》："元和元年，……改为秘书丞。后与中书舍人张弘靖考制策，第其名者十八人，其后多以文称。转礼部员外郎。……三年，覆策贤良之士，又命贯之与户部侍郎杨于陵、左司郎中郑敬、都官郎中李益同为考策官。"

《册府元龟》卷六四四《贡举部·考试二》："穆宗以元和十五年正月即位。二月壬寅，敕：'应贤良方正直言极谏科等人，宜令中书门下、尚书省四品以上，三月二十三日于尚书省同试。'"

《旧唐书》卷一六九《贾𫗧传》："长庆初，策召贤良，选当时名士考策，𫗧与白居易俱为考策官，选文人以为公。"当年的考策官还有陈岵。白居易为中书舍人，贾𫗧为考功员外郎，陈岵为膳部郎中。

《旧唐书》卷一七上《敬宗本纪》载，宝历元年（825 年）三月，"上御宣政殿试制举人二百九十一人，以中书舍人郑涵、吏部郎中崔琯、兵部郎中李虞仲并充考制策官"。

《旧唐书》卷一九〇下《刘蕡传》载，大和二年（828 年），策试贤良，"左散骑常侍冯宿、太常少卿贾𫗧、库部郎中庞严为考策官，三人者，时之文士也"。

可见，制举考策官的任命几乎没有部门的限制，而官品则有大体规定。当皇帝不亲试时，考试官的品级就高些，如唐代宗宝应二年（763 年）的考试官为尚书左右丞和各部侍郎，唐宪宗元和十五年（820 年）则是中书、门下和尚书三省的四品以上官。当皇帝亲试时，考试官的品级就稍低些，大致以中书舍人、各部郎官为主，官品大约为五六品，低者为从六品。覆策官的品级要稍高些，如元和初因应试人对策得咎的覆策官王涯、裴垍均为翰林学士。除官阶品秩的要求之外，制举考试官的任命还有一项重要条件,即要求是当朝文人名士,如白居易、陈岵、贾悚等人。

从总体上看,制举考试官的职位与品秩同贡举常科主考官大体相当或比其稍低。常科主考官之下还有属官相协助,而属官的职位与品秩必然要低于制举考试官。在某些特殊情况下,制举考试官的职位与品秩要高于或相当于常科主考官,其名望也为常科考试官所不及。因此,制举考试官的地位总体上要高于常科考试官,这是由制举的性质决定的。

二、 制举考试的录取

(一)录取数额

制举考试中,依据应试者的对策做出等第的划分,依其等第高下给予不同的处分。《通典》卷一五《选举三·历代制下》载:"其制诏举人,不有常科,皆摽其目而搜扬之。试之日,或在殿廷,天子亲临观之。试已,糊其名于中考之,文策高者特授以美官,其次与出身。开元以来,四海晏清,士无贤不肖,耻不以文章达,其应诏而举者,多则二千人,少犹不减千人,所收百才有一。"杜佑作《通典》时已是唐后期,他认为自盛唐以降,每次制举开考,应试者不少于千人,多时可达二千人,而录取大致是百取一。也就是说,制举考试应试者人数大体上与进士科相当,而录取数则稍稍低于进士。杜佑之言大体可信。

从应试人数看,制举诏通常要求多少品以上官员或地方上的州长、县令各自推荐一人云云,是一个不小的数目,加上"无人举者,亦听自举",千人之数不难达到。在一些特殊时期,如武则天初革唐命,应制者竟然达到"向万人"。

再从录取人数看,如天宝元年(742年)的制举录取,"应文词秀逸举人崔明允等二十人,儒学博通刘瞻等八人,军谋越众令狐朝等七人,并科目,各依次授官"①。加上当年还有贤良方正科的录取人数②,差不多可达三十人。贞元元年(785年)制举,"授贤良方正能直言极谏韦执谊等一十八人官有差"③。《登科记考》卷一二记贤良方正科知姓名者十七人,此外尚有博通坟典达于教化科和识洞韬略堪任将帅科及第者四人姓名,录取总数在二十五至三十人之间。元和元年(806年),"天子始践阼,策三科以拔天下贤俊,中第者凡十八人,积冠其首焉"④。当年为才识兼茂明于体用和达于吏理可使从政两科,《册府元龟》卷六四四记有十七人姓名,徐松则考出十八人。长庆元年(821年),录取贤良方正直言极谏等四科共十六人;宝历元年(825年),录取贤良方正直言极谏等三科共二十一人;大和二年(828年),录取贤良方正直言极谏等三科二十二人⑤。考虑到上列诸多制举及第者数额都是出自帝王改元或即位当年,可以确定这些都是录取人数较多的年份,最多可达三十人,最少也有十六人。那么,普通年份制举及第者人数大致在十人上下,合乎杜佑所说的"百才有一"的录取率。另外,上举各年取额似也反映了盛唐时取额最多,此后呈现逐渐减少的趋势。

---

① 《册府元龟》卷六四三《贡举部·考试一》。
② 《登科记考》卷九"天宝元年"条记有萧立于当年贤良方正科及第。
③ 《册府元龟》卷六四四《贡举部·考试二》。
④ 《白居易集》卷四二《唐河南元府君夫人荥阳郑氏墓志铭》。
⑤ 上列三个年份的制举科目与取取人数、姓名均见载于《册府元龟》卷六四四《贡举部·考试二》,而《登科记考》考知人数与姓名者稍多。

（二）录取等第

唐代制举录取有等第差别，划分方法在唐前期与中后期似有不同。唐前期，录取等第分为甲科、乙科。如《大唐新语》所载张说应制举，"对策为天下第一。则天以近古以来，未有甲科，乃屈为第二等"。《旧唐书》与《新唐书》的本传也说："弱冠应诏举，对策乙第"；"说所对第一，后署乙等"。当时以"近古以来，未有甲科"为由，即使得第一，也不授甲科。可见，从唐高宗、武则天时起，制举就已不以第一等（甲科、甲等、甲第）授人，第二等（乙科、乙第）实际上成为最高等。之后，制举及第通常称作"上第""异等""高第"等，第一名又称作"科首"。虽也常出现"甲科"的称呼，但显然已不是指第一等，而是用以泛称或誉称制举及第。《颜鲁公文集》卷一四《通议大夫守太子宾客东都副留守云骑尉赠尚书左仆射博陵崔孝公宅陋室铭记》记崔沔"举贤良方正，对策万数，公独居第一，而兄浑亦在甲科"。《旧唐书》卷一四九《张荐传》记张荐祖父张鷟连应下笔成章诸科，"凡应八举，皆登甲科"。员半千因此称张鷟的文章如青钱，一一中的，无虚发时，由此誉其为"青钱学士"。这里都是以甲科代称制举及第。

到了唐中后期，制举录取的等第划分就与前制有所不同。《旧唐书》卷一六六《白居易传》记白居易于元和元年（806 年）四月"应才识兼茂明于体用科，策入第四等"。此处的等级含义已与张说考第三等时的含义大有不同。《唐大诏令集》卷一〇六《贞元元年放制科举人诏》称："贤良方正能直言极谏韦执谊等，达于理道，甚用嘉之，位以旌能，宜其秩叙。其第三等人，委中书门下即超资与处分。第四等人，即优〔与〕处分。第五等人，即与处分。"考在第三、四、五等，予官授职的处置相应有等差之别。第五等是正常安排，第四等是从优安排，第三等更是破格安排。可见，第三等为最高，第四等也属优良，而第五等则为合格。此时的第三等已与张说的第二等相当，也是考试第一名者的等次。如《旧唐书》卷一五五《穆质传》记："质强直，应制策入第三等，其所条对，至今传之。"这表明穆质确实出类拔萃。《册府元龟》卷六五〇《贡举部·应举》载："庞严，起寒微，举进士。穆宗长庆初，元稹、李绅为翰林学士，严应判考策，入第三等，仍为之首。"可见，当时的惯例是以第三等为考试第一名者的等第。

除了这一变化之外，当时的制举制度对及第者的等第还作了更细致的划分。元和元年（809年）四月的《放制举人敕》中就说得很明确：

> ……才识兼茂明于体用科第三次等元稹、韦惇，第四等独孤郁、白居易、曹景伯、韦庆复，第四次等崔韶、罗让、元修、薛存庆、韦珩，第五上等萧俛、李蟠、沈传师、柴宿；达于吏理可使从政科第五上等陈岵。咸以待问之美，观光而来，询以三道之要，复于九变之选，得失之间，粲然可观。宜膺德懋之典，式叶言扬之举。其第三次等人，委中书门下优与处分。第四等、〔第四次等、〕第五上等，中书门下即与处分。

长庆元年（821年）的《放制举人诏》也有同样的规定：

> ……贤良方正直言极谏第三等人庞严，第三次等人吕术，第

四等人崔曙、姚中立、李躔,第四次等人崔嘏、崔龟从、任畹,第五上等人韦正贯、崔知白、陈玄锡;博通坟典达于教化第四等人李思玄;详明政术可以理人第四次等人崔郢;军谋宏达堪任将帅第三等人吴思,第五等人李商卿,咸以懿学茂识,扬于明庭,……其第三等人、第三次等人,委中书门下优与处分;其第四等人、第四次等人、第五上等人,中书门下即与处分。

这里是将制举及第的三个等级再各细分为两级,即形成第三等、第三次等、第四等、第四次等、第五上等以及第五等。此后的宝历元年(825 年)、大和二年(828 年)的《放制举人诏》中,录取等第的划分完全相同。可以推测,第五等以下为不第。可见,唐中后期制举及第的官方规定为第三等最高,第五等最低,分为三等六级;如果算上不第,就是四等七级。

究竟从何时起形成这样的制举录取等第? 可能从开元甚至更早的时候起。《册府元龟》卷八五《帝王部·赦宥四》:"〔开元〕二年六月甲子,制曰:'……其有茂才异等,拔萃超群,缘无绍介,久不闻达者,咸令自举,朕当亲问。其应宣抚使名闻,举人试第四等,须准旧例,别加优奖。'"宣抚使推荐的举人如试上第四等,将予以优奖,表明应制举人如考上第四等,即为出色人才,自当奖励推荐人。这与贞元元年(785 年)第四等优与处分的规定可以相互印证。说"准旧例"优奖,表明此种做法已是旧时故事。那么,为何又从以第二等(乙科)授对策得第一者(等级最高)演变为以第三等为最高? 可以推测,自第一等不授人而以第二等为最高后,事实上最高的第二等也渐不授人而以考试最优秀者授予第三等,以表示考试再优也不可能臻于完美。

三、 制举及第者的授官

(一) 制举及第者授官的一般原则

关于制举及第者的授官,《封氏闻见记》卷三载:"国朝于常举取人之外又有制科,搜扬拔擢,名目甚众。则天广收才彦,起家或拜中书舍人、员外郎,次拾遗、补阙。玄宗御极,特加精选,下无滞才。然制举出身,名望虽高,犹居进士之下。"封演认为武则天时制举及第授官起家就是中书舍人和六部各司的员外郎,分别为正五品上和从六品上;其次为中书门下的拾遗、补阙,分别为从七品上和从八品上。以上授官远较各常科(包括进士)授官为高。武则天当政时期,整个科举考试的运行都从属于其统治需要,破例之举常常有之,因此不能将其制举授官的做法视为通例,以上所授官阶显然过高。唐后期的杜佑对制举授官问题的认识要保守得多。《通典》卷一五:"文策高者特授以美官,其次与出身。"具体而言,分两种情形:考在高等者优予奖授,次者仅"与出身"。这样,制举及第者中就存在一些仅得出身而未得官的人,这些人就与明经、进士及第后的情形相仿。但杜佑此说过于简单,并且不完全符合实际。事实是,由于制举应试者身份各有差别,制举授官所要考虑的因素相当多,如既无出身也无官职,虽有出身却无官职,有出身或无出身而有官职,制举连中,考试特别优秀,等等。这些因素都会影响到及第者的授官。因此,制举及第授官不像常科有大体明确的规定,如一般进士甲第者授从九品上,乙第者降一等。从总体上看,制举授官无出身或无官者大致与明经、进士等常科相当;有出身、有官或制举连中者则要高于常科,授官的品阶也就差别较大。

如《册府元龟》卷六四四《贡举部·考试二》记载长庆元年(821年)贤良方正直言极谏、博通坟典达于教化、详明政术可以理人、军谋弘远堪任将帅各科制举人考试及第者的任官授职结果:

以登制科人,前试弘文馆校书郎庞严为左拾遗,前试秘书省校书郎张述为右拾遗,前试太常寺协律郎吴思为右拾遗、供奉,京兆府富平县尉韦曙为左拾遗、内供奉,前乡贡进士姚中立、李躔、崔嘏并可秘书省校书郎,同州参军崔龟从为京兆府鄠县尉,太子正字任畹为京兆府兴平尉,草泽韦正贯为太子校书郎,前乡贡进士崔知白为秘书省正字,前乡贡进士崔郢为太子校书郎,前乡贡进士李商卿为崇文馆校书郎。

按规定,考在三等者优与处分,其他为即与处分。庞严为第三等,由试弘文馆校书郎授左拾遗,校书郎为从九品上,品阶不至为"试",故其实为从九品下,而左拾遗为从八品上,升五阶。张述为第三次等,由正九品下的试秘书省校书郎授从八品上的右拾遗,升三阶。两个人均为优与处分。即与处分者中,第四等人:韦曙由正九品下的富平县尉授左拾遗,升三阶;前进士姚中立、李躔授秘书省校书郎,与进士释褐优授者相当。第四次等人:崔郢以前进士授正九品下的太子校书郎,任畹由从九品上的太子正字授正九品下的京兆府兴平尉。第五上等人:韦正贯无出身无官授太子校书郎;崔知白以前进士授秘书省正字,正九品下。第五等人:前进士李商卿授从九品下的崇文馆校书郎。可见,制举及第后给予五阶到一阶不等的转升或除授,原有的品阶、出身都是影响授阶的因素,而考试的等第似乎也是一个不容忽视的因素。

(二) 无出身无官职者及第后授官

无出身无官职者制举及第后的授官大体与明经、进士等常科相当或稍高,所不同的是,不用像常科及第后那样等待吏部考选。制举及第授官一如常科,授京官、授外官品类多样,但以校书、正字为多。如张说,"弱冠应诏举,对策乙第,授太子校书"①。孔桢,"子季诩,字季和。永昌初,擢制科,授校书郎"②。姚南仲,"乾元初,制科登第,授太子校书,历高陵、昭应、万年三县尉"③。梁肃,"字敬之,一字宽中,……建中初,中文辞清丽科,擢太子校书郎"④。李史鱼,"开元中,以多才应诏,解褐授秘书省正字"⑤。上述授官中,太子校书、秘书省正字大致为正九品下;校书郎稍高,为正九品上。

也有授京官品秩稍高的。"杨茂谦者,清河人。……起家应制举,拜左拾遗,出为临洺令"⑥,为从八品上。樊泽之父樊泳,"开元中举草泽,授试大理评事"⑦,为从八品下。

授外官者之品秩高者要明显高于京官,通常起家官在从九

---

① 《旧唐书》卷九七《张说传》。
② 《新唐书》卷一九九《孔季诩传》。
③ 《旧唐书》卷一五三《姚南仲传》。
④ 《新唐书》卷二〇二《梁肃传》。
⑤ 《全唐文》卷五二〇《梁肃·侍御史摄御史中丞赠尚书户部侍郎李公墓志铭》。
⑥ 《旧唐书》卷一八五下《杨茂谦传》。
⑦ 《旧唐书》卷一二二《樊泽传》。

品,以县尉为最多,甚至也有八品、七品者。如高适,年过五十,其诗为人传诵,宋州刺史张九皋"荐举有道科。……解褐汴州封丘尉"①。王无竞,"有文学,初应下笔成章举及第,解褐授赵州栾城尉"②。陆余庆,"举制策甲科,补萧尉"③。县尉之职,京县在从八品下,下县在从九品下。上述县尉多为从九品上或下。也有授官品稍高的州参军。如陆象先,"本名景初。少有器量,应制举,拜扬州参军"④,官在从八品下。再如齐瀚,"弱冠以制科登第,释褐蒲州司法参军"⑤,已是从七品上官了。授七品、八品官当属于优与处分甚至超资处分一类,其依据估计是考试对策等第较高。

(三) 有出身而无官职者及第后授官

有明经、进士出身而未释褐者应制举及第后授官,通常也是京官授校书郎一类。如崔沔,"进士登第,举贤良方正对策第一,召见拜校书郎"⑥。张九龄,"登进士第,应举登乙第,拜校书郎"⑦。于休烈,"举进士,又应制策登科,授秘书省正字"⑧。奚陟,"大历末,擢进士、文辞清丽科,授弘文馆校书郎"⑨。崔群,"十九登进士第,又制策登科,授秘书省校书郎,累迁右补阙"⑩。秘书省校书郎为正九品上,而弘文馆校书郎则为从九品上,低二阶。崔沔对策

---

① 《旧唐书》卷一一一《高适传》。
② 《旧唐书》卷一九〇中《王无竞传》。
③ 《新唐书》卷一一六《陆余庆传》。
④ 《旧唐书》卷八八《陆象先传》。
⑤ 《旧唐书》卷一九〇中《齐瀚传》。
⑥ 《李遐叔文集》卷一《赠礼部尚书孝公崔沔集序》。
⑦ 《旧唐书》卷九九《张九龄传》。
⑧ 《旧唐书》卷一四九《于休烈传》
⑨ 《新唐书》卷一六四《奚陟传》。
⑩ 《旧唐书》卷一五九《崔群传》。

第一，张九龄考在乙第，均为考试及第者中的佼佼者，自然授官稍高些。

及第者中授外官的多为县尉。如罗让，"举进士，应诏对策高等，为咸阳尉"①。严挺之，"举进士，并擢制科，调义兴尉"②。所授外官多为从九品官，但也有授官较高的。如河州刺史丹某，进士及第，"应八科举，策问高第，授绵州司户参军，转扬州大都督府仓曹参军"③，起码是从八品官。

（四）有官职者及第后授官

有官职者及第后通常加阶授官。如张柬之，进士及第后累补青城丞，为正九品上官。他于永昌元年（689 年）试贤良，独为当时第一，授监察御史，为正八品下，升三阶。郑惟忠，进士举，授井陉尉，转汤阴尉，天授中制举召见，得武则天赞赏，擢左司御胄曹参军事，为从八品下，升三阶。④ 卢从愿，明经擢第，授绛州夏县尉，举制科高第，授右拾遗，从八品上，升四阶。⑤ 姜公辅，"登进士第，为校书郎。应制策科高第，授左拾遗，召入翰林为学士"⑥，升两阶。从《旧唐书》卷一一九《杨绾传》的记载看，杨绾举进士后补太子正字，正九品下。天宝后期，应制举，三人登科，"绾为之首，超授右拾遗"。杨绾当年的制举考试开始增加诗、赋各一，他因成绩优异而得超授，升了两级。可见，能升两三阶就是较高的授予了。

① 《旧唐书》卷一八八《罗让传》。
② 《新唐书》卷一二九《严挺之传》。
③ 《张说之文集》卷一六《河州刺史冉府君神道碑》。
④ 《新唐书》卷一二八《郑惟忠传》。
⑤ 《旧唐书》卷一〇〇《卢从愿传》。
⑥ 《旧唐书》卷一三八《姜公辅传》。

还有些情况比较特殊。柳公绰，"举贤良方正直言极谏，补校书郎。间一年，再登其科，授渭南尉"①。柳公绰原官为正九品上，而渭南尉为从八品下。虽然只升一阶，但是他制举及第后任校书郎仅一年，任职期限远未至，而且渭南尉是京兆府之县，地位紧要。因此，这仍是不差的转任。更典型的除授是归崇敬。《旧唐书》卷一四九《归崇敬传》记其"少勤学，以经业擢第。遭丧哀毁，以孝闻，调授四门助教。天宝末，对策高第，授左拾遗，改秘书郎。"《新唐书》本传则说："天宝中，举博通坟典科，对策第一，迁四门博士。有诏举才可宰百里者，覆策高第，授左拾遗。"四门助教为从八品上，四门博士为正七品上，而左拾遗为从八品上。如果是从助教职上，为平级转授；如果是在博士职上，则是低授了。但是，唐代科举及第者无论出自常科还是制科，均不愿被授予学官，因其实际权力有限，升迁也不被看好。因此，归崇敬宁可避高就低。

---

① 《新唐书》卷一六三《柳公绰传》。

第七章

唐代的武举考试

武举，又称武科，是唐代选拔武才、武官和武将的考试科目。武科考试包括常科和制科两种，但通常人们多作常科解。武科虽不及文科影响大，但因其具有特殊的作用，因此与选拔文官的明经、进士等文科考试相对应。

第一节　武举的创设

武举制度创设之前，古代国家选拔军事人才的基本做法无非是诏令中央和地方官员举荐，经一定的考察和考核后予以认可。武举产生于军事实践活动之中，根据实际表现加以认定，即所谓"猛将必发于卒伍"[①]。武举的创设，将国家军事人才的选拔纳入考试程序，使军事人才的培养、选拔、储备和任用更具目的性和自觉性，也更趋制度化和规范化。

---

① 《韩非子·显学》。

一、 武举的创设与沿革

(一) 武举创设的年代与背景

武举创设的年代,通常是指武举常科创立的年代。武举常科创设于武则天长安二年(702 年)。《唐会要》卷五九《尚书省诸司下·兵部侍郎》:"长安二年正月十七日敕:'天下诸州,宜教武艺,每年准明经、进士贡举例送。'"对武举的这一创设年份,诸史书记载基本无出入。如《通典》卷一五《选举三》记:"长安二年,教人习武艺,其后每岁如明经、进士之法,行乡饮酒礼,送于兵部。"《新唐书》卷四四《选举志下》也说:"其外,又有武举,盖其起于武后之时。长安二年,始置武举。"唯《旧唐书》卷二四《礼仪志四》记为"长安三年",但也不为大错。因为设武举诏下时为长安二年正月,而按明经、进士贡送赴考惯例,各地送赴长安的应举者要到当年十月才能进京,正式考试则要到次年即长安三年初了。

武则天为何创设武举?武举为何产生在长安二年(702 年)?

其一,武则天统治末年,府兵制败坏。《新唐书》卷五〇《兵志》说:"自高宗、武后时,天下久不用兵,府兵之法浸坏。"不少学者都指出了唐高宗、武则天当政时期唐代府兵制日益败坏的事实。[1] 通常认为,府兵制是一种兵农不分、兵农合一的兵役制度,农民有事则起为卒伍,无事则散为农夫,三时耕稼而一时治武。府兵制败坏的重要表现是兵源流失。如《唐会要》卷七二《府兵》

---

[1] 参见柳诒徵《中国文化史》、陈寅恪《隋唐制度渊源略论稿》等。

载:"河北之地,人逐渐逃散,年月渐久逃死者不补,三辅渐寡弱,宿卫之数不给。"造成"人逐渐逃散"的原因,一为均田制逐渐遭破坏,以至名存实亡,老百姓无力承担服役所需自备的部分粮资、兵甲;二为武后以后,府兵往往被拉去为姻戚打杂,"以之给姻戚之家,为僮仆执役"[①]。也有学者指出府兵制败坏与武举产生之间存在联系[②],但缺乏说明力。府兵制的一个重要作用在于:"文官迁转,出途许多,武员则诸卫军将各有定额,容纳无几,贞观承奠定之余,前在战阵立功者如任其置散投闲,一则无以示奖劝,二又不足备紧急。"根据政府行政机构的上下等级设置武官品秩,由此形成"储材之选,升转之阶"[③]。府兵制败坏,武官的产生、升迁机制就会受到破坏,也就需要一种新的制度来保证军事人才的产生,并激励民间习武的热情。

其二,外患不绝,武将乏才。唐太宗以马上得天下,对北方、东北、西北各外族首领熟稔于恩威两手并用。唐高宗承贞观余荫,武将多才,且有突厥归附,尚能开疆辟地。唐高宗晚年及武则天当政时,一方面,周边地区日益不宁,突厥、契丹、吐蕃侵扰尤甚。先是突厥于仪凤四年(679年)以阿史那泥熟匐为可汗,二十四州首领并叛。圣历初,武则天赐予突厥杂彩五万段、粟三万石以求息事宁人。但突厥仍不以为足,长驱河北,陷诸州,掠财掳民而去。公元七世纪末八世纪初,契丹、吐蕃基本上年年入寇。唐兵往征,虽也略有小胜,但更多的时候无计可施。另一方面,此时距唐太宗辞世已近半个世纪,当年随李世民平定天下的一批旧将

---

① 岑仲勉.隋唐史:上[M].北京:中华书局,1982:215.
② 高明士.隋唐贡举制度[M].北京:文津出版社,1999:190.许友根.武举制度史略[M].苏州:苏州大学出版社,1997:7-8.
③ 岑仲勉.隋唐史:上[M].北京:高等教育出版社,1957:220.

均已谢世。数十年里，虽也不断有一些局部征战，但远比不上夺取政权过程中的大规模战争，因此对军事人才的培养不够，愈显武将乏才。迫于这样的形势，必须加强武功，动员民众，另辟军事人才的培养、选拔途径，武举就成为重要措施。如《通典》卷一八《选举六·杂议论下》所言："及武太后升平，置武举，恐人之忘战，则武官、武选，本末可征。"事实是外患严重，说"武太后升平"就是委婉的批评，实际上指出了武则天靖边无力的窘况。

其三，扩大统治基础，维护武周政权。李渊、李世民父子削平群雄，建立李唐政权，起家关陇，因而皇亲国戚、高官重臣多由关陇集团世袭，出身于关陇集团的武将成为唐初国家的政治、军事支柱。李世民虽注意在用人上体现"五湖四海"原则，但所倚信的仍是关陇军事贵族。直到唐高宗即位，朝政仍由以长孙无忌、褚遂良为首的关陇集团把持，这是武则天当政的阻碍。武则天从入宫到当皇后，再到做皇帝，运用铁腕一步步剪灭、肃清关陇集团的势力，同时尽力依靠、扶持非关陇集团的力量，尤其是社会中更广大的普通中小地主和士人的力量。具体的措施是广开入仕之门，提倡自荐、主持殿试、增开制科、进士试杂文、增加取额，不一而足。从武则天当皇后到做皇帝的五十年间，进士增加了十之五六，唐代进士取额最多的年份绝大部分集中在这段时期。在武则天临朝称制那年，有一天就选取了一百三十多人，任命为拾遗、补阙，而唐太宗时中央政府官吏不过六百四十多人。[1] 开武科，选武人，是武则天网罗党羽、构筑社会基础的重要组成部分。

其四，选举制度发展的结果。到武举产生时，唐代实施科举

① 唐长孺，等. 汪篯隋唐史论稿[M]. 北京：中国社会科学出版社，1981：129.

考试制度已经八十年。其间，在唐高宗晚年时，文科考试中的主干科目明经、进士都进行过重大的改革，如进士考试初步形成帖经、杂文、时务策三场，明经考试初步形成帖经、问义两场，以考试选才、循考试入仕成为社会共识。科举考试总体水平的提高，给新考试科目的开设以积极影响并成为其发展的条件。在武举正式产生之前，武官的铨量考选之法就已存在。《唐六典》卷五《尚书兵部》载，兵部尚书侍郎之职首先是"掌天下军卫武官选授之政令"，具体做法为："以五等阅其人：一曰长垛，二曰马射，三曰马枪，四曰步射，五曰应对；以三奇拔其选：一曰骁勇，二曰材艺，三曰可为统领之用。其尤异者，登而任之。否则，量以退焉。然后据其状以核之，考其能以进之，所以录深功，拔奇艺，备军国，综勋贤也。"武官考核、升降、奖惩制度是在历史上逐渐形成的。建唐后，李世民为了抚慰为开创李唐天下立下军功的武臣们，在武官的叙用、升迁方面有很多实践。而武举的创设，必然也必须要参照已有武官考核叙用制度的形式、内容和标准。事实上，武举考试也无非如铨试所设定的那些科目内容。此外，武举常科产生之前，制科就已先行。如唐高宗于显庆二年（657 年）诏令京官五品以上及诸州牧守，"各举所知，或勇冠三军，翘关拔山之力；智兼百胜，纬地经天之才；蕴奇策于良、平，驰功绩于卫、霍，踪二起于吴、白，轨双李于牧、广；赏纤善而万众悦，罚片恶而一军惧。如有此色，可精加采访，各以奏闻"[1]。仪凤二年（677 年），唐高宗下诏寻访"猛士"[2]。武则天当政时期也数开制科。这些制科的开设，同样会对武举的创设产生积极影响。

---

① 《唐大诏令集》卷一〇二《采访武勇诏》。
② 《唐大诏令集》卷一〇二《求猛士诏》。

因此,武则天开武举,既是军事制度和选才制度发展的结果,也是当时国家的政治、军事形势的要求,还是武则天巩固其统治基础的需要。武举的开设,丰富了考试实践,也使科举考试制度变得更为全面。

(二) 唐代武举的沿革

武举开设后,人们对武举的认识并不统一,也有停废武举的动议。唐德宗建中二年(781 年),礼部员外郎沈既济动议改革选举,《请改革选举事条》说道:"今内外邦畿,皆有师旅;偏裨将校,所在至多。诚宜设法减除,岂复张门诱人? 况若此辈,又非骁雄,徒称武官,不足守御,虽习弓矢,不堪战斗,而坐享禄俸,规逃征徭。今请悉停,以绝奸利。"[①]沈既济提议停废武举有两个主要理由:其一,当时各地节镇使府林立,将校至多,武官不是应增,而是当减。他在其中流露出对藩镇军事力量的顾忌。其二,对武举所选拔的军事人才的实战能力表示怀疑。由此,他提出了科举考试中普遍存在而未能很好解决的问题:考试如何选出有用之才? 尤其是像武举这样实践性很强的科目,如何做到学用一致、举用一致,确实成问题。沈既济的动议是否被采纳,史载不详。

武举后来一度停举。《册府元龟》卷六四〇《贡举部·条制二》载,贞元十四年(798 年),谏议大夫田敦奏曰:"兵部武举等每年尝数百千人,持挟弓矢,出入皇城间,恐非所宜。"这番耸人听闻

---

① 《通典》卷一八《选举六·杂议论下》。

的言辞令"上闻而矍然",所以命当年"乡贡武举,并应百只箭及三十只箭人等,今年宜权停"。田敦的话确为蛊惑人心之言,当时人们也指责其别有用心,因为武举的人数"每岁不过十数人",实在造不成什么气氛。然而,终贞元为止,武举确实未曾复置。直到元和三年(808年),唐宪宗接受兵部奏请,废除贞元十四年的停武举诏,恢复旧例,重开武举。

稍后,约在唐穆宗、唐敬宗年间,蒋防上《兵部议》,指出了兵部武举考试中所存在的偏颇。他认为,历史上的战争行动向来以仁义为之本,筹划为之次,果敢为之末,"所谓善师者不阵,善阵者不战"。而当时的武举考试一味"以悬的布埒为之标准,舍矢之中否,跨马之迟速,以貌第其人,升降其秩",是"不曾端其本,而徒袭其末"。所以,"请天下应兵部举选者各习兵书一艺,然后试以弓矢,优其武弁"。[①] 从蒋防的奏议中可以推知,当时兵部武举出现了重技艺而轻理论与谋略的倾向。同时,《兵部议》也表现了武举考试中有关考试内容和指导思想的争议,即重学还是重术,或者是学与术并重。它同样触及武举考试中有关人才标准和要求的根本问题。关于蒋防之议当时是否被采纳,未知其详,但因其所言切中要害,故可以相信在实践中会受到重视甚至被采纳。

二、 武举考试的主管部门与主管官员

既然武举也是"每年准明经、进士贡举例送"[②],那么武举考试

---

① 《全唐文》卷七一九《蒋防·兵部议》。
② 《唐会要》卷五九《尚书省诸司下·兵部侍郎》。

的管理程序也应与文科考试相同，即先由州府组织地方性考试，从中挑选赴中央政府参加省试的人员。因此，武举考试的主管部门也分地方与中央两级。

地方武举的主管部门从理论上说是由府和州的长官总领，而主其事者当为地方政府六曹参军事中的兵曹司兵参军事。《唐六典》卷三〇《三府督护州县官吏》："兵曹司兵参军，掌武官选举、兵甲器仗、门户管钥、烽候传驿之事。每岁贡武举人有智勇谋略强力悍材者，举而送之。试长垛、马枪、翘关、擎重，以为等第之上下，为之升黜。从文举，行乡饮酒之礼，然后申送。"在府为兵曹参军事，在州为司兵参军事，其职责是每年根据兵部考试科目的要求考选武举人。考试的标准有两方面，即智谋勇敢和力量技术；而评定等第则主要依据较易于衡量的技术和力量科目。随后，办理有关手续，并与文科举人一样举行举送仪式，报送中央政府。兵曹参军依据所在府的等级，其官秩从正七品下到从七品下；司兵参军依据所在州的等级，其品秩从七品下至正八品下。

中央政府的武举考试由尚书省兵部负责，初由兵部员外郎主其事。《唐六典》卷五《尚书兵部》记："〔兵部〕员外郎一人，掌贡举及诸杂请之事。"这正如文科考试原专委吏部员外郎主掌。开元二十四年（736年）的考试中发生了"李昂事件"，试后的三月，贡举之职遵诏移交礼部侍郎姚奕，次年春的考试放榜就全由礼部侍郎负责，由此成为定制。文科考试主管部门和主管官员的这一改革也影响到武举考试，引发同样的动议。于是，开元二十六年（738年）十一月十四日敕云："所设武举，以求材实，仕进之渐，期为根本，取舍之间，尤宜审慎。比来所试，但委郎官，品位既卑，焉称其事。自今以后,应武举人等,宜令侍郎专知。"①这与将文科考试从吏部转入礼部并由侍郎主掌的理由几乎一样。兵部员外郎为从六品上,兵部侍郎为正四品下,武举掌贡举官品位由此提高了九级。虽然武举知举官品位提高是受文科考试改革的带动,但这一改革毕竟表现了统治者对武举的重视,也提升了武举的社会地位。

第二节　武举考试的过程

由于史载欠详,对武举考试实施过程的记载远不如文科考试详细,而且端绪不清。但是,我们仍可从现有的记载中寻绎出武举考试具体实施的大致情形。

一、 武举常科考试的科目与内容、评定标准

(一)武举常科考试的科目与内容

从史书记载看,武举常科似分为两大科目,即平射与武举。《唐会要》卷五九《尚书省诸司下·兵部尚书》:"旧制,凡武举,每岁孟冬,亦与计偕。有二科:一曰平试;射长垛三十发,不出第一院。二曰武举。试长垛、骑射、马枪、步射、材貌、言语、翘关举重……"《唐六典》卷五《尚书兵部》:"员外郎一人,掌贡举及诸杂请之事。……有二科:一曰平射,二曰武举。其试用有七:一曰射长垛;二曰骑射;三曰马枪;四曰步射,射草人;五曰材质;六曰言语;七曰举

---

① 《唐会要》卷五九《尚书省诸司下·兵部侍郎》。

重……"从所述内容看,《唐会要》所说的"平试"即《唐六典》所说的"平射",不同之处在于考试要求,一为"不出第一院",一为"不出第三院"。《旧唐书》卷四二《职官志》也记为:"有二科:一曰平射,二曰武举。"平射与武举这两种考试科目的差异很大,平射似为单科性质,是专门选拔射箭人才的考试;而武举则为综合性质的军事人才的选拔,对武将素质的要求要全面得多。

1. 平射科

平射科只是考试定位射箭,即"射长垛三十发"。贞元十四年(798年)因谏议大夫田敦之奏而停废的"三十只箭"和"百只箭"的考试科目中,"三十只箭"当指最初的平射科;而"百只箭"或由"三十只箭"发展而来,其实质与"三十只箭"相同。也许是因为平射科考试内容和要求较为单一,仅仅是考核应试者射箭的准确度和力度,而未能顾及其全面素质,因而引起统治者的顾忌,遂令停止。

2. 武举科

武举科考试对人的要求要全面得多,它对应试者既有掌握不同兵器的要求(射箭、马枪),也有技术和力量的要求(射箭、马枪、举重),还有身材相貌和言谈举止的要求(材貌、言语),甚至在射箭项目中有动静不同状态中的要求(平射、步射、骑射),在才貌和言语项目中事实上包含号召力、威慑力和道德、智能、才干的要求。武举科所选拔的人才自然不是为了满足对基层作战力量的补充,而是所谓"堪统领者",即相当级别的将官。众多的考试项目、全面的衡量要求,使武举科在武举考试中相对平射科而言占据着主要地位。

(1)长垛

长垛又叫射长垛,《通典》卷一五《选举三·历代制下》详记其考试要求:"其课试之制:画帛为五规,置之于垛,去之百有五步。内规广六尺,橛广六尺。余四规,每规内两边各广三尺。悬高以三十尺为限。列坐引射,名曰'长垛'。弓用一石力,箭重六钱。""规"即为圆。《唐六典》卷五《尚书兵部》又称之为"院"。据其所述,所谓"长垛",实为一直径为三十尺的圆形靶标,靶标画为五个同心圆;内圆直径六尺,贯以同长的横木;内圆之外有四个圆,每个圆的外周距其内所含圆的外周均为三尺。

从长垛考试所规定的要求看,首先是"列坐引射",考核定位射箭;其次是将靶标置于"百有五步"之外,并用强度为"一石力"之弓,考核的是射箭的力度;再次是将靶标画为五环,考核的是射箭的准确度。在中国历史上,关于尺寸的具体长度,历代不同,但大抵是今长于古。因此,外圆直径为三十尺的靶标不能以现今之标准测度。综上所述,长垛考试实为基础性考试科目。在冷兵器时代,尽可能地拒敌和制敌于自身之外一定距离,是保护自己、消灭敌人的有效手段和理想目的,而射箭满足了这一战术追求,将平射(长垛)作为武举考试的首要项目也就不足为奇了。

(2)骑射

骑射又叫马射,旨在考核应试者在骑马奔驰状态中的射箭水平。《通典》卷一五记载了骑射制度:"又穿土为埒,其长与垛均。缀皮为两鹿,历置其上,驰马射之,名曰'马射'。鹿子长五寸,高三寸。弓用七斗以上力。"骑射强调在快速运动状态中施展射箭技术和射杀对手。因此,准确度要求提高,而力量要求则相对降低。尽管未像平射长垛那样要求距离在"百有五步"之外,但在骑马奔驰状态下施箭击中长五寸、高三寸的皮

"鹿子"，难度要求不可谓不高。骑射考试更多地考虑了实战需要。

（3）马枪

马枪考核的是在骑马状态中的持械（枪）近战、对战技术。《通典》卷一五记："又断木为人，戴方版于顶。凡四偶人，互列埒上，驰马入埒，运枪左右触，必版落而人不踣，名曰'马枪'。枪长一丈八尺，径一寸五分，重八斤；其木人上版，方三寸五分。"马枪要求在快速运动状态中熟练施展枪法，其技术要求有三，即敏捷、准确和力度控制。在骑马疾驰状态中持枪刺落四个三寸五分见方、立于木人头顶的木板且木人不能跌倒，其技术难度可想而知。马枪考试的这种技术要求完全是出于实战需要，即在乱军丛中持枪准确而有效地刺杀对手，自身又不因用力不当而失去平衡。

（4）步射

步射考核的是在徒步行进状态中的射箭技术，同样是考虑到射箭技术在实战中之运用的一项考试。《唐六典》卷五《尚书兵部》："四曰步射，射草人。中者为次上，虽中而不法、虽法而不中者为次。"从步射的要求看，既强调准确度，也要求动作规范，准确而不规范或规范而不准确都是不能达到标准的。

（5）材貌

材貌又叫材质、身材，这种考试实际上是对武举应试者身材、相貌等自然条件的衡量。《唐六典》卷五记："五曰材貌。以身长六尺已上者为次上，已下为次。"虽然材貌考试只是对应试者身材的测量，但其中所蕴含的要求至少还涉及形象、气度、力量等方面。材貌考试注意到了军事人才的造就对身体自然条件相当程度的依赖。作为选拔未来领军人才的考试科目，武举自然而然地提出了对身材、体貌的考核要求。

（6）言语

言语考试要求应试者具有谈说论辩能力。《唐六典》卷五记："六曰言语。有神彩堪充领者为次上，无者为次。"据《资治通鉴》卷二〇七之长安二年（702 年）春正月乙酉"初设武举"条胡三省注，"堪充领"当为"堪统领"之误。由此可知，武举考试将言语作为应试者的一项必备素质，是为了培养和选拔未来领军率众作战的将帅。擅长"言语"甚至有"神彩"，至少表明应试者具有出众的言谈论辩能力，而这正是一个将官鼓动、号召部队所需要的基本素养。更进一步分析，此中所蕴含的是一定甚至较高的文化素质，故又包含既有勇又有谋、既有技艺力量又有文化知识这样较为全面的要求。因此，从武举选拔的理想目标看，有文武皆备的用意，而非一介武夫。

（7）举重

武举毕竟是选拔军事人才，因此仍将对应试者力量的考核列入考试内容。举重又称负重、擎重、翘关，或举重与翘关合称。《唐六典》卷五记："七曰举重。谓翘关，率以五次为上第。"《唐六典》是将举重等同翘关，而《唐会要》卷五九《兵部尚书》则将举重与翘关并称。《新唐书》卷四四《选举志上》有另外的说法："翘关，长丈七尺，径三寸半，凡十举，后手持关，距出处无过一尺。负重者，负米五斛，行二十步。""关"为闭门之横木，翘关类似于现今体育竞技项目举重。由"负米五斛"可知，此科重在考核应试者的承重能力。南宋以前，十斗为一斛。据《梦溪笔谈》卷三可知，粳米一石约为九十二点五斤，五斛约为四百六十二点五斤。据常理分析，《新唐书》所说的翘关和负重在武举考试中都可能存在。在考核应试者的力量和承重能力方面，两者有所区别。

除上述各项考试之外，史籍还载有其他一些考试项目。如《通典》卷一五记有"穿札"。"札"为铠甲叶片，穿札即要求所射之箭穿透铠甲，考核的是引弓施箭的力度。《唐六典》卷五和《新唐书》卷四四《选举志上》都提到了"筒射"。其中，《唐六典》的解释是："谓善及远而中。十发四中，六居其次为上第；三中，七居其次为下第；不及此者为不第。"由此看来，这是一种远距离射箭。

3. 武举中的文化知识和专业理论考试问题

武举中有没有以书面形式进行的文化知识和专业理论考试，这是一个值得深入探讨的问题。上述《唐六典》所列武举科七个考试项目中的"言语"一项，似乎与文化知识和专业理论考试相近。但《唐六典》在解释"言语"考试要求时，只是提出"有神彩"，似乎着重于衡量语言表达能力，而未及语言表达的内容。《通典》对长垛、马射、马枪诸项规制解释甚详，而于言语则语焉不详。有学者认为言语考试为"答策问"，但不知其所依据。事实上，从唐代国家实施武举的指导思想看，并不忽略武举考试的道德、人文要求，即所谓"文武之道，既惟并用"[1]。《唐六典》卷三〇《三府督护州县官吏》在述及兵曹、司兵参军的选举职责时说："每岁贡武举人，有智勇谋略强力悍材者，举而送之。"《唐六典》卷五《尚书兵部》在述及兵部员外郎的职责时也说："凡应举之人有谋略、才艺、平射、筒射，皆待命以举，非有常也。"它们都提出了选拔军事人才的两方面要求：一个是智慧谋略，一个是技艺勇力，两

① 《通典》卷一五《选举三·历代制下》。

者缺一不可。《唐六典》卷五更是将"有谋略"具体解释为"娴兵法",即熟练地掌握和运用兵法。所谓兵法,无非是传统的兵法经典(如《孙子》《吴子》《司马法》《尉缭子》)和唐代晚近形成的兵书(如《六韬》[①]、《唐太宗李卫公问对》)。尤其是以李世民与唐开国元勋李靖一问一答形式写成的《唐太宗李卫公问对》,其所论兵法既引经据典,又涉及在创建和巩固李唐王朝的战争过程中大量鲜活的事例,很可能成为选拔武将的基本阅读书籍和考试内容。

但是,政府的指导思想是一回事,具体实施是另一回事。从武举考试的实践看,智慧谋略与技艺勇力并重的精神贯彻得并不尽如人意。前引礼部员外郎沈既济对武举的批评即"徒称武官,不足守御",表明武举所选人才存在名不副实的情况。蒋防的批评更清楚地表明了武举考试之缺失,他说:

……齐之技击,不可以遇魏之武卒;魏之武卒,不可以直秦之锐士;秦之锐士,不可以当桓文之节制;桓文之节制,不可以敌汤武之仁义。所谓善师者不阵,善阵者不战,盖有自矣。今之有司,不曾端其本,而徒袭其末。取天下之士,以愚的布埒为之标准,舍矢之中否,跨马之迟速,以貌第其人,升降其秩,岂暇全武之七德、射之五善者欤? 及国家有边境之虞,则被之以甲胄,授之以弓矢,驱以就役,当数倍之师,不能屠名城克强敌者,何也? 在司武之不经,择士之无本矣。孙吴者,兵家之首足,不可不行

---

① 《六韬》托名"周文王师姜望撰",但《汉书·艺文志》未录,始见于唐前期所撰之《隋书·经籍志》,《四库全书总目提要》定为伪托之书。据其内容,"可以推断《六韬》成书于隋唐时代"。欧阳轼. 武经七书[M]. 海口:三环出版社,1991:234.

也。今孙吴之术卷而不张，徒以干戈为择士之器，何异夫无首而冠，无足而履哉。[1]

蒋防指出了武举考试中重技术、力量而轻智谋、仁德的失误及其后果，因此提出"今请天下应兵部举选者，各习兵书一艺，然后试以弓矢"的建议。由此可见，当时的武举并无专门的文化和理论考试，或者说可能曾经实施过文化和理论考试，而在蒋防所处的时代（唐穆宗、敬宗年间）停废已久。不管怎么说，这都表明了唐代武举重技术、力量的倾向。

（二）武举常科考试的评定标准

1. 平射科

平射科试射长垛三十支箭，《唐六典》卷五《尚书兵部》之"兵部员外郎"条记其合格要求为"三十发不出第三院为第"。所谓"第三院"，指从内圆往外的第三个圆圈，即三十支箭都须射中于第三个圆圈之内为合格。但《唐六典》又记："平射谓善能令矢发平直。十发五中，五居其次为上第；三中，七居其次为不第。……"十发五中和三中，究竟中于哪一个圆圈之内，《唐六典》未作说明；五居其次和七居其次，当是指五中和三中的圆圈之外的那一个圆圈之内。两种说法以何者为准，难以论定，也许是不同时期的不同规定。无论何种说法，在强调平射考试的准确性这一点上，似无不同。

---

[1] 《全唐文》卷七一九《蒋防·兵部议》。

2. 武举科

武举科考试项目众多，考试评定既有分项评定，也有综合诸项的总评定。《唐会要》卷五九《尚书省诸司下·兵部侍郎》载有天宝元年(742 年)对射长垛单项的等第规定：

> 自今以后，应试选举人，长垛宜以十只[①]箭为限。并入第一院，与两单上；八只入第一院，两只入第二院，与一单上次上；十只不出第三院，与单上；十只不出第四院，与次上。余依常式。

此外，还有第五等，即十支箭有一出第四院，即为次。因此，当时武举射长垛评分等第有五级：两单上、一单上次上、单上、次上、次。综合各单项而给予总评定的规定见《通典》卷一五《选举三·历代制下》：

> 其课试之制，……名曰长垛。……名曰马射。……名曰马枪。……皆以儇好不失者为上。兼有步射、穿札、翘关、负重、身材、言语之选，通得五上者为第。其余复有平射之科。不拘色役，高第者授以官，其次以类升。

《通典》所记当是唐后期武举科的考试制度，列有九项考试内容，其中步射与穿札、翘关与负重相近，其实也就与《唐六典》所规定的七项相当。《通典》中规定"通得五上者为第"，是指在所有项目中得五项上等者为合格。至于考试的等第，在《唐六典》卷五《尚

① 引文中用"只"，一般陈述部分用"支"。

书兵部》中具体规定为上、次上和次三等。

〔武举，〕其试用有七：一曰射长垛；入中院为上，入次院为次上，入外院为次。二曰骑射；发而并中为上，或中或不中为次上，总不中为次。三曰马枪；三拔、四拔为上，二拔为次上，一拔及不中为次。四曰步射，射草人；中者为次上，虽中而不法、虽法而不中者为次。五曰材貌；以身长六尺已上者为次上，已下为次。六曰言语；有神彩堪充领者为次上，无者为次。七曰举重。谓翘关，率以五次为上第。皆试其高第者以奏闻。

上述射长垛、骑射、马枪三项都明确规定了上、次上和次三个等级的评定标准，而步射、材貌、言语三项均只规定了次上、次两个等级，其中恐有脱文。[①] 另外，《唐六典》与《唐会要》关于射长垛的评分标准也有较大差异。《唐六典》中的中院、次院、外院等与《唐会要》中的第一院、第二院、第三院等如何一一对应？ 如果外院与第三院相当，那么开元末年成书的《唐六典》的规定倒比后来天宝元年(742 年)的改革更为严格了。

按常理推断，各个项目得上和次上者应有及第机会，而得次者多则难有成功的可能。如按《通典》规定，必须得"五上"的成绩方可及第，那么即使得诸多次上也无济于事。这样的要求未免过高。因此，"五上"之"上"当包括上和次上两种等级。可以这样推定：《唐六典》的规定大体是实施武举之初的制度，而《通典》的规定则是唐后期武举改革后的制度。显然，考试录取的标准提高了。另如举重，《唐六典》规定翘关"五次为上第"，而《新唐书》所

---

① 日本广池本《大唐六典》认为文中有脱讹。参见三秦出版社 1991 年影印的日本广池本《大唐六典》第 123 页。

记则为"凡十举",也可为证。

二、 武举制科考试的科目、内容与形式

（一）武举制科考试的科目

武举制科之起要早于武举常科。如唐高宗初即位的显庆二年（657 年），为"御敌威边"，下《采访武勇诏》："宜令京官五品已上，及诸州牧守，各举所知，或勇冠三军，翘关拔山之力；智兼百胜，纬地经天之才；蕴奇策于良、平，驰功绩于卫、霍，踪二起于吴、白，轨双李于牧、广；赏纤善而万众悦，罚片恶而一军惧。如有此色，可精加采访，各以奏闻。"仪凤二年（677 年），又下《求猛士诏》，"令关内河东诸州，广求猛士"。具体要求是"膂力雄果，弓马灼然"。[①]唐代关于武举制科最早的记载为《册府元龟》卷六七所记贞观三年（629 年）诏征的"文武材能，灼然可取"。武举常科诞生后，制科举人也愈加频繁。由于制科是应不时之需而设置的选举武人的科目，它比规范而略显刻板的常科更具灵活性和针对性，因此成为常科的有效补充。

武举制科一如文科考试，也是设科随意而纷繁复杂，科目同名异实、异名同实者多有，难以细考。有学者将唐代历年制举武科之科目、及第者情况一一考证，颇为可观：

贞观三年（629 年）：文武材能，灼然可取。

显庆二年（657 年）：勇冠三军，翘关拔山之力；智兼百胜，纬

① 《唐大诏令集》卷一〇二《采访武勇诏》《求猛士诏》。

地经天之才；……

仪凤元年（676 年）：射能穿札、力可翘关、将帅子孙素称勇烈。

仪凤二年（677 年）：奇谋异算，决胜千里；或投石拔距，勇冠三军。

调露元年（679 年）：文武兼资，材堪将帅；岳牧举。

光宅元年（684 年）：韬钤（或武艺驰声、将帅举）。

垂拱元年（685 年）：武可以定边疆，蕴梁栋之宏才，堪将相之重任。

永昌元年（689 年）：蕴韬钤之略，可以振耀天威。

长安四年（704 年）：英谋冠代，雄略过人；力能拔距，勇绝蒙轮；……

神龙三年（707 年）：猛士武艺超绝。

景龙元年（707 年）：沉谋秘算。

景龙中：将帅举；明孙吴、俶傥、善兵法。

太极元年（712 年）：才堪军将。

先天元年（712 年）：堪将帅。

开元九年（721 年）：知合孙吴，可以运筹决胜；勇齐贲、育，可以斩将搴旗；或坐镇行军，足拟万人之敌；或临戎却寇，堪为一队之雄。

开元十二年（724 年）：将帅。

开元十五年（727 年）：文武高才；武足安边。

开元二十三年（735 年）：智谋将帅。

开元中：武艺。

天宝元年（742 年）：武艺绝伦；军谋越智。

天宝十一载(752年):智谋果决,才堪统众。

天宝十三载(754年):军谋出众。

至德元载(756年):武艺绝伦。

至德二载(757年):军谋制胜。

上元元年(760年):武艺文才,俱堪济理;权谋可以集事,材力可以临戎。

宝应元年(762年):军谋制胜,明习韬钤。

大历六年(771年):智谋经武。

大历中:武艺绝伦。

大历十四年(779年):军谋宏远,武艺殊伦。

建中元年(780年):军谋越众。

贞元元年(785年):识洞韬略,堪任将帅。

贞元二年(786年):韬晦奇才。

贞元九年(793年):洞识韬略,堪任将帅。

元和二年(807年):军谋宏远,材任将帅。

元和十四年(819年):军谋宏远,堪任将帅。

长庆元年(821年):军谋宏远,堪任将帅。

宝历元年(825年):军谋宏远,堪任边将。

大和二年(828年):军谋宏远,堪任将帅。

天复元年(901年):军谋宏远。

天祐元年(904年):武艺绝伦。

以上科目,除去重复的,基本上可分两大类,即智谋韬略和技艺勇力,前者是指挥统帅之才,后者为冲锋陷阵之士。依据制科的特点——应不时之需,这些科目的开设理当补常科考试选才之不足。由此又可以推知,武举常科选人平常者居多,而在智谋和技艺勇力两方面均未能选出十分突出的人才。

除上述科目外,杜佑在其《通典》卷一四八《兵一》中列举了诸多武举科目,这些科目与常科相去甚远,更能反映制科选拔专才的需要,可以说具有制科性质。

> 选士之科:沉谋密略出入者;词辩纵横,能移夺人之性情,堪辩说者;能往来听言语,览视四方之事,军中之情伪,日列于前者;能得敌之主佐、门庐、请谒之情,堪间谍者;能知山川险易,行止形势,利害远近,井泉水草,迳路迂直,堪乡导者;巧思出入,制造五兵及攻守器械者;引强彻札,戈鋋剑戟,便于利用,挺身捕虏,搴旗斩将,堪陷陈者;矫捷若飞,逾城越堑,出入无形,堪窥觇者;往返三百里不及暮至者;破格舒钩,或负六百斤行五十步,四百斤行百步者;推步五行,瞻风云气候转式,多言天道,诡说阴阳者;罪犯者;父子兄弟欲执仇者;贫穷忿怒,将欲快其志者;故赘婿人虏,欲昭迹扬名者。

此处所列各科,涉及军事行动中各方面的人才需求,如秘密谋略、言辞惑众、打探军情、间谍、器械制造、疾行、负重、推测天象等等,甚至还利用了有特殊身份、特殊目的、特殊愿望的人及其心理状态,以为满足军事行动的需要服务。从中国传统兵法的特点看,上述选人科目都有存在的可能,而且更能体现制科选拔特殊人才的特点。

但是,细按杜佑所列科目,可以看出它们基本上与前列各年所设制科少有相同之处,何以会如此? 或者可以作这样的推断:其一,这些科目中的绝大多数并未公开招考,而是在私下实施。

唐代开设武举一贯标榜注重武德,开设武科的理由历来冠冕堂皇,期望以之为社会导向。如开元九年(721 年)的《求访武士诏》所言:"武设五兵,所以安人禁暴;臣称三杰,所以战胜攻取。"①但是,这些科目充满军事活动所需要、所特有的阴谋、诡诈、强力之道,有些实在难登大雅之堂,与武举所公开标榜的精神和社会所提倡的一般道德准则相违背,因而不宜出现在国家的正式文件中。其二,有不少科目并未被载入史籍,如开元年间曾开设的"穿叶附枝举"②。在所有制科科目之中,杜佑所列诸科实应引起注意。

(二) 武举制科考试的内容与形式

根据设科名称,可以推知某一武举制科考试的内容与形式。如"射能穿札,力能翘关",显而易见是以技艺和力量的考试为主。然而,有些科目如"军谋宏远"之类,就不以技艺、力量为重,而以考试谋略为重,考试内容当依据兵书、兵法,结合现实的国防、军事战略问题,形式往往是对策等书面考试,且通常不止一道。如神龙三年(707 年)兵部试沉谋秘算科举人的三道策:

问:"《诗》称有截,传载无为,必在其人,方致斯道。皇上心存玄默,政洽清虚,坐五室以调气,舞两阶以柔远。溥天之下,计日来庭。尚有戎羯余尘,觑长城于塞北;句骊旧壤,走都护于安东。弃招蹇国之讥,取有疲人之患。绥讨之理,用舍何从?且夷狄异

① 《唐大诏令集》卷一〇二。
② 《李北海集》卷五《左羽林大将军臧公神道碑》。

方,地俗殊等,借使断山川之是利,较战守之所长,赢粮调兵,几何克济? 选伦求将,可者为谁? 静听嘉谋,将闻执事。"

问:"安西迥途,碛北多寇,自开四镇,于兹十年。及瓜戍人,白首无代;分阃节使,丹旐方归。未悟恢边之益,且疑事远之弊。今赤喝既并于黄姓,默啜复觇于庭州,汉掖徒张,胡臂未断。而内匮积谷,外非足兵,于何出践更之师,奚使闲穹庐之党? 息人静国,有策存乎?"

问:"五岭山深,三蜀地险,篁竹之下,时惊剽劫;瓜芋之壤,岁扰居人。若纵兵扬麾,则鸟散溪谷;及旋师返斾,则蚁聚津途。穷之乃一切归降,置之又无不反覆。安辑之术,敷陈其要。"①

三道策问的主题是关于当时国家东北和西北的边防形势,尤其与朝鲜半岛的局势有关。唐王朝于贞观十四年(640 年)设安西都护府,显庆三年(658 年)移治所于龟兹;长安二年(702 年)又设北庭都护府。东北方面,由于新罗统一了朝鲜半岛,唐王朝于仪凤元年(676年)将安东都护府迁往辽阳,对新罗是武装干预还是安抚通好,颇费踌躇,最终还是选择安抚政策,唐军退守鸭绿江。对当时国家疆域的这一变化,《新唐书》卷三七《地理志》的评价是:"盖南北如汉之盛,东不及而西过之。"上述策问就是就此问题探讨对策。其他相似的制科中,对策题目大抵如此。如开元九年(721 年),唐玄宗亲策"知合孙吴,可以运筹决胜科",凡策问五,应试者也对策五。② 考选将帅之才的制举科目,对应试者的政治、文化、思想、军事理论和战略、战术素养的要求都很高,绝非拉弓引剑者所能为。

---

① 《全唐文》卷二二二《张说·兵部试沉谋秘算举人策问三道》。
② 《登科记考》卷七"开元九年"条杨若虚对策。

三、 武举的应试资格与考试程序

关于武举的应试资格,《通典》卷一五言:"不拘色役,高第者授以官,其次以类升。"所谓"色役",意指各式各样的徭役(服徭役者)。"不拘色役"是指不受各式各样的服徭役者身份的限制,人人都可报考,常科如此,制科也是如此。唐代武举确实执行了这一考试资格审核认定原则。如杜佑前述诸科中,"词辩纵横,能移夺人之性情,堪辩说者",如以异于平常的标准评判,不就是善于妖言惑众者?"矫捷若飞,逾城越堑,出入无形,堪窥觇者",如以异于平常的标准评判,恐将疑其为窃贼。何况,还有"罪犯者"、父子兄弟有怨仇者、穷困和受制于人者等等,均为社会的下层人士甚至是另类。可见,在实践中,对武举尤其是制科应试者资格的审核标准并不是很严格,这也隐约透露出唐代中后期武将、军士来源的窘迫和国家对军事人才的急切需要。

武举由地方与中央两级考试所组成,即使是制科,有时也须经地方考试选拔,如仪凤二年(677年)的《求猛士诏》所言:"宜令关内河东诸州,广求猛士。在京者,令中书门下于庙堂选试;外州,委使人与州县相知拣口。"通常,武举常科的考试选拔程序有比较规范的制度。《唐六典》卷五《尚书兵部》载:"若州、府岁贡,皆孟冬随朝集使以至省,勘责文状而引试焉,亦与计科偕。"《唐会要》卷五九《兵部尚书》《兵部侍郎》也说:"旧制,凡武举,每岁孟冬,亦与计偕";"每年准明经、进士贡举例送"。孟冬为每年十月。武举人由地方选拔后,与文科举人一起,于当年十月二十五日随地方上解送贡物进京的朝集使抵达京城,到尚书省报到,呈文状(履历表、报名表等)送审。文状的主要内容包括乡里名籍、父祖官名、内外族姻、年齿形状等,经审核通过,进入考试程序。在正式考试之前,乡贡武举人例须"先令谒太公庙"①,尊祀以武德和谋略辅周灭商的姜尚,以示效法之意。唐代尚未设立武学,故武举考试的考生来源中并无相对应的武学生徒,而只有乡贡。

武举考试的场所当是兵部选院。徐松《唐两京城坊考》卷一《西京·皇城》中描述了唐长安皇城中尚书省几个部的位置:"承天门街之东,第五横街之北。从西第一,左领军卫。卫北有兵部选院。次东,左威卫。卫北有刑部格式院。次东,吏部选院……次东,礼部南院……"唐代长安城的核心部分为帝王所居之宫城,宫城南侧拱卫有政府各部所在的皇城,环绕宫城和皇城的就是百姓居住的外郭城。宫城正南门为承天门,正对纵贯皇城南北的承天门大街。兵部选院紧靠承天门大街,武举考试当在此进行。兵部选院与吏部选院、礼部贡院相邻而依次排列,组成唐代国家人才选拔和官员考核的一个专门而集中的功能区。另外,由于兵部选院位于皇城中心区域,因此田敦上奏言武举人"持挟弓矢,出入皇城间,恐非所宜"②,担心会引起帝王惊恐。

四、 武举考试的录取与出路

武举考试的录取与报考人数之间存在一定的比例关系。关于每年武举赴考人数,史载出入较大。上引《册府元龟》卷六四〇《贡举部·条制二》记田敦奏罢武举事件:

---

① 《通典》卷一五《选举三·历代制下》。
② 《册府元龟》卷六四〇《贡举部·条制二》。

贞元十四年九月,诏:"乡贡武举,并应百只箭及三十只箭人等,今年宜权停。"时谏议大夫田敦因蒙召对,奏言:"兵部武举等每年尝数百千人,持挟弓矢,出入皇城间,恐非所宜。"上闻而矍然,故命停之。其实武举者,每岁不过十数人。时议恶敦贵,欲非短旧事,奏议不实。自是讫于贞元,更不复置。

此处关于武举人数有两个相差较大的数字,即田敦所说的"数百千人"和批评者所说的"十数人"。以中国之大,科举考试影响之大,难以想象每年全国仅十数人赴京应武举考试,"十数人"为每年武举的录取人数还庶几相宜。证之于其他史料,《唐会要》卷五九《兵部侍郎》记为"数百人",《旧唐书》卷一三《德宗本纪》记为"数千百人"。合乎常理的每年应考人数当在数百,多的年份也可逾千,这样才可能"持弓挟矢,出入皇城间",形成声势。因此,所谓"每岁不过十数人",大体是指每年武举的录取人数。[1]

与文科一样,武举考试及第后,从考试主管部门得到认可文书,谓之"告身"。《通典》卷一五《选举三》载:"各给以符,而印其上,谓之'告身'。其文曰'尚书吏部告身之印'。自出身之人至于公卿皆给之。武官则受于兵部。"按唐代规定,获得告身就具备任官资格,但不一定能马上授官。《唐六典》卷五《尚书兵部》规定:"武贡之第者,勋官五品已上并三卫执仗、乘,若品子年考已满者并放选;勋官六品已上并应宿卫人及品子五考已上者,并授散官,谓'军士战官';余并帖仗然后授散官。"也就是说,武举考试及第授官是按身份不同而区别对待:勋官五品以上、三卫执仗、执乘,

---

① 高明士在《隋唐贡举制度》(文津出版社 1999 年版)中认为"十数人是应考人数",恐估计过低。

孙培青文集 第二卷 隋唐五代考试研究

若品子年考已满者,直接放选授职事官;勋官六品以下、应宿卫人凡品子五考以上者,授散官;一般平民应试者,须经"帖仗",即以辅助者的身份参加三卫之五仗(类似见习),之后才授散官。可见,武举及第授官的主要依据是应试者的身份和课考情况。

关于唐代武举及第者姓名,史载甚少,两《唐书》仅见著名将领郭子仪一人。《旧唐书》卷一二〇《郭子仪传》云:"郭子仪,华州郑县人。……子仪长六尺余,体貌秀杰,始以武举高等补左卫长史,累历诸军使。"《新唐书》卷一三七《郭子仪传》则记为:"郭子仪字子仪,华州郑人。长七尺二寸。以武举异等补左卫长史,累迁单于副都护、振远军使。"两书记载出入较大者为郭子仪的身高。如按《旧唐书》所记,郭子仪有一百八十厘米左右;如按《新唐书》所记,则更高达二百一十二厘米左右。[1] 无论如何,郭子仪的身高已完全符合《唐六典》卷五所规定的武举身材考核的要求:"以身长六尺已上者为次上。"如《新唐书》所记属实,则郭子仪确实可以成为武举中的"高等""异等"者。

郭子仪及第后始授左卫长史。唐制,京城设十六卫,掌宫城、皇城、廓城诸城门、道路、城厢之禁卫,每卫有大将军一人,正三品。其属下设长史一人,从六品上,实为内务总长。《新唐书》卷四九上《百官志四》载:"掌判诸曹、五府、外府禀禄,卒伍、军团之名数,器械、车马之多少,小事得专达,每岁秋,赞大将军考课。"由此可见,职位相当重要。相对于文科考试中明经、进士授官的最高等第——明经从八品下,进士从九品上,郭子仪武举及第授官品秩要高出很多且有实权。是武举及第者授官如此,还是郭子仪

---

[1]　高明士在《隋唐贡举制度》一书中,以唐时一尺相当于今之二十九点五厘米,算出六尺为一百七十七厘米,七尺二寸为二百一十二点四厘米。

乃一特例,难以确知。不过,即使郭子仪是个特例,根据破例不会过分的规律分析,一般武举及第授官品秩也不会低于明经、进士,或者相当和稍高。郭子仪于建中二年(781年)八十五岁时去世,如假设他于二十岁左右及第,当为开元四年(716年)左右,其时距武举开设不过十多年。武举开设是为了鼓励武将和习武者,行武举之初授官品秩较高也就有可能。

郭子仪武举及第后又曾多次参加武举制科考试。《册府元龟》卷六五〇《贡举部·应举》载:"郭子仪,以武举补左卫长史,累以武艺登科,为诸军使。"由此可知,武举制科应试的规定与文科相同。至于武举制科及第者授官,与常科相当。《李北海集》卷五《左羽林大将军臧公神道碑》记:

公讳某,字时明,东莞莒人也。……公溚发卓荦,雄举倜傥。风雨之气,凛凛出徒;金玉之声,锵锵激物。问家以广孝,形国以尽忠;朋执义之,昆弟友之。虽文忠老成,而壮武特立。自左卫勋应穿叶附枝举,登科,授左玉铃翊府长史。

臧某已有职衔,再应制科及第,授官与郭子仪相当。又《太平广记》卷二二〇《相二·李含章》记崔圆制科及第:"崔圆微时,欲举进士,……开元二十三年,应将帅举科,又于河南府充乡贡进士。其日正于福唐观试,遇敕下,便于试场中唤将,拜执戟参谋河西军事。"崔圆官授使府,与文科明经、进士及第后使府辟署者相比,其职位也大体相当或稍高。

从对国家稳定与发展所起作用来衡量,武举理应受到足够重视。但从唐代武举人留名者甚少又可见,武举并不受重视。马端临在《文献通考》卷三四《选举考七》中批评《新唐书》作者对武举和武举人评价失当，他说："郭子仪大勋盛德，身系安危，自武举异等中出，是岂可概言其不足道耶？"郭子仪在平定"安史之乱"并再造唐室的过程中居功至伟，朝廷却对以他为代表的武举人轻视至此，实在不该。因此，《唐登科记》记载各科出身者甚众，独缺武举及第者，确是憾事。

唐代武举地位不高与文官、文科尤其是进士科地位较高相关联。据唐代制度，文官与武官经考课后可以互选。《唐会要》卷五九《尚书省诸司下·兵部尚书》记载，开元十九年（731年），敕："吏部选人请武选者，宜取强壮身材六尺以上、籍年四十以下，堪统领者；其兵部选人请文选者，宜取材堪治民、工于书判并无负犯……"正因为存在着武官可以选入文官的路径，武官经课试选入文官之风愈演愈烈，以致广明元年（880年）之敕令批评说："入仕之门，兵部最滥，全无根本，颇坏纲纪。近者武官多转入文官，依资除授。宜惩僭幸，以辨品流。今后武官不得辄入文官改选。内司不在此限。"根据历代王朝的发展特点，建国初期，由于取天下靠武力，为表彰军功，武将往往地位颇高，甚至位居宰执，参与国事。唐代初期就是如此。国家承平既久，则文官地位逐渐上升。何况唐代大开科举之门，尤其是进士科崛起，重文之风蔚成气候，更抬高了文官地位。此消彼长，武举地位自然式微。

无论如何，唐代创设武举，毕竟为国家选拔了大量军事人才。如《燕翼诒谋录》卷五所言："唐设武举以选将帅，五代以来皆以军卒为将，此制久废。"

第八章

唐代的道举、童子举考试

　　《新唐书》卷四四《选举志上》在列举科举考试"岁举之常选"的科目时,最后两科为道举和童子举。道举和童子科的影响虽不及明经、进士,但它们适应唐代某些时期和某些方面的统治需要,也产生了独特的作用。

第一节　道举考试

　　道举又称"四子举",因它主要依据《老子》《庄子》《列子》《文子》等四种道家经典考试取士。从考试内容和形式上分析,道举也是从明经派生出来的一个科目,它是社会上道家和道教影响日益扩大,尤其是道家思想在统治政策中占据上风时的必然产物。

一、道举产生的背景与沿革

(一)道举产生的背景

　　道举的产生,与唐代前期的统治需要和政治斗争息息相关。

李唐王朝为说明自己由来有自,建国之初就攀附老子为始祖。自此之后,历朝帝王根据当时的统治需要,在基本以儒术治国的前提下,常于儒、释、道三者之间折中取舍,扬此抑彼,由此在文化、教育、科举考试等方面建设中留下烙印。

武德七年(624年)十月,唐高祖驾幸道教圣地终南山,特谒老子庙,以示尊崇。唐太宗治国尽管以儒术为重,但出于现实政治需要,仍抬高道家与道教。他于贞观十一年(637年)发敕令表示:"老子是朕祖宗,名位称号宜在佛先。"唐高宗乾封元年(666年)进一步追尊老子为太上玄元皇帝。当时武则天地位未稳,表面上仍需做出顺应李唐政权的姿态。上元元年(674年)十二月,武则天在建言十二事中提出:"伏以圣绪出自元元,五千之文,实惟圣教。望请王公以下,内外百官,皆习老子《道德经》。其明经咸令习读,一准《孝经》《论语》,所司临时策试,请施行之。"①据此建议,上元二年正月,唐高宗敕令明经咸试《老子》策二条,进士则试帖三道。这是科举考试试《老子》的开始。未久,仪凤三年(678年),唐高宗进一步将《道德经》与《孝经》一同提升为"上经",令"贡举皆须兼通"。武则天骨子里并不喜欢道家,但为实现其由皇后而至皇帝的企图,采取了欲抑先扬、虚与委蛇的策略。实际上,"武后与佛教关系最深"②。果然,皇位一到手,她即于天授二年(691年)颁佛教《大云经》于天下,意在借助佛经做革唐之掩护,同时诏令佛教地位在道教之上,开始翦除道家和道教势力,并将此意图贯彻于科举考试之中。长寿二年(693年)三月,"则天自制《臣范》两卷,

---

① 《唐会要》卷七五《贡举上·明经》。
② 岑仲勉.隋唐史:上[M].北京:高等教育出版社,1957:167.

令贡举人习业,停《老子》"①。自此至武则天下台的十多年里,道家经典再未出现在考试中。

神龙元年(705年)正月,张柬之等人推翻了武则天的统治,拥戴唐中宗复辟。唐中宗随即于二月二日下敕:"天下贡举人,停习《臣范》,依前习《老子》。"②这折射出政治统治的指导思想开始由释转而为道。作为对武则天统治崇尚佛教的反动,唐中宗之后的唐睿宗、唐玄宗都倡导道教甚力。景云元年(710年),唐睿宗八女金仙公主、九女玉真公主入道,上均为之立观。景云二年至开元十五年(727年)之间,道教大师司马承祯被三次延至京师,唐玄宗命以篆、隶、楷三体写成《道德经》五千三百八十言定为真本,对道教优礼有加,道教势力迅速攀升,而佛教则为之中衰。开元二十一年,唐玄宗御注《老子》书成,"制令士庶家藏《老子》一本,每年贡举人,量减《尚书》《论语》一两条策,加《老子》策"③。考试中出现了道家经典冲击儒家经典的迹象。开元末,崇道风气愈演愈烈。

开元二十九年(741年)正月,唐玄宗诏令京师、诸州于玄元皇帝庙设崇玄学,令生徒习《老子》《庄子》《列子》《文子》,准明经例考试,即谓之"道举"。也就是在这年五月,唐玄宗以老子托梦为由,派人于长安西南周至山中求得老子像,迎置于城内兴庆宫,并"令所司,即写真容,分送诸道采访使,令当州道转送开元观安置"④。由于唐玄宗的提倡,社会上崇道、信道之风极盛。

---

① 《唐会要》卷七五《贡举上·明经》。
② 《唐会要》卷七五《贡举上·明经》。
③ 《唐会要》卷七五《贡举上·帖经条例》。
④ 《册府元龟》卷五三《帝王部·尚黄老一》、《资治通鉴》卷二一四。

唐玄宗提倡道教,除了为抵消武则天统治的影响,维护李唐政权不再旁落外,尚有在唐宗室中稳定自己权位的意图。自神龙元年(705 年)张柬之率众推翻武则天的统治,拥中宗复辟后,政局一直极度动荡:景龙元年(707 年),节愍太子李重俊谋诛韦后失败。景云元年(710 年),韦后鸩杀中宗,立温王李重茂为太子,并临朝摄政。同年,李隆基讨平韦后,拥立睿宗。谯王李重福发难于东都洛阳,兵败。先天元年(712 年),睿宗禅位于玄宗。开元元年(713 年),太平公主谋乱,为玄宗所诛。短短八年多时间,帝位四易,政变七发,险象环生。有鉴于此,李隆基采纳姚崇建议,将助其即位并握有重权的兄弟诸王外派为刺史,不予实权;将一批助其平息韦后、太平公主之乱的羽翼大臣放逐,以绝宗室与大臣勾结。直至八九年后,玄宗帝位稳固,才又召回诸王,但令尽可玩乐吃喝,却不准结交大臣,并与之长枕大被共眠、斗鸡走狗共乐。同时,在经济政策方面,李隆基修正武则天时期扰民过多的政策,发展生产,减轻人民负担。这一切需要一种思想与之配合,而道家"无为""不争"的思想正适应了李隆基约束诸王兄弟、让民众休养生息的需要。道举的开设,不过是李隆基巩固其统治地位的一项具体措施。

(二) 道举的沿革

清人王鸣盛在《十七史商榷》卷八一《取士大要有三》中说:"若道举,仅玄宗一朝行之,旋废。"其说与史实颇不符。道举于玄宗朝首创,后绵延历朝。

《旧唐书》卷九《玄宗本纪下》载,开元二十九年(741 年)正月,唐玄宗制曰："两京、诸州各置玄元皇帝庙并崇玄学,置生徒,令习《老子》《庄子》《列子》《文子》,每年准明经例考试。"开设道举的主张自此而出。为系统传授道家学说,从速培养谙熟道家学说的后继人才,仿国子监官办经学校例,于京都崇玄学设崇玄博士一人,相应规定学生数额:"京、都各百人,诸州无常员。习《老》《庄》《文》《列》,谓之四子。荫第与国子监同。"①也就是说,崇玄学生的入学资格、学习生活、毕业就职等一应待遇都参照国子监学生的标准给予。按照设想,中央和地方的崇玄学生"待习业成后,每年随贡举人例送至省,准明经例考试"②。然而,学生培养终究非一日所能成,如按天宝二年(743 年)制令的规定,还需"三年业成"。迫不及待的唐玄宗于当年五月下诏,一方面敦促崇玄学加紧教学:"自今已后,常令讲习《道德经》,以畅微旨。所置道学,须倍加敦劝,使有成益。"另一方面开始在民间搜寻通晓道家学说的人才:"诸色人等,有明《道德经》及《庄》《列》《文子》等,委所由长官访择,具以名闻。朕当亲试,别加甄奖。"③诏令颁下后,应者踊跃。当年九月,唐玄宗御兴庆门亲试应《老》《庄》《列》《文》四子举者五百余人。贡举考试通常在每年春季举行,而开元二十九年四子举却首次赶在当年秋季举行,此为破例一;武则天时已有殿试之举,但只是作为考试的一个环节,而首次道举则由皇帝亲自考试,此为破例二。这也是道举的正式开科考试。当年道举取中者有姚子彦、元载、靳能、宋少贞、冯子华等人。④

由于最高统治者的大力倡导,道举开设后即作为常科年年开

考。《唐阙史》卷下《太清宫玉石像》云："明皇朝，崇尚玄元圣主之教，故以道举入仕者岁岁有之。"

天宝元年（742 年）五月，中书门下奏：两京及诸郡崇玄学生，"望且准开元二十九年正月制考试"。当年二月制令将《庚桑子》也列为崇玄学生之学习科目，准备在日后也列为考试内容。这样，《老》《庄》《文》《列》四子书被尊为《道德》《南华》《通玄》《冲虚》四经，加上《庚桑子》易名为《洞灵真经》，合成五经，仿儒家五经制度而欲与之比肩的用意不言自明。

天宝二年（743 年）制："崇玄生试及帖策，各减一条"，给道举应试者提供方便。

天宝七载（748 年）规定，崇玄学生出身者，于选时"宜减于常例一选"，给道举及第者以优待。

可见，在天宝年间，道举年年举行，考试条件尽量宽松，及第者的地位和待遇不断提高，表现了唐玄宗对道举大力扶持的态度。

唐玄宗去位以后，道举地位一度发生动摇。唐代宗宝应三年（764 年）一度停开道举，并让中书门下商量如何处置崇玄学生，不过最终仍予保留，表明道举业已形成社会影响。因此，道举不久又被恢复，并在"大历三年七月，增置崇玄生员，满一百"。崇道势力再次出现反弹。在大历十一年（776 年）的敕书中，明确要求道举与进士、明经、明法等科准式冬集，可见道举仍作为常科在正常考试贡举之中。[①] 建中二年（781 年），中书门下又奏请为崇玄学生参加道举考试减轻试题分量。[②] 贞元十七年（801 年）冬，中书舍

---

① 《唐会要》卷七五《贡举上·冬集》。
② 以上引文除注明出处者外，均引自《唐会要》卷七七《贡举下·崇玄生》。

人权德舆权知礼部贡举,后来主持了十八、十九、二十一年共三届贡举,其文集中保留了十八年《策道举问三道》、十九年《道举策问二道》等,即为其知贡举时所出道举考试策问试题。① 据《长安志》卷六《宫室四》记载,因安禄山兵乱而致崇玄馆馆宇破坏失修,唐武宗"命神策军士修望仙楼及廊舍五百余间"。据此,道举在当时仍在实施。唐宣宗大中五年(851 年),中书门下奏书中列举礼部当时所设考试科目,其中也有道举②。晚唐时,以捍卫儒道为己任的皮日休力倡儒学,建议将《孟子》列为考试科目。他说:

> 《孟子》功利于人亦不轻矣! 今有司除茂才、明经外,其次有熟庄周、列子书者,亦登于科,其诱善也虽深,而悬科也未正。夫庄、列之文,荒唐之文也,读之可以为方外之士,习之可以为鸿荒之民,有能汲汲以救时补教为志哉? 伏请命有司去庄、列之书,以《孟子》为主,有能精通其义者,其科选视明经。苟若是也,不谢汉之博士矣。既遂之,如儒道不行,圣化无补,则可刑其言者。③

皮日休之言透露出有关道举的信息:至晚唐,道举依然照例举行,而且地位仅居进士、明经之后。皮日休欲革除道举,也只能采取替代的方法,而不能贸然废之。

可见,道举在唐代备受重视。究其原因,大约有以下数端:其一,从大的统治原则上分析,李唐政权需要道家思想和道教为之

① 《权载之文集》卷四〇。
② 《册府元龟》卷六四一《贡举部·条制三》。
③ 《皮子文薮》卷九《请孟子为学科书》。

孙培青文集 第二卷 隋唐五代考试研究

作合理化说明,并与当时一度如日中天的佛教势力相抗衡;从具体的朝廷和宫廷斗争形势分析,某朝统治者需要借助道家思想中的一些精神制约皇族、贵戚和大臣,并为自己的行为不受制约开脱。其二,自汉以来,经魏晋南北朝的实践,儒家学说作为统治的指导思想,无论在内容上还是形式上都暴露出不少缺陷,其统治地位不稳的问题终唐一代并未真正得到解决。从唐初期进行的统一儒家经典的工作,到唐中期出现并日益壮大的重振儒学道统的势力以及与此相应所出现的对某些儒家经典的怀疑态度,都表现出儒家处在从内容到形式进行自身思想改造和从动摇到重新确立地位的过程之中。这在客观上为道、释思想参与统治提供了乘虚而入的机会和空间。其三,佛教传入中国之初,由于经典琳琅,礼制繁复,语多音译,底蕴难窥。土生土长的道教则不然,奉为教条者最初仅为《道德经》五千言,后来才有《庄》《列》《文》其他三子之书的提倡。道家学说经魏晋南北朝时期玄学家的鼓吹,在社会上不乏影响力,道教提倡"如日升天",显得简易而直接,这就使其具有便于社会流传的优势。唐代的社会风俗又以浮华、奢靡、注重人生享受为尚,与道家思想颇有相通之处。这些成为道家思想和道教流行的社会基础,也是道举存在的社会基础。其四,唐代科举的主要特点是随意、开放和丰富多样。这既与唐代国家较为富有和强盛有关,也与科举创立未久,制度尚未严格,规范尚未形成有关。这就使唐代科举从总体上具有实践探索的特征。考试科目众多且设废多变,表明科举考试制度尚处在不断探索和完善过程中。因此,道举等一批考试科目成为特定时代的特有现象。

二、 道举考试的方法与内容

由于道举是比明经、进士等科都要年轻得多的科目,因此其开设后的诸多规定由参酌现成科目而来,尤其是对明经的借鉴。开元二十九年(741年)正月,唐玄宗诏设崇玄学,命生徒习《老子》《庄子》《列子》《文子》,并明确规定"举送、课试如明经"[①]。当年五月,他又令"诸色人有能明《道德经》及《庄子》《列子》《文子》者,委所由长官访择,具以名闻。朕当亲试,别加甄奖"[②]。在道举开设后的第一次考试中,考试的方法、内容均以明经科考试为参考,以后也就以此为常例。

当年的明经科考试业已经过开元二十五年(737年)姚奕的改革,形成三场制度,即帖经、经问大义、答策。三场考试的要求分别为:帖经,帖十通五;经问大义,问十通六以上;答策,时务策三道。道举考试既以明经为榜样,考试的方法与内容也是如同明经科的三场制度,只不过考试出题依据为道家诸经,而策问以试经策为主。

由于明经科考试到道举开设时已经过一百多年的实践过程,考试的内容、形式甚至与考试配套的教材已经发展成熟。而道家经典除《老子》曾在明经、进士考试中被有限考用,可能进行过规范化建设外,其他如《庄子》《列子》《文子》诸书,习者较少,缺乏规范化整理。所以,道举开考后就面临考试所依据的教材不够标准的问题。于是,中书门下就有考试材料标准化建设的动议。天宝

① 《新唐书》卷四四《选举志上》。
② 《唐大诏令集》卷一一三《玄元皇帝临降制》。

元年（742年）二月，中书门下奏请：

> ……改《庚桑子》为《洞灵真经》，准请条补，崇玄学亦合习读。伏准后制，合通五经。其《洞灵真经》人间少本，臣近令诸观寻访，道士全无习者。本既未广，业实难成。并《冲虚》《通元》二经，亦恐文字不定。玄教方阐，学者宜精。其《洞灵》等三经，望付所司，各写十本，校定讫，付诸道采访使颁行。其贡举司及两京崇玄学生，亦望各付一本。今冬崇玄学人，望且准开元二十九年正月制考试，其《洞灵真经》，请待业成后准式。[①]

奏请于当年五月得到皇帝批准。此项动议包括两方面：其一，提议将《庚桑子》列入道举考试内容。其二，对素来缺乏研究、整理的《列子》《文子》《庚桑子》，命有关部门进行统一整理，写定标准读本，颁行天下，给付学生。值得注意的是，奏请将《庚桑子》与道家四子书十分勉强地凑成"五经"，因其书少有人知，更无习者，以之考试，显然难以推行，故定为将来考试科目。从以后年代有关道举的记载看，《庚桑子》是否真正被考，尚是问题，很可能不了了之。由此也可见，道举是一科强行推开的贡举科目。

道举开考后，统治者大力扶持这一新生科目，还于开元二年（714年）三月诏令降低取人标准。《唐会要》卷七七《贡举下·崇玄生》："崇玄生试及帖策，各减一条。三年业成，始依常式。"这样，在此后的三年里，帖经只需十条通四，答策只需二道。类似的优待政策在以后的年代里得到继续贯彻。如建中二年（781年），中书门

① 《唐会要》卷七七《贡举下·崇玄生》。

下奏："准制，崇玄馆学生试日，减策一道者。其崇玄馆附学官见任者，既同行事，理合沾恩。惟策一道不可，更减大义两条。"①这样，问义只需十通四。在实施后的五十年时间里，道举考试的内容要求经常轻易地变动和降低，无非是为了招徕考生，促其成功，由此似也反映出道举考试初期的效果并不能令统治者满意的事实。

道举考试的帖经、问义、策问的出题样式一如明经，然而答卷均未能存世。现举权德舆于贞元十八年（802 年）所出的《策道举问三道》之一，以知其出题和答题主旨。

问："庄生曰：'吾闻庖丁之言，得养生焉。'盖以游刃无全，善刀而藏之故也。御寇则曰：'养生如何？肆之而已。'庄生曰：'嗜欲深者天机浅。'御寇则以朝穆善理内而性交逸。何二论背驰之甚耶？夫一气之歘聚，为物之逆旅，诚不当伤性沽名，以耗纯白。倪昧者未通矫抗之说，因遂耳目之胜，其心置力，则如之何？既学于斯，伫有精辩。"

此题取《庄子》与《列子》中有关养生问题的两段视如对立的言论，让考生折中分析，阐明道理。从对策的类型看，此题属于经策题。就出题而言，权德舆择取了两相对立的言论，设计了矛盾冲突，既要求答题者必须了解言论之所出，即必须熟练掌握经书内容，也给答题者以充分的驰骋思想、展开论说的余地，即考察其灵活运用经典论述解决问题的能力，可以说颇费心思。但是，道家思想总体上的个人主义和反社会倾向决定了考题甚至可以说整个道

孙培青文集　第二卷　隋唐五代考试研究

① 《唐会要》卷七七《贡举下·崇玄生》。

举脱离社会实际。历来人们批评科举考试所学、所试非所用的意见不绝于史载,而道举在此问题上尤其严重。

三、 道举考试的录取与出路

既然道举考试"举送、课试与明经同",也是"每年随贡举人例送至省",[①]那么其录取与出路也大体与明经考试相当。

首先,道举每年贡送赴省应试并最终取中者有多少? 比照明经考试的情况,据武宗会昌五年(845年)的规定,往年国子监选送参加明经考试的为三百五十人,当年减为三百人。[②] 如按唐中期制度,国子监六学中实施经学教育的国子学、太学、四门学共有学生两千一百人[③],参加每年明经考试的人数约占学生总数的六分之一至七分之一。加上各地乡贡,明经应试者当在千人以上,国子监选送的生徒约占其中的四分之一。按此比例,如果崇玄学学生"京、都各百人",每年至少有三十人可被选送应试,加上各地乡贡,应道举者总共有一百多人。如依据明经录取比例约为十比一,每年道举取额约在十人上下,但也不可能再多。

其次,道举及第授官及未来升迁情况如何? 我们从有限的记载中大体可以知其端绪。于唐代宗宝应元年(762年)以户部侍郎同平章事充度支铸钱盐铁兼江淮转运诸使的元载,即为开元二十九年(741年)首科道举及第者。[④]《旧唐书》卷一一八《元载传》:

---

① 《通典》卷一五《选举三》、《唐会要》卷六四《崇玄馆》。
② 《唐摭言》卷一五《会昌五年举格节文》。
③ 《唐六典》卷二一《国子监》。
④ 两《唐书》本传都记元载为"天宝初"道举及第;而徐松《登科记考》卷八引独孤及《姚子彦墓志》所记,列元载于"开元二十九年"条之道举及第。

"元载,凤翔岐山人也,家本寒微。……载自幼嗜学,好属文,性敏惠,博览子史,尤学道书。家贫,徒步随乡赋,累上不升第。天宝初,玄宗崇奉道教,下诏求明《庄》《老》《文》《列》四子之学者。载策入高科,授邠州新平尉。"元载的起家官为邠州新平尉,县尉通常为从九品下,这与大部分明经及第平选外官的除授品秩相当。只是元载"策入高科"才授县尉,而明经如是高第,以最初的规定可以授从八品下之官。由此看来,道举及第授官不及明经品秩。大部分道举及第者的除授应与元载相当。不过也有特例。《旧唐书》卷一二六《陈少游传》载:

> 陈少游,博州人也。祖偘,安西副都护。父庆,右武卫兵曹参军,以少游累赠工部尚书。少游幼聪辩,初习《庄》《列》《老子》,为崇玄馆学生,众推引讲经。时同列有私习经义者,期升坐日相问难。及会,少游摄齐升坐,音韵清辩,观者属目。所引文句,悉兼他义,诸生不能对,甚为大学士陈希烈所叹赏,又以同宗,遇之甚厚。既擢第,补渝州南平令,理甚有声。

陈少游受祖、父两代荫而为崇玄馆学生,又以术业出众而得到陈希烈的赏识。陈希烈在开元末天宝初任门下侍郎。设崇玄学、开道举时,上即令其兼任崇玄馆大学士,检校两京宫观。即便如此,陈少游及第后初授官就是南平令,也破例得异乎寻常,因为即使各州下县县令也在从七品下,而从七品下甚至高于秀才及第的除授。类似陈少游的事例还有一些。

道举及第后也有授以京官的。《唐才子传》卷三记中唐诗人独孤及:"及字至之,河南人。……天宝末,以道举高第。代宗召为左拾遗。迁礼部员外郎。历濠、舒、常三州刺史。"左右拾遗、补阙分属门下和中书两省，武则天时设置，为谏官。左右拾遗为从八品上，左右补阙为从七品上。独孤及从天宝末道举高第到任为左拾遗时，其间相隔至少六七年，由此可知道举及第一样不立即授官；而左拾遗为从八品上的官秩，高于明经，与秀才的除授相当，同样是高授。

关于史载陈少游、独孤及二人及第后的除授是否可靠，因缺乏旁证材料而难以断言。但考虑到道举的开设过程本来就充满了荒诞不经的色彩，倡办者据主观喜好而随意作为当是经常可见之举。因此，在道举实施过程中出现不断违反常规、破除旧例的现象也就难以避免。陈少游及第时正当道举开设未久，无论是唐玄宗还是社会民众，对道教的痴迷皆处方兴未艾之时。陈少游年轻，又是研习道家经典的出类拔萃者，破例除授并非绝无可能。独孤及授官于唐代宗时，道举经历了由短暂停开到重新崇扬的过程，在重振道举时，破例任命若干出类拔萃的道举及第者，同样存在可能。从元载、独孤及的升迁情况看，一为宰执，一为州牧，最后都仕途顺达，身居要职。但在道举及第者中，这种情况凤毛麟角。

第二节　童子举考试

童子举又称童子科、神童举，从考试内容看，是与明经科同属一类的考试科目，也可视为明经科的变形。童子举的开设，既沿袭了中国慈幼惜才的传统观念，也表现了唐代国家标新立异、粉饰太平的风气。

一、童子举的设置

（一）童子举的开设与童子举事例

唐代童子举是对汉代察举中童子科的继承与发展。唐代童子举开设的确切年份难以考知，但其源起当不会太迟。武德七年（624年），唐高祖得知宁州罗川县前兵曹参军史孝谦有二子，虽"年并幼童"，却能"讲习《孝经》，咸畅厥旨"。唐高祖认为，在历经战乱的建唐之初，在"雅道沦缺，儒风莫扇"的状况下，极需"广设庠序，益召学徒，旁求俊异，务从奖擢"。既然有这两名聪明过人的幼童，就应大加宣传、提倡，以使知闻。因此，唐高祖诏令："如此之徒，并即申上，朕加亲览，特将褒异。"①史孝谦二子及各地的类似孩童当年就被推荐至京，由唐高祖亲自考察，厚加褒奖。虽然难说这就是严格意义上的唐代童子举的开始，但至少可以说是其萌芽。此后未久，童子举即正式举行。

唐太宗贞观年间，通过地方举送赴京师考试的更为制度化的童子举已正式进行。《新唐书》卷一一二《员半千传》所记员半千是史载最早的举童子者之一："员半千字荣期，齐州全节人。……半千始名余庆，生而孤，为从父鞠爱，羁丱通书史。客晋州，州举童子，房玄龄异之，对诏高第，已能讲《易》《老子》。"员半千属于晋州举送的童子，可知当时仿乡贡明经、进士，由地方向中央推荐应童子举已形成制度。此即如唐中期大历三年（768年）时所重申

① 《册府元龟》卷九七《帝王部·奖善》。

的:"仍每年冬本贯申送礼部,同明经举人例考试讫闻奏。"①房玄龄卒于贞观二十二年(648年),面试员半千很可能是在贞观三年至十六年(629—642)任尚书左仆射期间。员半千举童子时,未及十岁。他于仪凤元年(676年)前后的数年里,屡应八科举,授武陟尉;又应岳牧举,也及第。其时距其应童子举大约三十余年,时间上也说得过去。

贞观年间,童子举颇为频繁。与员半千同时甚或更早举童子的还有卢庄道。《大唐新语》卷八《聪敏》载:"卢庄道,年十三②,造于父友高士廉,以故人子,引坐。会有献书者,庄道窃窥之。请士廉曰:'此文庄道所作。'士廉甚怪之,曰:'后生何轻薄之行?'庄道请讽之,果通。复请倒讽,又通。士廉请叙,良久,庄道谢曰:'此文实非庄道所作,向窥记之耳。'士廉即取他文及案牍试之,一览倒讽,并呈己作文章。士廉具以闻。太宗召见,策试,擢第十六,授河池尉。"③高士廉于贞观十二年(638年)至十七年(643年)任尚书右仆射,卢庄道试童子事当在这一时期。贞观年间被举神童的还有贾嘉隐。幼小的贾嘉隐还在朝堂上当着众大臣的面开过长孙无忌和徐勣的玩笑。④

之后,唐高宗显庆六年(661年),又有杨炯"举神童,授校书郎"⑤。

<hr>

① 《唐会要》卷七六《贡举中·童子》。
② "年十三",《太平广记》卷一七四《俊辩二·卢庄道》引《御史台记》作"年十二"。
③ 此句在《太平广记》中作:"太宗召见,策试擢第,年十六授河池尉。"
④ 《隋唐嘉话》载:"贾嘉隐年七岁,以神童召见。时长孙太尉无忌、徐司空勣于朝堂立语。徐戏之曰:'吾所倚者何树?'曰:'松树。'徐曰:'此槐也,何得言松?'嘉隐云:'以公配木,何得非松?'长孙复问:'吾所倚何树?'曰:'槐树。'公曰:'汝不能复矫对耶?'嘉隐曰:'何烦矫对,但取其以鬼对木耳。'年十一二,贞观末被举,虽有俊辩,仪容丑陋。尝在朝堂取进止,朝堂官退朝并出,俱来就看。余人未语,英国公徐勣先即诸宰贵云:'此小儿恰似獠面,何得聪明?'诸人未报,贾嘉隐即应声答之曰:'胡头尚为宰相,獠面何废聪明。'举朝人皆大笑。徐状胡故也。"
⑤ 《新唐书》卷二〇一《杨炯传》。徐松《登科记考》卷二"显庆六年"条引《郡斋读书志》:"杨炯,华阴人。显庆六年举神童,授校书郎。"并按:"炯是年十二岁。"

武后垂拱四年(688年),裴耀卿"八岁神童举,试《毛诗》《尚书》《论语》及第"①。《朝野金载》卷五记:"并州人毛俊诞一男,四岁,则天召入内试字。《千字文》皆能暗书,赐衣裳放还。"《大唐新语》卷八《聪敏》记载七岁擢第的神童贾言忠,可能也是在这一时期。此外,在武则天统治至开元年之间,还有"十一擢童子科"②的王丘。

开元盛世,歌舞升平,举神童者也不绝如缕。开元三年(715年),武则天的族孙武云坦"七岁举童子及第"③。四年,京兆府童子员俶进书,召试及第。稍后又有李泌被召,唐玄宗与张说亲试之。④ 九年,刘晏"年七岁,举神童"⑤。另外,还有于玄宗天宝末年至肃宗时应神童举的吴通玄。⑥

此后直至终唐,童子举始终延续举行。如韩愈为九岁"自州县达礼部,一举而进立于二百之列"⑦的张童子作序,勉励其勤学上进。《金华子杂编》卷上记唐宣宗亲试"数岁"的李殻。《太平广记》卷一七五《幼敏·刘神童》记刘神童"时年六岁",唐昭宗"以乡荐擢第"。乾宁二年(895年)进士及第的福建人黄滔,其外甥翁袭

① 《王右丞集》卷二一《裴仆射济州遗爱碑》。
② 《新唐书》卷一二九《王丘传》。又,《旧唐书》卷一〇〇《王丘传》载:"丘年十一,童子举擢第,时类皆以诵经为课,丘独以属文见擢,由是知名。"
③ 贾竦《扬州华林寺大悲禅师碑铭》:"师讳云坦,代宗皇帝赐号曰大悲,姓武氏,盖则天太后之族孙也。父宣,官至洛阳令。师生而神隽,七岁举童子及第。年二十,历太子通事舍人。"
④ 《新唐书》卷五九《艺文志三》。《太平广记》卷三八《神仙三十八·李泌》记:开元十六年,玄宗召三教讲论,员俶时年九岁,升堂讲论,"词辩锋起,谭者皆屈"。玄宗奇之,召入问姓名。员俶答系员半千之孙。又告,其舅子李泌,年七岁,"能赋敏捷"。玄宗使抱以入。恰逢玄宗与张说观棋,员俶、刘晏在侧。玄宗命张说试以方圆动静为诗咏棋。张说赋云:"方如棋局,圆如棋子;动如棋生,静如棋死。"玄宗又命李泌咏棋,"以意虚作",不得实用"棋"字。李泌云:"方如行义,圆如用智;动如逞才,静如遂意。"《太平广记》记开元十六年(728年)员俶九岁,与《新唐书》所记员俶开元四年进书召试及第相左,恐有讹误。但李泌其人其事,可能存在。
⑤ 《旧唐书》卷一二三《刘晏传》。
⑥ 《旧唐书》卷一九〇下《吴通玄传》。吴通玄于德宗建中初应文词清丽科及第,故他应童子举早可在天宝末年,晚可至肃宗朝。
⑦ 《韩昌黎文集校注》卷四《赠张童子序》。

明也在此前后举童子科。^①唐末有庐陵新淦人杨彦伯"童子及第"^②，于唐昭宗天复元年（901年）赴选。此外，《太平广记》卷一七五《幼敏·林杰》还记载了唐文宗时期的林杰"年六岁，请举童子"。

以上所举十九人（如算上武德时史孝谦二子，共二十一人），有的是经较正规的童子举，有的则通过不怎么正规的"召试"。其中，最年长者十二（十三）岁（卢庄道、杨炯），最年幼者四岁（毛俊子）。此外，六岁两个人（刘神童、林杰），七岁五人（贾嘉隐、贾言忠、武云坦、刘晏、李泌），八岁一人（裴耀卿），九岁一人（张童子）、十一岁一人（王丘），年岁不详者六人（员半千、员俶、吴通玄、李神童、翁袭明、杨伯彦）。这基本上符合童子举所规定的考试年龄——十岁左右。

由此可见，从武德年间出现童子科的萌芽，到贞观初年建立制度化的童子举，此后虽偶有停举，却基本未曾中断。从上述记载看，无论帝王、朝臣还是社会民众，都对童子举表现出极大的关注和热衷态度。尤其是帝王和朝臣们对"神童"和童子举热心、关心甚至奖掖有加，大大提升了社会人等追逐童子举的热情，经久不衰。由于童子举应试者均为十岁左右的孩童，大多表现出记忆出众、反应敏捷、才思超群、出口成章、相貌奇伟等特征，达到或超过成人水平，因此被视为人间奇迹。"神异童子"不断涌现，对大到国家，小至家庭，自然都是吉祥之兆。这应是童子举虽受人非议颇多，却始终得以存在的极重要原因。

① 《莆阳黄御史集》上秩《送外甥翁袭明赴举序》。
② 《太平广记》卷八五《异人五·华阴店姬》。

（二）童子举考试规程的沿革

童子举设置后,形成一套考试规程,发展过程中屡有变更、修正。

从制度上说,童子举同样需要先经过地方考察推荐,然后至尚书省参加考试,如员半千随其从父客居晋州,由"州举童子";韩愈赠予序的张童子"自州县达礼部,一举而进立于二百之列";唐昭宗时的刘神童也是"乡荐擢第"。也有王公大臣推荐甚至帝王亲自召见的,如高士廉推荐卢庄道,唐太宗亲自召见;武则天召试毛俊之子;唐玄宗召见李泌。还有童子上书自荐的,如员俶上《太玄幽赞》而得召试;刘晏在玄宗封泰山时上《东封书》而受玄宗与张说亲试。可见,不拘一格的童子举考试选人的方法也是不拘一格的,禀赋出众的孩童得以出人头地的机会和途径都不能算少。但正因为如此,行之既久,童子举也就难免其弊。

唐代宗广德二年(764年),经礼部侍郎杨绾奏议,敕"孝悌力田科,其每岁贡宜停。童子每岁贡者亦停,童子仍限十岁以下者"①。停贡也就意味着停举。杨绾停童子科贡举人的理由是"童子越众,不在常科,同之岁贡,恐成侥幸之路"②,意谓童子举应举者是超越众庶的特殊儿童,所以不应当列在常科中,以之如常科般岁岁贡送,会促成人们的投机取巧之心。杨绾的意见是停童子岁贡(常科),但不停童子科考试,将年龄严格限制在十岁以下。杨绾的意见应是别有所指。当时距童子举开考已有一百三四十

---

① 《唐会要》卷七六《贡举中·童子》。
② 《册府元龟》卷六四〇《贡举部·条制二》。

年,最初的选送规定当是限年十岁以下、习一经或若干经者。但岁岁贡举,神童有限,势必造成选送中的弄虚作假,如虚报年龄,经业也不出众。果然,唐代宗大历三年(768年)又恢复了童子举,并重申考试要求。《唐会要》卷七六《贡举中·童子》载:"至大历三年四月二十五日,敕:童子举人,取十岁以下者,习一经,兼《论语》《孝经》。每卷诵文十科全通者,与出身。仍每年冬本贯申送礼部,同明经举人例考试讫,闻奏。"敕令所规定的不过是旧时条文,反复强调无非反映了童子举考试中已经开始出现地方不据实推荐而省试不严格甄别的贡举过滥现象。敕文虽下,但情况似未得到根本好转,所以大历十年(775年)五月再度敕令"童子科宜停"。结果仍是令不行,禁不止,甚至愈演愈烈。

唐文宗开成三年(838年)十二月,敕:"诸道应荐万言、童子等,朝廷设科取士,门目至多,有官者合诣吏曹,未仕者即归礼部,文词学艺,各尽其长。此外更或延引,则为冗长。起今以后,不得更有闻荐,俾由正路,禁绝幸门。虽有是命,而以童子为荐者,比比有之。"①尽管明令禁止童子"不得更有闻荐",地方官员们却置若罔闻,我行我素,举荐童子者"比比有之"。

唐宣宗大中十年(856年)五月,经中书门下奏请,礼部所设《开元礼》、三礼、三传、三史、学究、道举、明法、明算、童子等九科,因取人过滥,从当年起权停三年。期满后恢复考试,礼部须将录取人姓名呈中书"重复问过"。合格者即作等第进呈名录。如有学业不合者,"考官即议朝责"。奏书特别强调了对童子举的整顿。②《旧唐书》卷一八下《宣宗本纪》:"其童子近日诸道所荐送

①　《唐会要》卷七六《贡举中·童子》。
②　《旧唐书》卷一八下《宣宗本纪》。

者,多年齿已过,伪称童子,考其所业,又是常流。起今日后,望令天下州府荐送童子,并须实年十一、十二已下,仍须精熟一经,问皆全通,兼自能书写者。如违制条,本道长史亦议惩法。"可见,困扰童子举的问题仍是老问题:被荐送者超龄;学业不精不通,甚至不会书写。但整顿意见中对童子举年龄的规定("十一、十二已下")较以往显然有所放宽,而对地方长官失举的责任追究并不坚决、严厉,整顿效果也就可想而知。事实上,当时帝王仍然对所谓"神童"关心有加,如宣宗亲试李神童而予以奖赏;昭宗亲试刘神童而"大称",令"左右侍臣俱有羡色"。[①] 显而易见,童子举过滥且屡禁不绝的根子在最高统治者身上,因为历代帝王其实并不真心禁绝童子举。此后,五代时后唐、后晋对童子举也都是禁禁弛弛,重复往还。

从唐代实施童子举的全过程看,唐中期以前确实选出了一批人才,如十二岁及第的杨炯、八岁及第的裴耀卿、七岁及第的刘晏,他们成人后的政治才干和政绩都很出众。此外,员半千、王丘、员俶等人也都很知名。据此可以推知,唐中期以前的童子举执行考试规定比较认真严格,保证了才智优异的早慧者可以脱颖而出。而唐中期以后,一则统治者以之点缀太平,二则地方官员据之邀功请赏,三则父母家庭借之扬名获利,导致隐瞒年龄者有之,滥竽充数者有之,使得制度废弛,贡举败坏,童子举失其本意,走向其愿望的反面。

二、 童子举考试的内容与方法

既然说童子举是明经科考试的变形,就意味着其考试内容、

① 《太平广记》卷一七五《幼敏·刘神童》。

方法与明经科有着相似性,而区别不过是考试内容的范围缩小、要求降低,方法也更简单。据《唐会要》卷七六所记大历三年(768年)敕的规定,童子举考试的要求是:"习一经,兼《论语》《孝经》。每卷诵文十科全通者,与出身。"即考试的内容是儒经一以及《孝经》《论语》;考试的方法是背诵经书;考试的要求是每卷经书背诵十段,斟酌取舍。在唐中期以前,童子举考试的内容、方法和要求想必大体上是按此规定执行的。如武则天统治时期,裴耀卿八岁举神童,"试《毛诗》《尚书》《论语》及第"①,还多试了一种正经。

到唐末大中十年(856年),这期间经过屡次兴废,童子举上述考试内容依旧得到肯定,但要求显然是提高了。敕文规定童子举"仍须精熟一经,问皆全通,兼自能书写者"②。变化在于:其一,从"习一经"到"精熟一经",要求提高经书掌握的熟练程度;其二,能够书写,即要求识字、写字,并能粗解文义,甚而能作文。这是新增加的考试内容和方法方面的要求。此时对童子举考试要求的提高有明确的针对性,其意在于纠正童子举考试中业已泛滥成灾的弊端,即如五代后晋天福五年(940年)礼部侍郎张允所指出的:"童子每当就试,止在念书,背经则虽似精详,对卷则不能读诵。"③能够熟练地背诵经书,面对书卷却既不能读也不能诵。这表明以往应童子举及第者中的一些人与文盲无异,也表明童子的家长和地方长官利用了儿童记忆力、模仿力强的特点,徒令其记诵,借以蒙混出身,谋取自身利益。如此"神童举"不啻是对童子举莫大的讽刺。正因为张允所揭露的现象在童子举中大量存在,所以敕文

① 《王右丞集》卷二一《裴仆射济州遗爱碑》。
② 《旧唐书》卷一八下《宣宗本纪》。
③ 《册府元龟》卷六四二《贡举部·条制四》。

才增加规定了"自能书写"的要求,试图借此设置一道门槛,将一批名不副实者挡在童子举门外,提高考试的权威性,有着良好的用意。

童子举考试主要以儒家经书为据,但也不排除确有所长的儿童以其他特长应试及第。如王丘是以擅长文辞得第的。《新唐书》卷一二九《王丘传》:"丘十一擢童子科,它童皆专经,而独属文,由是知名。"可见,童子举在执行考试规定时,采取了坚持一般标准,但也因人而宜、区别对待的做法,客观上有利于选拔智力超常或有特殊才能的儿童。此外,卢庄道造访高士廉,"并呈己作文章",显然是以文章见长;员俶上《太玄幽赞》十卷、刘晏献《东封书》之后召试,吴通玄"博学善属文,文彩绮丽"[1],对三人的考察应也是以文章为主。《明皇杂录》卷上《神童刘晏》载:"时刘晏以神童为秘书正字,年方十岁,形状狞劣,而聪悟过人。……玄宗问晏曰:'卿为正字,正得几字?'晏曰:'天下字皆正,唯"朋"字未正得。'贵妃复令咏王大娘戴竿,晏应声曰:'楼前百戏竞争新,唯有长竿妙入神。谁谓绮罗翻有力,犹自嫌轻更著人。'玄宗与贵妃及诸嫔御欢笑移时,声闻于外。因命牙笏及黄文袍赐之。"刘晏之所长正是诗文。

三、 童子举考试的录取与出路

关于童子举的录取标准,《新唐书》卷四四《选举志上》载:"凡童子科,十岁以下能通一经及《孝经》《论语》,卷诵文十,通者予

---

[1] 《旧唐书》卷一九〇下《吴通玄传》。

官,通七予出身。"它将及第等级分为两级。《册府元龟》卷六四〇《贡举部·条制二》所述与之相同:"每卷诵文十科,全通者与官,通七已上者与出身。"《唐会要》卷七六所记大历三年(768年)敕的规定却有不同:"每卷诵文十科全通者,与出身。"诵文十科全通只是"与出身"。这是记载疏忽,还是确有区别?从史载童子举录取标准的变化看,这很可能反映了录取标准的提高。如唐中前期童子举考试只需背诵通过即可录取,而到唐晚期的大中十年(856年)却提出了"经旨全通,兼自能书写"①的及第标准,既要求背诵,也要求理解旨意,还要求能够书写,录取难度显著增加。因此,可以这样说,早期的童子举,诵经每卷通十,即与及第并与官;通七,与及第并与出身。唐中期以后,即使考试经文全通,也不立即与官。从童子举及第者的情况看,及第后授官的极其罕见,大体上反映了上述规定。

刘晏在童子举及第后即授职事官。《旧唐书》本传记其于开元九年(721年)七岁时"举神童,授秘书省正字"。《明皇杂录》卷上记其十岁时,在勤政殿受到唐玄宗召见,唐玄宗还以其官名"正字"与之逗笑。吴通玄在及第后是否立即授官未可知。《旧唐书》本传记其为道士之子,"幼应神童举,释褐秘书正字、左卫兵曹、大理评事。建中初,策贤良方正等科,通玄应文词清丽,登乙第,授同州司户、京兆户曹"。关于他在童子举及第后是否立即授官,据两《唐书》本传记载均不易判断。因为《旧唐书》本传记刘晏"年七岁,举神童,授秘书省正字",与记杨炯"神童举,拜校书郎,为崇文馆学士"并无不同,事实却有区别:刘晏是立即授了,而杨炯是在

---

① 《唐会要》卷七七《贡举下·科目杂录》。

十多年后再应制举方授的校书郎。据《新唐书》卷四九《艺文志三》，员俶进书召试及第后，"授散官文学，直弘文馆"。散官即有品阶而无职事者。除此之外，举童子者往往是在幼年时童子科及第，仅仅得个出身名目，待成年后再做计议。

员半千于贞观时举童子。据《新唐书》本传载，他"长与何彦先同事王义方"。到上元三年（676 年）才应八科举，授武陟尉；调露二年（680 年）又应岳牧举。

卢庄道年十二（三）时为唐太宗召试，擢第。年十六，授河池尉。任满后又应制举，擢甲科，授长安尉。[①]

杨炯于显庆六年（661 年）年十二时举神童，待制弘文馆。上元二年（675 年），应制举补校书郎。[②]

据《旧唐书》本传记载，裴耀卿擢童子举，"弱冠拜秘书正字"。

王丘年十一童子举擢第。据《新唐书》本传记载，"及冠，举制科中第，授奉礼郎"。

武云坦七岁举童子及第，"年二十，历太子通事舍人"[③]。

⋯⋯⋯⋯⋯⋯

可见，这些举神童的早慧孩子在及第后均未立即被正式授予官职，他们大多是在弱冠之年再经其他考试科目正式走上仕途的。

这种有声有色举神童、无声无息任官职的现象，毕竟表现了统治者在炫耀盛世、点缀太平的同时，还保持了相当的清醒意识。恰如《太平广记》卷三八记李泌受宠爱（留居宫中两月方归）时唐

---

① 《大唐新语》卷八《聪敏》。
② 《登科记考》卷二"上元二年"条引杨炯《浑天赋序》所记。
③ 《全唐文》卷七三一《贾𬭚·扬州华林寺大悲禅师碑铭》。

玄宗所云："仍赐衣物及采数十，且谕其家曰：'年小，恐于儿有损，未能与官，当善视之，乃国器也。'"

从上述十九名早岁应童子举者后来的成长情况看，十三人（员半千、卢庄道、杨炯、裴耀卿、贾言忠、王丘、武云坦、员俶、刘晏、吴通玄、张童子、翁袭明、杨彦伯）成年后在仕途上有大小不等的成就，其他六人（贾嘉隐、毛俊子、李泌、李神童、刘神童、林杰）不知所终。如以唐玄宗天宝末年（755 年）为界，将唐代童子举分为前后两期，那么十三名仕途有所成就者中，十人属前期，三人属后期。六名不知所终者中，三人属前期，二人属后期，一人时期不详。

据此可以说，唐代童子举所选拔的早慧儿童总体上名实相副，有一定质量，其中前期所举童子的质量要远高于后期。

四、关于童子举考试的争议

作为一个具有特殊性的考试科目，童子举引起世人更多的关注和议论。《太平广记》记叙唐玄宗宠爱李泌却不主张授予其官职的事例，表达的是一种颇有代表性的态度，即贡举是一回事（可以倡导），任官是另一回事（必须慎重）。另外，武则天召试毛俊子后赐衣裳放还，唐宣宗试李神童、唐昭宗试刘神童后均予以奖赐而不作除授，都表达了同样的态度。

民间的态度是两方面的。一方面，如《朝野佥载》卷五所记，毛俊子四岁而"《千字文》皆能暗书"，人们既钦羡，又"皆以为精魅所托"，多少视其为异象；另一方面，对这些"既幼稚之年，禀神异之性"的早慧儿童，人们（尤其是其父母家庭）又视之为吉兆和福祉,钻营追逐,不择手段,孜孜以求,"及有司之去留,多家人之诉讼"。① 因为家有"神童",名利双丰。

政府官员的态度也是两方面的。一方面,为邀功扬名、炫耀政绩、粉饰太平,一些地方官员和政府有司竞相攀比举荐,甚至伪称童子,不顾所业;另一方面,一批有责任心的官员则冷静地提醒人们注意童子举带来的问题,如杨绾、韩愈和后晋时的礼部侍郎张允、后周时的礼部侍郎窦仪等。

张允于后晋天福五年(940 年)以礼部侍郎知贡举,上奏"童子一科,伏请停废"②,获准。其理由是:"童子每当就试,止在念书,背经则虽似精详,对卷则不能读诵。及成名贡院,身返故乡,但刻日以取官,更无心而习业。滥觞徭役,虚占官名。其童子一科,亦请停废。"③张允所指出的童子举的弊端都是从实际出发的:其一,从国家选拔的人才看,所举童子只擅背诵经书,面对经卷则不能识读,几近文盲,这样的人才怎能合乎国家"责实求才"的目的? 其二,从应试童子的成长看,这些童子贡院成名返回故乡后,整日所思就是何时可以得官,无心学习,这不是害了孩子吗? 其三,从国家的发展看,童子及第后,还不能为国家出力,却可以享受免除徭役的特权,尸位素餐,虚占官名,这不是徒增国家和社会负担吗? 张允的认识触及童子举的深层问题,很具有代表性。

窦仪和韩愈的意见更多从儿童的健康发展和成长着眼。窦仪并不一味反对童子举,认为如果儿童确属禀赋优异者,"语言辨慧,精采英奇,出于自然,有则可举"。但是,当时所闻所见并非如

---

① 《册府元龟》卷六四二《贡举部・条制四》。
② 《五代会要》卷二三《童子》。
③ 《册府元龟》卷六四二《贡举部・条制四》。

此。"抑嬉戏之心,教念诵之语,断其日月,委以师资。隔限而游思不容,扑扶而痛楚多及。孩童之意,本未有知;父母之情,恐或不忍。而复省试之际,岁数难知。或念诵分明,则年貌稍过;或年貌适中,则念诵未精。及有司之去留,多家人之诉讼。"[①]窦仪的话揭示了童子举所引发的社会问题和教育问题:家长们不顾孩子喜欢嬉戏的天性,为之延师请教,强教而令其背诵经书,不允许其心有旁骛,甚至不惜施以体罚手段。儿童蒙昧未开,根本不懂得成人的事理;而父母也未必真忍心这样对待孩子,但出于长远计,不得不如此。按窦仪的意见,对儿童的教育本该是顺其身心发展之自然的,不能强儿童之所难;对早慧人才的选拔,也该是"出于自然"的,即确属出类拔萃的则选取之,否则只能是揠苗助长,使可造之材中途夭于斧斤。

作为教育家,韩愈对童子举的看法也颇为中肯。他在《赠张童子序》中先是记叙了张童子及第后的得意:张童子九岁自州县而贡于礼部,一举登第。两年后,又通过明二经考试,授卫兵曹。人们称赞张童子"耳目明达,神气以灵","独出于等夷也"。后来张童子告假回家省亲,从京师一路到洛阳,闻者"皆厚其饩牢,或作歌诗以嘉童子,童子亦荣矣"。在一片赞赏声中,韩愈向张童子泼了冷水,他谆谆告诫:"虽然,愈将进童子于道,使人谓童子:求益者,非欲速成者。夫少之与长也异观:少之时,人惟童子之异;及其长也,将责成人之礼焉。成人之礼,非尽于童子所能而已也。然则童子宜暂息乎其已学者,而勤乎其未学者可也。"韩愈认为,童子考试及第,并不意味着童子本人接受教育的完成和个人成长

① 《登科记考》卷二六《后周世宗睿武孝文皇帝·显德二年》。

的终结,因为社会对一个人的幼时与其成年时的评价是有不同标准的:对其幼时,人们会仅关注其优异的表现(而不论其他);当其长时,人们就会以成年人的要求予以评说(甚至求全责备),而成人的礼数并不是童子所能自然具备的。因此,童子自当将已学到的本领暂且放在一边,而在其尚未学得的方面勤奋进取。这就是韩愈所要告知张童子的道理。韩愈之言不只是对张童子的告诫,也是对全社会所有的童子及其家长的告诫。他提醒人们注意成人该如何培养童子,而童子又该如何自我完善,指出人的成长是没有"速成"之道可行的。

韩愈等人的意见代表了对童子举的理智态度,论述所及,已非泛泛而论,而是揭示了童子举考试的弊端及其深刻的社会意蕴。

第九章

唐代官员的铨试

　　唐中后期文学家、教育家韩愈曾四次参加礼部考试,终于贞元八年(792 年)进士及第,时年二十五岁。但在此后的十年里,他三试吏部而名落孙山,仍为布衣,困守长安,饥寒交迫。他曾向友人述说自己的这一经历:

　　及来京师,见有举进士者,人多贵之,仆诚乐之,就求其术。或出礼部所试赋、诗、策等以相示,仆以为可无学而能,因诣州县求举。有司者好恶出于其心,四举而后有成,亦未即得仕。闻吏部有以博学宏词选者,人尤谓之才,且得美仕,就求其术。或出所试文章,亦礼部之类,私怪其故,然犹乐其名,因又诣州府求举。凡二试于吏部,一既得之,而又黜于中书。[①]

韩愈在其《上宰相书》中的陈述显得更为凄凉:"四举于礼部乃一得,三选于吏部卒无成。九品之位其可望? 一亩之宫其可怀? 遑遑乎四海无所归,恤恤乎饥不得食,寒不得衣,濒于死而益固,得

---

① 《全唐文》卷五五二《韩愈·答崔立之书》。

其所者争笑之！忽将弃其旧而新是图，求老农老圃而为师。悼本志之变化，中夜涕泗交颐！"在唐代，韩愈的遭遇不是个别现象，这与当时的考试选官制度有关。按唐制，应试者在通过常科考试取得出身后，并不立即授官，还须通过吏部铨选考试，方能"释褐"得官，最终蜕去平民身份。此外，下级官员的升迁也须按规定通过吏部铨试。铨试事实上成为士人走上仕途和下级官员升迁的一道关卡，是唐代考试制度的一个重要组成部分。

第一节 铨试的科目与内容

《通典》卷一五《选举三·历代制下》对于唐代吏部铨试科目的形成和变迁有一个概略的叙述：

> 初，吏部选才，将亲其人，覆其吏事，始取州县案牍疑议，试其断割，而观其能否，此所以为判也。后日月浸久，选人猥多，案牍浅近，不足为难，乃采经籍古义，假设甲乙，令其判断。既而来者益众，而通经正籍又不足以为问，乃征僻书、曲学、隐伏之义问之，惟惧人之能知也。佳者登于科第，谓之"入等"；其甚拙者谓之"蓝缕"，各有升降。选人有格限未至，而能试文三篇，谓之"宏词"；试判三条，谓之"拔萃"，亦曰"超绝"。词美者，得不拘限而授职。

可见，最初吏部选才，出于有效考察其人并审核其吏治才干的目的，开始选择州县文书案牍有疑问争议的实例令考生判断，以考察其断事能力之高下，由此形成铨选试判的方式。后来，为提高考试难度,吏部进而依据经籍内容设计案例,并片面追求偏题怪题,以增加筛汰率。由此,逐渐形成平判入等这一铨选科目,同时形成的还有博学宏词和书判拔萃两个科目。这三个科目是铨选考试的主体,它们的形成也是唐代铨试制度成熟的标志。到中晚唐,又有其他科目出现。

一、 吏部选人试判的实行

《唐语林》卷八《补遗》记载了平判入等、博学宏词、书判拔萃的起始:"士人所趋,明经、进士二科而已。及大足元年,置拔萃,始于崔翘。开元十九年,置宏词,始于郑昕①。开元二十四年,置平判入等,始于颜真卿。"据此,这三个铨试科目形成时已进入中唐了。然而,在此之前,官员铨选又经历了怎样的发展过程?

《唐会要》卷七四《选部上·论选事》:"自隋已降,职事五品已上官,中书门下访择奏闻,然后下制授之。唐承隋制,初则尚书铨掌六品、七品选,侍郎铨掌八品选,三年一大集,每年一小集。"可见,唐代官员铨选制度继承自隋代。那么,隋代铨选又是如何试人的?《隋书》卷四九《牛弘传》记载,隋文帝时吏部尚书牛弘掌铨,"其选举先德行而后文才,务在审慎。虽致停缓,所有进用,并多称职"。可见,牛弘铨选采用了某种能够考出人"文才"的考试形式,所以铨选过程"停缓"。至于究竟是何种形式,却难知其详。

唐武德初,天下兵革方息,然而"士不求禄,官不充员",于是

---

① "郑昕"为"萧昕"之误,见《旧唐书》卷九六《萧昕传》。

吏部移牒州府，课人应集，基本上是"至则授官，无所退遣"。① 数年后，求者渐多，才稍有筛汰。筛汰的比率，贞观初大体是参选者七千余人，而得官者六千余人。尽管筛汰比率不高，但毕竟有了筛汰。筛汰的依据是什么？当时唐太宗不满于选人失当，对吏部尚书杜如晦说："今吏部取人，独举其言辞刀笔，而不详才行，或授职数年，然后罪彰，虽刑戮继及，而人已弊矣。如之何？"②李世民不满的是吏部只以"言辞刀笔"取人，而未能有效考察人的才学和品德，因此取中的多是酷吏而非官员。这透露出当时铨选的主要依据是"言辞刀笔"，即试判词，或如上述"取州县案牍疑议，试其断割"。杜如晦任吏部尚书在贞观二年（628年）、三年。可见，贞观初，吏部铨选已实行试判，成为规矩。在一段时期里，铨选重判还成为诸多吏部掌铨者的准则。《册府元龟》卷六三八《铨选部·不称》载："戴胄为民部尚书，兼检校吏部尚书，及在铨衡，抑文雅而奖法吏，不适轮辕之用。杨纂为吏部侍郎，抑文雅进黠吏，观时论数，为时论所讥。"戴胄兼任吏部选职是在贞观四年，杨纂任吏部侍郎则是从贞观五年至十五年。因此，李世民所批评的现象并未立即得到改观，还暴露出当时铨选在导向上的偏失，即偏重"法吏"，忽视"适轮辕之用"的人才。

武则天临朝听政，"务悦人心，不问贤愚，选集者多收之。职员不足，乃令吏部大置试官以处之，故当时有'车载''斗量'之谣"③。尽管选人过滥，一度还出现"无所藻鉴""依资平配"的做法，但从总体上看，选人试判仍然是取舍的主要依据。《朝野佥

① 《通典》卷一五《选举三·历代制下》。
② 《通典》卷一五《选举三·历代制下》。
③ 《通典》卷一五《选举三·历代制下》。

孙培青文集　第二卷　隋唐五代考试研究

载》卷六记有司列少常伯(即吏部侍郎)李安期的一段佚事：

> 又一选人引铨，安期看判曰："弟书稍弱。"对曰："昨坠马损足。"安期曰："损足何废好书？"为读判曰："向看成贤判，非但伤足，兼似内损。"其人惭而去。

李安期于龙朔三年(663年)和乾封二年(667年)两任司列少常伯，铨人以书法好坏作为评判的依据，显然是借口。但既然可作为借口，说明评判的要求不仅有内容，还要有形式(书写)，逐渐制度化。《通典》卷一五《选举三·历代制下》还指出：

> 其后，诸门入仕者猥众，不可禁止：有伪立符告者，有接承他名者，有远人无亲而买保者，有试判之日求人代作者，如此假滥，不可悉数。武太后又以吏部选人多不实，乃令试日自糊其名，暗考以定等第。糊名自此始也。有司不能详求故实，划革其弊，而乃繁设等级，递立选防，苟以抑之。

试判制度逐渐完善。正因为试判毕竟对人的才学、吏治能力有一定要求，所以增加了考试难度，也才有了请"枪手"代作一类舞弊现象的出现。而糊名试判的实行，更加肯定了试判的方式在官员铨选中的作用。

　　唐前期官员铨选中实行试判对后世铨选制度的完善有较大影响。其一，官员的选拔毕竟要考虑今后的工作需要，试判虽非十全十美的鉴别方法，但多少能考察人的吏治阅历、思维判断能力和某些个性特征。此后的铨试科目如平判入等、书判拔萃均以试判为依据,可见其实际影响。其二,唐前期试判的实行也暴露出一些缺陷。一是选人标准出现偏失,即如李世民所说,"独举其言辞刀笔,而不详才行",所选人多刀笔酷吏,而少道德才学之士。此后以试文为主的博学宏词科出现,并规定诸科"词美者,得不拘限而授职",实际上是在纠偏。二是评判标准不清,制度不严,影响取用。武则天时的"暗考以定等第"实际上成为吏部铨选糊名试判、考试判等的先声。

二、 平判入等、博学宏词、书判拔萃的形成

按《唐语林》卷八《补遗》的说法,平判入等、博学宏词、书判拔萃分别设立于开元二十四年(736 年)、开元十九年、大足元年(701年)。实际上,它们都有一个形成过程。

(一)平判入等

按《通典》卷一五所说,平判入等有三个特征:其一,应试者是选限已满或资格已到,按部就班接受铨选的;其二,考试以书判为主;其三,平判划分有等级,登科者谓之"入等"。关于评判入等的设立时间,除《唐语林》外,马鉴《续事始》也认为是在开元年间,其"试杂判"条云:"开元中始取州县案牍疑议试举人,割断其能否乃为试之科,寻又采经史义,假设甲乙丙丁,令举人判断。"然而,从文献记载看,早在开元之前的唐高宗、武后时期,就已将选人所试判入等,如:

初，则天时，敕吏部糊名考选人判，以求才彦，〔刘〕宪与王适、司马锽、梁载言相次判入第二等。①

天授元年，颜惟贞糊名考试，判入高等，以亲累授衢州参军。……每选皆判入高科。侍郎苏味道以所试示介众曰："选人中乃有如此书判！"②

到武则天称帝时，选人糊名试判入等仍是坚持实行的制度。但是，武则天在称帝后的天册万岁元年（695 年），以"糊名考判，立格注官，既乖委任之方，颇异铨衡之术"为由，一度停了糊名试判，敕令："其常选人自今已后，宜委所司依常例铨注。其糊名人试，及令学士考判，宜停。"到了大足元年（701 年）正月，有敕曰："选人应留，不须要论考第。若诸事相似，即先书上考。如书判寥落，又无善状者，虽带上考，亦宜量放。"③可以推知，当时选人仍试书判。

开元中，铨人试判制度显然有一个重要变化，《唐语林》所说的平判入等始置于开元二十四年（736 年）、《续事始》所说的试杂判自"开元中始"，当都是指这一变化。有两个问题需要明确：其一，明明铨人试判入等早在唐高宗、武则天时就已实行，为何却说平判入等始置于开元时？其二，如果说平判入等始置于开元时，那么具体在哪一年？

关于其一。尽管唐高宗、武则天时也实行铨人试判入等，但这种制度在相当长一段时期里显然处在张弛无度、兴废无常的状态中，并不稳定。武则天临朝后，为收买人心，一度"不问贤愚，选

---

① 《旧唐书》卷一九〇中《刘宪传》。
② 《全唐文》卷三四〇《颜真卿·唐故通议大夫行薛王友柱国赠秘书少监国子祭酒太子少保颜君庙碑铭》。
③ 《唐会要》卷七五《选部下·杂处置》。

集者多收之"，铨人尺度几乎无存。永昌元年(689年)，邓玄挺、许子儒(长寿二年、长寿三年、证圣元年，693—695)为侍郎时，"无所藻鉴，委成令史，依资平配"，也几乎不考实际才学，唯资格是论。这期间，曾因选人"如此假滥"而实行糊名试判，其时约在改唐为周(690年)前夕。① 之后，又曾停废糊名试判，旋又恢复。唐中宗复唐以后，由于处于特殊时期的缘故，"中宫用事，恩泽横出，除官有不由宰司"，致使滥选、贿选成风，内外官"盈溢"，居无廨署，有宰相、御史、员外郎"三无坐处"之窘。可以推知，铨人已无考试可言。唐玄宗即位后力革前弊，选人重才实而轻资历，量缺选人，铨人尺度甚严，"当时选者十不收一"。但是，他显然也未能找到有效的整顿办法，以至在开元十三年(725年)一度以吏部选试不公而置十铨试人。②《册府元龟》卷六三〇《铨选部·条制二》载开元十五年敕："今年吏部选人，宜依例糊名试判，临时考等第奏闻。"由此可见，直到开元中，吏部铨选始终处在动荡摇摆之中，制度并不规范。从敕文看，糊名试判只是"依例"而行的"临时"举措，既不固定，也不正式。这也许就是时人不承认在开元中期之前存在过平判入等的原因。

关于其二。变化发生在开元中以后，重要的举措是平判入等被作为常规制度规定下来，不再是时行时止的临时措施。那么，制度化的平判入等正式设立于开元年间何时？独孤及云："初，选部旧制：每岁孟冬，以书判选多士。至开元十八年，乃择公廉无私工于文者，考校甲、乙、丙、丁科，以辨论其品。是岁，公③受诏与徐

---

① 吴宗国在《唐代科举制度研究》中认为，刘宪等人糊名试判入第二等当是在改唐为周(即天授)之前，因为刘宪于天授中已授冬官员外郎。
② 以上据《通典》卷一五《选举三》。
③ 权幼明。

安贞、王敬从、吴巩、裴朏、李宙、张烜等十学士参焉。凡所升奖，皆当时才彦。考判之目，由此始也。"①他认为开元十八年（730年）平判入等才算正式设置。这与《续事始》所说的"开元中始"约略相当，与《唐语林》所说的"开元二十四年置平判入等，始于颜真卿"也相差不多。细按独孤及所言，先指出"旧制"是以书判选士，接着说明开元十八年的革新处有二：其一为选择公廉无私以文见长者为考试官，具体的人选即权幼明等十学士；其二为严格设立考试衡文等级，即甲、乙、丙、丁四等，以之判定铨选人。因此，他断定平判入等由此设立。独孤及之言应当可以相信。至于《唐语林》所说的平判入等置于开元二十四年、始于颜真卿，或许反映了这种制度的进一步完善过程。总之，制度化、规范化的平判入等形成于开元中后期，大约在开元十八年至二十四年之间。

（二）博学宏词

作为吏部科目，博学宏词与平判入等的区别在于：其一，选人多为"格限未至"者，带有破格选人的意思；其二，"试文三篇"而不试判，表现出重文辞的选人导向。《唐语林》认为博学宏词始设于开元十九年（731年），从郑（萧）昕起。《旧唐书》卷一四六《萧昕传》："萧昕，河南人。少补崇文进士。开元十九年，首举博学宏词，授阳武县主簿。天宝初，复举宏词，授寿安尉，再迁左拾遗。"此处说萧昕"首举""复举"博学宏词，既可以理解为他举了一次后再举一次，也可以理解为他是此科首个被举者，后来再次举此科。

---

① 《毗陵集》卷八《唐故朝议大夫高平郡别驾权公神道碑铭并序》。

《册府元龟》卷六五〇《贡举部·应举》中的记载则将问题表述得很明确:"萧昕,河南人,少补崇文进士。开元十九年,首举博学宏词,授阳武主簿。天宝初,举宏词,授寿安尉。"显然,此处强调了开元十九年的"首举",即首次开设时被举。与萧昕同年登同一科的还有王昌龄、陶翰。《唐才子传》卷一《王昌龄》记:"昌龄字少伯,太原人。开元十五年,李嶷榜进士,授汜水尉。又中宏词,迁校书郎。"新旧《唐书》本传都记其进士及第后先授校书郎,中宏词后再授汜水尉。《登科记考》记其中宏词在开元十九年。《唐才子传》卷一《陶翰》载:"翰,润州人。开元十八年崔明允下进士及第。次年,中博学宏词。"

博学宏词不是凭空出现的,它可以说是受制举科目的滋养而成长起来的。徐松《登科记考》卷五"开元五年"条下列有博学宏词科,当年及第者有李蒙,并引《定命录》,云"李蒙宏词及第,注华阴县尉"。徐松还特作按语说明:"按博学宏词置于开元十九年,则此犹制科也。"也就是说,唐代的博学宏词科有两种:一为制举科目,一为铨试科目。按徐松之意,制举科目博学宏词产生在前。事实上,正是由于制举科目博学宏词先发展起来,因此当吏部铨试科目博学宏词出现后,人们仍旧将其误作制举科目。《唐会要》卷七六《贡举中》记唐代制举科目时,就将博学宏词作为制举科目记在"开元十九年"之下,表明了两者间的"亲缘"关系。但是,既然《唐语林》、新旧《唐书》等文献都指出开元十九年(731年)是博学宏词科的首设之年,那么当然是就吏部科目而言的。《登科记考》卷七"开元十九年"条下徐松的又一按语就说得很明确:"按唐之博学宏词科,岁举之。阎氏若璩以王应麟弟兄所应之博学宏词即昌黎所应之词科,误也。"既然是"岁举之"的,且是韩昌黎所应之"词科"，那么显然就非制举科目而是吏部科目了。

所以，博学宏词在开元十九年（731 年）正式从制科中分离出来，按韩愈的说法，其"所试文章，亦礼部之类"[①]，考试内容和评卷要求与制科几无差别。这一方面反映了开元、天宝年间注重文学的社会风气，与科举考试的总体走势相应；另一方面也与当年李世民对吏部只凭"言辞刀笔"选人造成官员乏有才学的批评遥相呼应。由于常科中有进士科这样以文学取人的科目，制科中也存在大量偏重文学的科目，因此吏部铨试中设立博学宏词科就与常科和制科形成体系；同时，制科中的博学宏词也就没有重复设置的必要了。吴宗国在《唐代科举制度研究》一书中说，吏部设立博学宏词科"后一百四十年间，制科举中没有再出现过博学宏词科"。

（三）书判拔萃

书判拔萃与博学宏词有相似之处，即都是对"格限未至"者开放的铨选科目，也含有破格选人的用意；不同处在于，书判拔萃的考试内容和形式为"试判三条"，与平判人等相近。《唐语林》卷八《补遗》认为"大足元年置拔萃，始于崔翘"，这是就吏部科目而言的，而书判拔萃与博学宏词有相同的发展经历，即也是由制举科目演变而来的。《唐会要》卷七六《贡举中》记制举科目时，也在大足元年（701 年）下以制举科目记载了拔萃科的及第人："大足元年，理选使孟诜试拔萃科，崔翘、郑少微及第。"在大足元年之前与

---

① 《全唐文》卷五五二《韩愈·答崔立之书》。

之后，《唐会要》均未记录拔萃科的情况，表明大足元年的拔萃科具有需要专门记载的特殊价值。

作为制举科目的拔萃科开设得很早。张说在为郭震作行状时说："公名震，字元振，本太原阳曲人也。……十六入太学，与薛稷、赵彦昭同业……十八，擢进士第，其年判入高等。时辈皆以校书正字为荣，公独请外官，授梓州通泉尉。"[①]《登科记考》卷二据郭震于开元元年（713 年）五十八岁卒推之，认为其进士及第和拔萃登科是在咸亨四年（673 年）。在此之后，拔萃登科的还有王珣。据《新唐书》卷一一一《王殉传》，王珣"字伯玉，……天授初，珣及进士第，应制科，迁蓝田尉。以拔萃擢长安尉"。王珣举拔萃当在天授至天册万岁年间。尽管拔萃科开设较早，但及第留名者极少。到了大足前后，则有一批拔萃登科者出现。《旧唐书》卷一九〇中《孙逖传》载，孙逖"父嘉之，天册年进士擢第，又以书判拔萃，授蜀州新津主簿，历曲周、襄邑二县令"。孙逖为其父所作墓志铭中也说："天册中，以进士擢第。……久视初，预拔萃，与邵炅、齐瀚同升甲科，解褐蜀州新津县主簿。"[②]这样，在大足元年（701 年）举拔萃及第的就有崔翘、郑少微、孙嘉之、邵炅、齐瀚以及裴宽。[③]

《唐语林》认为大足元年（701 年）的拔萃科是吏部科目之始，《唐会要》则将其作为制举科目。究竟是吏部科目还是制举科目？《新唐书》卷一二八《齐瀚传》记齐瀚"圣历初，及进士第，以拔萃调蒲州司法参军"。《旧唐书》本传说得更明确："〔齐瀚〕弱冠以制科

---

① 《张燕公集》卷二五《兵部尚书代国公赠少保郭公行状》。
② 《全唐文》卷三一三《孙逖·宋州司马先府君墓志铭》。
③ 《登科记考》卷四。

登第,释褐蒲州司法参军。"这就支持了《唐会要》的观点。也就是说,直到大足元年,还是难以断定书判拔萃科是制举科目还是铨试科目,但也存在这样的可能:既是制举科目,也开始成为铨试科目。

可以断定,书判拔萃成为吏部科目是在稍后的年代。《旧唐书》卷九九《张九龄传》载:"九龄以才鉴见推,当时吏部试拔萃选人及应举者,咸令九龄与右拾遗赵冬曦考其等第,前后数四,每称平允。开元十年,三迁司勋员外郎。"张九龄当时是左补阙,据《新唐书》本传,他与赵冬曦掌铨试"号称平允",故多次被任为选官。此条材料提供了不少有关信息:其一,从"吏部试拔萃选人及应举者"看,拔萃已是吏部科目,可能也是制举科目。性质不同而名称、内容相同的这两种科目,很可能同时进行,只不过对于不同身份的应试者作用有异。这种情况虽无先例,却有后例,如唐后期的三礼、三传、三史同时是铨选科目和贡举科目。其二,从"开元十年,三迁司勋员外郎"看,拔萃明确成为吏部科目是在此之前,至迟是在开元初。据此可说,书判拔萃初起时是制举科目,逐渐兼为制举和铨试科目,在大足以后又逐渐成为吏部科目。《登科记考》在大足以后仍将拔萃归于制举科目是误解。

三、《开元礼》、三礼、三传、三史成为吏部科目

平判入等、博学宏词、书判拔萃等吏部铨试科目在开元、天宝年间均已在铨选中确立了地位。约成书于开元二十六年(738年)的《唐六典》卷二《吏部尚书》在叙述吏部尚书的职责后作注:"每试判之日,皆平明集于试场,识官亲送,侍郎出问目,试判两道。

或有糊名①,学士考为等第。或有试杂文,以收其俊义。""试判两道"即为平判入等;"学士考为等第"可能指书判拔萃;"试杂文,以收俊义"可能为博学宏词。这一段对吏部尚书职责的注解当属于后加上的,其时当在《唐六典》最后成书之际。记述言辞的含混不清,表明这些铨试科目的完善和世人对它们的认识都还需要一个过程。但在经历了"安史之乱"后,迨至大历、贞元年间,吏部铨试逐渐形成又一个兴盛时期,不仅拔萃、宏词设科有常,登科者频频,还开设了《开元礼》、三礼、三传、三史等新科目。

《开元礼》等科目的设置与拔萃、宏词相似,与贡举科目有着共生关系。《册府元龟》卷六三九《贡举部·总序》:"又有吏部科目,曰宏词、拔萃、平判官,皆吏部主之。又有三礼、三传、三史、五经、九经、《开元礼》等科,有官阶者,吏部主之;白身者,礼部主之。其吏部科目、礼部贡举,皆各有考官。"此处指出了唐中后期设置的诸多礼、经、史科目,分别面向不同的对象开考。对象的身份不同,考试的性质和主管部门就完全不同。如以有官阶者为对象的开考科目三礼、三传、三史、《开元礼》等科,归属于吏部科目,与拔萃、宏词、平判入等一起构成吏部的科目选。各科设置时间略有先后,大致在贞元初至长庆初次第设立。

最先设立的是《开元礼》科,时在贞元二年(786 年)。《旧唐书》卷四四《职官志三》认为"自贞元五年一月敕特置三礼、《开元礼》科",有误。《通典》卷一五《选举三·历代制下》载:"贞元二年六月,敕:'自今以后,其诸色举选人中,有能习《开元礼》者,举人同一经例,选人不限选数,许集。问大义一百条,试策三道,全通

① "名"在广池本中疑为"召",见三秦出版社 1991 年版《大唐六典》第 25 页。

者超资与官；义通七十条，策通两道以上者放及第，以下不在放限。其有散、试官能通者，亦依正员例处分。'"相同的记载还见于《唐会要》卷七六《贡举中·开元礼举》。可见，设置《开元礼》科所面对的考试对象包括举人与选人两类。选人又包括正员、散官、试官，根据惯例，这部分人的考试评判当属吏部管辖。上述规定在贞元九年再次得到肯定，并强调"仍永为常式"①。三礼科开设于贞元五年。《通典》卷一五《选举三·历代制下》载："五年五月敕：自今以后，诸色人中有习三礼者，前资及出身人依科目选例，吏部考试；白身依贡举例，礼部考试。"贞元九年，相同的精神再次被强调，同样规定三礼科分设吏部科目和礼部科目"永为常式"②。

三传、三史两科同时开设于长庆二年（822 年），稍晚于诸礼科。《新唐书》卷四四《职官志三》："长庆二年二月，始置三传、三史科。"据《唐会要》卷七六《贡举中·三传》，三传、三史科的设立起因于谏议大夫殷侑的奏议，是为了挽救"周公之微旨，仲尼之新意，史官之旧章，将坠于地"的困境。殷侑所奏得到肯定。容易引起混淆的是，在前此近二十年的唐德宗建中年间（780—783），存在过类似三史的博学三史科。据《旧唐书》卷一八九下《冯伉传》，冯伉"大历初，登五经秀才科，授秘书郎。建中四年，又登博学三史科"。博学三史科当为制举科目。

上述吏部科目设立后，由于同时是礼部科目，在考试形式、内容和评判标准方面多有相同之处，区别之处只是应试者身份，因而在实施过程中极易引起混乱。所以，唐文宗大和元年（827 年），中书门下专门上奏："应礼部诸色贡举人及吏部诸色科目选人等，

凡未有出身未有官，如有文学，只合于礼部应举；有出身有官，合于吏部赴科目选。近年以来，格文差斥，多有白身及用散、试官并称乡贡者，并赴科目选。"①奏书重申吏部科目选和礼部贡举仍应严格分途，不得混杂，以防不公、舞弊等情况的发生。

《开元礼》、三礼、三传、三史以及五经、九经等科在唐中晚期同时被设为贡举科目和铨选科目，与当时统治思想出现转变有关，也与整个科举考试的发展大势相吻合。唐代中前期，科举考试大体上循着注重文学的轨迹发展，长于文学者极易于考场得售。虽有明经诸多科目，但一则不为人所重视，再则由于将经书划分为大、中、小三等，考试只是按规定取其部分，明经诸科的考生往往避难就易，造成考试中应试者总体上的偏科现象，以至某些经传无人问津，渐觉传人稀少。加之唐中期"安史之乱"之后，社会始终不甚安宁，其根源有意识形态不明确、不统一的问题。在经过儒、佛、道三学多年并争后，人们逐渐认识到儒家学说仍为治国所不可离弃之术。中唐后，崇儒势力渐渐抬头。贡举和选举中诸多礼、经、史科的设置，实际上反映了上述社会需求。长庆初殷侑所言很能够说明问题。《唐会要》卷七六《贡举中·三传（三史附）》载殷侑奏请设立三传科的理由：《春秋》之书，"王道之正，人伦之纪备矣。故先师仲尼称志在《春秋》。历代立学，莫不崇尚其教。"然而，"伏以《左传》卷轴文字，比《礼记》多校一倍，《公羊》《穀梁》与《尚书》《周易》多校五倍。是以国朝旧制，明经授散，若大经中能习一传，即放冬集。然明经为传学者，犹十不一二。今明经一例冬集，人之常情，趋少就易，三传无复学者。"殷侑请求开

① 《册府元龟》卷六三一《铨选部·条制三》。

设三史科的理由与之相似："历代史书，皆记当时善恶，系以褒贬，垂裕劝戒。其司马迁《史记》，班固、范晔两《汉书》，音义详明，惩恶劝善，亚于六经，堪为世教。……近日以来，史学都废，至于有身处班列，朝廷旧章，昧而莫知，况乎前代之载，焉能知之？"殷侑之言并未夸大其词。唐代实施科举考试制度以来，考试究竟能够考出人多少真学问？考试及第者究竟有多少真学问？韩愈的回答十分干脆：礼部所试内容"可无学而能"，而吏部所试"亦礼部之类"，完全不是学问！[①] 持此见者比比皆是。中唐之后主张贡举考试注重经史的代表人物如杨绾、贾至、赵赞、赵匡、沈既济、高郢、权德舆等都有类似看法。这些人大多为礼部知贡举官，在他们的手里，进士科考试逐渐实现了从重诗赋词章向重经史策论的转变。唐后期，铨试开设诸多礼、经、史科，正与贡举考试的上述改革相呼应。

四、 铨试诸科目的考试内容与试题形式

唐代铨试因科目不同，考试内容与试题形式也有区别，表现了不同的选人要求。

（一）博学宏词诗赋

据《通典》记载，博学宏词科"试文三篇"。其考试内容与形式，据韩愈《答崔立之书》所称，"所试文章，亦礼部之类"，而礼部

---

① 《全唐文》卷五五二《韩愈·答崔立之书》。

进士科所试重在诗、赋、策。因此,博学宏词科所试,不过就是诗、赋、策。

由于博学宏词科的应试对象为有出身或有官者,是一种选人任官的考试,因此远不如进士科考试的竞争性强,也就不如进士科考试的出题范围广。从现今所见的诗赋题看,博学宏词科的试题题目多为歌功颂德、粉饰太平的,空洞而缺乏现实感和实用性,具有为作文而作文的倾向,却也有便于驰骋文字、展现文才的功能。且看《文苑英华》卷一八〇至卷一八六所载博学宏词诗题:大历十年(775年),《沉珠于渊》;贞元八年(792年),《中和节诏赐公卿尺》;贞元十年,《冬日可爱》;贞元十二年,《竹箭有筠》;贞元十五年,《终南精舍月中闻磬》;贞元十九年,《贡举人谒先师闻雅乐》。

再看赋题。据《文苑英华》卷六九、卷八、卷一三一、卷七三、卷一二五、卷七七、卷一一八、卷七五、卷七载,开元二十二年(734年),《公孙弘开东阁赋》;大历四年(769年),《五星同色赋》;大历十四年,《放驯象赋》;贞元八年(792年),《钧天乐赋》;贞元九年,《太清宫观紫极舞赋》;贞元十年,《朱丝绳赋》;贞元十二年,《披沙拣金赋》;贞元十五年,《乐理心赋》;贞元十八年,《瑶台月赋》。[①]

再以贞元八年(792年)裴度所试博学宏词诗《中和节诏赐公卿尺》为例:"淑景风光媚,皇明宠赐重。具寮颁玉尺,成器幸良工。岂止寻常用,将传度量同。人何不取则,物亦赖其功。紫翰宣殊造,丹诚励匪躬。奉之无失坠,恩泽自天中。"可见,博学宏词科与进士科所试诗的格律要求完全相同,都是六韵十二句。依据

① 试题所出年份,据徐松《登科记考》。

皇帝赐予公卿玉尺这一既平常又不平常的小事敷衍成诗,极尽颂扬帝王恩德、点缀世道祥和之能事,因而诗作不过是填砌辞藻,内容空洞贫乏,了无新意。诗如此,赋也无不如此。《杜阳杂编》卷上记录了大历十四年博学宏词赋题《放驯象赋》的出题背景以及答题宗旨,很能说明问题:"宏词独孤绶,所司试《放驯象赋》,及进其本,上自览考之,称叹者久,因吟其句曰:'化之式孚,则必受乎来献;物或违性,斯用感于至仁。'上以绶为知去就,故特书第三等。先是代宗朝文单国累进驯象三十有二,上即位,悉令放之于荆山之南,而绶不辱其受献,不伤放弃,故赏其知去就焉。"唐德宗初即位,就将先朝皇帝所受国礼驯象放之于荆山之南,无非是为了标榜仁厚慈爱。独孤绶深知帝王心理,赞词有加,所以得到赏识。这更暴露了试题的空疏无用,难怪韩愈会瞧不起博学宏词科考试。

(二)判

平判入等、书判拔萃都试判。试判的目的在于考察士人和官员判案例、断狱讼的能力。《大唐新语》认为,判题最初取自"州、县、府、寺疑狱"。《续事始》认为,之后又有了依据经史义例,"假设甲、乙、丙、丁"的设计案例。试判的出题范围颇为广泛,通常是取生活中一件事、官场上一个事件或者一个讼案作为试题,令应试者应对判断。如大足元年(701年)拔萃科《围棋判》题:"安北副都护连帅,爱与人弈棋,闻寇至而不辍,御史以逗挠纠察。"贞元十九年(803年)拔萃科《毁方瓦合判》题:"太学官①教胄子,毁方瓦

---

① 后篇作"太学博士"。

合,司业以为非训导之本,不许。"①其他各类判题还有:

《乡举进士判》:乡举进士,至省求试秀才,考功不听,求诉
不已。②

《求邻壁光判》:郗珍性好读书,家贫,邻家富,乃穿邻壁取烛
光。邻告为盗。③

《京令问喘牛判》:京县宰冬日退朝,逢相害者至死,初不屑
怀,委而不问。俄见行牛喘,停车寻诘,久而方去。所司以为不理
所职,妄干他事。④

《致仕判》:渤海县高迈高秀,历官清途,位望崇重,及悬车之
岁,挂冠辞归于邑。邑宰白雄令吏置酒肉于其家。吏于道旁停
肉,为鸱鸢所食,还以此报,雄不之信,命官属科之。⑤

《白居易集》卷六六、六七中收集了多个有关考试问题的判题
和判对,如:

《试选人继烛判》:得吏部选人入试,请继烛以尽精思,有司许
之。及考其书判,善恶与不继烛同。有司欲不许,未知可否。

《贡市井之子判》:得州府贡士,或市井之子孙,为省司所诘。
申称:群萃之秀出者,不合限以常科。

《拔萃相非判》:得乙与丁,俱应拔萃:乙则趋时以求名,丁则

① 二判题均见《文苑英华》卷五一二。
② 《文苑英华》卷五一四。
③ 《全唐文》卷二六〇。
④ 《全唐文》卷二六〇。
⑤ 《全唐文》卷二七六。

勤学而待命。互有相非，未知孰是。

《选人代试判》：得乙充选人识官，选人代试。法司断乙与代试者同罪。诉云：实不知情。

上述判题，或取之于邻里纠纷，或取之于官场是非，或取之于管理得失，不一而足，虽是鸡毛蒜皮的小事，但多少可以考验人的判断能力。试判并不满足于选拔吏员，也要求考出文化水平、文字功夫，因此同样有文章辞藻方面的要求，并形成一定程式，甚至还要求骈俪工整。如崔玄亮《对毁方瓦合判》："学于是专，教所以立，信尊贤可上，在易性难从。眷彼儒流，职司学校，诚宜警不及之诫，惧将落之辞。苟毁方以为心，虽容众而奚用。且非善诱，在传授而则乖；曾是诡随，于博裕而何有。不可以训，无易由言。请从司业之规，无取学官之见。"[1]我们从中可见判对文字的基本要求：以明确的态度表达立场，以简洁的话语说明理由，讲究文辞的工整对仗而有文采。一篇小小的判文，也很重视表现形式，尤其是不少判题的是非判断实际上已经隐藏在题目中了。由此可见，判对文字的表达形式事实上成为衡文的重要依据，试判也就逐渐走入歧途。开元六年（718 年）二月，唐玄宗颁诏批评这种现象："比来选人试判，举人对策，剖析案牍，敷陈奏议，多不切事宜，广张华饰，何大雅之不足而小能之是炫。自今以后，不得更然。"[2]尽管皇帝有令，要求纠正浮华之风，但铨选试判本身存在局限，终致其弊积重难返。正如后来马端临《文献通考》卷三七《选举考十·举官》所指出的："选人之试判，则务为骈四俪六，引缓必故事，而

---

[1]　《全唐文》卷六一五。
[2]　《册府元龟》卷六三〇《铨选部·条制二》。

组织皆浮词。然则所得者，不过学问精通、文章美丽之士耳。盖虽名之曰判，而与礼部所试诗赋、杂文无以异，殊不切于从政，而吏部所试为赘疣矣。"

另外，由于试判经时日久而判例有限，在帖经考试中后来出现的一味出难题、怪题和偏题以为考生设置障碍的做法，也在铨试考判中出现了。顾炎武《日知录》卷一六《判条》将唐代试判的步步变质过程描述得十分清楚："初吏部选才，将亲其人，复其吏事，始取州县案牍疑议，试其断割而观其能否，此所以为判也。后日月浸久，选人猥多，案牍浅近不足为难，乃采经集古义，假设甲乙，令其判断。既而来者益众，而通经正籍又不足以为问，乃征僻书曲学、隐伏之义问之，唯惧人之能知也。"设置试判的初衷是考察士人和官员临政治民的知识、经验和能力，但最终的实践结果走到了反面。

《朝野佥载》卷二、四分别记述了两例试判故事，堪为试判异化的注解：

> 滑州灵昌尉梁士会，官科乌翎，里正不送。举牒判曰："官唤乌翎，何物里正，不送乌翎。"佐使曰："公大好判，'乌翎'太多。"会索笔曰："官唤乌翎，何物里正，不送雁翎！"有识之士闻而笑之。

> 周天官选人沈子荣诵判二百道，试日不下笔。人问之，荣曰："无非命也。今日诵判，无一相当。有一道颇同，人名又别。"至来年选，判水碨，又不下笔。人问之，曰："我诵水碨，乃是蓝田，今问富平，如何下笔？"闻者莫不抚掌焉。

梁士会短短十二字的判文既无甚意义，且文中重用"乌翎"，违犯判文格式。经提醒改过,却改成"雁翅",与"鸟翎"有何区别?而沈子荣诵判二百道以备考场应试时依样画葫芦,却不知随题应变,令人啼笑皆非。

第二节　铨试的管理

吏部管选官,在唐前期还管贡举,管理考试的历史要比礼部更长;铨选与贡举又事关国家和士人利益,自然形成一套制度。

一、应试资格

韩愈在《答崔立之书》中说,他举进士和应博学宏词之前,都先要"诣州县(府)求举",即须先办理资格认定手续并进入举送程序。参加吏部诸科目考试者无非两类人:已获得出身而暂未得官者和已是现职官员者(又包括正员、散官、试官)。在现职官员中,又有考限已满和考限未满之分,按规定可以分别参加不同科目的考试。所有这些,实际上规定了吏部科目应试者的基本资格要求,即非"白身"并达到一定任职考限者。每次铨选开考之前,政府按例先颁布有关规定,说明应选者需具备的条件和报考手续。《通典》卷一五《选举三·历代制下》载:"凡选,始于孟冬,终于季春。先时,五月颁格于郡县,示人科限以集之。初,皆投状于本郡或故任所,述罢免之由,而上尚书省,限十月至省。乃考核资绪①、郡县乡里名籍、父祖官名、内外族姻、年齿行状、优劣课最、谴负刑犯,必具焉。以同流者五五为联,以京官

---

① "绪",原作"叙"。

五人为保，一人为识，皆列名结款，不得有刑家之子、工贾殊类及假名承伪、隐冒升降之徒。应选者有知人之诈冒而纠得三人以上者，优以授之。其试之日，除场援棘，讥察防检，如礼部举人之法。"《唐会要》卷七五《选部下·杂处置》记载了开元四年（716 年）九月敕："诸色选人纳纸保后五日内，其保识官各于当司具名品，并所在人州贯头衔，都为一牒，报选司。若有伪滥，先用缺，然后准式处分。"《通典》和《唐会要》十分明确地记载了铨试的有关程序和应选人资格审核的具体要求：其一，应选人未有官职者必须先到其所在地区官府"投状"报名，有官职者则投状于其原任职部门。韩愈进士及第后，因尚未得官，故而须先"诣州府求举"①。其二，报名时例须陈述任职罢免之缘由，所投之状中须详细说明乡里籍贯、父祖仕情、社会关系、年龄及经历、考核情况、有否过犯，呈请地方、部门和中央政府审核。其三，刑犯后代、工商子弟、冒名顶替和隐瞒履历者，均不得赴选。其四，共同赴选者五人相互结保，并以京官五人作保，一人必须相识。其五，以优授为奖励，鼓励应选人检举揭发舞弊现象，杜绝伪冒资格者。其六，必须在规定的期限内赴选，即"十月一日起省，三月三十日毕"②，也就是杜佑在《通典》卷一七《选举五·杂论议中》中引赵匡议论科举诸弊时所说的"大抵举选人以秋初就路，春末方归"。

在唐代官员铨选中，关于应选人资格有两个问题困扰着当政者和主管部门：一是冒名顶替、弄虚作假成风。上述《通典》所记载的繁苛规定就表明问题的严重性，需要加强制度约束。《南部新书》乙记载吏部规定选人投状须描述自身相貌，也表现出完善

---

① 《全唐文》卷五五二《韩愈·答崔立之书》。
② 《通典》卷一五《选举三·历代制下》。

制度的努力："吏部常式：举选人家状，须云：'中形，黄白色，少有髭。'或武选人家状，云：'长形，紫黑色，多有髭。'"二是应选人的真实表现难以准确考察。《通典》卷一五《选举三·历代制下》记载得十分具体："其择人有四事：一曰身，取其体貌丰伟。二曰言，取其词论辩正。三曰书，取其楷法遒美。四曰判，取其文理优长。四事可取，则先乎德行；德均以才，才均以劳。"但是，人的道德表现和为官政绩往往不易考知。早在贞观初，李世民就曾与杜如晦、魏徵就此问题作过商讨。杜、魏还提出可以仿汉代察举制度，注重州、县及乡里的"审访"。此后历朝也都有人提出过类似主张，表明这一问题始终未得到解决。这是一个始终困扰贡举和铨选的问题，也是一个始终未找到解决良方的问题。

二、铨试主选官

官员铨选中，文官由吏部负责，武官由兵部负责，具体由吏部、兵部尚书和侍郎主其事。《唐六典》卷二《尚书吏部》载："吏部尚书、侍郎之职，掌天下官吏选授、勋封、考课之政令。凡职官铨综之典，封爵策勋之制，权衡殿最之法，悉以咨之。"尚书与侍郎又有具体分工："以三铨分其选：一曰尚书铨，二曰中铨，三曰东铨。"《唐六典》卷五《尚书兵部》对兵部尚书、侍郎的岗位和职掌做了相同的描述。武官如果是在"军镇要籍，不得赴选，委节度使铨试，具等第以申焉"。唐代制度，官员的考核和任命按品秩施行：三品以上官员称册授，五品以上官员称制授，均由宰相拟定名单呈皇帝核准任命；六品至九品官员由尚书省的吏部和兵部考核取舍。所以，吏部和兵部所掌之铨试，仅以六品至九品官员为对象。

尚书、侍郎分三铨，表明其各有分职。《通典》卷一五《选举三·历代制下》载："凡吏部、兵部文武选事，各分为三铨，尚书典其一，侍郎分其二。文选，旧制尚书掌六品、七品选，侍郎掌八品、九品选。景云初，宋璟为吏部尚书，始通其品员而分典之，遂以为常。"即尚书与侍郎掌铨选的分工是：初时，前者掌六品、七品官员，后者掌八品、九品官员。景云元年（710年），吏部尚书宋璟打破尚书与侍郎分品掌铨的旧规，"始通其选而分掌之，因为常例"。但《通典》卷二三《职官五·尚书下》载："大唐自贞观以前，尚书掌五品选事。贞观二十二年二月，文部侍郎卢承庆兼检校兵部侍郎，仍知五品选事。承庆辞曰：'五品选事，职在尚书，臣今掌之，便是越局。'太宗不许，曰：'朕今信卿，卿何不自信也。'由此言之，即尚书兼知五品选事明矣。"可见，吏部尚书也曾一度负责五品官员的铨选。

吏部尚书、侍郎之下有郎中一人，掌在京流外官铨试，谓之流外铨，又称小铨。

又有员外郎一人，负责具体的铨试事务。《唐六典》卷二《尚书吏部》载：

> 员外郎一人，掌选院，谓之南曹。每岁选人，有解状、籍书、资历、考课，必由之以核其实，乃上三铨，进甲则署焉。
>
> 员外郎一人，掌判曹务。凡当曹之事，无巨细，皆与郎中分掌焉。应简试，如贡举之制。

可见，员外郎是铨选的实际操作者，负责铨试考场监管、应选人资格审查等事务的办理，有时也亲自试选人判。《唐摭言》卷三《关试》："吏部员外，其日于南省试判两节。诸生谢恩，其日称门生，谓之'一日门生。'自此方属吏部矣。"吏部铨选绝大部分由本部尚书、侍郎主持，也时有以其他官员权充。

贞观二十年（638 年），黄门侍郎褚遂良上表称："贞观初，杜淹为御史大夫，检校选事。此人至诚在公，实称所使。凡所采访七十余人，比并闻其嘉声。"①

《册府元龟》卷六三八《铨选部·不称》："戴胄为民部尚书，兼检校吏部尚书，及在铨衡，抑文雅而奖法吏，不适轮辕之用。"②

《册府元龟》卷六三八《铨选部·贪贿》："崔湜为中书舍人，与郑愔同掌选，卖官鬻狱，一时巨蠹，并为御史所弹。"又据《旧唐书》卷七〇《岑羲传》，岑羲为吏部侍郎，"时吏部侍郎崔湜、太常少卿郑愔、大理少卿李允恭分掌选事，皆以赃货闻，羲最守正，时议美之"。

《太平广记》卷一六五《廉俭》记卢怀慎"为黄门侍郎在东都掌选事，奉身之具，才一布囊耳"。

《新唐书》卷一一二《柳泽传》："柳泽，……开元中，转殿中侍御史，监岭南选。"

《太平广记》卷一八六《铨选二·张说》："中书舍人张均知考，父左相张说知京官考。"

据《旧唐书》卷一一《代宗本纪》，广德二年（764 年）九月，"尚书左丞杨绾知东京选"。

《册府元龟》卷六三七《铨选部·公望》："徐浩为都官郎中，掌选岭南，以兼平称。"

———————————
① 《唐会要》卷七四《选部上·论选事》。

《册府元龟》卷六三八《铨选部·谬滥》："令狐峘,大历中为刑部员外,判吏部南曹。"

《册府元龟》卷六三七《铨选部·平直》："奚陟为刑部侍郎,知吏部选事,铨综平允,有能名,迁吏部侍郎。"

由上可知,除吏部本部长官外,临时主持和执行吏部选事的官员可以来自诸多部门,而其官品则须大致相当甚至稍高。

除主持选事的官员外,吏部铨试还有一些参与考试的官员,多被称为考判官,不少也是来自政府各个部门。《旧唐书》卷一三六《齐抗传》载:"先时每年吏部选人试判,别奏官考覆,第其上下;既考,中书门下复奏择官覆定,浸以为例。抗乃奏曰:'吏部尚书、侍郎,已是朝廷精选,不宜别差考官重覆。'其年他官考判讫,俾吏部侍郎自覆,一岁遂除考判官,盖抗所论奏也。"齐抗主张不设复核官,由考判官判定试卷等第后直接交由吏部尚书、侍郎复核,理由是尚书、侍郎本就精通此道。由此可知,铨试另请他司官员担任考判官、复核官是例行制度。《旧唐书》卷一六四《杨于陵传》:"初,吏部试判,别差考判官三人校能否,元和初罢之。七年,吏部尚书郑余庆以疾请告,乃复置考判官,……于陵自东都来,言曰:'本司考判,自当公心。非次置官,不知曹内公事。考官只论判之能否,不计阙员;本司只计阙员几何,定其留放。置官不便。'宰执……只令〔考判官〕考科目选人,其余常调,委本司自考。"根据吏部制度,铨选试判另请考判官三人为之,但也经常停罢。元和七年(812年)杨于陵奏请罢考判官的理由是,外请的考判官仅仅知道依据试判定夺弃取,而不懂得全面考虑吏部的工作需要。同时,他也指出了吏部官员负责铨试的局限,即更多采取依据官员缺额取人的实用主义态度。这也就成为考判官设与不设的缘由。

《白居易集》卷六〇《奏状三·论重考科目人状》亦云："伏以今年吏部科第,不置考官,唯遣尚书,侍郎二人考试。"当年为元和十五年,白居易对这年铨试不另外委派考试官提出异议,主张另派。

事实上,相关文献记载了不少曾担任铨试考试官的官员:

> 裴垍字弘中,……拜监察御史,转殿中侍御史、尚书礼部考功二员外郎。时吏部侍郎郑珣瑜请垍考词判,垍守正不受请托,考核皆务才实。[1]

> 〔元和七年〕乃复置考判官,以兵部员外郎韦颐、屯田员外郎张仲素、太学博士陆亘等为之。[2]

> 〔大中〕十二年三月,中书舍人李藩知举,放博学宏词科陈琬等三人。及进诗、赋、论等,召藩谓曰:"所赋诗中重用字,何如?"藩曰:"钱起《湘灵鼓瑟诗》有重用字,乃是庶几。"帝曰:"此诗似不及起。"乃落下。[3]

> 〔咸通三年〕以吏部侍郎郑处诲、萧仿、吏部员外郎杨俨、户部员外郎崔彦昭等试宏词选人。

> 〔咸通五年〕三月,以兵部郎中高浞、员外于怀试吏部平判选人。

> 〔咸通六年〕以吏部尚书崔慎由、吏部侍郎郑从谠、吏部侍郎王铎、兵部员外郎崔谨、张彦远考宏词选人;金部员外郎张义思、大理少卿董赓试拔萃选人。

> 〔咸通七年〕以礼部郎中李景温、吏部员外郎高湘试拔萃

---

① 《旧唐书》卷一四八《裴垍传》。
② 《旧唐书》卷一六四《杨于陵传》。
③ 《册府元龟》卷六四一《贡举部·条制三》。

选人。

〔咸通十年〕司封员外郎卢荩、刑部侍郎杨戴考试宏词选人。以虞部郎中宋震、前昭应主簿胡德融考科目举人。

〔咸通十三年〕三月，以吏部尚书萧邺、吏部侍郎独孤云考官，职方郎中赵蒙、驾部员外郎李超考试宏词选人。试日，萧邺替，差右丞孔温裕权判。①

〔乾符〕六年三月，以吏部侍郎崔沆、崔澹试宏词选人。驾部郎中卢蕴、刑部郎中郑顼为考官。②

上举官员散在尚书省各部及其他一些寺监，但以各部郎官为主，可知铨试考试官之所出及其品位情况；又可知平判入等、书判拔萃、博学宏词和其他诸科目选人考试均实行另请考试官的制度，并按科目派定考官；吏部正副长官和郎官也时时担任考试官，或与他司官员共理，或独任。上述郑珣瑜任吏部侍郎分别在贞元十年至十一年（794—795）和十六年至十九年（800—803）。可以推测，在此之前，铨选另请非吏部官员任考试官的做法就已存在。

三、 铨试考场管理

吏部铨试也有考场。《长安志》卷七《唐皇城》载：

承天门街之东第五横街之北。

---

① 《旧唐书》卷一九上《懿宗本纪》。
② 《册府元龟》卷六四四《贡举部·考试二》。

从西第一左领军卫（卫北有兵部选院），次东左威卫（卫北有刑部格式院），次东吏部选院（以在尚书省之南，亦曰吏部南院，选人看榜名之所也），次东礼部南院（四方贡举人都会所也），院东安上门街，横街抵此而绝。

吏部选院即是铨选人应试的场所。吏部选院与礼部贡院一样，为防舞弊，也遍设荆棘，严密关防。《大唐新语》卷一〇《厘革》载："姜晦为吏部侍郎，性聪悟，识理体。旧制，吏曹舍宇悉布棘，以防令史为与人交通。及晦领选事，尽除之，大开铨门，示无所禁。私引置者，晦辄知之，召问，莫不首伏。初，朝廷以晦改革前规，咸以为不可。竟铨综所得，贿赂不行。举朝叹服。"关于姜晦在吏部侍郎任上的表现，有截然不同的评价。《朝野佥载》卷二将姜晦与御史中丞王怡、黄门侍郎崔泰之同称为"京师三秽"；卷四更指称："唐姜晦为吏部侍郎，眼不识字，手不解书，滥掌铨衡，曾无分别。选人歌曰：'今年选数恰相当，都由座主无文章。案后一腔冻猪肉，所以名为姜侍郎。'"不论姜晦究竟是廉是贪，从《大唐新语》所载可见，选院的严密防范是由来已久的，所以众人对姜晦"改革前规"都以为不可；而选院悉布荆棘主要是为了防止考试官员与选人内外勾结。为保证铨选考试的纯洁性，吏部铨选在考试时还曾采取锁院制度。《东观奏记》下卷载，大中九年（855年），中书舍人杜审权向执政进言："某两为考官，未试宏词，先锁考官，然后考……文书。若自先得赋题者必佳，糊名考文书得佳者，考官乃公。"在博学宏词考试之前，考官先行锁居，然后开考，无非是为了防止诗、赋、策论的试题泄露。这一记载与本书第四章所引吕渭、权德舆的诗所反映的礼部主考官的锁院制度相合。

四、铨试舞弊与处罚

（一）铨试滥选与舞弊

《通典》卷一八《选举六·杂议论下》载有《选举杂议凡七条》，其中说到吏部铨试的种种滥选与舞弊现象："况其书判，多是假手，或他人替入，或旁坐代为，或临事解衣，或宿期定估，才优者一兼四五，自制者十不二三。况造伪作奸、冒名接脚，又在其外。令史受贿，虽积谬而谁尤？选人无资，虽正名而犹剥。又闻昔时公卿子弟亲戚，随位高低，各有分数，或得一人、二人、三人、四人不在放限者，礼部明经等亦然，俗谓之'省例'，斯非滥欤？若等为滥，此百而多者也。"由此可见，唐代吏部铨选中的舞弊现象颇为严重，一如礼部贡举。铨试舞弊大体上可分考生舞弊和考官舞弊两类：考生舞弊主要是在考试过程中的种种代考伎俩、办理报考手续过程中的种种作假手段；考官舞弊主要是贪赃受贿、泄露试题、乱断滥取等。此外，还有高官和公卿子弟以权、以势谋私，操纵考试。相对而言，考官舞弊要比考生舞弊多得多，也严重得多。《朝野佥载》卷一载，张文成揭露铨选考场腐败："选司考练，总是假手冒名，势家嘱请。手不把笔，即送东司；眼不识文，被举南馆。正员不足，权补试、摄、检校之官。贿货纵横，赃污狼藉。"铨试考官的这种"不事学问，惟求财贿""钱多即留"的违法乱纪行为比比皆是。

如纳贿卖官，以权谋私。《新唐书》卷二二三上《李义府传》载，唐高宗时李义府曾为吏部尚书、同中书门下三品，担任主选而无品鉴之才，"而欲壑之欲，惟贿是利"。尤其严重的是，其全家都参与进来："母、妻、诸子卖官市狱，门如沸汤。"其"三子及婿尤凶肆，既败，人以为诛'四凶'"。正因为李义府的如此行径，《新唐书》编纂者将其归入《奸臣传》。两《唐书》之《宋璟传》载，崔湜先是追随武则天、武三思，后又依附韦后、太平公主，于唐中宗时任吏部侍郎，于唐玄宗即位后在权力斗争中被杀。他主铨贪纵，而其全家也是兄凭弟力，父挟子威，广受嘱求，赃污狼藉，滥选无度，竟至用尽当年员缺，还预支了其后两年的指标。《朝野佥载》卷一又载，与崔湜同时的郑愔"为吏部侍郎掌选，赃污狼藉。引铨有选人系百钱于靴带上。愔问其故，答曰：'当今之选，非钱不行。'愔默而不语"。凡此种种，证实了铨场腐败之严重。类似上述主考官个人、家族和群体舞弊，不绝于文献记载，以致成为痼疾。

又如倚势凌人，控制铨选。也有一些高官未能律己，以权势逼迫考官就范，而一些考官也借机取悦于高官，造成铨选中又一类舞弊。《朝野佥载》卷五载，英公李勣"为司空，知政事"，有一番官参选被放，前来告辞。李勣嘱其"明朝早向朝堂见我来"。次日，番官"及期而至，郎中并在傍。番官至辞，英公频眉谓之曰：'汝长生不知事尚书、侍郎，我老翁不识字，无可教汝，何由可得留，深负愧汝。努力好去。'侍郎等惶惧，遽问其姓名，令南院看榜。须臾引入，注与吏部令史。"在此，李勣的故作姿态、寡廉鲜耻跃然纸上。李勣徇私干预选事是否真有其事，已不重要。可以明确的是，唐代公卿大臣以势干选，或明言，或暗示，不在少数。正因为公卿大臣职高权重，主选官往往主动攀附示好，或对嘱请不敢得罪。苗晋卿主选时的"曳白"事件，即为此例。《新唐书》卷一

四〇《苗晋卿传》载，李林甫为相，以铨事委苗晋卿与宋遥。"天宝
二年，判入等者凡六十四人，分甲、乙、丙三科，以张奭为第一。
奭，御史中丞倚之子，倚新得幸于帝，晋卿欲附之。奭本无学，故
议者嚣然不平。安禄山因间而言之，帝为御花萼楼覆实，中裁十
一二，奭持纸终日，笔不下，人谓之'曳白'。帝大怒，贬倚淮阳太
守，遥武当太守，晋卿安康太守。"此事为诸多文献所载，事情的暴
露虽是由于朝廷政治斗争，但可以想象未暴露的类似事例究竟有
多少！唐僖宗乾符六年(879年)官至吏部侍郎的孔纬在任时，"权
要私谒至盈几"。但孔纬未能遂其意，竟致权要"当路不悦，改太
常卿"。[1] 可见，权要操纵铨选，以势压主铨官员，顺者昌，逆者亡，
迫使铨官就范。铨官如无节操、人格，极易屈服，甚至与权要沆瀣
一气。贞元九年(793年)正月，御史中丞韦贞伯奏劾："吏部贞元
七年冬，以京兆府逾滥解送之人，已授官总六十六人。或有不到
京铨试，悬授官告。又按《选格》，铨状选人自书，试日书迹不同，
即驳放。殿选违格文者，皆不覆验，及降资不尽，或与注官。伏以
承前选曹乖误，未有如此。遂使衣冠以贫乏待缺，奸滥以贿赂成
名，非陛下求才审官之意。"[2] 因韦贞伯所奏，当年的吏部尚书刘
滋、侍郎杜黄裳均受到处罚，可见此事也是实情。此处虽只是揭
露出吏部滥选，即应铨人可以不到京参加铨试、允许考试时笔迹
与铨状所书不合、不执行对殿选和降资者的有关规定等等严重违
规现象，但透露出的是官员们上下其手、操纵铨衡的官场黑暗，怂
恿冒名顶替和有过犯者铨场得逞，到了明目张胆的地步。作为吏
部铨官，却执法犯法、明知故犯，也是不多见的。诚如韦贞伯所

---

[1] 《新唐书》卷一六三《孔纬传》。

[2] 《唐会要》卷七四《选部上·掌选善恶》。

言,"承前选曹乖误,未有如此"。之所以会如此,极可能是因为受到了某种官场势力的指使。《开元天宝遗事》之"豪友"条载:"长安富民王元宝、杨崇义、郭万金等,国中巨豪也。各以延纳四方多士,竞于供送。在朝名僚,往往出于门下。每科场文士集于数家,时人目之为'豪友'。""巨豪"背后有巨蠹,狼狈为奸,买官卖官,更加证实了社会势力与官场势力勾结操纵铨选的腐败和黑暗。《通典》卷一八《选举六》记载时人在比较州县辟召与吏部铨选何者更滥时说,外州辟召固然"举亲举旧,有嘱有情,十分其人,五极其滥,犹有一半,尚全公道。如吏部者,十无一焉"。其他种种弊滥固然不少,"然其滥孰与吏部多"?杜佑之所以将此种评价记录下来,表明"年多人怠,法久弊生",铨场舞弊成了一个触目惊心的事实。

《唐会要》卷七四《选部上·掌选善恶》记载的一个事例很能说明问题:"久视元年七月,顾琮除吏部侍郎,时多权幸,好行嘱托。琮性公方,不堪其弊。尝因官斋至寺,见壁上画地狱变相,指示同行曰:'此亦称君所为,何不画天官掌选耶?'"将天官(吏部)掌选比作地狱,一则指出铨选黑暗,一则指出铨官难当。

(二)对舞弊的处罚

由于能否公正铨选事关国家能否得才,官员能否正常叙升,公平公正的社会和政治原则能否贯彻,良好的社会风气能否维护,社会和政治的稳定能否保障,因此当政者对舞弊现象不能容忍和姑息,一旦发现,往往予以处罚。处罚的措施通常有罚薪、降阶、贬官、流配乃至处以极刑。苗晋卿、宋遥等徇私滥选,遭揭露后被贬官外派；御史中丞张倚因纵容儿子而被贬；刘滋、杜黄裳"皆坐削阶"①；唐德宗时考功员外郎陈归任岭南选补使，"违背令文，以意出入，复供求无厌"，为御史所劾奏，也被"配流恩州"；②等等。

大和二年（828年）对吏部员外郎杨虞卿一案的处理堪为铨选舞弊处罚的典型：御史台查实当年铨选官员六十五人，存在着吏部官员合谋取受钱物、伪造印符、卖凿空伪官等严重的滥选舞弊问题。吏部选院令史李賨等人共收受钱物一万六千七百四十贯文，并通过选院厅典温亮以钱三千贯文收买吏部员外郎杨虞卿，嘱求其不加举报。后因杨虞卿检举而事泄。处理结果是：李賨等八人既伪造告身印符，又敛财卖官，"推穷尽法，伏断死刑"，各痛杖一顿，处死；马羽卿等十二人，"引致梯媒，合成奸计"，各杖六十，"配流岭外"；杨虞卿虽能不与下属同流合污，却督责无术，导致部下敛财作伪，横行不法，"量罚两月俸料"；所选滥官六十五人付所司详断，如有弄虚作假者，依法处分。③ 这是文献记载中对铨选舞弊处罚极其严厉的一次。从判词看，导致当政者痛开杀戒的原因主要是舞弊者伪造印符，触犯了不可动摇的专制权力和权威。

从总体上说，因铨选舞弊而丢掉性命的并不多见，而大多数舞弊或滥选者所受到的惩处都不能算严厉，甚至比较轻微。如宋遥、苗晋卿实施极其严重的滥选舞弊行为，只是从侍郎（正四品上）被贬为州刺史（最低为正四品下），品位相差无几，不过是官职

---

① 《唐会要》卷七四《选部上·掌选善恶》。
② 《册府元龟》卷六三八《铨选部·贪贿》。
③ 《册府元龟》卷六三八《铨选部·谬滥》。

紧要程度有异;吏部尚书刘滋与侍郎杜黄裳即使算是违规滥选,也过于离谱,当时刘滋已是刑部尚书,两个人也只是"皆削一阶"。凡此种种,铨试滥选和舞弊的处罚偏轻,或许也是这类现象屡禁不绝的重要原因。

五、 铨试的录取与出路

(一) 铨试录取的一般过程

《通典》卷一五《选举三·历代制下》记载了铨试和录取的一般过程:

> 其择人有四事:一曰身,取其体貌丰伟。二曰言,取其词论辩正。三曰书,取其楷法遒美。四曰判,取其文理优长。四事可取,则先乎德行;德均以才,才均以劳。其六品以降,计资量劳而拟其官;五品以上,不试,列名上中书、门下,听制敕处分。凡选,始集而试,观其书、判;已试而铨,察其身、言;已铨而注,询其便利,而拟其官。已注而唱示之,不厌者得反通其辞,他日,更其官而告之如初。又不厌者,亦如之。三唱而不服,听冬集。服者以类相从,攒之为甲,先简仆射,乃上门下省,给事中读之,黄门侍郎省之,侍中审之。不审者,皆得驳下。既审,然后上闻,主者受旨而奉行焉。各给以符,而印其上,谓之"告身"。其文曰"尚书吏部告身之印"。自出身之人,至于公卿,皆给之。武官,则受于兵部。……凡官已受成,皆殿庭谢恩。其黔中、岭南、闽中郡县之官,不由吏部,以京官五品以上一人充使就补,御史一人监之,四岁一往,谓之"南

选"。凡居官以年为考,六品以下四考为满。

由此可见,铨试先试书、判,再察身、言;身、言、书、判可取,则依序考察德、才、劳;然后注拟,并经三唱。如有不服,听任再赴冬集。服注拟者,呈报于中书门下复查审核;通过者,再上皇帝审阅批准。

上述过程的每个环节对应选者得官或升官都有实际作用。即使应选者已通过吏部铨注,中书门下也会加以改判甚至予以黜落。有时皇帝也亲加审核,决定弃取。如韩愈"凡二试于吏部,一既得之,而又黜于中书"①。在中书手里审核时被落下的,即属"不审者,皆得驳下"一类。也有在中书手里被改判等第的。《旧唐书》卷一三七《于邵传》载,大历十四年(779年),"独孤绶举博学宏词,吏部考为乙第,〔于邵〕在中书,覆升甲科,人称其当"。中书门下经审核,将录取名单和所试文章报送皇帝。前引《杜阳杂编》所载独孤绶所试博学宏词赋《放驯象赋》按例进呈新即位的唐德宗,"及进其本,上自览考之,称叹者久",以为还是有人懂得他放驯象于山野的苦心。可见,皇帝也会审读试卷。宣宗大中九年(855年),试博学宏词,试题泄露,为御史台所劾。经审核,宣宗制诸铨官,给予轻重不等的处罚,"其登科十人并落下"②。又大中十二年,前进士陈琬等五人试博学宏词,"所司考定名第,及诗赋论进讫,上于延英殿"。宣宗召中书舍人李藩等人商讨试诗中"重用字如何"。李藩举钱起省试诗《湘灵鼓瑟》中"楚客不堪听"和"曲终人不见"两句重用两"不"字,表示"重用

---

① 《全唐文》卷五五二《韩愈·答崔立之书》。
② 《旧唐书》卷一八下《宣宗本纪》。

文字，乃是庶几，亦非有常例"。宣宗在比较诸诗后表示"他诗似不及钱起"，并最终作了取舍决定。[①] 可见，皇帝是铨选的终审决断者。

（二）铨试录取数额

铨试录取虽以试判、试文以及察其身、言、德、才、劳等项断其等第，但能否录取，在根本上取决于中央和地方政府的官员缺额有多少，由此造成了异时异朝铨选难易有别（甚至殊难殊易）的现象。《新唐书》卷四五《选举志下》对此有明确的记载：武德时，天下兵革方定，"士不求禄，官不充员"，选人"至则授用，无所黜退。不数年，求者浸多，亦颇加简汰"。贞观年间的铨选形势并不紧张，大部分应铨选人可被取用。但高宗时，铨选形势变得严峻起来。总章二年（669年），司列少常伯（吏部侍郎）裴行俭设置长名榜，表明应铨人数与官员缺额间已呈不相适应之势。录取数额的紧缺，造成激烈竞争，也导致应选人舞弊成风，铨选官一味增加考试难度以增加淘汰率。当时，"试之日，冒名代进，或旁坐假手，或借人外助，多非其实。虽繁设等级、递差选限、增谴犯之科、开纠告之令以遏之，然犹不能禁。大率十人竞一官，余多委积不可遣，有司患之，谋为黜落之计，以僻书隐学为判目，无复求人之意"。从中可见，从唐前期高宗、武后时起，铨选的录取比例并不高。经过武则天统治时期和中宗时韦后、太平公主、安乐公主等的滥选，官员冗溢，有所谓宰相、御史、员外郎"三无坐处"之累，甚至逆用

---

① 《东观奏记》附录三《唐宣宗遗闻轶事汇编》。

三年员缺。虽经玄宗时的整顿，形势方才有所好转，但唐中后期官员缺额总体上偏紧，入仕难问题始终存在，韩愈进士及第后十年未能选官并不是时间最长的，甚至还有"出身二十余年而不获禄者"①。《通典》卷一五《选举三·历代制下》记载了唐中后期的铨选录取比例：

　　初，州县混同，无等级之差，凡所拜授，或自大而迁小，或始近而后远，无有定制。其后选人既多，叙用不给，遂累增郡县等级之差，其折冲府亦有差等。按格、令，内外官万八千八十五员。而合入官者，自诸馆学生以降，凡十二万余员。其外文武贡士及应制、挽郎、辇脚、军功、使劳、征辟、奏荐、神童、陪位，诸以亲荫并艺术百司杂直，或恩赐出身受职不为常员者，不可悉数。大率约八九人争官一员。

从中也可以看到，"选人既多，叙用不给"是铨选形势发展的基本走向，而且只可能越来越"叙用不给"。如唐初赴选者有五六千人，开元、天宝年间"每年赴选常万余人"②，少的时候也有"三千余人选客"③。这决定了录取的日见其难，也就难怪进士及第后的得官那么不易了。

　　正因为如此，铨选录取数额只能视当年及邻近几年官员缺额情况而定，不似贡举录取数额有大致规定。从文献记载看，唐中后期，每年平判入等的人数在六十左右。天宝二

---

① 《通典》卷一五《选举三·历代制下》。
② 《旧唐书》卷一一三《苗晋卿传》。
③ 《会昌解颐录》。

年(743 年),宋遥、苗晋卿知选,"判入等者凡六十四人,分甲、乙、丙三科"①;贞元七年(791 年),京兆府滥解,刘滋、杜黄裳知选,"授官总六十六人"②;大和二年(828 年),郑絪、丁公著、杨嗣复知选,注官"洪师敏等六十七人"③。这几个年份都因铨选发生案狱事件,虽存在滥选、滥注甚至舞弊现象,但注官数都是六十多,这应该就是平判入等录取的大致限额。

博学宏词科录取的人数就要少得多。《东观奏记》下卷载,大中九年(855 年),吏部侍郎裴谂兼判尚书铨事,犯泄博学宏词科试题罪,被贬为国子祭酒,考院所送博学宏词科选人十人"并宜覆落,不在施行之限"。④ 当年,有前进士苗台符、杨严等十五人就试,京兆尹柳惠之子、前进士柳翰在选中,不中选者声言柳翰于裴谂处先得赋题,请词人温庭筠预作而中选,因而群情不平。当年考试通过并上报的博学宏词科选人达十人之多,说明这也是规定所允许的选人数。但是,在此之前,每科博学宏词的选人数按惯例要少得多。《东观奏记》下卷同条记载:"故事,宏词科只三人。"大中九年录取十人,人数既多,又有京兆尹之子在内,而致众人"声聒不止"。可见,宏词科录取三人才是最基本的数限。如果没有合格的,连三人甚至也未必要达到。大和十四年,"考试官库部员外郎崔刍言放宏词登科一人"⑤。博学宏词科选人的目的是适轮辕之用,自然须从严要求,且人数无须太多。

---

① 《旧唐书》卷一四〇《苗晋卿传》。
② 《唐会要》卷七四《选部上·掌选善恶》。
③ 《唐会要》卷七四《选部上·掌选善恶》。
④ 其事又见《唐会要》卷七六《贡举中》、《旧唐书》卷一八下《宣宗本纪》。
⑤ 《册府元龟》卷六五一《贡举部·谬滥》。

（三）铨试录取授官

唐代贡举与选举制度分列，由礼部、吏部分掌，并规定贡举取得出身，而得官须经吏部诸科目铨试，客观上强化了吏部铨试的重要性。因此，吏部科目的考试对于明经、进士出身者走上仕途和升迁意义重大。《唐六典》卷二《尚书吏部》规定了贡举诸常科及第者的授官级别：

> 凡叙阶之法，……有以秀、孝。谓秀才上上第，正八品上；已下递降一等，至中上第，从八品下。明经降秀才三等。进士、明法甲第，从九品上；乙第，降一等。若本荫高者，秀才、明经上第，加本荫四阶；已下递降一等。明经通二经已上，每一经加一阶；及官人通经者，后叙加阶亦如之。……

但是，贡举诸科出身者相关待遇的兑现还须经过吏部科目考试，而吏部科目考试又分为若干等级。因此，在唐代，考试录取后授官是件十分复杂的事，要综合考虑诸多因素，如参加贡举考试的科目及录取等级、个人门荫情况、参加吏部考试的科目及录取等级等。

这样，虽然同为明经或进士出身，同样经过某一吏部科目考试，但授官的品阶以及所授官职的重要程度存在差别。如果科目不同，考试等级不一，授官就相差更大。

1. 平判入等的任官

《唐摭言》卷一二《自负》载，开元中，薛据自恃才名，于吏部参选时请授万年县录事，引起流外官共同抵制并求见宰相上诉云：
"赤录事是某等清要官，今被进士欲夺，则某等色人无措手足矣！
遂罢。"万年县为赤县，属于在京城范围内的县。录事通常不列
品，不授进士。但赤县录事为从九品下，更由于地位重要，也受到
进士出身者青睐。流外官们认为进士出身者不该来挤占自己的
升迁位置，而应正常授予他们其他县的主簿、县尉一类官职。这
也证实了白居易所言不虚。明经、进士出身者试判入等，授予各
县主簿、县尉的甚多，如果授校书郎和正字或者授在赤、畿县，就
是优授了。

如赵宗儒，"举进士，初授弘文馆校书郎。满岁，又以书判入
高等，补陆浑主簿"①。弘文馆校书郎为从九品上，而陆浑县主簿
在从八品下与正九品下之间。与此相似的事例有不少。裴佶，
"幼能属文。弱冠举进士，补校书郎，判入高等，授蓝田尉"②。卫
次公，"弱冠举进士。礼部侍郎潘炎目为国器，擢居上第，参选调。
吏部侍郎卢翰嘉其才，补崇文馆校书郎，改渭南尉"③。窦易直，
"举明经，为秘书省校书郎，再以判入等，授蓝田尉"④。韦辞，"少
以两经擢第，判入等，为秘书省校书郎"⑤。元稹，"十五，两经擢
第。二十四，调判入第四等，授秘书省校书郎"⑥。崔戎，"举两经
登科，授太子校书，调判入等，授蓝田主簿"⑦。从上可见，明经、进
士出身者先经试判授校书郎或正字，秩满后再经试判去到一些重

① 《旧唐书》卷一六七《赵宗儒传》。
② 《旧唐书》卷九八《裴佶传》。
③ 《旧唐书》卷一五九《卫次公传》。
④ 《旧唐书》卷一六七《窦易直传》。
⑤ 《旧唐书》卷一六〇《韦辞传》。
⑥ 《旧唐书》卷一六六《元稹传》。
⑦ 《旧唐书》卷一六二《崔戎传》。

要县份任主簿或县尉。渭南、蓝田均属相当重要的县,其县尉品秩往往不低于主簿,所以很能吸引人。

2. 博学宏词的任官

明经、进士出身者又经吏部博学宏词科考试及第,授官情况与平判入等大致相当,通常也是京官授校书郎、正字,外官授县主簿、县尉,或者由校书郎、正字等经考试及第后转授一些重要县份的主簿、县尉。

如萧昕,"少补崇文进士。开元十九年,首举博学宏词,授阳武县主簿。天宝初,复举宏词,授寿安尉,再迁左拾遗"①。王昌龄,"进士登第,补秘书省校书郎。又以博学宏词登科,再迁汜水县尉"②。王昌龄是进士及第后经试判补为校书郎,又经博学宏词考试而迁汜水县尉,加快了升迁速度。李适之之子李季卿,"弱冠举明经,颇工文词。应制举,登博学宏词科,再迁京兆府鄠县尉"③。齐映,"举进士、博学宏词,中之,补河南府参军事"④。杨于陵,"十九登进士第,二十再登博学宏词科,调补润州句容尉"⑤。崔损,"大历末,中进士、博学宏词,补校书郎、咸阳尉"⑥。冯伉,"第五经、宏词,调长安尉"⑦。李观,"贞元中,举进士、宏词,连中,授太子校书郎"⑧。李绛,"举进士,登宏词科,授秘书省校书郎";"补渭南尉,拜监察御史"⑨。刘禹锡,"既冠,举进士,一幸而中试。

① 《旧唐书》卷一四六《萧昕传》。
② 《旧唐书》卷一九〇下《王昌龄传》。
③ 《旧唐书》卷九九《李季卿传》。
④ 《新唐书》卷一五〇《齐映传》。
⑤ 《新唐书》卷一七六《杨嗣复传》。
⑥ 《新唐书》卷一六七《崔损传》。
⑦ 《新唐书》卷一六一《冯伉传》。
⑧ 《新唐书》卷二〇三《李观传》。
⑨ 《旧唐书》卷一六四《李绛传》、《新唐书》卷一五二《李绛传》。

间岁,又以文登吏部取士科,授太子校书"①。柳宗元,"第进士、博学宏词科,授校书郎,调蓝田尉"②。

从上述诸人的出身和授官情况看,登博学宏词科者的出身,进士明显要多于明经,不像平判入等及第者中明经出身者占相当大的比例,这与此科的考试选人要求有关,即"以文"选人。得中博学宏词科者一般授官均属美授一类,这些人以后也以不同速度、在不同程度上成名了。可见,进士、博学宏词连中者是带着一种优越的资格进入官场的。两《唐书》之《许康佐传》记录了同样是进士、博学宏词连中的许康佐,"家苦贫,母老,求为知院官,人讥其不择禄"。后来,母亲亡故,服除,他"不就侯府之辟"。知院官即各部官署衙门的行政官员,甚至无品阶,因此许康佐被人视为不懂得自珍。即使放弃了一次机会,仍可在以后通过辟署侯王府、使府再次崛起,然而他再次放弃。由此可见,有进士、博学宏词资历者在仕途升迁中是颇有竞争实力者,社会舆论通常是这样评价的,士人也是这样自许的。

3. 书判拔萃的任官

经书判拔萃考试及第入官者,其授官情况也大体如上,有些还除授稍高,可至州六曹参军、县丞。

如孙逖之父孙嘉之,"天册年进士擢第,又以书判拔萃,授蜀州新津主簿,历曲周、襄邑二县令"③。齐瀚,"圣历初,及进士第,以拔萃调蒲州司法参军"④。颜杲卿,"开元中,与兄春卿、弟曜卿

① 《刘梦得文集》卷三九《子刘子自传》。
② 《新唐书》卷一六八《柳宗元传》。
③ 《旧唐书》卷一九〇中《孙逖传》。
④ 《新唐书》卷一二八《齐瀚传》。

并以书判超等,吏部侍郎席豫咨嗟推伏。再以最迁范阳户曹参军"①。于邵,"天宝末,第进士,以书判超绝,补崇文校书郎"②。卢迈,"两经及第,历太子正字、蓝田尉。以书判拔萃,授河南主簿,充集贤校理"③。李巽,"以明经调补华州参军,拔萃登科,授鄂县尉"④。韦温,"方七岁,日诵书数千言。十一,举两经及第,以拔萃高等补咸阳尉"⑤。崔龟从,"元和十二年擢进士第,又登贤良方正制科及书判拔萃二科,释褐拜右拾遗"⑥。杜审权,"第进士,辟浙西幕府。举拔萃中,为右拾遗"⑦。郑畋,"年十八,登进士第,释褐汴宋节度推官,得秘书省校书郎。二十二,吏部调选,又以书判拔萃授渭南尉、直史馆事。"⑧

书判拔萃科取中者授官一般与平判入等、博学宏词相似,但有些授得稍高,如齐瀚调蒲州司法参军,颜杲卿授范阳户曹参军,崔龟从和杜审权授右拾遗。

从上举平判入等、博学宏词、书判拔萃诸科及第者的授官及升迁情况看,这些科目的发展显然是有价值的。

白居易曾十分简要地表述过唐代公卿将相等高官要员的产生过程和选拔来源:

臣伏见国家公卿将相之具,选于丞、郎、给、舍;丞、郎、给、舍之材,选于御史、遗、补、郎官;御史、遗、补、郎官之器,选于秘、著、

① 《新唐书》卷一九二《颜杲卿传》。
② 《新唐书》卷二〇三《于邵传》。
③ 《旧唐书》卷一三六《卢迈传》。
④ 《旧唐书》卷一二三《李巽传》。
⑤ 《新唐书》卷一六九《韦温传》。
⑥ 《旧唐书》卷一七六《崔龟从传》。
⑦ 《新唐书》卷九六《杜审权传》。
⑧ 《旧唐书》卷一七八《郑畋传》。

校、正、畿赤簿尉。虽未尽是,十常六七焉。然则畿赤之吏,不独以府县之用求之;秘、著之官,不独以校勘之用取之。其所责望者,乃丞郎之椎轮、公卿之滥觞也。则选用之际,宜得其人。①

丞、郎、给、舍,是指尚书左右丞、六部侍郎、给事中、中书舍人;御史、遗、补、郎官,是指侍御史、殿中侍御史和监察御史,拾遗,补阙,郎中和员外郎;秘、著、校、正、畿赤簿尉,是指秘书郎、著作郎、校书郎、正字以及畿县和赤县的主簿和县尉。尚书左右丞掌尚书省日常事务,六部侍郎也是各部职能的实际实施者,给事中在门下省行封驳权并负责审核兵、吏二部官员铨注名单,中书舍人负责草诏和参议表章;侍御史、殿中侍御史、监察御史承担政府各方面的监察任务,拾遗、补阙品秩不高而谏争之任却不轻,郎中、员外郎为分掌六部各司政务的清选之官;秘书郎、著作郎本就品秩不低,校书郎、正字品秩不高而易于升迁;畿县、赤县均是国家的重要地区,成为其主簿、县尉往往是进入政府要害部门的捷径。因此,明经、进士及第后又经吏部铨试,对于士人来说,理想的去处就是任校书郎、正字,或任畿县、赤县的主簿、县尉,而吏部的诸科目考试及第经历成为他们争取实现理想目标的资本。

---

① 《白氏长庆集》卷六三《策林二》之"三十一　大官乏人(由不慎选小官也)"。

第十章

五代十国的考试制度

　　唐亡后,在中原地区相继出现了后梁(907—923)、后唐(923—936)、后晋(936—946)、后汉(947—950)、后周(951—960)五个朝代和割据西蜀、江南、岭南、河东的前蜀、后蜀、吴、南唐、吴越、闽、楚、南汉、南平、北汉十个政权,合称五代十国。五代十国政权均历时短暂,反映了这一时期战争频仍,社会处在极不安定之中,因此也就谈不上文化教育事业的建树。唐代的政治和文化教育中心在北方中原地区,尤其是长安—洛阳一线,留下了相当深厚的历史积淀。因此,分别建都于开封、洛阳的五代仍然继承了前代遗产,在战乱和动荡中部分延续了前代制度;而南方各政权以北方政权为法,也零星地有所举措。

第一节　学校考试

一、学校的兴废

　　由于动荡的政治和社会环境,五代学校的规模与唐代不可同日而语,甚至名存实亡,已难以维持正常的教学秩序。

战争频仍致使官学办学经费几近涸竭，成为学校难以为继的根本原因。早在唐代后期，因国运日衰，政府财政紧缺，常发动朝官捐款，募集办学经费。如宪宗元和十三年（818年）、十四年，中书侍郎兼判国子祭酒郑余庆先后两次奏请率在京文官以月俸百分之一的比例捐款兴学。懿宗时国子监祭酒刘允章、昭宗时国子监祭酒孔纬都曾率众官募款治庠序。① 这种具有摊派性质的捐款被称为"光学钱"。捐输光学钱在唐代仅是偶尔为之的举措，并主要向在京朝官摊派，而到五代时扩大到国子监生员。《文献通考》卷四一载，后梁开平三年（909年），因文宣王庙修缮经费无着，遂令天下现任官员俸钱每贯拟留十五文，为修庙之用；初补入国子监的生员例须交纳束脩钱两千文，生员凡应举及第后须到监交纳光学钱一千文，方能得监方出具光学文钞作为凭据，赴吏部南曹参选。此项制度为后代所沿袭。后唐明宗天成五年（930年）正月，国子监以近年监生多不交纳光学钱，不领光学文钞，而吏部选人也无须以光学文钞为凭的情况，上奏："请自后欲准例应诸色举人，及第后并却于监司出给光学文钞，并纳光学钱等。各有所业次第，以备当逐年修葺公使。"②国子监的请求得到批准。次年春，国子监再次奏请"以学生束脩及光学钱备监屯修葺公使"③。可见，收取束脩钱和光学钱是为了解国子监办学经费的燃眉之急，尤其是交钱方能得到赴吏部候选凭证的做法，不啻是设置关卡、巧立名目以谋取费用，暴露出政府的穷极无奈和学校经费的匮乏之甚。

不仅国子监"乱收费"，政府还大大降低了国子监生员的待

① 孙培青.中国教育管理史[M].北京：人民教育出版社，1996：132-133.
② 《册府元龟》卷六二〇《卿监部·举职》。
③ 《册府元龟》卷六二〇《卿监部·举职》。

遇。《五代会要》卷一六《国子监》载,后唐天成三年(928年)八月,宰相兼判国子监祭酒崔协奏准各地送监学生,自今后"但一身就业,不得影庇门户,兼太学书生,亦依此例,不得因此便取公牒,辄免本户差役"。不能因一人为生员而全家得免差役。唐时国子监生员优厚的物质待遇已不复存在,由此也折射出国子监的困难处境。

正由于国家办学经费枯竭,国子监即使存在,其规模与教育质量也不可与之前同日而语。天成三年(928年),崔协奏准"国子监每年只置监生二百员,候解送至十月三十日满数为定"。紧缩学生编制并以解送足额为止,是迫不得已之举,尽显困急之态,早已顾不上国家的人才需求和政府的脸面。即使是每年只收二百名学生的国家最高学府,也很难说有多少正常的教学活动。后唐同光元年(923年),为国子监设祭酒、司业各一员,博士二员;天成二年,太常丞段颙请博士讲经;天成三年,权判大理寺萧希甫和大理正宋升请置律学生徒,诸州各荐一两人到京习业。[①] 但很多学生到国子监并不认真读书,"不过挂名候选,混取资格而已"[②]。更严重的是,向来显得清高的国家最高学府也深受政治和军事割据之累,学生额数为外官所大量侵占。外官之所以能大量占据学额,无非因为国家多事,外官自然势大权重,以致破坏了国子监有关入学资格的规矩,屈指可数的学额被人随意侵占,成为少数人的囊中私物。教育和学校一旦成为特权的附庸,必然丧失其应有之功能,就会变得名不副实。另外,由于军事割据和战乱,地方学校乃至地方行政也常濒于瘫痪,原有的国子监学生选送渠道不复

① 《册府元龟》卷六四二《贡举部·条制四》。
② 顾树森.中国历代教育制度[M].南京:江苏人民出版社,1981:125.

畅通。所以，崔协在天成三年的奏书中提议：

> 请颁下诸道州府，各置官学，如有乡党备诸文行可举者，录其事实申监司，方与解送。……又每年于二百人数内，不系时节，有投名者，先令学官考试，校其学业深浅，方议收补姓名。[1]

崔协希望通过恢复和重建地方官学再建国子监生源的培养和输送渠道，并鼓励士人自愿报名，加强考试环节管理，以保证生源质量，由此重振国子监，使之真正成为育才之地。但终后唐一朝，国子监并未能摆脱挂名候选、混取资历的考试预备场所的状态。《五代会要》卷一六《国子监》载后唐末帝清泰三年（936 年）五月敕：

> 国子监每岁举人，皆自远方来集，不询解送，何辨是非？其附监举人，并准去年八月一日敕，须取本处文解。如不及第者，次年便许监司解送。若初投名，未曾本处取解者，初举落第后，监司勿便收补。其淮南、江南、黔、蜀远人，不拘此例。

敕文强调，除南方各地外，应试举人必须有本地解状，否则落第后国子监不予接纳。尽管强调举人必须由地方正式解送，多少带有杜绝滥竽充数者的用意，进而倡导学校的作用，但各地举子集于国子监并由其送考，一定程度上表现了国子监的沦落。

此后的后晋、后汉享国时间更短，虽也沿设国子监祭酒等学

---

[1] 《五代会要》卷一六《国子监》。

官,但办学事迹乏善可陈。后周建都于汴(今开封),世宗显德二年(955年)以大梁天福普利禅院营建国子监,兴建黉舍,直到北宋仍是国子监的所在地,也算是有所建树了。[①]

五代之外,十国政权也偶有兴学之举。后梁贞明六年(南汉乾亨四年,920年),南汉高祖刘龚采纳兵部侍郎杨洞潜的建议,"始立学校,置选部,贡举放进士、明经十余人,如唐故事,岁以为常"[②]。南唐也于升元二年(938年)立太学,升元四年还在庐山白鹿洞兴建学校,置学田,委任李善道为洞主,号称"庐山国学"。[③]这反映了南方一些割据政权仪刑中原地区尽可能兴学设教的事实。

二、 学校的考试

从现存文献看,五代学校的考试大致沿袭唐代制度。在正常情况下,入国子监例须经过入学考试。后唐天成三年(928年),崔协以国子监祭酒的名义奏请国子监每年置生员二百名,报名后"先令学官考试,校其学业深浅,方议收补姓名"[④]。入监例须考试,此为唐代制度,崔协加以重申,无非说明此项制度当时已呈废弛之态。由此也可推断,在政局稍安、庠序有教的情况下,学校的教学、考试秩序多少还能维持。

同样,学生入学后例须认真修习学业,也须接受例行的考试。后唐天成五年(930年),经国子监奏诉,敕下重申:

① 顾树森. 中国历代教育制度[M]. 南京:江苏人民出版社,1981:126.
② 《十国春秋》卷五八《南汉·高祖本纪》。
③ 《十国春秋》卷一五《南唐·烈祖本纪》。
④ 《五代会要》卷一六《国子监》。

自今后,凡补监生,须令情愿住在监中修学,则得给牒收补,仍据所业次第,逐季考试申奏。其勘到见管监生一百七十八人,仍勒准此指挥。如收补年深,未闻艺业,虚沾补牒,不赴试期,亦委监司检点其姓名、年月,一一分析申奏。①

可见,国子监已成一些人寄居食廪之地,年复一年,虚占学额,有违国家养贤的本意。所以,国子监力行整顿,强调所收生员须是自愿在监求学者,并要求其住监读书,据其所业的学习进程,按时考试。所谓"逐季考试",当是包含唐时制定的旬试、月试之类教学考试制度。

与之相应,生员出监应举也须经过国子监考试选拔。天成三年(928年)八月,崔协奏准:"长定二百人,其中有艺业精博者,令准近敕考试,及格,解送礼部。及第后,据人数却填。"②这样,就从入学到出监,将唐时完整的学校教学考试制度予以恢复,意在使国子监名副其实。在五代诸朝中,后唐对国子监的整顿举措较多,当可反映五代学校教育、教学和考试的一般情形。如后周世宗显德元年(954年)敕令:"今后须是监中受业,方得准令式收补解送。"③这是针对此前历年国子监收补新生只是来监候选而不正经修业的现象,旧规重提。

值得一提的是,五代学校刻印《九经》文字,规范、统一和颁布教科书。唐末西蜀的雕版印刷比较发达,多刻印佛教、占卜图书和字书,也有版刻本《九经》文字供私人学馆教学所用。后唐明宗平蜀时

---

① 《册府元龟》卷六二〇《卿监部·举职》。
② 《册府元龟》卷六二〇《卿监部·举职》。
③ 《五代会要》卷一六《国子监》。

受此启发，命国子监书写《五经》，仿其制作，刊版于国子监，以为教学考试之用。《五代会要》卷八《经籍》载，长兴三年（932 年），明宗命"依《石经》文字，刻《九经》印板。敕令国子监集博士儒徒，将西京《石经》本各以所业本经句度，抄写注出，仔细看读。然后雇召能雕字匠人，各部随帙刻印板，广颁天下"。为了保证此项事业能够顺利完成，明宗亲自下令调集诸多专家学者参与其中。《册府元龟》卷六〇八《学校部·刊校》对此作了详细记载：

> 长兴三年四月，敕："近以遍注石经、雕刻印板，委国学每经差专知业博士、儒徒五六人勘读并注。今更于朝官内别差五人充详勘官：太子宾客马缟、太常丞陈观、祠部员外郎兼太常博士段颙、太常博士路航、屯田员外郎田敏等。朕以正经事大，不同诸书，虽以委国学差官勘注，盖缘文字极多，尚恐偶有差误。马缟以下，皆是硕儒，各专经业，更令详勘，贵必精研。兼宜委国子监于诸色选人中召能书人，谨楷写出，旋付匠人雕刻。每五百纸，与减一选。所减等第，优与选转官资。"

明宗不仅从政府各部门挑选专家，还从候选人中挑选擅书法者，给予减选的待遇，以保证工程的进行。此项工程持续二十余年，至后周广顺三年（953 年）方告完成。版刻本《九经》从此广为流传，国子监诸经学校和地方府州县学有了统一的教科书，也就方便了学校的教学和考试。此外，五代后汉时也曾将《周礼》等未刊刻的"四经"刻版印行。五代时国子监雕版印刷的儒家经书，对普及和重振儒学起了推进作用，也为科举考试的推行和普及提供了十分便捷的传播媒介，也是五代国子监的一大建树。

第二节　科举考试

虽处在政局激烈动荡之中,但五代的科举考试基本沿袭了唐代制度并有所兴革,不少举措还成为科举制度由唐向宋发展的中间环节。

一、 科举考试的兴废

五代时期,虽然政权四分五裂,割据犬牙交错,战争频繁爆发,但在中原地区后梁、后唐、后晋、后汉、后周五朝政权统治的五十三年时间里,科举考试基本未曾废弛,甚至很少中断。据《文献通考》卷三〇《选举三》记载,后梁太祖朱温于唐哀帝天祐四年(907年)改元,次年即开平二年(908年)即以新政权名义开科举,至后周显德六年(959年),这期间仅后梁乾化四年(914年)、贞明七年(921年)、龙德三年(923年)和后晋天福四年(939年)未开考,其他年份考试如常。有学者据《文献通考》卷三〇《选举考三》所引五代《登科记》总目统计,不计除五代以外其他割据政权的科举录取数额,仅五代统治期间,共录取进士六百八十名、经史诸科一千六百一十名,总共二千二百九十名。而唐代自宣宗大中十年(856年)至哀帝天祐四年(907年),总共及第一千六百二十三名;唐代科举最盛的玄宗朝至代宗朝,总共及第一千八百七十九名。这两段时间的及第人数都少于同时间段的五代考试录取数额。[①] 由于唐

---

① 谢青,汤德用.中国考试制度史[M].合肥:黄山书社,1995:120.

代科举考试在经过前期无所节制的录取宽弛阶段后,从中期起取额开始趋于稳定,而动荡多变的五代科举取额激增恰与唐代前期选举过滥的情形有相似之处,因此不能据五代科举取额高而断言五代科举盛于唐代的某些时期。按马端临的看法,五代贡举取额高是高在经史诸科而非进士科,这恰恰可以看作五代贡举之弊端与败势。不过,可以断言的是,五代科举承唐而未曾中辍。正如《旧五代史》卷一四八《选举志》所言:"按《唐典》,……凡贡举之政,春官卿掌之,所以核文行而第隽秀也。洎梁氏以降,皆奉而行之,纵或小有厘革,亦不出其轨辙。"五代对唐代科举考试制度的因袭于此可知,也可视为唐代考试制度的惯性发展。

南方诸割据政权中有一些也开科设考,甚至产生了颇具声势的社会反响。前蜀曾开科取士。《幸蜀记》载:"四月二日,明文殿试制科,白衣蒲禹卿对策。其略曰:'今朝廷所行,皆一朝一夕之事;公卿所陈者,非乃子乃孙之谋。暂偷目前之安,不为身后之虑。衣朱紫者皆盗跖之辈,在郡县者皆虎狼之人。奸佞满朝,□□如市。以斯求治,是谓倒行执政,皆切齿欲诛之。'〔王〕衍以其言有益,擢为右补阙。"这是十国政权中少见的制举开科记载。前蜀既开制科,想来会有常科。蜀地距长安较近,唐代科举流风所及,自然不然响应。后蜀广政十二年(949年),"置吏部三铨、礼部贡举"①。蜀人杨九龄还撰有《蜀桂堂编事》二十卷,"中纪广政举试事,载诗赋策题及知贡举登科人姓氏,且言科举起于隋开皇,或以为自唐太宗始者,非也。又撰《要录》十卷,亦为士林所称道"②。广政十二年已是后蜀政权后期,可见科举考试虽未久行,

---

① 《新五代史》卷六四《后蜀世家第四》。
② 《十国春秋》卷五六《后蜀·杨九龄传》。

但其社会影响一如中原地区。

南唐也曾短暂开考。《南唐书》卷二《元宗本纪》载，南唐元宗保大十年（952 年），"以翰林学士江文蔚知礼部贡举，放进士王克贞等三人及第。旋复停贡举"。南唐建国后，最初选才并不采用科举考试方式，而是"言事遇合，即随才进用，不复设礼部贡举"。自此起，则"略用唐故事"。元宗在设科开考后还询问江文蔚："卿知举取士，孰与北朝？"江文蔚曰："北朝公荐、私谒相半，臣一以至公取才。"元宗嘉叹。江文蔚的得意之态与皇帝的赏识引得他人不悦，尤其是"执政又皆不由科第进，相与排沮，贡举遂复罢"。[①] 江文蔚所言和南唐开科举的过程折射出五代十国科举考试的一般情形：无论是"北朝"还是南方各国，大都"用唐故事"开科取士。从南唐君臣攀比北方政权之下科举考试的心态看，北方的科举考试毕竟显得成熟和正规一些，对并存的南方政权有着辐射影响；即使是北方比较正规的科举考试，也存在有失严谨、公正的情况，"公荐、私谒相半"的评价当不是言过其实；处在战争和割据环境之中，文化教育较中原地区落后的南方各政权，开科取士毕竟不能算是常态，官员"皆不由科第进"才是特殊时期的正常情况，十国政权统治下科举兴废无常也就很自然。

此外，王潮、王审知兄弟据闽称王，也设科取士。《宋史》卷四八三《漳泉留氏世家·留从效》载，留从效在留守漳、泉二州期间，"每岁取进士、明经，谓之'秋堂'"。《新五代史》卷六五《南汉世家第五》载，割据岭南的南汉于乾亨四年（920 年）春"置选部贡举，放

① 《十国春秋》卷二五《南唐·江文蔚传》。

进士、明经十余人，如唐故事，岁以为常"。

可见，虽然所设不常，但十国中的不少政权都模仿唐代和北方中原地区诸政权的做法开科取士，表明科举考试制度实际上已成为暂时处在分裂状态中的国家和民族实现统一的政治和文化象征。唐代先是在洛阳开设东都举，后又在南方诸多地区实行南选，既推广了科举考试制度，也推进了文化的南移。十国时期东南、华南和西南各地割据政权开科设考，更是推广了科举考试制度，推进了科举考试体制下文化教育的传播在深度和广度上的扩展。

二、 常科考试的演变

（一）五代考试科目的一般状况

五代科举考试科目的设置大体沿袭唐代，至于科目结构及相互之间的关系，尤其是明经科的内涵，其端绪在唐代时就颇不清晰。但在唐宣宗大中十年（856 年）中书门下的一道奏章中，已出现科目归类的某种迹象。《唐会要》卷七七《贡举下·科目杂录》："据礼部贡院见置科目内，开元礼、三礼、三传、三史、学究、道举、法、算、童子等九科，近年取人颇滥……"因此，中书门下提议权停三年。上述"九科"中未包括九经、五经等经学科目。到了五代，科目的归类趋于明晰。后唐天成三年（928 年）春，知贡举赵凤将科场利弊陈述于明宗。明宗在所下敕中明确将科目分为三类，即进士、五科和诸经学。当年七月，明宗在所下敕中又说道："应将来三传、三礼、三史、《开元礼》、学究等考试，本业毕后，引试对策时，……应九经、五经、明经，帖书及格后，引试对义时……"①实际上，他对五科和诸经学的内涵做了解释：五科——三传、三礼、三史、《开元礼》、学究，诸经学——九经、五经、明经。因此，五代将考试科目分为进士、诸经学、五科、诸色科目（含道举、明法、明算、童子举等科）几类。后周广顺三年（953年）正月户部侍郎权知贡举赵上交、九月刑部侍郎权知贡举徐台符所呈的奏章中，大体上沿用了上述科目分类。②

五代考试科目的轻重关系出现了一些新的发展动向：传统的强势科目如明经、进士仍基本保持着原有地位，尤以明经科受人青睐，但也经历了停开与复置的动荡；经史诸科和童子举不仅常设，而且较之唐代更受人重视，势力大大抬头；明法、道举偶有开设，呈衰败趋势；制举虽时有所开，但已不可与唐时盛况同日而语，明显呈颓势。马端临《文献通考》卷三〇《选举考三》在为五代《登科记》总目所做的按语中也表达了大体相似的意见：

> 按：五代五十二年，其间惟梁与晋各停贡举者二年，则降敕以举子学业未精之故。至于朝代更易，干戈攘抢之岁，贡举固未尝废也。然每岁所取进士，其多者仅及唐盛时之半。土宇分割，人士流离，固无怪其然。但三礼、三传、学究、明经诸科，唐虽有之，然每科所取甚少，而五代自晋汉以来，明经诸科中选者，动以百人计。盖帖书、墨义，承平之时，士鄙其学而不习，国家亦贱其科而不取，故惟以攻诗赋中进士举者为贵。丧乱以来，文学废坠，为士者往往从事乎帖诵之末习，而举笔能文者固罕见之，国家亦姑以

---

① 《册府元龟》卷六四一《贡举部·条制三》。
② 《册府元龟》卷六四二《贡举部·条制四》。

是为士子进取之途，故其所取反数倍于盛唐之时也。国初，诸科取人亦多于进士，盖亦承五季之弊云。

马端临指出了五代科举诸经科目"走红"的事实，并对其原因做出了自己的解释，颇值得注意。

（二）明经

后晋天福五年（940 年）四月，礼部侍郎张允在其奏书中提到当时明经科的考试规模："每岁明经一科，少至五百以上，多及一千有余，举人如是繁多，试官岂能精当。"[①]如以唐代明经科十取一二的比例衡量，后晋明经科考试每科要录取多少？事实上，《文献通考》卷三〇《选举考三》所引五代《登科记》总目中后晋"诸科"（含明经）取额呈逐年上升趋势，到后汉隐帝乾祐元年（948 年）达到创纪录的一百七十九人，其中当有相当数量的明经科应试者，其科之盛可以想象，反映了明经及经史类诸科在五代的新发展势头。其实，早在后梁太祖开平三年（909年），就有限制明经科录取数额的规定："三年，敕：'条流礼部贡院，每年放明经及第，不得过二十人。'"[②]可见，五代之初已经以士人齐趋明经科为患，而明经系科目膨胀已露端倪，政府力图通过限制取额加以调控。到了后周世宗显德元年（954年），诸科取额仍达一百二十一人，次年为一百一十六人。六年，五代最后一次进行贡举，诸科仍取中五十人，其中有数量

① 《旧五代史》卷一四八《选举志》。
② 《册府元龟》卷六四一《贡举部·条制三》。

不少的明经科应试者。所以，终五代诸朝，明经科始终是一热门科目，大有盖过进士科之势。

明经科经礼部侍郎张允奏请，曾有过数年停废。张允的理由是：明经科每年应试人数太多，考官阅人难能精当；从考试方式看，"多不究义，唯攻帖书，文理既不甚通，名第岂可妄与"；每年由州县荐送的考生之审核淘汰不甚严格，以至谤怨纷起；明经科与九经、五经、三礼、三传诸科互相包含渗透，设置重叠。① 张允提出了明经科考试两方面的重要问题：其一，选举过滥，有失控的迹象，加重了政府负担，增加了社会问题；其二，考试自身存在缺陷，如重帖经而轻义理，忽视文章，设科与诸经科交叉重叠，关系不清。所以，他提议改革，"其明经一科，伏请停废"，得到批准。同时停废的还有童子、明算、道举等科。五代《登科记》总目所记天福六年（941年）尚有诸科四十五人，之后的七年、八年诸科无一人，可见明经科曾被停废。但到了后晋出帝开运元年（944年）八月，明经科又被恢复，理由是：该科为"前代所设，盖期取士，良谓通规"。从停废后的情况看，"损益之机未见，牢笼之义全亏"。因此，"将阐斯文，宜依旧贯，庶臻至理，用广旁求。其明经、童子二科，今后复置"②。很清楚，停废明经科因堵塞了一批人的仕进之路而引起社会非议，孕育着对朝廷的不满。在动荡的年代，这种不满非同小可，当政者当然不会为了改革科举而给政权稳定带来危害。科举考试的"牢笼之义"再次显示出压倒一切的价值。然而，后周世宗显德二年（955年）五月，礼部侍郎窦仪再次奏停明经：

---

① 《旧五代史》卷一四八《选举志》。
② 《册府元龟》卷六四二《贡举部·条制四》。

其举子之弊也，多是才谋习业，便切干名。《周》《仪》未详，赴三礼之举；《公》《穀》不究，应三传之科。经学则偏试帖由，进士则鲜通经义。……且明经所业，包在诸科，近闻应者渐多，其研精者益少。……其明经、童子，请却依晋天福五年敕停罢，任改就别科赴举。①

窦仪请废明经科的理由几乎与张允相同，尤其指出了经学类科目设科重叠、混乱的不合理问题。另外，五代《登科记》总目记载显德元年、二年诸科分别录取一百二十一人、一百一十六人，明经科录取人数过多当也是动议停罢明经的重要原因。显德三年，诸科录取人数就大大降低，录取二十九人。后周最后几年明经科是否再次恢复不得而知，但后晋、后周这两次短暂停废明经科毕竟显露出科举制度的某种变革趋势。

明经科考试内容与形式也屡有变动。五代明经考试仍沿袭唐代三场制度，即帖经、问义和对策，逐场定去留，但考试达标要求显然大有降低。后唐天成三年（928年）春，在知贡举赵凤陈述考场状况后，明宗敕书中论及诸经学科目考试要求："诸经学帖经及格后，于大经泛问五义，面书于试纸，令直解其理，通三即可。对策并须理有指归，言关体要。"②当年七月的敕书中规定得更明确细致：

应九经、五经、明经，帖书及格后，引试对义时，宜令主司于大经泛出问义五通，于帘下书于试纸，令隔帘逐段解说，但要不失疏

---

① 《册府元龟》卷六四二《贡举部·条制四》。
② 《册府元龟》卷六四一《贡举部·条制三》。

注义理。通二、通三然后便令念疏。如是熟卷，并须全通，仍无失错，始得入策，亦须于时务中选策题精当考较。如精于笔砚留意者，得则以四六对，仍须理有指归，言关体要。如不曾于笔砚致功，则许直书其事，不得错使文字，只在明于利害。其问义、念疏、对策，逐件须有去留。[①]

帖经的要求当是前代制度：每经帖十通五为及格；问义的要求却有较大变化，一方面将唐时问十通六以上改为问五通二、通三，另一方面增加了念疏，而念疏早在唐文宗开成四年（839年）就被讥为"何异鹦鹉能言"[②]，可以说大大降低了问义考试的要求；对策的要求也有利于考生，擅长文辞者要以四六成文，且讲究文章理体，而不擅文辞者只要直言其事，不出文字错误，因此很有弹性。

明经考试形式的另一重要变化是以问义代帖经、以墨义代口义、强化经义考试。天成三年（928年）春，正当考试时，乡贡九经举人刘英甫经中书省上书请求以对经义九十道取代帖经考试，明宗准其请求，敕："刘英甫请以讲义便代帖经，既能鼓箧而来，必有撞钟之应。宜令礼部贡院考试。"[③]尽管问义与帖经相比，其弊端不过是五十步与百步之别，但它毕竟在熟练背诵经书之外还要求注意个人的理解，因此稍胜一筹。准予以问义代帖经表达了长期以来人们对帖经考试的批评意见，既然问义考试也可达到熟练掌握儒家经书的要求，当然就选择以稍优者代更劣者。只是唐时进士考试中曾有以诗赎帖的做法，而五代则开始了明经系列考试中

---

① 《册府元龟》卷六四一《贡举部·条制三》。
② 《册府元龟》卷四六《帝王部·智识》："〔唐文宗开成〕四年闰正月，谓宰臣曰：'明经会义否？'宰臣曰：'明经只念经疏，不会经义。'帝曰：'只念经疏，何异鹦鹉能言。'"
③ 《五代会要》卷二三《科目杂录》。

以问义代帖经的过程,在废除帖经考试的路上又前进了一步。后周广顺三年(953年)正月和二月,户部侍郎权知礼部贡举赵上交奏准以墨义代口义,众多科目考试全面废除帖经,加强经义考试。

> 周太祖广顺三年二月,礼部侍郎赵上交奏:"贡院诸科,今欲不试泛义、口义共十五道,改试墨义共十一道。"从之。

> 三年正月,户部侍郎权知贡院赵上交奏:"九经举人,元帖经一百二十帖,墨义三十道。臣今欲罢帖经,于诸经对墨义一百五十道。五经元帖八十帖,墨义二十道,今欲罢帖经,令对墨义一百道。明经元帖书五十帖,今欲罢帖书,令对义五十道。明法元帖律令各十帖,义二十道,今欲罢帖律,令对义二十道。学究元念书二十道,对义二十道,今欲罢念书,对义五十道。三礼元对墨义九十道,三传元对义一百一十道,欲三礼于《周礼》《仪礼》各添义二十道,三传于《公羊》《穀梁传》各添义二十道。《开元礼》、三史,元义三百道,欲各添义五十道。进士元添诗、赋各一首,帖书二十帖,对义五道,欲罢帖书,别试杂文二首,试策并仍旧。童子元念书一十四道,欲添念通前五十道,念及三十道者,放及第。"从之。①

取消帖经,相应增加问义试题的数量,赵上交的改革指导思想明确,力度颇大,显然也受到重重阻力。果然,当年九月,刑部侍郎徐台符权知贡举后奏请,除问义仍试墨义外,其他所有科目的帖经考试全部恢复。无论如何,赵上交的改革为后世废除帖经作了

---

① 《册府元龟》卷六四二《贡举部·条制四》。

初步尝试。

明经及诸经系列的考试所强调的是对儒经的熟练掌握,而帖经这一经典考试方式完全能达到这一要求,因此进士考试也以此为门槛,以保证擅长文辞的进士也能达到起码的经学要求。注重儒家经书的帖试在儒、佛、道三家争锋中的确发挥了普及儒经、维护儒学地位的作用。经过数百年科举考试的推进、唐代石经的刻制和五代雕版九经的刊刻,加之唐中后期儒家学者的奔走呼吁,儒家学说的地位重又得到肯定,对儒家学说的掌握就不会再仅仅满足于背诵,必然会有更进一步的要求,问义考试渐受肯定就是自然而然的发展趋势。问义考试的口问、泛说方式存在操作不便、复视无凭、照本宣科等缺陷,而形诸文字的墨义便于统一考试、事后覆审,较口义更具操作上的优势。因此,五代诸经科目考试方式的变革措施也促成了考试制度由唐向宋的转变。

(三) 进士

确如马端临所说,五代进士考试之势不及明经系列兴盛,尤其是在后晋以后,但对进士科从未有过停试之议,可见其地位并未动摇。相对于明经诸科较易以记诵取胜,进士科确有难度,因此明经诸科的应试者趋之若鹜,取额也日趋膨胀,而问津进士者的数量相形见绌。后梁开平四年(910 年)十二月,兵部尚书权知礼部贡举姚洎奏曰:

近代设词科,选胄子,盖所以纲维名教,崇树邦本者也。曩时进士,不下千人,岭徼海隅,偃风向化。近岁观光之士,人数不多,加以在位臣僚，罕有子弟，就其寡少，复避嫌疑，实恐因循，渐为废坠。今在朝公卿亲属，将相子孙，有文行可取者，请许所在州府荐送，以广毓才之义。①

后梁方建，天下尚不太平，公卿将相皆国家功臣，自当倚赖，不能排除姚洎的奏议带有为权贵子弟说项的用意，但至少可以明确梁初进士科应试者不多，与开平三年要求限制明经取额形成对比。尽管如此，从五代《登科记》总目的记载看，后梁、后唐进士与诸科录取人数相比还不算离谱。后梁进士录取数最高和最低分别是开平五年的二十人和乾化二年（912 年）的十一人；诸科录取数最高为开平五年的十人，最低一人的有四个年份，二人的也有四个年份，可见包括明经在内的诸科录取还有些节制。后唐进士录取数最高和最低分别是长兴四年（933 年）的二十四人和同光三年（925 年）、长兴二年的四人，大多数年份为十多人；诸科在绝大部分年份的录取数都不超过十人，有四个年份仅一人，而长兴三年则激增至八十一人，可见包括明经在内的诸科的膨胀势头开始显露。晋、汉、周三代的情况就大不相同。后晋进士取额最高的是天福三年（938 年）和开运三年（946 年）的二十人，最低为天福七年、八年的七人；而诸科则呈稳步、大幅增长之势：天福六年四十五人、九年五十六人、开运二年八十八人、三年九十二人，在取额上已经远超进士。后汉总共开考四届，分别录取进士二十五人、二十三人、十九人、十七人，诸科一百五十五人、一百七十九人、八十人、八十四人，总数相差近五倍，可见诸科乃至整个考试

① 《册府元龟》卷六四一《贡举部·条制三》。

已经混乱至极，失去控制。后周录取进士没有超过二十人的年份，最少的只六人，总共一百零四人；诸科各年录取数依次为八十七人、六十六人、八十三人、一百二十一人、一百一十六人、二十九人、三十五人、七十二人、五十人，总共为六百五十九人，差距更为扩大。

有意思的是，五代对诸科的录取标准执行得十分宽弛，相比之下，对进士的录取倒显得要求颇严格，中书门下认真行使职权，数次在详覆礼部贡院所呈之试卷和榜名后重作弃取，知贡举也因"试士不得精当"而受罚。后唐长兴元年（930年），中书门下覆及第进士十四人（五代《登科记》总目记为十五人），落下八人，知贡举张文宝被罚俸一季。[①] 后周广顺三年（952年），及第进士十人，覆落一人（五代《登科记》总目记为二人），知贡举赵上交受罚移官。[②] 显德二年（955年），及第进士十六人，覆落十二人，礼部侍郎刘温叟论罪。[③] 显德五年，及第进士十五人，覆落七人，知贡举刘涛移官。[④] 然而，后唐天成四年（929年），中书舍人知贡举卢詹却因所进明经及第人状内"漏失五经四人姓名"[⑤]而被罚俸一月。前述众官因未从严录取进士被罚，而卢詹却因遗漏五经及第人姓名被罚。由此可见，明经和进士两科孰轻孰重在五代呈现颇为微妙的关系。作为唐代已经确立地位的事实上的首重之科，进士仍受人景仰和期待，但因进士考试的难关不易逾越，加之在战乱的年代更难对之精研，于政府、应试者而言均非便捷之科。而明经及

---

① 《旧五代史》卷四一《唐书·明宗纪第七》。
② 《旧五代史》卷一一二《周书·太祖纪第三》。
③ 《旧五代史》卷一一五《周书·世宗纪第二》。
④ 《五代会要》卷二二《进士》。
⑤ 《册府元龟》卷六五一《贡举部·清正》。

诸科考试易售,应试者易于成功,当政者便于借此笼络人心,明知及第者乏于才学,也大开方便之门。然而,门禁一开,不仅再难关拢,反而越开越大。这致使进士科在五代的处境类于秀才科在唐代。从录取数额对比所反映的五代进士与明经诸科的关系,可以看出五代贡举越来越滥、渐渐失控的基本趋势。后唐时某些科目录取数额的递增反映了这一趋势:

长兴二年二月诏,……往例,童子表荐,不解送,每年所放不过十人。长兴四年三月诏,许放二十人。应顺元年正月诏,许放十五人。今请如最后敕人数。[①]

伏见新定格文:三礼、三传,每科只放两人。方今三传一科五十余人,三礼三十余人,三史、学究一十人。若每年止放两人及一人,逐年又添初举,纵谋修进,皆恐滞留。臣伏见长庆咸通年放举人,元无定式,又同光元年春榜,亦是一十三人。请依此例,以劝进修。[②]

进士科始终保持低录取率,而明经及诸科的录取率不断攀升,想降也降不下来。这就是进士科在五代的现实地位。

五代进士科三场考试制度基本不变,但三场考试的内容与形式出现了一些新的变化,其趋势是经义考试的重要性逐渐凸显,帖经逐渐受冷落。先是降低帖经考试要求。天成三年(928 年),敕:"进士帖经通三即可。"[③]这是一个低要求。《通典》卷一五《选举三》所载唐进士"不第"的标准是"通三帖以下";而《唐六典》卷

① 《册府元龟》卷六四二《贡举部·条制四》。
② 《全唐文》卷八五四四《许维岳·科举额数请依长庆咸通事例状》。
③ 《册府元龟》卷六四一《贡举部·条制三》。

二《尚书吏部》所载的标准更严：帖通六"已下为不第"。《唐六典》所载为唐中期以前的标准，《通典》所载为唐中期以后的标准，进士帖经的要求在降低，到了五代更降低为通三帖为及格。当时的三场考试为杂文、帖经、对策。帖经要求降低，客观上突出了杂文和对策的分量。

不久以后，帖经的要求再度降低，并开始允许以对义代帖经。在天成五年（930年）正月之前，曾有敕下批准："今年凡应进士举，所试文策及格，帖经或不及通三，与放及第。来年秋赋，词人所习一本经，许令对义目，多少次第，仍委所司条例奏闻。"只要杂文、对策及格，帖经不通三条也可及第，帖经已经形同虚设。唐明宗的理由是："今且上从元辅，下及庶僚，虽百艺者极多，能明经者甚少，恐此一节，或滞群才，既求备以斯难，庶观光而甚广。"既然人们都极疏于经书，帖经就成为障碍，不如除去障碍，大开方便之门。这样的理由未免荒唐。礼部作为职能部门似乎比皇帝更清醒一些，于天成五年正月提出了折中方案："其今年本经内对义，义目五道，考试通二通三，准帖经例放入策。"①以经义代帖经，经还是相同的经，改变的只是考试方式，不失为合适的方案，因而得到批准。进士考经义并非五代首创。早在唐中期，杨绾和贾至就已提出经义考试，②但其意在以经义代诗赋，加强经史考试，以纠正进士考试中的浮艳之风，并不要求以经义代帖经。大和七年（833年）八月，李汉奏准进士科进行先帖经、次经义、再次议论的三场考试，停诗赋，于次年正式实施。经义考试不仅进入进士考试科目，而且短暂地取代了诗赋。大和八年十月，礼部贡院动

---

① 《五代会要》卷二二《进士》。
② 《旧唐书》卷一一九《杨绾传》、《旧唐书》卷一九〇中《贾至传》。

议采取折中办法,仍恢复帖经、诗赋、对策三场考试。对策五道中,三道问经义,二道时务策。① 这样,经义考试又与帖经、诗赋、对策同列。后唐天成五年进行的进士考试改革是以经义代帖经,这是值得注意的变化,经义似已获得独立科目的地位,地位受到动摇的是帖经。

之后进士科考试科目的发展趋势是诗赋的地位未曾动摇,甚至更加巩固,而帖经、经义却上下不定。后唐长兴元年(930年),中书以历年贡举人所试诗赋"多不依体式"为由,奏"请下翰林院,命学士撰诗赋各一首,下贡院以为举人模式"。学士院也奏请令所司"依诗格赋枢,考试进士"。② 翰林学士要撰写诗赋范文,进士严格按诗赋格律应试,可见当时对诗赋考试的重视。长兴二年,礼部从方便考场管理出发,提出诗赋和对策考试均白昼而毕。然而,到了后晋开运元年(944年),工部尚书权知礼部贡举窦贞固认为,改行昼试令考生"视晷刻而惟畏稽迟,演词藻而难求妍丽",因此以"进士考试杂文及与诸科举人入策,历代以来皆以三条烛尽为限"为由,要求恢复夜试,以保证进士试杂文和对策的答卷质量。③ 这同样表现了对诗赋考试的重视。

诗赋考试地位的巩固还体现在进士考试科目的屡次变动上。可能是在晋、汉时期,进士考试又恢复帖经,形成诗与赋各一、帖经二十帖、对义五道的考试科目格局。后周太祖广顺三年(953年)正月,权知贡举赵上交奏请:"今欲罢帖经、对义,别试杂文二首,对策一道",得到批准。这是以增加杂文、对策取代帖经、对

---

① 《唐会要》卷七六《贡举中·进士》、《册府元龟》卷六四一《贡举部·条制三》、《资治通鉴》卷二四五。
② 《册府元龟》卷六四二《贡举部·条制四》。
③ 《册府元龟》卷六四二《贡举部·条制四》、《旧五代史》卷一四八《选举志》。

义。尽管当年八月权知贡举徐台符又奏准"请别试杂文外,其帖经、墨义,仍依元格"①,终后周一代,帖经、对义仍是进士考试科目,但诗赋地位的稳居不动、帖经和经义地位的数度上下,很能反映双方的关系。就帖经和经义而言,虽曾一同被叫停,但也存在微妙差异。前者是老科目,欲废而难以决断;后者是新科目,欲立而难以决断。综合考虑广顺三年二月赵上交在诸经学和其他诸科考试中大规模地以经义代帖经的提议,可以看出帖经走向穷途末路而经义崛起并逐渐取而代之的发展趋势。因此,可以说在五代进士考试的变化中,已孕育着宋代进士考试废帖经而立经义的变革。

(四) 五科

此处"五科",是指与明经科有关的三传、三礼、三史、《开元礼》、学究。九经、五经、三经与明经兴起得较早,恐于唐初就已成科,而一经起于唐中期,三礼、三传、三史、《开元礼》诸科更迟至唐中后期方出现,意在加强考试中的经史分量,与唐中后期儒学的重振有关。《新唐书》卷四四《选举志上》载:"而明经之别,有五经,有三经,有二经,有学究一经,有三礼,有三传,有史科。"明经包含诸多经、礼、传、史科目,它们之间是种与属的关系。《新唐书》的观点反映了唐代的实际情况。《唐六典》卷二《吏部尚书》所记明经各科有"通二经""通三经"和"通五经"之别。《旧唐书》卷四四《职官志三》载,长庆二年(822 年)谏议大夫殷侑奏设三传、三

---

① 《五代会要》卷二二《进士》、《旧五代史》卷一四八《选举志》。

史的理由是明经考试选考传科者"十不一二",因此有必要从明经科中析出,单独设科。可见,经史诸科是从明经科中分离出来的,与明经科有着千丝万缕的联系。至少在唐后期的宣宗大中十年(856年),经史诸科已经相当独立,成为与明经、进士、明法、明算、道举、童子举等科并立的科目。当年五月,中书门下奏:"《开元礼》、三礼、三传、三史、学究、道举、法、算、童子等九科,近年取人颇滥,曾无实艺可采,徒添入仕之门。"因此,请"权停三年"。①五代时,上述经史诸科的受重视程度提高,独立性进一步加强。后唐明宗天成三年(928年),敕:"进士帖经通三即可;五科试本业后对策,全精即可;诸经学帖经及格后,于大义泛问五义,面书于试纸,令直解其理,通三即可。"②当年七月的敕中具体解释了"五科"为三传、三礼、三史、《开元礼》、学究,诸经学为九经、五经、明经。这样,就形成了五代贡举考试科目设置的四大结构:进士、诸经学、五科、其他科目(童子、明法、明算、道举等)。五科并举,表明这些科目在考试中的实际地位上升。

五科的地位甚至上升到了要压倒乃至取代明经的地步。后晋天福五年(940年),礼部侍郎张允奏请废明经科,理由是:"窃窥前代,未设诸科,始以明经,俾升高第。自有九经、五经之后,及三礼、三传已来,孝廉之科,遂因循而不废,搢绅之士,亦缄默而无言,以至相承,未能改作。……明经者,悉包于九经、五经之中,无出于三礼、三传之内,若无厘革,恐未便宜。其明经一科,伏请停废。"③张允指出,明经科因循已久,乏有改革,造成不究义理、唯攻

---

① 《唐会要》卷七七《贡举下·科目杂录》。
② 《册府元龟》卷六四一《贡举部·条制三》。
③ 《旧五代史》卷一四八《选举志》。

帖书、不通文理的严重弊病,何况明经科所试内容无非在九经、五经、三礼、三传的范围之内,设科本身存在着内部的逻辑混乱。明经与五科地位的此消彼长最终促成明经科被废的动议和行动,后晋张允、后周窦仪不过是应其所变而予以倡导罢了。

随着五科地位的提高,对其考试的要求也在相应提高。后唐天成三年(928 年)的敕中要求"五科试本业后对策,全精即可"。如何"全精"? 当年七月的敕中作了明确规定:

应将来三传、三礼、三史、《开元礼》、学究等考试,本业毕后引试对策时,宜令主司须于时务中采取要当策题,精详考校,不必拘于对属,须有文章,但能周通,文字典切,即放及第。如不及此格,虽本业精通,亦须黜落。[①]

显然,所谓"全精",重在策精,而策的要求是试时务,不以词句对属为追求。这就要求应试者关心时政,写出切中时弊、通达实在的策文,以避免五科考试落入只擅帖书念疏的老套。对五科考试强化了试策的要求后,接着要强化的是其"本业",以避免强化对策造成本业的失落。长兴元年(930 年)二月,敕:"传科不精《公》《穀》,虚有其名;礼科未达《周》《仪》,如何登第? 兼知前后,空闻定制,去留皆在终场。博通者,混杂以进身;肤浅者,侥求而望事。……自此后,贡院应试三传、三礼,宜令准进士、九经、五经、明经例,逐场皆须去留,不得候终场方定。"[②]终场是对策。也就是说,五科的本业也不可忽视。关于对五科本业的要求,敕中特地

① 《册府元龟》卷六四一《贡举部·条制三》。
② 《册府元龟》卷六四二《贡举部·条制四》。

举出学究的例子。由于学究考试要求掌握的文字篇幅最少,所以特别要求通过加强墨义考试以保证其难度标准。在后周广顺三年(953年)正月赵上交的奏章中,更是全面提高了五科本业考试的要求:

> 学究元念书二十道,对义二十道,今欲罢念书,对义五十道;三礼元对墨义九十道,三传元对义一百一十道,欲三礼于《周礼》《仪礼》各添义二十道,三传于《公羊》《穀梁传》各添义二十道;《开元礼》、三史元义三百道,欲各添义五十道。[①]

提高的幅度不可谓小。尽管当年九月徐台符接任贡举事后,除学究考试要求未改外,其他四科仍然如故,但五科乃至整个贡举考试注重经义的趋势已经不可变动了

(五) 童子科

从五代有关童子科考试的奏章、敕令出台之频繁,可以看出这也是一个热门科目。如同唐时情形,童子科行之既久,必然产生弊端,所选童子名不副实,其表现主要有二:虚报年龄和平庸无才,即如后唐天成三年(928年)的敕中所说:"近年诸道解童子,皆越常规,或年齿渐高,或神情非俊,或道字颇多讹舛,或念书不合格文,积成乖敝。"[②]在这些现象的背后,是社会各色人等借儿童的名义奔竞名利的浮躁心态。

---

① 《册府元龟》卷六四二《贡举部·条制四》。
② 《册府元龟》卷六四一《贡举部·条制三》。

后唐同光三年（925 年），礼部贡院奏准："其童子则委本州府依诸色举人例考试，结解送省。任称乡贡童子，长吏不得表荐。"①其中透露出的信息是，后梁及后唐初年，童子举已滥，一些高官（尤其是诸道节度使）不据实考查，胡乱推荐，造成社会、政治和教育问题。纠正的办法是，加强考试，将童子举纳入从地方到中央逐级考试选拔的行政体系，一如明经、进士等科举人的选送。五代童子举州府考送和官员表荐两种选拔方式之争由此开始。天成三年（928 年）的敕在指出所举童子名不副实的情况后，重申从地方政府和中央政府两方面入手加强对童子科的管理："州府不考艺能，滥发文解，其逐处判官及试官并加责罚"；礼部贡院应"将解到童子，精加考较，须是年颜不高、念书合格、道字分明，即放及第"。② 然而，破了规矩的也正是制定规矩的后唐明宗本人。

天成四年（929 年）正月初一，在明宗接受众臣朝贺时，幽州节度使赵德钧奏称其有一孙年方五岁，却能默念《论语》《孝经》，举童子，于汴州取解就试。明宗当即表示："都尉之子，太尉之孙，能念儒书，备彰家训，不劳就试，特与成名。宜赐别敕及第，附今年春榜。"③既然是皇帝自破规矩，上有所为，下必甚焉。明宗重开口子，表荐又呈泛滥之势，难以遏制。长兴元年（930 年），明宗又下敕："童子准往例，委诸道表荐，不得解送，每年所放不得过十人。"④表荐的做法延续到后唐终结，末帝清泰二年（935 年）九月仍令"童子依旧表荐"⑤。从"不得表荐"到"不得解送"，无异于自打

①　《册府元龟》卷六四一《贡举部·条制三》。
②　《文献通考》卷三五《选举考八·童科》。
③　《旧五代史》卷四〇《唐书·明宗纪第六》。
④　《文献通考》卷三五《选举考八·童科》。
⑤　《旧五代史》卷四七《唐书·末帝纪中》。

耳光,而政策一百八十度转变的原因就在赵德钧及诸多类似人物身上。相对而言,童子举的解送方式要优于表荐方式。解送意味着要将童子选拔纳入与其他举子相同的县州府逐级考试程序之中;而表荐则主要由诸节镇长官说了算,很可能无须考试选拔。后唐明宗在童子选拔方式上出尔反尔,实际上是迫于节镇压力而不得不退让,退让的结果只能是童子举更滥。《册府元龟》卷六四二《贡举部·条制四》载,明宗长兴四年,应举童子上书请命:"三月,童子阎惟一等三十九人进状:'伏见贡院榜童子,只放十人,乞念苦辛,更加人数。"敕旨:"都收二十人。须是实苦辛者,仍此后不得援。"录取数额翻番,不能说是明宗的仁慈。所举童子都由诸道表荐而来,而所表荐的童子又上书请求增加取额,这应当视为表荐势力进一步控制童子举,中央政府失控。童子举中出现的问题当也是科举考试的一般状况。

正因为童子举弊端丛生,泛滥成灾,后晋天福五年(940 年),礼部侍郎张允奏请停举:"国家悬科待士,贵务搜扬;责实求才,须除讹滥。童子每当就试,止在念书,背经则虽似精详,对卷则不能读诵。及名成贡部,身返故乡,但克日以取官,更无心而习业,滥蠹徭役,虚占官名。其童子一科,亦请停废。"①张允从选才的实效、儿童的成长和国家的负担三方面阐述了停废童子举的理由,得到批准。童子举停废,足可见其滥之甚。然而,开运元年(944年),后晋少帝又以"损益之机未见,牢笼之义全亏"为由恢复童子科。既然是从"牢笼之义"角度考虑而予以复置,足可见在童子举问题上地方势力和社会舆论的压力之大。后周显德二年(955

① 《旧五代史》卷一四八《选举志》。

孙培青文集　第二卷　隋唐五代考试研究

年），在礼部侍郎窦仪的奏请下，童子举再次停废。窦仪并未一味反对童子举，而是深刻地指出了当时童子举的两方面问题：其一，有违儿童身心发展规律；其二，儿童在发育成熟上的差异导致其考试表现有高下，如所举童子都说自己符合年龄标准，但看样子比较成熟的考试成绩就好，比较幼稚的成绩就差，由此评判去留未必合理，极易引发争讼。这就说明了童子举考试受儿童发育成熟的影响很大，评判标准不易掌握的事实。[①]

关于童子科的考试内容与形式，唐代宗大历三年（768 年）的要求是："习一经，兼《论语》《孝经》。每卷诵文十科全通者，与出身。"唐末大中十年（856 年）的要求提高："仍须精熟一经，问皆全通，兼自能书写者。"[②]五代童子科的考试内容与形式大致沿袭唐代，而要求似乎有所降低。后唐天成三年（928 年）的敕中所指出的童子举中的问题，一是超龄和资质非佳，二是"或道字颇多讹舛，或念书不合格文"，因此规定只要年龄合格，"念书合格，道字分明，即放及第"。那么，念什么书？道什么字？要念、道多少才算合格？从天成四年赵德钧自称其孙五岁能默念《论语》《孝经》而于汴州取解就试看，童子举的考试内容基本与唐代同，不同之处在道字。所谓道字，或为识字、解字，当是唐代书写要求的演变，意在杜绝"对卷则不能诵读"。至于念书数量，后周广顺三年（953 年），赵上交、徐台符在奏书中都说："童子元格念书二十四道，起请添念书都五十道，及三十通者放。"[③]这恐是五代的最高要求了，即使如此，也仅与唐中期相当。五代童子举的质量可想而

---

① 《旧五代史》卷一四八《选举志》、《五代会要》卷二三《童子》、《册府元龟》卷六四二《贡举部·条制四》。
② 《唐会要》卷七六《贡举中·童子》、《旧唐书》卷一八下《宣宗本纪》。
③ 《册府元龟》卷六四二《贡举部·条制四》。

知,当时童子举及第几乎没有留名者也可资证明。

（六）其他常科

从文献记载看,五代贡举常科的其他科目还有明法、明算、道举等,但不为时人所重。除明法科设置比较固定外,明算、道举等科甚至兴废无常。

后唐长兴元年（930 年）,敕停明算、道举。[①] 清泰二年（935年）九月,礼部奏准除进士、诸经学、五科、童子外,其他诸色科目并停,原因是"有明算、道举人,今欲施行"[②]。要开考,其他科目就须暂停,以让出取额,可见明算、道举已沦落为临时性考试科目。据《旧五代史》卷一四八《选举志》记载,后晋天福五年（940 年）,在停明经科时,明算、道举也并废。此后未见有恢复的记载。

明法是比较受政府关注和扶持的科目。后梁和后唐初期,国子监的律学和贡举中的明法都已废置。先是大理正宋升"请置律学生徒",培养国家的司法人才,未有实际措施。天成三年（928年）十一月,权判大理寺萧希甫再奏,认为国家治理无非是禁暴乱和劝礼义两端,前者靠立刑律,后者靠明《诗》《书》。然而,"刑律之科,则世皆莫晓"。因此,萧希甫请求于国子监置学,同时设科,"仍委诸州各荐送一两人就京习学,候至业成,便放出身。兼许以卑官,却还本处",回本地推行法治。当时似即设科,但效果显然欠佳,应试者寥寥。长兴二年（931 年）,刑部员外郎和凝又奏:"臣窃见明法一科,久无人应。今应令请减其选限,必当渐有举人。"

---

① 《册府元龟》卷六四二《贡举部·条制四》。
② 《五代会要》卷二三《缘举杂录》。

奏请得到批准,允许选限同《开元礼》科,委托贡院会同有关司法部门专门组织考试。[1] 由于律学和明法科出身授官过低且升迁不易,因而在当时属贡举的边缘科目,难得振兴。后晋时,敕文中再次承诺明法科"注官日优与处分"[2],使之得以维持。至少到后周广顺三年(953年),明法科仍继续开设。明法考试三场原为帖律令各十帖,对律令墨义二十道,对策十条。赵上交在贡举考试全面以经义代帖经的改革中,规定明法取消帖律令,代之以对律令墨义各二十道。虽然不久后徐台符又恢复旧制,但改革将明法科与进士科、诸经学、五科、童子科并提,多少表明在五代末期明法科才稍稍复苏。

三、 制举的存废

五代制举几乎很少见诸史载,其开展程度完全不及唐代之一二。后梁太祖朱温于开平三年(909年)、四年连续下诏求贤。在诏书中,朱温称,后梁建国后,凡有敕书节文下,其中必委各地搜访贤良。在这两部制举诏中,朱温提出了类似唐初制举有关人才要求的原则性意见:

> 其有卓荦不羁,沉潜用晦,负王霸之业,蕴经济之谋,究古今刑政之源,达礼乐质文之奥,机筹可以制变,经术可以辨疑,一事轶群,一才拔俗,并令招聘,旋具奏闻。[3]

① 《册府元龟》卷六四二《贡举部·条制四》。
② 《五代会要》卷二三《明法》。
③ 《全唐文》卷一〇一《梁太祖·求贤制》。

如有卓荦不羁，沉潜自负，通霸王之上略，达文武之大纲，究古今刑政之源，识礼乐质文之变，朕则待之不次，委以非常。①

诏文涉及政治、刑法、军事、经术等方面的人才需求。然而，效果显然不佳，无人应制。后唐时，制举仍然凋敝。

后晋天福年间，一度实行近似制举的进策人试。《五代会要》卷一三《门下省》：

晋天福七年五月诏："应诸色进策人等，皆抱才能，方来赞献，宜加明试，俾尽臧谋。今后应进策，中书奏覆，敕下，委门下省试策三道，仍定上、中、下三等。如元进策内有施行者，其所试策或上或中者，委门下省给与减选或出身优牒……"

由诏书可见，进策人试已实行一段时间，因此需要重申和调整有关政策。进策人进策后，需再经门下省试策三道，综合所进策是否被采纳和对策考试等第两项结果给予处分。进策人有两类，即官员与平民，对考试优秀者的处分是：官员减选，士人优与出身。此外，诏书还细致规定了试策上或中而进策未采纳、试策下而进策有采纳、试策下而进策未采纳等几种情况的处理办法。这样的进策人试实已具备制举的诸多特征。除此之外，未见制举实行。

至后周末的显德四年（957年）十月，经兵部尚书张昭奏请，世宗柴荣以"爱从近代，久废此科"为由，下制再开制举，于次年举行，开科凡三："其一曰贤良方正能直言极谏科，其二曰经学优深

① 《旧五代史》卷五《梁书·太祖纪第五》。

可为师法科,其三曰详闲吏理达于教化科。"①不限前资,现任官员和黄衣草泽并许应诏赴举。各地州府按贡举人式例,差官考试,举送吏部。在朝官员也可以上表自举。试策论三道,共三千字以上,一日试毕。下诏时距后周亡仅一年,是否如期举行考试,不得而知。可见,五代制举长期名存实亡。

此外,十国中的前蜀统治期间也曾开设制举。武成元年(908年),蜀主王建诏令诸州府举人应试,其科目有"贤良方正能直言极谏,达于教化,明于吏才,政术精详,军谋宏远"②等。乾德五年(923年)九月,蜀主王衍"诏置贤良方正、博通经史、明达吏治、识洞兵机、沉滞丘园五科,令黄衣选人、白衣举人投策就试"③。《幸蜀记》所记白衣蒲禹卿对策而得王衍嘉赏的事例,表明制举确实在中原以外个别割据政权举行,并有一定的社会影响。

四、 考试管理

(一) 考试管理机构与主考官

据《旧五代史》卷一四八《选举志》,五代考试管理大体按《唐六典》的规定执行,"凡贡举之政,春官卿掌之"。自后梁以后,各代"皆奉而行之",即使有所兴革,也不出其轨辙。可见,中央政府主管贡举考试的机构仍为礼部。

地方主管乡荐的仍主要为州府,由州府委任有关官员主持士

---

① 《旧五代史》卷一一七《周书·世宗纪第四》。
② 《十国春秋》卷三六《前蜀·高祖本纪下》。
③ 《十国春秋》卷三七《前蜀·后主本纪》。

人的考试选拔。后唐天成四年(929年),兵部尚书卢质奏请"逐年诸色贡举人,州府取解之时,选强明官考试,具诗赋义目送省"①。后汉乾祐二年(949年)刑部侍郎边归谠建议诸道州府长官对所送举人"精加考较",不得滥举送,违者严厉处分。② 这些都强调了地方贡举责在州府长官。但是,五代贡举在地方选解过程中有一个越来越明显的迹象,即道的作用日益增强,表现为中央政府在对地方的贡举法令中常将道与州府并提,甚至经常点明由道的有关长官亲掌其事。如《册府元龟》卷六四一载,天成三年敕令"今后诸色举人,委逐道观察使慎择有词艺及通经官员,各据所业考试。及格者,即与给解";《五代会要》卷二三《缘举杂录》记天成四年中书门下条流贡举人事件,规定:"应诸道州府,解送诸色举人,须准元敕,差有才艺公正官,考试及格,然后给解";乾祐二年,边归谠奏准"三京、邺都、诸道州府长官合发诸色贡举人文解者,并须精加考较"③。道在贡举中的作用被强调,说明了道的实权和道在地方行政管理中的作用日益强化的事实。道的作用增强,导致在贡举中出现诸道长官用权过度,造成滥举现象。早在后梁初的开平元年(907年),就曾出现以"拔解"为名而不进行考试的举送,因此朱温诏曰:"近年诸道贡举人,当藩方秋荐之时不亲试者,号为'拔解',非所以责实也","下令止绝"。④ 在整个五代,诸道的类似举动始终存在。童子举中存在解送与表荐之争,最终表荐占据上风,也可资说明。上述中央政府屡次要求诸道州府从严考试、严格解送的命令就是在此背景下发出的。后梁贞明三年(917年)进

---

① 《册府元龟》卷六四一《贡举部·条制三》。
② 《册府元龟》卷六四二《贡举部·条制四》。
③ 《册府元龟》卷六四二《贡举部·条制四》。
④ 《册府元龟》卷六四一《贡举部·条制三》。

士及第的张铸曾有《请诸道举精加考试不得滥送奏》，专门请求整顿诸道选举：

> 臣窃见每年贡举人数众多，动应五举、六举，多至二千、三千。既事业不精，即人文何取？请敕三京、邺都、诸道州府长官合发诸色贡举人文解者，并须精加考较，事业精研，即得解送，不得滥有举送。冀塞滥进之门，开兴能之路。[①]

张铸此奏当在梁末至后唐时。后汉边归谠奏请诸道从严考试解送，所说与张铸完全相同。[②] 可以说，问题至五代终了时依然如故。我们从文献中确可以形成五代贡举中诸道藩镇权大的印象，不似唐代贡举地方考试之解送主要由诸州府县承担的情形。这种现象当是从唐后期就已出现，至五代日益明显。贡举中诸道作用的日益凸显，一方面冲击了中央政府的贡举权威，五代贡举较滥往往因此而然；另一方面也为后世科举之三级考试制度的形成作了铺垫。

五代贡举礼部考试之主考官大致也由礼部侍郎或相当品位的官员担当，如后梁开平二年（908 年）的中书舍人封舜卿、乾化三年（913 年）的礼部侍郎郑珏；后唐同光二年（924 年）的户部侍郎赵颀、三年的礼部侍郎裴皞，天成三年（928 年）的兵部侍郎赵凤、四年的中书舍人卢詹；后晋天福五年（940 年）的礼部侍郎张允；后周广顺三年（953 年）的户部侍郎赵上交，显德元年（954 年）的刑

---

① 《全唐文》卷八六一。
② 《册府元龟》卷六四二《贡举部·条制四》。两个人所说"动应五举、六举，多至二千、三千"之字句完全相同，其中或有讹误。

部侍郎徐台符、二年的礼部侍郎刘温叟、三年的礼部侍郎窦仪等。品位更高的官员知贡举在五代屡见不鲜，如后梁贞明三年（917年）的礼部尚书薛廷珪，乾化元年的兵部尚书姚洎；后唐长兴元年（930年）的左散骑常侍张文宝、二年的太常卿李愚；后晋开运二年（945年）的工部尚书窦贞固、三年的工部尚书王松。这些官员多为正、从三品官。[1] 品秩最高的知贡举官为乾化二年的尚书左仆射杨涉，为从二品官。《五代会要》卷二三《缘举杂录》记此事时云"非常例也"。《册府元龟》卷六四一还以杨涉与唐武宗会昌年间主贡事的王起相比，但后者只是太常卿兼检校仆射而已。因此，五代知贡举官品级总体上高于唐代，似乎也反映了贡举主管部门和主考官员的权威性有所降低。

（二）考场管理

五代常设贡举考试的场所贡院。《旧五代史》卷一二七《周书·和凝传》记翰林学士兼主客郎中和凝于后唐长兴年间权知贡举，"贡院旧制，放榜之日，设棘于门及闭院门，以防下第不逞者。凝令撤棘启门，是日寂无喧者。"可见，只要有需要，贡院可以做到严密封闭，戒备森严。举人赴省应试之日，例须于贡院门外排队等候，点名入场。从后唐时起，点名之际，贡院官吏搜索查检，严禁怀挟书册者进入考场，一经搜出，例行惩罚。《五代会要》卷二三《科目杂录》载，长兴四年（933年），礼部奏立新科条，其中规定："怀挟书策，旧例禁止。请自今后入省门搜得文书者，不计多少，

---

[1] 《登科记考》卷二五至二六。

准例扶出,殿将来两举。"但这一规定显然未得到严格执行。《旧五代史》卷一四八《选举志》载,后晋开运元年（944 年）十一月,权知贡举窦贞固批评说:"有怀藏书册入院者,旧例扶出,不令就试。近年以来,虽见怀藏,多是容纵。"这也反映出贡院管理制度的松弛。

举人进入贡院后,院门关闭。考生如有先完卷者,即令先出贡院。长兴二年（931 年）以前,礼部贡院试举人多实行夜试。长兴二年春,诏令贡院"今后昼试,排门齐入,即日试毕"[①]。向晚贡院门开时,考试完毕。进士考试杂文与对策,诸科考试对策,均实行昼试制度。宋人王辟之《渑水燕谈录》卷六《贡举》:"唐制,礼部试举人,夜试以三鼓为定。……后唐长兴,改令昼试。"后唐清泰二年（935 年）,礼部贡院又奏"进士请夜试",允许杂文、对策考试延时入夜。[②] 之后的几年里,是昼试还是夜试处在争议之中。直到开运元年（944 年）,经窦贞固力争,才最终确定恢复夜试旧制。其理由是:应当让考生有充分的时间展示才华,完成考试,避免由于时间急促,使考试流于答卷过程。"若使就试两廊之下,挥毫短景之中,视晷刻而惟畏稽迟,演词藻而难求妍丽,未见观光之美,但同款答之由,……今欲考试之时,准旧例以三条烛为限。"[③]之后的年代未见相关记载,进士试杂文、各科试对策应都以三条烛为限。

考生在考场内必须独立答卷,严禁各种弄虚作假的舞弊行为。长兴四年（933 年）礼部贡院所立规条中也有明确规定。《五

---

① 《旧五代史》卷四二《唐书·明宗纪第八》、《五代会要》卷二二《进士》。
② 《旧五代史》卷四七《唐书·末帝纪中》。
③ 《旧五代史》卷一四八《选举志》。

第十章 五代十国的考试制度

465

代会要》卷二三《科目杂录》明文指出："遥口授人,回换试处,及义题帖书时,诸般相救,准例扶出,请殿将来三举。"《旧五代史》卷一四八《选举志》载,后周显德二年(955 年),窦仪奏请："今后进士,如有倩人述作文字应举者,许人言告,送本处色役,永不仕进。"这些透露出当时考场中考生的种种不合规和舞弊行为,如遥传信息、调换座位、抄写答案、倩人代作等较为严重。后唐时期整顿考场秩序的举措较多,并不表示后唐考场秩序最坏,而是表明后唐有所整顿,其他朝代可能无甚整顿措施。由此可见,五代考试舞弊成风,防不胜防。

考场风气已坏,而贡举官和主管部门又丧失权威,每年考试发榜后常有考生叫屈,甚至煽动群情,聚众闹事,殴骂喧张,或诬玷同侪,或指责考官,不一而足。长兴四年(933 年),礼部颁布规条时批评一些考生"艺业未精,准格落下,耻见同人,妄扇屈声,拟为将来基址,及他人帖对过场数多者,便生诬玷,或罗织殴骂"[①]。考试落下,明明是因自己学业不足,却往往别有用心地兴风作浪,以为今后能被录取制造舆论,或不择手段地诬陷、攻击他人,制造考场事端。为此,后唐政府制定了严格周密且合情合理的管理措施,以严肃考场纪律,整顿考试秩序。首先,对容易引起争议的诸经学科目和五科的帖经、对义考试,实行公开阅卷制度。长兴四年,政府规定:

一、九经、五经、明经呈帖由之时,试官书通之后,有不及格者,喝落后,请置笔砚,将所纳帖由分明,却令自阅。或是试官错

① 《五代会要》卷二三《科目杂录》。

书通不，当行改正。如怀疑者，便许请本经当面检对。如实是错，即便于帖由上书名而退。

　一、五科常年放榜出，多称屈塞，今年并明书所对经书墨义，云"第几道不通，第几道粗，第几道通"，任将本经书疏照证。如考试官去留不当，许将状陈诉，再加考校。如合黜落，妄有披述，当行严断。[①]

考官要将阅卷结果与判卷理由、根据一一向考生说明，如评卷有错，当场改正；如妄作申诉，严断不懈。其次，允许考生逐级向上申诉，命政府监察部门予以受理。如发现考官有违法乱纪行为，也严惩不贷。

　一、今年举人有抱屈落第者，许将状披诉于贡院官，与重试。如贡院不理，即诣御史台论诉。请自试举人日，令御史台差人受举人诉屈文状，并引本身勘问所论事件。或知贡举之官及考试之官已下，敢有受货赂，升擢亲朋，屈抑艺能，阴从请托，及不依格去留，一事有违，请行朝典。[②]

再次，对各类考场舞弊行为严查严处，营造考场公正气氛；对无端造谣生事的考生也严厉处置，"并当收禁，牒送御史台，请赐勘鞠。……若虚妄者，请严行科断，牒送本道重处色役，仍永不得入举场。同保人亦请连坐，各殿三举"[③]。力求从阅卷、考官、考生三

①　《五代会要》卷二三《科目杂录》。
②　《五代会要》卷二三《科目杂录》。
③　《五代会要》卷二三《科目杂录》。

方面着手从严治考,表明了政府的决心。另外,长兴四年的整顿考场条例中,主要列举的是明经系列和五科帖经、对义考试中的混乱情况,而这些科目又是五代取人最滥的部分,反映了五代贡举的问题之所在。高压之下或许会有一时的效果,但在五代特定的政治和社会环境下,能否长久保持考场秩序的肃然不紊,很令人怀疑。后晋天福三年(938年),兵部侍郎权知贡举崔棁在受任后上奏章云:"但以今年就举,比常岁倍多,科目之中,凶豪甚众。每驳榜出后,则时有喧张,不自省循,但言屈塞,互相朋扇,各出言词,或云主司不公,或云试官受赂……"①他甚感责任重大,因此提出:如有考生落第后不服,准其投诉;委任其他考官共同据考生所投诉问题,对照经书义疏予以复核。后周广顺三年(953年),礼部贡院再次条奏,又提及考生试后有"于街市省门故为喧竞,及投无名文字讪毁主司",考生与考官勾结,"只凭势援,潜求荐托,俯拾科名,致使孤寒滞于进取"的现象,因此奏准"宜立宪章,以示澄汰"。②可见,问题仍然未得到解决。整个五代,考场混乱和整顿考场秩序始终在进行着较量,较为正直开明的政府官员不懈地努力以求考试公平公正。然而,由于处在动荡的年代,考场的问题已非个人能力所能解决。

(三)考试舞弊与防弊

后唐长兴四年(933年)礼部所立规条中罗列了种种考试舞弊现象,概言之,无外乎考生考场舞弊与考官徇私舞弊。考生舞弊

---

① 《旧五代史》卷一四八《选举志》。
② 《册府元龟》卷六四二《贡举部·条制四》。

略有怀挟书策、倩人代作、遥口授人、回换试处、抄义题帖书等,考官舞弊有取受货赂、升擢亲情、屈塞艺能、应副嘱托、不依格去留等。这些考试舞弊现象在五代屡有发生,几成痼疾。以考官舞弊而言,上述情况都有记载。

据《册府元龟》卷六五一《贡举部·谬滥》,后梁乾化年间,翰林学士郑珏连知贡举,邺中人聂屿与乡人赵都同随乡荐,"都纳贿于珏,人报翌日登第。屿闻不捷,诟来人以吓之。珏惧,亦俾成名"。有贿便与及第,否则不予成名,但把柄在人,又受人胁迫,故郑珏就范。类似的考官不在少数。《十国春秋》卷五三《后蜀·范禹偁传》载,范禹偁于南唐后主时为翰林学士,"俄掌贡举,贿厚者登高科,面评其直,无有愧色。举子冯赞尧,故布衣交也,家贫,窘于资,终不放登第"。几乎以及第为诱饵待价而沽,以贿之多少和有无而定等第之高下和及第与否,完全不顾国家开科选才的根本目的,贡举权力已成钓利工具。考官贪赃枉法,其身不正,考试自然就丧失权威。五代文献屡屡提及考生嚣张甚至闹事于考场,这也是其原因之一。

为数不少的考官因亲贵权势而丧失原则立场甚至违法乱纪。后晋天福三年(938年)知贡举崔棁整顿考场秩序之言犀利,也不免屈于权贵。《旧五代史》卷九三《晋书·崔棁传》载,崔棁知贡举时,孔英应进士科。孔英以"行丑而才薄"出名,为宰相桑维翰所恶。崔棁受命后往见桑维翰,桑唯恐崔误放孔英,提醒说:"孔英来矣。"崔不解其意,以为是在为孔托情,于是考孔英及第。舆论大哗,崔也因此遭贬。桑维翰于后唐同光中登进士第,也是其父桑拱通过齐王张全义"力言于当时儒臣"而得到推荐的。[1] 桑维翰

---

① 《旧五代史》卷八九《晋书·桑维翰传》。

后来助石敬瑭称帝建晋，权重一时。崔棁知贡举而力图有所作为，最终顾忌于权势，弄巧成拙。后周广顺三年（953 年），赵上交知贡举，帮助郭威建周的王峻向赵上交托一童子，赵未予落实。当赵引及第举人到中书过堂时，王峻当堂发难："今岁选士不公，当须覆试！"他当场指责赵，事后又奏"上交知举不公，请致之于法，太祖颔之而已"。① 王峻自恃有功于郭威，肆无忌惮，曲意枉法，连郭威也不敢得罪，只好颔首从之。像桑维翰、王峻这样有功于朝廷的强权人物在五代比比皆是，都可能插手贡举，这也是五代贡举屡屡整顿而舞弊难禁的根本原因。

为保证和维护基本的考试秩序，五代对考试舞弊还是采取了多种预防、惩治措施，如上述考场管理的诸多举措以及试卷送中书详覆、酌情举行重试、当朝重臣子弟回避、考试不实者法办等。

及第举人试卷送中书详覆，中书有权最终定夺，是一项从唐代起就实行的考试录取制度，意在增加一道审核，以求对知贡举形成监督，杜绝徇私。五代仍沿袭唐故事，中书屡屡行使权力，于及第者中再作甄别乃至驳落。后唐长兴元年（930 年），后周广顺三年（953 年）和显德二年（955 年）、五年，中书都从礼部贡院所呈及第名单中勾落若干人，并惩处知贡举官。②

当考试结果引起争议甚至触发群情时，也常奉皇帝命令举行重试，通常由翰林学士主考，允许更改原先的考试结果，既有重试及第者被从中勾落的，也有重试不第者得以升擢的，还有只重试有争议之人的。同光三年（925 年），礼部放进士四人，激发群情不满,经重试后重新排定四人先后次序;显德四年(957年),四名及第进士受重试,结果只留一人,余皆落下;显德五年,重试进士十五人,落下七人;乾德二年(964年),放进士九人,重试其中有争议者五人,均被黜;开宝五年(972年),已放进士三人,批评者认为遗才,经重试不第者,又放五人。[1]

在五代考试中,权臣干预贡举的现象比比皆是,愈演愈烈。在后梁建国之初,在朱温的倡导下,曾沿用唐代规矩,短暂实行过当朝重臣子弟考试回避制度。据《旧唐书》卷二〇下《哀帝本纪》,朱温在正式称帝前夕的唐天祐三年(906年),曾奏"河中判官刘崇子匡图,今年进士登第,遽列高科,恐涉群议,请礼部落下"。后梁开平三年(909年),又敕:"礼部所放进士薛钧,是左司侍郎薛延珪男。方持省辖,固合避嫌。其薛钧宜令所司落下。"[2]然而,朱温坚持的规矩很快就被破了。大约在乾化年间,姚洎上奏认为"近岁观光之士,人数不多,加以在位臣僚,罕有子弟",仍坚持避嫌,不免过分。所以,他请求:"今在朝公卿亲属,将相子孙,有文行可取者,请许所在州府荐送,以广毓才之义。"[3]自此之后,就未曾见有当朝大臣子弟和亲属贡举避嫌的记载。

对考试中的各种违法犯规现象,五代各朝表面上都表示必须严惩不贷。对考生的处罚视性质、情节而有轻重不同,有逐出考场、停若干举、送还本道重处各色劳役、永不得进入考场等。对考官的处罚同样酌情而论,有罚若干薪俸、停职免官、调离重要岗位而平移至其他非重要职位、降职等。后周显德二年(955

---

① 见《五代会要》卷二二《进士》、《册府元龟》卷六五一《贡举部·谬滥》、《旧五代史》卷一一八《周书·世宗纪第五》、《十国春秋》卷一七《南唐·后主本纪》。
② 《册府元龟》卷六五一《贡举部·谬滥》。
③ 《全唐文》卷八四一《姚洎·请令公卿子弟准赴贡举奏》。

年），窦仪知贡举，奏立了若干考试过犯的处罚条例："其诸科举人，若合解不解、不合解而解者，监官、试官为首罪，勒停见任，举送长官，闻奏取裁。监官、试官如受贿，及今后进士如有情人述作文字应举者，许人言告，送本处色役，永不仕进。同保人知者殿四举，不知者殿两举。受情者如见任官停任，选人殿三选，举人殿五举，诸色人量事科罪。"①尽管五代贡举条例经常可见"请行朝典""痛行科断""当行严断"之类坚定地表示决心严惩考试舞弊行为的词句，但五代对考试舞弊和过犯行为的处罚并不能算重，更轻于后世。

第三节　官员铨试

《旧五代史》卷一四八《选举志》在肯定五代贡举继承唐制的同时，也肯定了五代铨试是对唐代的沿袭："按《唐典》，凡选授之制，天官卿掌之，所以正权衡而进贤能也。……自梁氏以降，皆奉而行之……"《全唐文》卷八五〇收有唐末进士及第的姚颛约在后唐清泰元年（934 年）所呈的一道奏章《请六典分铨奏》，认为在后唐天成四年（929 年）十月前的吏部铨选一切承唐，"仍旧贯"，之后则大有变化，最关键的在于取消吏部侍郎分铨，只以尚书并领，而吏部正官又缺，常以他曹权差。这些人才力有大小，导致待铨官员"发遣凝滞，团集迟留"而至"隔年披诉"。掌铨官员安排上的失当，引起连锁反应，导致出现一系列铨试问题。也就是说，五代铨试基本奉行唐制，虽有变革，但引起一些混乱。

① 《五代会要》卷二二《进士》。

一、 铨试科目

五代铨试在朱梁初建时就已实行，当时文献记载较多也较明确的铨试科目为博学宏词、书判拔萃、平判入等，其他科目大体也在实行。虽然五代铨试科目大体如唐，但实施状况不如人意。

五代博学宏词科的开设最早见载于后梁开平三年（909年），当年该科有前进士余渥、承旨舍人李愚两个人应考，考试官为司勋郎中崔景、兵部员外郎张贻宪。然而，自此后直到后唐天成二年（927年），博学宏词科竟然所试不常，甚至"近年已来，无人请应"[①]。天成二年，由成德军解送的前进士王蟾进状请辞摄梁州司功参军一职以应宏词举，状牒送至礼部。后经中书查检前代《登科录》，只查到开平三年的宏词科选人例，因此请求令吏部按往例差考官二人考试王蟾。可见，从开平三年至天成二年的近二十年间，登科记竟然只记载了一次博学宏词科及第人，以致对宏词举究竟该属礼部还是吏部都不甚清楚。所以，天成二年四月中书的奏书中重申"新定格节文"："宏词、拔萃，准长庆二年格，吏部差考试官二人，与知铨尚书、侍郎同考试闻奏。……准大和元年十月二十三日敕，应礼部诸色贡举人及吏部诸色科目选人，凡无出身及未有官，只合于礼部应举；有出身有官，方合于吏部赴科目选。其请应宏词举前进士王蟾，当年放及第后，寻已关送吏部讫。若应宏、拔，例得南曹判成，即是科选。选人事理，合归吏部。"[②]此后，博学宏词科得以沿设。《旧五代史》卷一四八《选举志》载天成

---

① 《五代会要》卷二二《宏词拔萃》。
② 《册府元龟》卷六四五《贡举部·科目》。

五年二月敕："其进士科已及第者，计选数年满日，许令就中书陈状，于都堂前各试本业诗赋判文。其中才艺灼然可取者，便与除官……"所谓"各试本业诗赋判文"，当包含宏词、拔萃等吏部科目。博学宏词科与书判拔萃科在后唐长兴元年（930年）八月与诸色科目，在后晋天福五年（940年）四月与贡举之明经、童子、明算、道举等科一起被停。第二次被停后不久，明经、童子等科旋即复故，而博学宏词科不知所终。

书判拔萃在五代多与博学宏词并提，发展境况当也与之相似。后梁与后唐初，拔萃科或也不常设。天成二年（927年），中书奏立新格文，拔萃与宏词一起被作为吏部科目加以重申。之后有关拔萃科考试的记载偶有一见。长兴元年（930年）八月，尚书吏部据礼部贡院来牒称："送到附试请应书判拔萃，前虔州卢氏县主簿张岫对六节判，四通二粗，准例入第五等上。其所试判，今录奏闻。"[①]为一名应书判拔萃试者专门奏闻皇帝，可见其所行不常，而且"附试"于礼部贡举，反映了拔萃科罕有应试者的实际状况。

平判入等的开设情况稍好。但博学宏词、书判拔萃既然不兴，平判入等也就可想而知。据《五代会要》卷二二《杂处置》，后唐天成三年（928年）八月中书舍人刘赞奏"请令选人依旧试判"，得到批准。当年十月的敕令要求整顿及第举人参加吏部关试事宜，要求并鼓励举人遵规按时参选应铨。敕书指出，察访往年及第举人参加吏部铨试卷子，"判题虽有，判语全无"，只见各书"未详"，举人甚至不到场参加考试。因此，吏部必须及时对合格选人

---

① 《五代会要》卷二二《宏词拔萃》。

进行考试。另外,进士和经学及第人如是擅文者,其判语即须缉构文章,辨明治道;如是不擅文者,许直书其事即可。如果关试不到,又无请假条,即牒贡院申奏停落。[①] 其中透露出吏部铨试的诸多信息:吏部试判人等的考试尽管常设,但及第举人似乎不以为意,考试缺席甚至不请假说明;有的即使到场,也不认真作判。为鼓励举人参选,只能降格以求:所作判语,进士及长于文者须讲究文章之道;不业文者,只要讲清道理就行。尽管如此,情况似未好转。据《旧五代史》卷一四八《选举志》,两年后的长兴元年(930 年),中书又奏:"吏部流内铨诸色选人,先条流试判两节,……业文者任征引古今,不业文者但据公理判断可否。"这差不多重复了原来的要求。直到后晋天福二年(937 年),试判入等的考试要求仍然是"选人试判二道"[②]。后汉、后周的情况因文献乏载而难知其详。

至于唐代后期吏部铨试的诸多经史科目在五代的发展情况如何,文献几无记载,据推测当也会存在。天成二年(927年)中书奏中提到以是否有出身和官职区分的应礼部诸色贡举人及吏部诸色科目选人,当包括相对应的诸多贡举科目和铨试科目,即《开元礼》、三礼、三传、三史等。这些在五代被称为"五科"的科目在贡举中还颇为时人所重,自当有相应的吏部科目与之接续。

可见,五代吏部的诸多科目虽也沿袭唐制而设,但考试开展的情况不尽如人意。这是在政治动荡背景下吏治失常的表现,也与贡举考试之滥相关联。

---

① 《五代会要》卷二三《缘举杂录》。
② 《五代会要》卷二二《杂处置》。

二、 铨试管理

(一)铨试机构与主选官

所谓"凡选授之制,天官卿掌之"[1],是指官员铨试责在吏部。姚颋认为,后唐天成四年(929 年)十月之前,吏部众长官在选人工作上的分工依据《唐六典》的规定,即尚书侍郎分典吏部三铨,负责六品至九品官员的铨任。天成四年之后,发生了两个变化:一是罢侍郎分铨,所有铨试选人事务均委于吏部尚书;二是由于吏部正官不足,铨试事务往往由他部官员权判。这样,尽管吏部掌铨职责不变,但主铨官员常由非吏部官员"客串"。姚颋之说只能说是大体如此,而历史事实并不那么绝对。如《册府元龟》卷六三七《铨选部·公望》载,后唐韦寂为水部员外郎时曾判南曹,后经外派又任为吏部郎中,"复判南曹,吏畏其明"。吏部郎中和员外郎是铨试的实际操作者,其职责非同小可。韦寂在任水部员外郎时受命权判南曹,是受到了重用。同书的《铨选部·平直》也载,后晋史圭为吏部侍郎,"分知铨事。而圭素廉守,太著公平"。可见,天成四年之后,吏部铨试仍旧实行侍郎分铨制度。但在五代时,吏部铨事由其他部门官员权判的现象比较常见。如《五代会要》卷二〇《选事上》载,同光元年(923 年),工部员外郎卢重权判南曹;二年,中书门下奏请差遣左丞崔沂,吏部侍郎崔贻孙,给事中郑韬光、李光序,吏部员外郎卢损等权判尚书铨。又如后唐长

---

[1] 《旧五代史》卷一四八《选举志》。

兴三年(932年)春,吴越国王钱镠去世,继任者决定以藩镇自处,仍遵中原年号,同时"置择能院,以浙西营田副使沈崧领之,掌选举殿最"①。《十国春秋》卷二一《南唐·游简言传》也记载了南唐元宗宠幸游简言,任其为礼部侍郎权判中书省,并兼吏、兵二部选事,能不附权要。吴越国一向遵从中土之制,而南唐建立考试制度以北方中原政权为法,这两个割据政权的铨选事例当可以折射五代的类似情形。

如前所述,天成四年(929年)一度停废吏部三铨制度,当时的理由是:过去实行三铨是因为选人太多,而"近代选人,每年不过数百,何必以一司公事,作三处官方"②。然而,其真实用意是通过集中权力"务绝阿私"。所以,命令只置吏部尚书铨印。但五年后的清泰元年(934年),因宰相姚颉的奏请,"依旧分铨"③。后晋、后汉沿设。后晋天福五年(940年),诏令选人"四时听选,吏部三铨拟官旋奏"④。到了后周广顺元年(951年),再次敕令三铨公事归于一处,由吏部长官通判。理由是:三铨使铨试分在三处,造成铨人标准"难得相当"而难有公平。⑤ 至于之后情况如何,文献中未见。吏部选人实行三铨制度之利在于分权、分工,相互制约,有利于避免由于权力过度集中而滋长铨选腐败,也可以避免由于工作量过大而导致铨试草率失实。五代吏部铨试中的三铨与尚书专掌之争,实际上也是政局动荡在铨试中的反映。

① 《十国春秋》卷七九《吴越·文穆王世家》。
② 《旧五代史》卷一四八《选举志》。
③ 《旧五代史》卷四六《南唐·末帝纪上》。
④ 《五代会要》卷二二《杂处置》。
⑤ 《旧五代史》卷一四八《选举志》。

（二）铨试管理

通常，应选之人按例须在规定的期限内到尚书省报到，准备接受铨试。后晋天福五年（940年）的"四时听选"只是特例，难以久行。选人到省后例须交上有关文件，主要包括出身家状和个人入仕经历两部分内容。五代铨试存在着相当严重的舞弊情况，其中又以弄虚作假、冒名顶替者为多。后唐同光二年（924年），侍中郭崇韬在奏书中详加罗列，指出当年三铨选人"内有冒名入仕，假荫发身，或卜祝之徒、工商之类"；本无出身入仕者，觅购已去世者的出身历任，移花接木，修改姓名，而那些不孝子孙也以其父祖仕历出售于人；历任本未到限者，却谎称失坠公函凭证而得逞；也有人依托形势，假人荫绪，论嘱安排；等等。^① 可见，五花八门的铨试伪滥在当时已很严重，政府对此制定了相应的对策。如"每至赴调，必验文书"^②。天成三年（928年），朝廷规定，参选者须录三代家状乡里、在朝骨肉情况、仕进及历任表现，先于吏部选院印署，交吏部、中书、门下各一份，以供核查，并以一份纳州县。^③ 又如试判过后，经仔细比验文书无误，才与注官。天成二年，朝廷规定："应南曹判成人等，仰三铨各据逐人出身，入仕文书，一一比验年貌，灼然不谬，方与注官。"^④也如长兴元年（930年）三月敕所说："其判成诸色选人，黄甲下后，将历任文书告身连粘，宜令吏部南曹逐缝使印。都于后面粘纸，具前后历任文书，都计多少纸数，兼

① 《册府元龟》卷六三二《铨选部·条制四》。
② 《旧五代史》卷一四八《选举志》。
③ 《五代会要》卷二二《杂处置》。
④ 《五代会要》卷二〇《选事上》。

具年月,判成授官去处,缴尾讫,给付本人。"①

选人考试时上下其手是铨试舞弊的重要方式,因此吏部南院的铨试考场有一定的戒备防范措施。《册府元龟》卷六三三《铨选部·条制五》记载了长兴元年(930年)的一桩试判舞弊事件。当年南曹关试及第举人六十九人,其中三礼刘莹、李斐等五人所试判语皆同,引起当局怀疑。经问询,他们都称是在地上拾得判草一纸。最后,他们被判定为"相传稿草,侮渎公场",受到处罚。从中可见,南曹有一定的考场管理制度,只是仍被选人们钻了空子。

(三)铨试舞弊与防弊

铨试中应铨人舞弊已如上述,而更多、更严重的舞弊行为出自铨官。《十国春秋》卷三七《前蜀·后主本纪》所载前蜀乾德五年(后梁龙德三年,923年)吏部侍郎韩昭掌铨时受贿狼藉可为代表。韩因受贿而选人注人,引起公愤。选人诣鼓院擂鼓上诉,并编谣语予以嘲讽:"嘉、眉、邛、蜀,侍郎骨肉;导江、青城,侍郎亲情;果、阆二州,侍郎自留;巴、蓬、集、壁,侍郎不惜。"这反映了韩昭对巴蜀某些地区的偏私。蜀主闻言召问,韩昭对曰:"此皆太后、太妃、国舅之戚,非臣之亲。"蜀主默然。类似情况绝不少见。《册府元龟》卷六三八《铨选部·不称》记后唐吏部侍郎崔贻孙"性好干人,喜得小惠",尽管年迈体衰,犹贪欲难填,以铨管聚财,后除礼部尚书致仕了之。刘莹等五人判语相同一案,当也有南曹监

试官员从中相助。至于郭崇韬所举"冒名入仕，假荫发身"之类舞弊行为，不少也是得到主管官员默认甚至协助的。由于铨官失职甚或舞弊有着复杂的背景，五代对铨试舞弊虽也主张惩治，但远谈不上"动真格"。

同光二年（924年）侍中郭崇韬整顿铨场是极其严厉的一次，提出诸多防弊措施。首先，提倡检举告发。鼓励应举人相互监督，"潜相觉察，互有告陈，若真伪之能分，即赏刑之必举"。尤其是同保人知保内有弄虚作假者，允许报告。如知而不报甚至互相掩盖，又为别人举报，则同保人与舞弊者一起落下。铨官对官员的注授中，也鼓励选人陈告，并加勘查。各种检举事项，如经查情况属实，对举报者予以奖励，如超资注官。其次，鼓励当事人自首。铨试官员如为形势所迫而选人伪滥或有所不公，提倡主动自首陈述。如是被人论告，处罚必须从严。再次，健全管理制度。如现任官和各地选人亡故，必须向当地申报，由地方政府出具证明文书，以杜绝已故官员和选人子孙作伪。最后，铲除职务犯罪的温床。选人在京应铨常滞留逾岁，四处举债，致使其到官后必不廉慎。今后选人在公事了结后不得逗留，否则予以责罚。[1] 郭崇韬条奏之后，对选人"澄汰甚严"，除名者十之七八。[2] 当年候选之人总共有一千三百多人，得官者才数十人，确实造成了对怀有投机取巧动机的选人和官员的震慑。同光四年，中书门下对此提出批评，认为如此防范，只要一事有缺，就涉嫌作伪，造成保内一人有事，五保皆须并废；文书一纸有误，履历都不作数。中书门下

---

① 《全唐文》卷八四四《郭崇韬·条陈三铨事例奏》。
② 《册府元龟》卷六三二《铨选部·条制四》。

还对郭崇韬所欲惩治的铨场伪滥一一辩解。[①] 郭崇韬的整顿的确过于严厉,并采用了连坐的办法,不免株连过多,也会误伤好人,但其用意是毋庸置疑的。从郭崇韬的整顿措施出台后遭到强烈反对可见,铨试中伪滥非常严重。

---

① 《全唐文》卷九六三《阙名·请更定选曹事例表》。

参考文献

白居易. 白居易集[M]. 北京：中华书局,1979.

陈鸿墀. 全唐文纪事[M]. 上海：上海古籍出版社,1987.

陈寅恪. 金明馆丛稿初编[M]. 上海：上海古籍出版社,1980.

崔鸿. 十六国春秋[M]. 上海：商务印书馆,1937.

邓定人. 中国考试制度研究[M]. 上海：民智书局,1929.

邓嗣禹. 中国考试制度史[M]. 南京：考选委员会,1936.

董诰,等. 全唐文[M]. 北京：中华书局,1983.

杜佑. 通典[M]. 北京：中华书局,1988.

范晔撰,李贤,等注. 后汉书[M]. 北京：中华书局,1965.

房玄龄,等. 晋书[M]. 北京：中华书局,1974.

封演撰,赵贞信校注. 封氏闻见记校注[M]. 北京：中华书局,1958.

伏胜撰,郑玄注,陈寿祺辑校. 尚书大传[M]. 北京：中华书局,1985.

傅璇琮. 唐才子传校笺[M]. 北京：中华书局,1987—1995.

葛洪. 抱朴子[M]. 上海：中华书局,1936.

顾况. 华阳集[M]. 上海：商务印书馆,1935.

顾炎武著,黄汝成集释. 日知录集释[M]. 上海：上海古籍出版社,1984.

何休. 春秋公羊经传解诂[M]. 上海：商务印书馆,1936.

洪迈. 容斋随笔[M]. 北京：中华书局,1979.

计有功. 唐诗纪事[M]. 北京：中华书局,1965.

李百药. 北齐书[M]. 北京：中华书局,1972.

李绰. 尚书故实[M]. 上海：商务印书馆,1927.

李昉,等. 太平广记[M]. 北京：中华书局,1961.

李昉,等. 太平御览[M]. 北京：中华书局,1960.

李昉,等. 文苑英华[M]. 北京：中华书局,1966.

李国钧. 历代教育制度考[M]. 武汉：湖北教育出版社,1994.

李隆基. 唐六典[M]. 台北：台湾商务印书馆,1981.

李世民. 唐太宗集[M]. 西安：陕西人民出版社,1986.

李延寿. 北史[M]. 北京：中华书局,1974.

李延寿. 南史[M]. 北京：中华书局,1975.

李肇. 翰林志[M]. 上海：上海古书流通处,1921.

李肇. 唐国史补[M]. 上海：上海古籍出版社,1979.

梁廷柟. 南汉书[M]. 广州：广东人民出版社,1981.

令狐德棻,等. 周书[M]. 北京：中华书局,1971.

刘肃. 大唐新语[M]. 北京：中华书局,1984.

刘𫗧. 隋唐嘉话[M]. 北京：中华书局,1979.

刘昫,等. 旧唐书[M]. 北京：中华书局,1975.

柳宗元. 柳宗元集[M]. 北京：中华书局,1979.

陆心源. 唐文拾遗[M]. 北京：中华书局,1983.

陆心源. 唐文续拾[M]. 北京：中华书局,1983.

陆游. 南唐书[M]. 上海：商务印书馆,1934.

吕思勉. 中国制度史[M]. 上海：上海教育出版社,1985.

吕祖谦. 历代制度详说[M]. 扬州：江苏广陵古籍刻印社,
1990.

马端临. 文献通考[M]. 北京：中华书局,1986.

毛汉光. 两晋南北朝士族政治之研究[M]. 台北：台湾商务印书馆,1966.

毛奇龄. 学校问[M]. 上海：商务印书馆,1939.

欧阳修,宋祁. 新唐书[M]. 北京：中华书局,1975.

欧阳修撰,徐无党注. 新五代史[M]. 北京：中华书局,1974.

欧阳询. 艺文类聚[M]. 台北：台湾商务印书馆,1981.

裴庭裕. 东观奏记[M]. 上海：商务印书馆,1927.

彭定求,等. 全唐诗[M]. 北京：中华书局,1960.

钱大昕. 廿二史考异[M]. 北京：商务印书馆,1958.

钱大昕. 十驾斋养新录[M]. 上海：上海书店,1983.

权德舆. 权载之文集[M]. 上海：商务印书馆,1929.

阮元校刻. 十三经注疏[M]. 北京：中华书局,1980.

司马光编著,胡三省音注. 资治通鉴[M]. 北京：中华书局,
1956.

司马迁. 史记[M]. 北京：中华书局,1974.

宋敏求. 唐大诏令集[M]. 北京：商务印书馆,1959.

孙光宪. 北梦琐言[M]. 北京：中华书局,1981.

孙诒让. 周礼正义[M]. 北京：中华书局,1980.

唐长孺. 魏晋南北朝史论丛续编[M]. 北京：生活・读书・新知三联书店,1959.

唐晏. 两汉三国学案[M]. 北京：中华书局,1986.

陶岳.五代史补[M].台北：台湾商务印书馆,1986.

脱脱,等.宋史[M].北京：中华书局,1977.

王勃.王子安集[M].上海：商务印书馆,1929.

王昶.金石萃编[M].上海：扫叶山房,1921.

王谠撰,周勋初校证.唐语林校证[M].北京：中华书局,2008.

王定保.唐摭言[M].上海：古典文学出版社,1957.

王国维.观堂集林[M].北京：中华书局,1959.

王鸣盛.十七史商榷[M].北京：中国书店,1987.

王溥.唐会要[M].上海：上海古籍出版社,1991.

王溥.五代会要[M].上海：上海古籍出版社,1978.

王钦若,等.册府元龟[M].北京：中华书局,1960.

王应麟撰,翁元圻注.困学纪闻[M].北京：商务印书馆,1959.

韦绚.刘宾客嘉话录[M].上海：商务印书馆,1927.

魏徵,令狐德棻.隋书[M].北京：中华书局,1973.

吴兢.贞观政要[M].上海：上海古籍出版社,1978.

吴任臣.十国春秋[M].北京：中华书局,1983.

武则天.武则天集[M].太原：山西人民出版社,1987.

谢桂华,等.居延汉简释文合校[M].北京：文物出版社,1987.

谢青,等.中国考试制度史[M].合肥：黄山书社,1995.

徐坚,等.初学记[M].北京：中华书局,1962.

徐松.登科记考[M].北京：中华书局,1984.

许慎.说文解字[M].北京：中华书局,1963.

薛居正,等.旧五代史[M].北京：中华书局,1976.

颜之推撰,王利器集解.颜氏家训集解[M].上海：上海古籍出版社,1980.

杨钜.翰林学士院旧规[M].上海：上海古书流通处,1921.

杨学为,等.中国考试制度史资料选编[M].合肥：黄山书社,1992.

姚思廉.陈书[M].北京：中华书局,1972.

佚名.大唐传载[M].北京：中华书局,1984.

俞正燮.癸巳类稿[M].北京：商务印书馆,1957.

虞世南.北堂书钞[M].台北：台湾商务印书馆,1981.

元稹.元稹集[M].北京：中华书局,1982.

张鷟.朝野佥载[M].北京：中华书局,1979.

长孙无忌,等.唐律疏议[M].北京：中华书局,1983.

赵翼.陔余丛考[M].北京：商务印书馆,1957.

赵翼.廿二史札记[M].北京：商务印书馆,1958.

赵翼著,王树民校证.廿二史札记校证[M].北京：中华书局,1984.

郑棨.开天传信记[M].北京：中华书局,1985.

郑樵.通志[M].北京：中华书局,1987.

郑樵.通志略[M].上海：上海古籍出版社,1990.

编后记

　　《隋唐五代考试研究》作为《孙培青文集》的第二卷，与第一卷《隋唐五代教育研究》是姊妹篇，一是研究教育，一是研究考试。这也是《孙培青文集》各卷中较早编定的卷帙之一。编定的时间是在 2020 年三四月间。

　　《隋唐五代考试研究》编校依据的本子，是 2004 年由首都师范大学出版社出版的《中国考试通史》（先秦至隋唐五代卷）。《中国考试通史》由国家教育委员会（现教育部）考试中心时任主任杨学为任总主编。全书被立项为全国教育科学"九五"规划重点课题，这是在全国教育科学"八五"规划重点课题《中国考试史文献集成》基础上的延伸，仍由原各分卷主编负责撰写。孙培青老师原担任《中国考试史文献集成》第一卷主编，自然就担任了《中国考试通史》卷一的主编。由于卷一还包括先秦至魏晋南北朝部分，这一部分原由安徽师范大学张海鹏先生主持，后张先生病故，遂由裘士京老师负责，所以他也为主编之一。在全书撰写过程中，我在孙老师领导下承担了一些具体工作，孙老师坚持要将我也署名为主编。这是我完整接触隋唐五代考试研究的开始。

　　原《中国考试通史》卷一共十六章，第一至六章为先秦至魏晋南北朝部分,由裘士京老师负责完稿;第七至十六章为隋唐五代部分,由孙老师和我负责。此次编纂《孙培青文集》,即将原《中国考试通史》卷一的第七至十六章辑出,单独成书,名为《隋唐五代考试研究》。而将原由孙老师执笔《中国考试通史》卷一中的"序言",作了修改,调整为新书的"绪论",置于全书之首。

在编《孙培青文集》前五卷时,孙老师眼睛已经不良于视,他自述出现重影,如要执笔写字,更其为难。通常是我们编出一卷书稿,即呈交于他,并不作任何催促。但他在审读完书稿后,觉得有需要,都会勉力写下几行字,表达他的意见。如关于本卷,他写道:原书有后记,可以保留一部分;原"序言"可以改为"绪论"。见面时,他再次表示。老先生做人做事十分认真,大抵如此。

是为记。

杜成宪

2022 年 12 月补记